文成縱天

周清澍文集

周清澍 ◎ 著

·桂林·

目 录

五

元　史	003
《元史》点校的经历和体会	006
新发现的点校本《元史》标点错误和失校	031
元朝名臣事略	050
《元朝名臣事略》史源探讨	051
日本所藏元人诗文别集珍本	148
元代汉籍在日本的流传和翻刻	162
元代文献辑佚中的问题——评《全元文》1—10 册	172
《全元文》出版的意义及今后的展望	193
洪钧与《元史译文证补》	207
邵循正生平及其所译波斯文《集史》	227

拉施特哀丁和他的历史著作
　　——《史集》俄译本导言 …………………………………… 232
《蒙古源流》初探 …………………………………………………… 278
藏文古史——《红册》 ……………………………………………… 314
钱大昕 ………………………………………………………………… 325
张穆、李文田手迹考释 ……………………………………………… 355
蒙古史学者沈曾植及其手迹 ………………………………………… 369

六

边疆史地研究的求实与求效 ………………………………………… 393
加强民族研究、发扬中华文明之光 ………………………………… 396
《建国前内蒙古方志考述》序 ……………………………………… 398
《〈蒙古源流〉研究》序 …………………………………………… 429
《金元之际的儒士与汉文化》序 …………………………………… 434
《蒙元时期札剌亦儿部研究》序 …………………………………… 438
《明代蒙古史丛考》序 ……………………………………………… 446
《史余忆旧》读后感 ………………………………………………… 451

附录　周清澍先生访谈录 …………………………………………… 455

五

元　史

记录元朝史事的纪传体史书。宋濂(1310—1381)、王袆(1322—1373)主编。全书二百一十卷,包括本纪四十七卷、志五十八卷、表八卷、列传九十七卷,记述了从蒙古族兴起到元朝建立和灭亡的历史。

明洪武元年(1368),即元亡的当年,明太祖朱元璋下令编修《元史》。第二年,以左丞相李善长为监修,宋濂、王袆为总裁,赵壎等十六人为纂修,于南京天界寺开局编写,仅用了一百八十八天,便修成了一百五十九卷。接着又派欧阳佑等往北平搜集元顺帝一朝的史料,于洪武三年(1370)重开史局,纂修除赵壎外,另召朱右等十四人参加,用了一百四十三天续修成五十三卷。然后合前后两书,按本纪、志、表、列传厘分后,共成二百一十卷。全部编撰工作历时只三百三十一天。

《元史》由于成书仓促,而且出于众手,出现了不少谬误,历来就遭到学者们的非难。所指出的问题主要是:随得随抄,前后重复,失于剪裁;又不彼此互对,考定异同,时见抵牾。如本纪或一事而再书,列传或一人而两传;同一专名,译名不一;史文译改,有时全反原意;沿袭案牍之文,以致《河渠志》《祭祀志》出现了耿参政、田司徒、郝参政等官称而不记其名；又据案牍编宰相年表，仅删去其官衔而不予考订，以致有姓无名。

《元史》（明递修本）列传照抄碑志家传之类，取舍不当之处甚多。改写纪年的干支，竟有误推一甲子六十年的情况，使史实完全错乱。史料中没有具体庙号的皇帝，改写时弄错的例子甚多，如将太祖误为太宗，太宗误为太祖，宪宗误为世祖，世祖误为宪宗等。纂修人对前代和元朝蒙古族的制度也不熟悉，如宋朝各州另有军号、郡名，《地理志》述沿革，却写成某州已改为某军、某郡之类。又如蒙古各汗的斡耳朵，汗死"其帐不旷"，由后代后妃世守以享用其岁赐，《后妃表》编者竟据此名单列为某一皇帝的妻妾。如此等等。所以清人钱大昕嘲笑"修《元史》者，皆草泽腐儒，不谙掌故"，因此下笔"无不差谬"。

但是，作为研究元代历史的史料来看，《元史》比其他某些正史的史料价值更高。①元代的十三朝实录和《经世大典》已经失传，其部分内容赖《元史》得以保存下来。②《元史》的本纪和志占去全书一半，而本纪占全书近四分之一，《文宗纪》竟多达一年一卷。有人批评它不合定例，不知芟削。然而这种做法却起到保存上述失传史料的作用。列传部分，由于元代史馆的资料就不完备，汉人（特别是文人）常有碑传可资参考，而一些蒙古名臣往往无从搜寻，因此立传有详于文人，略于蒙古将相大臣的现象。如丞相见于表的有五十九人，而立传的不及一半。太祖诸弟、诸子仅各有一人有传，太宗以后皇子无一人立传。可是就见于列传的蒙古、色目人而言，其中有一小半人已没有别的史料可供参考，后世对这些当时有很大影响的历史人物的事迹只能通过《元史》才能了解。③纂修者违反了修史的惯例，没有删去儒家学者认为不屑一提的史实。如有人批评"作佛事则本纪必书，游皇城入之礼乐志"。又批评它"列传则先及释老，次以方技，皆不合前史遗规"。《元史》中保留或增加了这些内容，正是反映元代一些重大社会内容的史实。此外如《地理志》附录河源、西北地、安南郡县等项，《祭祀志》附国俗旧礼，《食货志》增创岁赐一卷，这都是根据元代实际情况保留下来的重要史料。

书成不久，就有朱右作《元史拾遗》，解缙作《元史正误》。解缙还奉旨改修。清朝以来，不断有人重修《元史》。留传到现在的，有邵远平的《元史类编》，魏源的《元史新编》，曾廉的《元书》，柯劭忞的《新元史》，屠寄的《蒙兀儿史记》等。但它们都不能取代《元史》原书。

《元史》于明洪武三年(1370)冬刻成。嘉靖时南京国子监用洪武旧版重印，损坏的版页则重新补刊，称为南监本。1935年商务印书馆出版的百衲本《元史》，是以九十九卷残洪武本和南监本合配影印的，但其中有描修的错误。1976年中华书局出版了《元史》标点校勘本，以百衲本为底本，校对了北京图书馆藏原书、北京大学图书馆藏一百四十四卷残洪武本及其他版本。除本书互校外，又参考有关史料进行了校勘，并吸取了前人的考订成果，是目前较好的版本。

(中国大百科全书辞条,翁独健、周清澍)

《元史》点校的经历和体会

《元史》的点校与其他各史不同,是以老专家与中青年合作,集体协作完成的。1971年夏,翁独健和邵循正教授在中华书局的组织之下,与其他各史已开始工作,分别负责标点《纪》《志》和《表》《传》。1972年春,内蒙古大学蒙古史研究室参加复审和校勘,全体在呼和浩特投入工作。当时研究室原领导尚未复职,"革委会"指定卫庆怀负责,众推我与中华书局联系和业务组织。参加的人员有林沉、余大钧、金启孮、黄时鉴、卫庆怀、智天成、叶新民、金峰、包文汉和周清澍等,后来又陆续有胡锺达、郝维民等人参加。1973年春初步工作结束后,4月,林沉、周清澍和新从农村调来的周良霄一起到中华书局为全书校勘记定稿,当时正在小汤山疗养院的邵循正教授也出院来中华书局一同工作,不幸在一周后哮喘病复发住院,数日后病逝。同年冬,周良霄和周清澍被借调到中国近代史研究所参加编写《中国通史》,林沉一人独自留在中华书局,一直坚持到1976年,同翁独健教授、责任编辑姚景安一起,完成了全书校勘记的撰写和审定以及全书清样稿的多次校改。

一　校点本元史采取的特有做法

我们参加工作时,正值备受"文革"折磨和闲散六年之后,大家都有找回失去时间的想法,工作热情无比高涨。当时限定工作必须两年完成,两位老先生既要负责标点,又要兼顾校勘,很欢迎他们这些过去的学生参加。我们每天都能碰到标点和校勘中大量的疑难问题,发挥集体人手多的优越性,分头充分查考,完成了一两个人一二十年的工作量。

我们同时考虑到,集体参与这一专业要求很高的工作,必然存在水平参差不齐,人多容易疏漏等问题,为此我们在组织上和工作步骤上采取了一些措施,力图防止集体协作容易产生的弊端。

我们将全体分成两个小组,由林沉、周清澍分任组长,分工依次校勘纪、志、表、传。每组各人再分担若干卷,首先对校指定必校的《元史》各种版本和后修诸史,发现这些书似有有意改动百衲本之处,就用卡片抄出存疑。

卡片上记下的问题,交小组传阅筛选,再由各人广泛参校有关史料和研究成果进行考证,如认为百衲本确实有误或本人无法判断,就可提交小组讨论或帮助查考,再确定是否入校。

准备出校各条,每人分卷编写校勘记资料长编,供最后撰写校勘记参考。内容包括:1.有关原文;2.哪些书对原文有改动或考证;3.哪些史料可证明百衲本原文有误,说明理由;4.提出校勘意见,建议改动文字或出校记。

当时上方限定完成《二十四史》点校的时间甚短,原则是以标点为主,校勘只要求处理标点时发现的问题。我们是集团作战,具有人手多、掌握语种多(特别是有精通蒙古语文的蒙古族)的优势,决定除版本校外,大量进行本校、他校和理校,利用充足的人力和时间查考群籍,校出了较多的问题。我们的做法得到赵守俨先生的理解和支持,让我们打破了点校《二十四史》的统一规格,同意我们延长时间进行精校、细校。由于校勘范围放宽,经与总筹《二十四史》点校的白寿彝和赵守俨先生商定,本书采用了不同于其他各史的出校形式。改动底本,采取《资治通鉴》的标点规则,用方(表示校补的字)、圆(小一号字,表示删改)括号的办法,使原本与新改的面目都能反映。力图既要充分发掘书中问题,有便读者参考;也要在因扩大校勘范围产生个别误校时,读者仍可看到百衲本原貌。

举例说,我们凭借人多的优势,完成了校勘中几项繁复的工作。作法虽较机械,但要比一般泛泛校勘仔细得多。

(一)对照朔闰表检查书中干支

特别是《本纪》和某些干支密集的《志》《传》,我们普遍做了对照检查。有因字形近致误:如"乙"误为"己"或"丁","己"误为"乙"等。有音近致误:如寅、辰、申互误,酉、丑互误。也有干脆记错干支、干支重出、干支颠倒。还有朔日误、脱朔、系月误、脱月、闰月误、脱闰、系年误、脱年等。

(二)检查地名

凡路府州县地名,皆尽量与《地理志》核对,特别是地名集中之处,如《五行志》记某些地区有水旱等灾,连篇都是地名。我们将《地理志》所列各行省和路府州县名全用大字抄出贴在墙上,逐一核对,凡并列地名中加顿号,有辖属关系的地名各加专名号而不相连。如发现不见于《志》或不属同一地区的地名,则查阅有关资料考证,故能将此卷交给从未接触过元史的人做,也能发现大量地名错误而不致漏校。

从地理位置的错误发现,如咸宁在京兆,威宁属抚州,常见"咸宁"误作"威宁","威宁"误为"咸宁";河南无均州,均州在湖北,而河南有钧州,多处将"钧州"误为"均州"。从辖属关系的错误发现,如"重庆州晋源县":重庆设路,不是州,且下无晋源县;成都路下辖崇庆州,州辖晋原县,故"重庆"乃"崇庆"之误。此外,如字形相近:"平滦"误为"平湾","高陵"误为"高陆","绵上"误为"绵山","楚丘"误为"楚兵"等;地名颠倒:如路名顺天,颠倒为天顺;宁武军颠倒为武宁军等。有的将二字误合刻为一字。如淮安云山白水塘,将"白水"合为一字,误作"泉塘"。各朝建置不同,名称也不同。如南宋有京湖制置或宣抚,《元史》多处将"京湖"误作"荆湖";元初攻宋时,曾在襄阳设行荆湖等路枢密院,又将"荆湖"误作"京湖"。

(三)检查数字

如《历法志》列有各种表格和数据,这些数据皆可利用表中其他数字推算。梅文鼎的《历学骈枝》还介绍了授时历的推算方法。如卷五四"黄赤道率"之"积差"等于此度前积差与差率之和;"差率"等于下行积差减本行积差。以下卷五五之"黄道积度"、卷五六"二十四气日积度盈缩"、"二十四气陟降及日出分"、卷五七《五星段目表》"伏"

"顺"各项数据我们都做了验算,并据与授时历有关的历法书中的正确资料加以改正。

《食货志》中数字甚多,凡记载总计和分计各项数字,互相加减可以验算的,我们也做了验算,从中也发现了必须校勘的问题。如卷九四[18]总计钞186锭37两5钱,内般阳路、宁海路两地细数相加,正好与总数相等,发现总计数漏计恩州数额。卷九五[9]二万七(十)〔千〕户,计钞一千八十锭。按当时制度,每户应输2贯,即2两,20070户仅得钞802锭40两,不及1080锭。1080锭计有54000两,除以2,应为27000户之输额,故"十"乃"千"形近致误。

二　校勘底本和参校本的选定

底本

校点的工作本是以百衲本为底本,共做出校勘记约两千七百条。后来用北京图书馆藏九十九卷残洪武本、北京大学向达旧藏一四四卷约弘治间重印残洪武本核对,发现百衲本并非据残洪武本影印,而是据南监本描修。我们还核对了张元济批校原本,描修错误达八十余处,一律径改不再出校。所以点校实际上是选用了两部残洪武本加百衲本作底本。

参校本

北监本:明末刻北监本时,或是尚能看到洪武初印本,或是也做了考订,对校正本书颇有价值。如改正一些明显的错字。如地名"祈阳"改为"祁阳"、"沐川"改"沐川"、"准安"改"淮安"、"镇东"改"镇巢"等;官署名"储正院"改为"储政院";文字不通,"书号多士"改为"虽号多士"。原墨钉或空阙,北监本补字符合文意,有史料可证实。

殿本:清武英殿实际上是一个编辑兼刻印书籍的完善出版机构。在刻印前,有专人先作校勘,不仅错字较少,往往还校正了原刻的错误。《二十四史》先有乾隆四年刻本,《四库全书》修成后乾隆又令修改辽金元书籍中的译名,又重排了新的聚珍版殿本。我们用两种殿本对校,改正甚多,尤其是当时所利用的道光间印殿本,对我们的工作很有帮助,值得着重一提。

道光本的价值首先是曾参考过当时尚存的《永乐大典》中《经世大典》引文。如卷六九《礼乐三》原本注"阙"多处,而道光本多据《经世大典》作了增补。如[2](阙)〔四方宾贡〕,南北来同;[3](阙)〔百〕司分置;[4]威(阙)〔武〕鹰扬,豖位(阙)〔克〕当;[8]济济(阙)〔宣〕威。等等。洪武本原墨钉、脱文或空阙之处,道光本做了增补,经查证,皆有原始史料根据。如卷一五八[1]不知行营〔往复〕之扰攘 原墨钉,补"往复"二字,与姚燧《姚枢神道碑》合。[8]不求之〔不〕足而求之有余 出自许衡上世祖《时务五事疏》,补字与《许文正公遗书》所载原文合;卷二〇一《烈女·周经妻吴氏等》[1]并□□□□忍独生 原空阙四字,补"以夫死不"四字后才能了解文意。

道光本除径改外,还利用了一些罕见或失传的史籍,对《元史》做了考证,并对读者说明了校改的理由。如卷六九[15]黍稷惟馨 道光本《考证》:"原本非误惟,今据《阙里文献考》改。"卷七二[15]酏食鱼醢〔兔醢〕 据《经世大典·元郊坛陈设图》补;卷八〇[8]宫人凡二十〔二〕人 据《经世大典·元中宫导从图》补;卷七七[1]引班〔赞〕;[2]与仪仗倒卷而〔北〕;皆据《续太常集礼》补。此外,道光本改正人名、地名、书名和年月日错误甚多,经过查对,证明编校者确实曾做过考证,改动都有根有据。

元史研究成果的广泛吸收

《廿二史考异》是钱大昕对纪传体正史进行全面考订的一部巨著,其中《元史》考异占十五卷,用力尤勤。汪辉祖继起著《元史本证》,专用《元史》中纪、志、表、传互校,从中检出《元史》的错误。这两书除纯属考订史实异同处以外,凡涉及文字讹、舛、衍、脱之处,是我们校勘时所利用的重大研究成果。有几处《考异》在查对《元史》原始史料后,发现编纂者对史料做了错误的理解,改写得面目全非,不知所云。这种精彩的发现,我们也将它保留在校勘记中,对读者做出说明。

如卷一九二[1]、[2]《良吏・段直传》:"至元十一年,河北、河东、山东盗贼充斥,直……结垒自保。世祖命大将略地晋城,直以其众归之。"《考异》云:"今泽州凤台县有刘因所撰直《墓碑》","《传》所书年代,与《碑》大相刺谬。《碑》云:甲戌之秋,南北分裂,河北、河东、山东郡县尽废。甲戌者,元太祖之九年,金贞祐二年(1214)也。""而《传》乃云:'至元十一年,河北、河东、山东盗贼充斥',以其岁亦在甲戌也。曾不思至元之初,境内宁谧,河北诸路安有寇盗充斥之患乎?""盖由史臣不学,误仞甲戌为至元之甲戌(1274),相差一甲子而不悟也。""碑又云:'天子命太师以王爵领诸将来略地,公遂以众归之。'谓太师,国王木华黎承制时也。而《传》乃云:'世祖命大将略地晋城。'曾不思世祖时晋城久入版图,安得有命将略地之事乎?《碑》作于世祖朝,其文云:'今上在潜邸,命提举本州学校,未拜而卒。'然则直卒于宪宗朝,未尝事世祖矣。"

将后人续修元史作为研究成果进行参校

明初至民国初年,有学者认为《元史》成书匆促,史实遗漏、错误和自相矛盾处甚多,立志重修。先后有《元史续编》《元史类编》《元史新编》《元书》《新元史》和《蒙兀儿史记》等几种。他们除补充史实外,主要是对原书重新编排改写。在改写中自然会对原书中的错误做了修改,自相矛盾处经过考订后做了统一。我们将这几种书作为研究成果分别按纪、志、表、传与底本对校,如发现有意修改而非行文语气变动之处,就抄成卡片查考。这些人多年沉浸于元史研究,对《元史》及有关史料非常熟悉,很容易发现书中错误。如《元史类编》,当时作者还能看到今已失传的史籍;《新元史》是纪、志、表、传全部完成的集大成巨著,改动旧史之处甚多,虽有主观臆断的缺点,但毕竟给我们提供了大量校勘的线索。《蒙兀儿史记》的重点在于补充汉人修史容易弄错的蒙古史部分,改动旧史多处有考证说明,更方便了我们的借鉴采用。

吸取上列前人成果,不仅便于我们更好地理解史文,正确标点,也使我们校正了更多容易忽略的讹舛衍脱处。参考这些著作的实例无法一一列举,仅以卷一一二《宰相年表》为例,正如顾炎武所说,《元史》某些表、志乃史臣据案牍之文编成,《宰相年表》大多有姓无名,以上各家大多为此做了考证,将他们的成果集中起来,大体上已恢复了相臣的名字。

后人续修的《元史》以外,我们将参校的书又扩及编年体的《宋元通鉴》和《续资治通鉴》,政书体《续文献通考》(王圻和乾隆钦定本)、《五礼通考》等。以王圻《续文献通考》为例,除可校《志》外,个别篇章还可校《传》,如卷七二《节义考》与卷一九八《孝友传》相当,校正后者若干处。

三 史源的追溯与有关史料的参校

本纪

元朝《实录》已失传,无原始史料可供校勘,但我们仍从本纪某些年代或片断,找到相关史料进行对校,从中发现了若干涉及史实的重大问题。下面举几个例子:

王恽著《中堂事记》,按年月日记中统二年至三年八月"中堂"大事,可校本纪。如卷四[12]"中统二年七月己丑,命王道归于真定筑道观"。此处文意以"王道"为人名,命他回归真定筑道观。据《中堂事记》同日颁发的圣旨原文,受旨人乃真定玉华宫"炼师王道妇",又称"老王姑"。"妇"误为"归",人名、语意全错。

《元典章》《通制条格》和《经世大典》残卷,各类皆按年月日编排,同日记述如被《本纪》引用,也可提供校勘。

如卷一六[6]"至元二十八年六月丁卯朔,禁蒙古人往回回地为商贾者"。《通制条格》卷二七"蒙古男女过海"条载"至元二十八年六月初一"同日发布的据蒙古文硬译的原文:"钦奉圣旨:泉州那里每海船里,蒙古男子妇女人每做买卖的往回回田地里、忻都田地里将去的有么道听得来。如今行文书禁约者,休教将去者,将去人有罪过者么道圣旨了也。"《元典章》卷五七"禁下番人口等物"条亦载此圣旨文言译文:"体知得一等不畏公法之人,往往将蒙古人口贩入番邦博易,若有违犯者严罪。"《本纪》概括此条时,完全曲解了原意,做了相反的表述。五六十年代,甚至有论文根据这条史料论证元朝已有蒙古人出海经商。因弄清这条史料原意意义重大,故出校记说明。

《元文类》、文别集和《元典章》等书保留有部分诏旨。我们列目将《本纪》所引用的诏旨逐件作了校勘。

顺帝一朝,有相应编年记事的《庚申外史》可供校勘。

志

《元史》的《志》据《经世大典》修成,因此我们收集了《经世大典》通行本残卷,又从《永乐大典》辑出《经世大典》不见流通部分,以及有关元代典章制度的专著《通制条格》《元典章》等,表列书名、出处注于各志之下,由全体分工参考对校。某些《志》有关史料自成体系,则另列必校书目。

如《历志》,沿袭前朝历法者,校以宋《纪元历》、金《大明历》;《授时历》则校以《高丽史·历志·授时历经》;后人著作则参校明朱载堉《律历融通》《圣寿万年历》、邢云路《古今律历考》、清黄宗羲《授时历故》、梅文鼎《历学骈枝》等。

《地理志》中追述前朝沿革,则校以历朝正史、地志——《汉书》《后汉书》《隋书》《元和郡县志》《通典》《蛮书》《旧唐书》《新唐书》《太平寰宇记》《舆地广记》《舆地纪胜》《宋会要》《宋史》《辽史》《金史》等。本朝则校以辑本《元一统志》《大元混一方舆胜览》《事林广记·郡邑类》《事文类要启札青钱》、朱思本《黄河图》《河源志》,地方志《齐乘》《太原志》(永乐大典卷五二〇〇)《安南志略》《经世大典图》《大明清类天文分野之书》等。后修书则校以《寰宇通志》《明一统志》、王圻《续文献通考》《读史方舆纪要》《明史》等。

某些志中片断引文仍见于原作者文集的,我们也找来核校。如卷六八《河渠志·蜀隄》,此节史源据揭傒斯《大元敕赐修隄碑》(《揭文安公集》卷一二)写成,注[6]至[11]皆据此碑出校。如"深淘滩,高作隄","高"字《碑》与《元史新编》皆作"低",存疑未改。据今都江堰实况及二王庙刻石,可改为"低"。

《礼乐志三》有《元文类》卷二所载《太庙乐章》等乐章原文,除可供校勘外,也补充了原书空白或阙文。

《祭祀志》:《永乐大典》尚存元《太常集礼》,《经世大典》有关部分和《祭祀志》皆出自此书,可供校勘。

《舆服志》:承金制者,用《大金集礼》《金史·舆服志》校;承宋制者,用《太常因革礼》《宋史·舆服志》校;远至因袭唐制者,则校以《新唐书·车服志》。

列传

据《元人文集篇目分类索引》卡片,补充了该书拘于体例遗漏的,以及石刻、方志中有关列传人物的史料,作成《元史·列传》有关传记对照表,凡参加校勘人员必须按此表核校自己分担的列传。下面举几个例子,可见我们的参校范围是比较宽的。

如卷一二一《按竺迩传》核校了《永乐大典》卷一〇八八九保存的元明善《按竺迩神道碑》。卷一二一《博罗欢传》,既校以《元文类》姚燧《博罗驩神道碑》,又校以《山左金石志》卷二三所载姚燧《博罗驩神道碑》(这碑就立在泰安博罗欢封地)。卷一二五《铁哥传》[7],"二年领度支院",据当时尚未发表的北京文物管理处藏《铁可公墓志铭》拓本,补为至大二年(1309)。

某些传文文字通顺,实际有误,全靠核校原始史料才能发现。

如卷一二八《土土哈传》[17]"追乃颜余党于哈剌(温)","哈剌温"校以《元名臣事略》卷三引阎复《土土哈纪绩碑》和《元文类》卷二六虞集《句容郡王世绩碑》,作"海剌"或"哈剌",指今海剌尔(Qailar)河流域。哈剌温(Qara'un)是山名,即今大兴安岭。土土哈征乃颜余党,军次哈剌,然后返至哈剌温山。此处"温"字涉下文"哈剌温"而衍,应删。

卷一四七《张柔传》。传中地名"东流寨"应作"东流埚"、"青州"应作"清州"、"永宁军"应作"永定军"、"祈阳"应作"祁阳";人名"甄全"应作"甄全","逐其守卢应妻子"应作"逐其守卢应,妻子皆为所房";"柔锐卒"应作"柔率锐卒";皆分别据王磐《张柔神道碑》、元好问《张柔勋德第二碑》和王鹗《张柔墓志铭》校出。卷一六二[7]、[8],本传乃据《元文类》卷六五元明善《高兴神道碑》压缩,不仅数字有误,而且有失原意。卷二〇三[6]《孙威传》子拱,据刘因为孙威之子公亮所写《先茔碑》,王恽所写《孙公亮神道碑》,皆载孙拱是孙威之孙,孙公亮之子。校以二碑,得知是《元史》据《碑》文立《传》时,略去公亮事迹,径抄《先茔碑》文"子拱",遂误"孙拱"为"孙威子"。

天文、历法专门术语和数字,修史时容易抄错。卷一六四[1]附会(元历)〔历元〕更(日历)〔立日〕法;[7](九)〔丸〕表;[8]始用定(制)〔朔〕;[9]又〔二〕百三十六年;[12]与(日)〔月〕食相符。[1]据《元名臣事略》卷一三引《杨恭懿墓志》改。[7]、[8]、[9]、[12],据齐履谦《郭守敬行状》改。

列传中引用传主文章,如传主文集尚存此篇,校勘时也颇有价值。

如卷一五七[5]、[6]、[7],此三处文句不通,皆出自郝经《东师议》,据《陵川集》卷三二所收原文补、改。卷一五八[7]、[8]、[9]《许衡传》中上世祖《时务五事疏》,就是据《许文正公遗书》所载原文校补。卷二〇三《李杲传》[2]与(肾)〔翳〕色各异;[3]脉(之)〔至〕而从,传记据元好问《伤寒会要引》而作,此文收入《遗山集》卷三七,据改。

传主的行事,见于他人记述,也可通过校勘发现传文错误。如卷一八二《苏天爵传》[4]，据《黄金华集》卷一五《苏御史治狱记》，"江陵"应作"沅陵"。

四　元史点校采用的多种考证方法和若干成果举例

（一）某些标点在校勘过程中得到正确解决

如页35卷二"分赐诸王、贵戚、斡鲁朵：拔都，平阳府，"原标点认为是分予尤赤子斡鲁朵、拔都兄弟二人平阳府，故"斡鲁朵"前加冒号，后加顿号。今据《食货志·岁赐》，"斡鲁朵"实指太祖、世祖"四斡耳朵"及元朝诸后位，故改为这种标点。

页45卷三"叶孙脱按只畅吉爪难合答曲怜阿里出及刚疙疸阿散忽都鲁等"。这二十六字全是人名，很难凭直观点断，经查考英译本《世界征服者史》所见有关人物，确切了解各人身份后加以点开。

页47卷三"<u>西域</u>　<u>哈里发</u>　<u>八哈塔</u>"。"西域"是指中原以西广大地区。"哈里发"乃阿拉伯语Khalīfa的音译，意为先知的继承和代理人，是伊斯兰教政教领袖的尊号。"八哈塔"即今巴格达，当时是哈里发的驻地。前二词都是"八哈塔"的定语，不是三个并列的专名，故中间皆不加顿号。

专名号标误

氏族部落之间有辖属关系的中间不加顿号。如卷二〇，"大德四年(1300)五月辛丑……八怜、脱列思……"《元朝秘史》207节，"成吉思将豁儿赤本族巴阿邻种三千人交付他，并将额儿的失河流域之林木内百姓等凑成一万户,命豁儿赤做万户镇守额儿的失河地面,管理当地脱斡劣思、帖良古惕等部人"。八怜即巴阿邻（Bā-rīn）,脱列思即脱斡劣思（Tölās）,后者是前者属部,应点为"八怜 脱列思"。

人名带姓氏者专名号应联标

卷二二,"乞儿乞带亦难。还原为 Kirgisudai-Inan,意为乞儿乞思部人亦难,故联标。

卷二三,"至大二年（1309）二月辛未调国王部及忽里合赤、兀鲁带、朵来等军……赴和林。"国王部"即札剌亦儿部,"兀鲁带"意为兀鲁兀部人。卷一二〇《尤赤台传》:兀鲁兀部人,子怯台—次子哈答—子脱欢—次子朵来,"皆封郡王"。"朵来"即此"兀鲁带朵来",意为兀鲁兀部人朵来。卷三〇,"泰定四年（1327）三月庚申,……郡王朵来、兀鲁兀等部畜牧灾"。据前引《尤赤台传》,兀鲁兀部属郡王朵来管辖,此处意为郡王朵来的兀鲁兀等部。两处"朵来"和"兀鲁兀"之间顿号都应删。卷一二〇《尤赤台传》:李璮叛,帝遣哈必赤及兀里羊哈台阔阔出往讨之。此事见于卷一三一《囊加歹传》:父麻察,……从诸王哈必赤及阔阔歹平李璮。兀里羊哈台阔阔出作阔阔歹。《世祖纪》中统三年（1262）八月癸酉,都元帅阔阔带卒于军,以其兄阿尤代之。阿尤乃速别台之孙,兀良哈台之子。拉施特《史集》则说:速别台-把阿秃儿也出自兀良哈惕部。他有个儿子……名叫阔阔出。虽说法稍异,但"兀里羊哈台"并非另有其人,《元朝秘史》作"兀良合歹（Urianqadai）",旁译"部落名"。应作姓氏与人名联标。

某地之某部

卷一二四《忙哥撒儿传》:斡罗思、阿速、稳儿别里 钦察、斡罗思、阿速、钦察皆族名,稳儿别里（ürberi）是地名,乃钦察（Qipčaq）国主所驻之地,稳儿别里和钦察之间不加顿号。

(二)运用传统考据方法所得校勘成果举例

卷五八[6],"太宗七年(1235)改山〔西〕东路总管府"。《廿二史考异》卷八八,"顺宁府,金为宣德州,……改山东路总管府　按:太宗二年,立十路征收课税使,宣德其一路也,山东路之名,不见于《纪》《传》,疑未可信"。据本书卷八一《选举志》及《至正集》卷四四《上都孔子庙碑》、《秋涧集》卷五八《浑源刘氏世德碑》和《寓庵集》卷六《元故三白渠副使郭公墓碣铭》皆称"宣德路"为"山西东路",据补"西"字。权威学者钱大昕注意到"山东路""疑未可信",然而他并没解决疑问。我们经过考证,至少举出四种以上不同记载,校正了史文,还认定一个不见于《地理志》的行政建置。

卷七六[1],"坛高五丈方广如之"。按:卷一七,至元二十九年(1292)秋七月壬申,建社稷和义门内,坛各方五丈,高五尺。《祭祀志》所据《太常集礼》现存《永乐大典》卷二〇四二四,原作:"坛之制,高五尺,方广十之。""丈"乃"尺"之讹,"如"乃"十"之讹。道光本已改为"坛高五尺,方广十之"。社稷坛(俗称五色土)尚存于北京中山公园,有实物为证。

卷一〇五[2],"诸奴婢〔诬〕告其主者处死"。此处下文"奴告主私事,……奴杖七十七",并不"处死",也是当时律令执法的惯例。据《元典章》卷五三《奴诬告主断例》补。

分辨元代俗字、罕见字:卷一三一《囊加台传》[4]开县万户府达鲁花赤,《忙加台传》谕开、黄……,"《拜降传》父忽都……分守开县。"开"今为"開"字简体,然上文有关地理位置无开县。据《事林广记》所列元代俗字,"开"乃"蕲"的俗体,地理位置相符,据改。

卷一四三[2]《巎巎传》　按"巎巎"又见于本书卷三四《文宗纪》

至顺元年(1330)正月及其他多处。《类编》云:"《正字通》云'巎'音挠,俗作'夒'者误。"钱大昕《十驾斋养新录》卷一四《石田集》条:"集中有《寄猱子山诗》,即《元史》之巎巎,本康里氏,子山其字也。'巎'与'猱'同读乃高切,'猱''夒'音亦相似。监本'巎'误作'夒',乃传写之讹。证以《石田集》,益信。"杨维桢有《上巎巎平章书》(《铁崖集》卷一)《三希堂石渠宝笈法帖》所载至顺四年(1333)巎巎手书颜真卿《张长史十二意笔法记》题款,皆作"巎",故据改。

(三)借助近代天文学更正天象记载的错误

《天文志》所载天文现象,皆与本纪所载互校,遇有歧异,请天文史专家按现代科学推算,确定正误后出校。

星名字误:卷三九[5],"太(白)〔阴〕犯斗宿"。卷四九《天文志》作"太阴犯斗宿魁第二星",据近代天文学推算,是日斗宿魁第二星黄经266°半,第五星275°半,太阴〔月〕黄经277°半,合;太白〔金星〕黄经190°半,不合。

事实不合,加注。卷三九[3],"太阴犯垒壁阵"。卷四九《天文志》作"太阴犯鬼宿积尸气"。这天月(太阴)黄经118°半,积尸气黄经118°,合。垒壁阵黄经310°半至337°半,不合,《本纪》作"犯垒壁阵"误,应从《天文志》。

此外,确定日期干支正误、彗星见、日食等,皆据现代天文实测校正。

(四)参校非汉文史籍

《元史》的特点是史料不只限于汉籍,仅就我们能利用的有:原由波斯文写成的《世界征服者史》、拉施特《史集》,藏文的《红史》《萨迦世系史》等,也利用了蒙古文汉字音译的《元朝秘史》和明初的文书,对本书的点校也起了相当的作用。

卷八八[18],"朵因温都儿乃良哈千户所",《华夷译语》载汉字记蒙古语《脱儿豁察儿书》,意为"吾兀良罕林木百姓,自……以降,至今未离多延温都儿……之地"。"多延温都儿"即"朵因温都儿"(Doyin-öndür),"乃良哈"即"兀良罕"(Uriangqai),指居住在肇州附近朵延山的兀良罕人,"乃"是"兀"之误。

卷一二〇[3],"怯列亦哈剌哈真沙陀等帅众来侵兵战不利",此事也载于《太祖纪》癸亥岁条、《圣武亲征录》,又见于波斯文拉施特《史集》和蒙古文汉字音译《元朝秘史》等书。"怯列亦"《元朝秘史》蒙古文作"客列亦惕"(Kereit),旁译种名,"哈剌哈真沙陀"作"合剌合勒只惕—额列惕"(Qalaqaljit-elet),旁译"沙碛名"或"沙碛"。这段文句不通,前后舛倒,应将"哈剌哈真沙陀"移置"兵战"之后。

卷一〇九[20]、[21],"□□公主适塔出驸马","□□公主适塔出子尤真伯驸马"□处原墨钉。拉施特《史集》载:"塔出驸马尚成吉思汗幼女,名阿勒塔伦。"按《元史》译音用字例,阙文当作"按塔伦"。又载:"塔出驸马有子名尤真伯,尚蒙哥汗之女名失邻",阙文当作"失邻"。

(五)借助国外学者的研究成果

卷一二"至元十九年(1282)冬十月乙巳,遣阿耽招降法里郎、阿鲁干伯等国"。据伯希和《马可波罗书注释》107 条 Cambaet:"阿鲁"即 Aru,"干伯"即 Canbay,应点为"遣阿耽招降法里郎、阿鲁、干伯等国"。

卷一八[6],"继没剌矛"。下文大德三年(1299)正月癸未条作"没剌由",本书尚有"木剌由""马来忽""麻里预儿"等异译。皆 Malayu 之异译。"继"字衍,"矛"乃"予"形近之误。又卷一三一《亦黑迷失传》[12],"招谕木由来诸小国","木由来"即此"木来由(Malayu)","由来"舛倒。

卷九四《食货志·市舶》,"〔元贞〕二年(1296),禁海商……于马八儿、呗喃、梵答剌亦纳三蕃国交易"。此三国即印度半岛之 Ma'abar、Kulam = Quilam、Fandaraīna,据《世祖纪》至元二十八年(1291)八月作"咀喃",卷二一〇《马八儿等国》作"俱蓝国",呗音 bai,译音不合,应从《岛夷志略》《星槎胜览》改为"唄"(伯希和:《马可波罗书注》I,页 400)。

卷一〇七《宗室世系表》和卷一〇八《诸王表》,这两卷表中多为人名,错字、舛倒、脱落、衍字等甚多。法国学者 Louis Hambis(韩百诗)有 *Le Chapitre CVII Du Yuan Che*(《元史》卷一〇七)和 *Le Chapitre CVIII Du Yuan Che*(《元史》卷一〇八)两部专著。作者除引用了我们能看到的波斯《史集》等书外,还引用了当时无法看到的极有价值的 *Mu'izz al-Ansāb*(《贵显世系》)等书,他对这两卷的研究成果被我们直接采用。

五　借助译语复原的大量校勘成果

元朝是我国一个特殊的历史朝代,有许多民族的人物,各有自己的文化、制度和语言,活跃在这个地域广阔的历史舞台上。因此,在《元史》中出现了大量非汉族的人、地、官称等译名。译音用字并无一定之规,史料来源不一,自然会出现译名五花八门的现象。修史者多是在野南儒,对元朝各个民族了解不多,编写时最容易出错。如果我们能辨别每个专名源于哪种语言,将它复原,两相对照,就很容易判断译音是否正确。以下按不同语言举例如下:

蒙古语中,有因译音字形相近致误

人名:卷五[2],"广宁王瓜都"。上文和《别里古台传》作"爪都"。Rashid-af-din 书中作 Jāūtū,俄译本作 Джауту,"瓜"乃"爪"(意为百)之误。

卷二〇八[3],"喜速不(爪)[瓜]",《高丽史·高宗世家》"爪"作"花","不瓜""不花",蒙古语 buqa 的音译,意为"牡牛"。"瓜"误为"爪"。

卷一五〇《张荣传》[15],"按亦台那衍",此人即成吉思汗之侄、《元朝秘史》中的"阿勒赤台(Alčidai)",卷一一八《特薛禅传》、卷一一九《塔思传》与卷一二一《按竺迩传》皆作"按赤台"。"亦"乃"赤"之误。

卷一一八《特薛禅传》[2]"按察儿秃"、[4]"按答儿"。下文与程钜夫《应昌府报恩寺碑》皆作"按答儿秃(Aldartu)",义为"有声名"。前者"答"讹为"察",后者脱"秃"字。

卷二八[20],"卜[颜]铁木儿",卷一〇八《诸王表》作"卜颜铁木儿"，蒙古语 Buyan-tämür 意为"福铁"，译音不全，据补。

地名：卷八六[8]，"延祐五年(1318)，以速怯那儿万户府……合为右卫率府"。同一记载又见于卷九八[3]，皆作"速怯那儿"。《仁宗纪》延祐五年二月有"者连怯耶儿万户府"。七年七月也作"者连怯耶儿"。《世祖纪》至元二十六年(1289)六月作"怯连耶儿"，卷一〇〇《兵志》作"折连怯呆儿"。应还原为蒙古文地名 Jeren-ke'er，汉译"黄羊川"。此处脱"者"字，"连"误为"速"，"耶"误为"那"。

地名译音不全：卷一[1]，"统急里忽鲁"，下文作"帖尼火鲁罕"，钱大昕已指出："《秘史》作统格黎克豁罗罕(Tünggelik-qoroqan)。豁罗罕者，小河也。"(《考异》卷八六)火鲁罕、豁罗罕、忽鲁皆蒙古语 qo-roqan 汉字音译，"忽鲁"译音不全，脱音节"罕 -qan"。

卷二八[19]，"赐刺秃屯田贫民钞"。本书下卷两见"海刺秃屯田总管府"，即此"刺秃屯田"，蒙古语"海刺秃"，意为"有榆树"。刺秃前疑脱"海"字。

卷三五[9]，"失〔八〕儿秃"，蒙古语"失八儿秃(Šibartu)"，意为"泥地"，周伯琦《扈从北行前记》曾记此地名，据补。

卷一四七《郭德海传》[10]"乞则里八海"，"乞则里八"，刘郁《西使记》作"乞则里八寺"，《圣武亲征录》作黑辛八石，《元朝秘史》作"乞湿泐八失(Kišil-baš-na'ur)"，《史集》作 Qīzīl-bāš。译音不全，脱"寺"或"失"。

部名：卷一〇九，"瓮吉八忽公主，适赤窟孙怀都驸马"，此二人名见于朝城县兴国寺《令旨碑》，称"公主百户、驸马会都"。《世祖纪》中统四年(1263)三见"公主拜忽"。八忽、百户、拜忽(Baiqu)都是公主名之异译。"怀都驸马"即"驸马会都"，瓮吉刺(Onggirad)部人。故"瓮吉八忽公主"意指瓮吉刺氏之八忽公主，"瓮吉"后脱"刺"字。

称号:卷一[16],"乙职里",即《金史》卷一四《宣宗纪》屡见之"乙里只",蒙古语 elči,意为"使臣"。《元朝秘史》作"额勒赤"或"额勒臣"。此处"职里"舛倒。

卷一二三[12]"忽都那",本书或作"忽都那演""忽都忽那颜""忽都忽"。卷九九《食货志》作"忽都那颜"。蒙古语"那颜(noyan)",元译"官人",此称号译音不全,据《食货志》补。

卷一八〇[1]"速古儿[赤]",本书卷九九《兵志》,"掌内府尚供衣服者曰速古儿赤(sügürči)"。《危太朴续集》卷二《耶律希亮神道碑》正作"速古儿赤",据改。

误将一字分刻为二:卷一〇九[18]、[19]"阔阔干公主适脱亦禾赤驸马",拉施特《史集》云:"成吉思汗曾把自己的女儿 Jījākūn 嫁给 Tūrāljī 驸马。《元朝秘史》卷二三九分别作扯扯亦坚(Čečeyigen)、脱劣勒赤(Törölči),波斯和蒙古文史籍原音与此表两名汉字译音不符,"阔"当为元籍常见译音用字"阇"形近之误,"阇阇干"蒙古语,义为花。"亦禾"乃"欒"的简体"栾"误分为二字,应作"脱栾赤"。卷一二〇[20]月亦心揭赤 "亦心"乃"戀"字简体"恋"误分为二,即中亚地名玉龙杰赤(Ürgenčh)。

误改或误译:卷一[3]"萨里河"。下文和《圣武亲征录》作萨里川,即《秘史》之"萨阿里客额儿(Sa'ari-ke'er)"。"客额儿(ke'er)"或旁译作"旷野""野甸",此处《元史》将"川"误理解为河。卷三一[3]阔朵杰阿剌伦。卷二《太宗纪》译"曲雕阿兰""库铁乌阿剌里",卷三《宪宗纪》译"阔帖兀阿阑"。蒙古语 Köde'e-aral,意为"荒洲",此处原文应为 Köde'e-aral-un,意为 Köde'e-aral 的,这里将属格"的"也裹入译名中。

卷一[4]"禿台察儿"。此段相应史实也见于《元朝秘史》卷一二八,作"札木合(人名) 因(的) 迭兀(弟) 绐察儿(人名)(Jamuqa-yin de'ü Taičar)"。"迭兀"蒙古语,意为"弟",此处音译为"秃",与人名绐察儿混在一起。

突厥语

卷六[1]百里八,元代文献无此城名,疑为"百八里"(突厥语 Bir-Baliq,汉译"独城",《新唐书》卷四〇《伊州》之"独山守捉",《元史·哈剌亦哈赤北鲁传》之"别失八里东独山"城,海屯从和林西还途经之Berbaligh)倒误,即《经世大典序录·玉工》所见之"白八里"。

藏语

译音不全:卷一四[8]"亦摄思怜〔真〕",《释老传》亦摄思连真(Ye-shes-rinchen),意为"智宝"。

译音字形近致误:卷一五[11]"软奴(玉)〔王〕尤"。即至元二十五年(1288)十月之乌思藏宣慰使软奴汪尤(gZhon-nu dbang-phyug),意为"自在童子"。dbang 与"汪""王"译音合,"玉"乃"王"之误。

卷二一[11]"朵耳思等站户"。上文大德元年(1297)十月有"朵甘思十九站"。"朵甘思"藏语地名 Mdo-Khams,包括今康和青海(朵)部分地区,朵甘思驿站是元朝吐番三路驿道之一。"耳"乃"甘"之误。

或脱或误:卷四二[2]"岐王阿剌乞"。下文作"岐王阿剌乞巴","阿剌乞巴(Aragibag)"是藏语 Ra-kyi-ph'ag 的蒙古语读法,脱"巴"字。卷四六[11]"岐王阿剌乞儿","儿"为"巴"之误。

卷二〇二[4]"(都)〔相〕家班",[5]"相儿家思〔巴〕",[4]《成宗纪》大德九年(1305)三月作"帝师相加班"。"相加班"藏语,义为"觉吉祥"。[5]《仁宗纪》皇庆二年九月有"以相儿加思巴为帝师"。"相加班"和"相儿加思巴"都是 Sangs-rgyas-dpal 的同名异译。

舛倒:卷二一[18]"吃剌八思斡节儿"。据上文"合剌思八斡节儿"及《释老传》所见"乞剌斯八斡节儿"。藏语 Grags-pa'od-zer,意为"称光"。"八思"舛倒。

梵文

译音不全:卷二八[2]"答里麻失"。《蒙兀儿史记》:"答里麻失里,仁宗次后,见后妃旧《表》。旧《纪》只称皇后答里麻失,音不备。"答里麻失里(Darma-šri),意为"法吉祥",据《后妃表》补。

卷三〇"泰定四年(1327)二月丙子,亦怜真乞剌思"、卷三三[10]"辇真吃剌思"。卷二〇二《释老传》作"辇真吃剌失思",此名梵语 Rinchen bkra-šis,意为"宝祥",两处皆脱"失"字。

人名误:卷二〇二[3]《释老传》、答儿麻八剌(乞列)〔剌吉塔〕《世祖纪》至元十九年(1282)岁末有"帝师答耳麻八剌剌吉塔",《至元法宝勘同总录序》作"达哩麻八罗阿罗吃答",与藏文史书《萨斯迦世系》所载合,"Dharmapāla rakshita"是梵语名,义为"法护佑"。据改。

地名字误:卷二一〇《马八儿等国》[10]"僧伽耶山",本书《亦黑迷失传》与《岛夷志略·北溜》条作"僧伽剌",《岛夷志略·北溜》或作"僧加剌",乃梵语 Simhala 之音译,即今"锡兰山"。《大唐西域记》译"僧伽罗",《求法高僧传》译"僧诃罗"。"耶"译音不符,乃"那"形近致误。

波斯—阿拉伯语的穆斯林人名

卷二二[5]法鲁忽丁。即上文七月及《宰相年表》所见之法忽鲁丁,乃穆斯林人名 Fakhr al-Dīn 之汉译。卷三〇[20]、卷三三[4]"马(忽思)〔思忽〕",此人即卷一二五赛典赤赡思丁之第五子云南平章政事马思忽,穆斯林名 Masqud 之译音,以上二人名皆舛倒。

俄语

卷一二二[19]"也里替",卷六三《地理志》作"也列赞",此处述拔都征俄罗斯事,"也列赞"当即今莫斯科东南之梁赞(Рязань)的蒙古语读法,"替"乃"赞"形近之误。

基督教名

卷八九"崇福司,掌领马儿哈昔列班也里可温十字寺祭享等事",应点断为"掌领马儿(mar,景教主教的尊称)、哈昔(hasia,僧侣)、列班(rabban,教师)、也里可温(erkehün,基督教徒和教士的统称)、十字寺(教堂)祭享等事"。卷一一八《阔里吉思传》[15]"木忽难凡四见"。刘敏中《驸马赵王先德加封碑》作"尤忽难",也里可温教名(Juhanan-Yohanan, Jean)。

卷一三四[1]"月乃合"。《月合乃传》篇名和通篇传文凡七处皆误作"月乃合",此名乃也里可温教名 Yohanan 之汉译,《世祖纪》中统二年(1261)七月、四年五月和卷二〇五《阿合马传》皆作"马月合乃",卷一四三其曾孙《马祖常传》和许有壬《马祖常神道碑》亦作"月合乃",马祖常为他曾祖所作《神道碑》和黄溍所作《马氏世谱》或作"月忽乃"和"月忽难","乃合"译音颠倒。

南方民族人名

卷二九[17]"(塞)〔寒〕赛"。下文有"寒赛",《元文类》《经世大典序录·招捕》有"㝉赛","寒""㝉"乃同音异译,"塞"乃"寒"形近之误。

《元史》的点校,在当时我们已尽了最大的努力,反映还是较好的。二十多年来,它便利了国内外《元史》的学习和研究,甚至有人根据校勘记引用的书目扩大研究,取得了很好的效果。但毕竟我们水平不高,处于边学习边工作的状况,几年后第二次印刷时,书局通知我们提供近年发现的标点错误和失校、误校处,仅我一人就提供约百条,部分已在1983年第二次印刷本剜改。近二十年来,元史的研究队伍不断扩大,问题研究更细,因此人们发现点校本的问题就越多,各种刊物常有专文发表。我非常欢迎大家继续批评指正,只有这样,才可能产生一部真正点校完善的《元史》。

通过点校《元史》,内蒙古大学形成了一支较成熟的元史研究队伍。虽然有人已散往外地,也是增添了当地元史研究的力量。参加者中,周良霄、林沉和周清澍仍继续对元史的研究。原来从事翻译工作的余大钧,转向研究后,发表了系列论文,成绩突飞猛进。原来专业近代史的黄时鉴,通过点校熟悉了元史。离开内蒙古大学后,转向专门研究元史和中外关系史,在几个领域内都有卓越的成就。叶新民从此选定元史为专业方向,成为内大元史研究的骨干。内蒙古大学这批人得以成长,首先应感谢中华书局多年来对内蒙古大学的一贯支持,也应感谢我们的师长翁独健和邵循正教授对我们的培育。留在中华书局坚持工作到出版的林沉教授过早去世,在追述点校元史往事时,不能不对这位功臣表示深深的怀念。

(原载《"中国传统文化与21世纪"国际学术研讨会论文集》,中华书局,2003年)

新发现的点校本《元史》标点错误和失校

一 标点错误

卷五/89　世祖纪　［中统三年十二月戊寅］

割北京、兴州隶开平府。

按：卷五九/1397《地理志二》："大宁路,元初为北京路总管府。中统三年,割兴州属上都路。"兴州乃北京路属州,中间顿号应删。

卷六/119　世祖纪　［至元五年秋七月丙子］

立东西二川统军司,

按：下文："以刘整为都元帅,与都元帅阿术同议军事。"据卷一六一《刘整传》,时刘整偕都元帅阿术督诸军围襄阳,人在襄汉,与东西川立统军司无关,逗号应改句号。

卷七/139　世祖纪　[至元九年春正月丁丑]

四川行省也速带儿部下,并忙古带等十八族、欲速公弄等土番军

按:忙古带,耶律秃花之曾孙,《元史》卷一四九皆有传,忙古带从行省也速带儿征建都诸蛮夷有功。卷八七、九一《百官志》"宣政院"和"元帅府"之下都有"十八族元帅府",隶属土番宣慰司,故"十八族"是吐番部名,欲速公弄是十八族的首领,应联读。与"忙古带等"另成一军,应点断。

卷九/185　世祖纪　[至元十三年冬十月戊子]

以淮东左副元帅阿里为平章政事,河南等路宣慰使合剌合孙为中书右丞,兵部尚书王仪、吏部尚书兼临安府安抚使杨镇、河南河北道提刑按察使迷里忽辛并参知政事。参知政事陈岩行中书省事于淮东。

按:此句意为以阿里等六人行中书省事于新建的淮东行省,参知政事陈岩前之句号应改逗号。

卷一〇/202　世祖纪　[至元十五年六月]

谕中书省、枢密院、御史台:"翰林院及诸南儒今为宰相、宣慰,……"

按:"翰林院"与中书省等同是政府机构,诸南儒未闻有任宰相者,应标点为:谕中书省、枢密院、御史台、翰林院及诸南儒:"今为宰相、宣慰,……"

卷一一/230　世祖纪　[至元十八年三月]

以辽阳、懿、盖、北京、大定诸州旱

按:大定是县名,属北京路,应连标。应改为"以辽阳、懿、盖、北京大定诸州旱"。

卷一二/245　世祖纪　[至元十九年八月辛亥]

仍于驿台立新城县治

按:驿台非专有地名,专名号应删。

卷一二/252　世祖纪　[至元二十年三月辛酉]

赏诸王合班弟忙兀带所部军士战功,银钞、币帛、衣服各有差。

应断为：赏诸王合班弟忙兀带所部军士战功银钞、币帛、衣服各有差。"战功"乃"银钞"等三项的定语，其后之逗号应删。

卷一二/253　世祖纪　［至元二十年夏四月丙戌］

立别十八里、和州等处宣慰司

按：卷六三/1569《地理志六》：二十年，立别十八里和州等处宣慰司。不是两宣慰司，二地名间顿号应删。

卷一三/280　世祖纪　［至元二十二年冬十月］

诏征东招讨使塔塔儿带、杨兀鲁带以万人征骨嵬，因授杨兀鲁带三珠虎符，为征东宣慰使都元帅。

按："塔塔儿带杨兀鲁带"乃一人之名，意为塔塔儿部人杨兀鲁带，中间顿号应删。后一"杨兀鲁带"即"塔塔儿带杨兀鲁带"之省称。

卷一四/292　世祖纪　［至元二十三年冬十月己酉］

遣塔塔儿带、杨兀鲁带……征骨嵬。

同前,顿号应删。

卷一四/296　世祖纪　[至元二十四年二月]

皇子北安王民匠、斡端大小财赋

按:"斡端"或译斡脱,乃专为诸王贵戚经商、放高利贷的商人,与民匠皆北安王所有,不是人、地专名,专名号应删。

卷一七/359　世祖纪　[至元二十九年二月辛巳]

曲先塔林 合剌鲁

按:此乃两部之人,应点为"曲先塔林、合剌鲁"。

卷一七/361　世祖纪　[至元二十九年三月己酉]

亦奚不薛及八番、罗甸既各设宣慰司,……

按:当时八番罗甸是一个宣慰司的名称,故"八番、罗甸"之间顿号应删。

卷一八/389　成宗纪　[至元三十一年十二月]

卜阿里使麻八而还都。阿思民为海都所虏,赐钞三万九千九百锭。

应改标点为:卜阿里使麻八而还。都阿思民为海都所虏,……。"都阿思"即卷二〇大德四年五月所见之八怜 脱列思部,也就是《元朝秘史》207 节所载,成吉思汗赐给巴阿邻部主的脱斡劣思部。

卷二一/459　成宗纪　[大德八年五月己巳]

大理、金齿、曲靖、乌撒、乌蒙宣慰等官

按:卷六一《地理志四》有曲靖等路、大理金齿等处、乌撒乌蒙三宣慰司,并非五处,故大理和乌撒后之顿号应删。

卷二三/459　武宗纪　[至大二年二月辛未]

调国王部及忽里合赤、兀鲁带、朵来等军

按:卷一二〇《尤赤台传》:兀鲁兀台氏,孙哈答,哈答孙朵来,"兀鲁带、朵来"意为兀鲁带部人朵来,顿号应删。

卷三〇/677　泰定帝纪　[泰定四年三月]

郡王朵来、兀鲁兀等部畜牧灾

按：本书卷一二〇《术赤台传》：朵来乃兀鲁兀部嗣郡王，朵来后顿号应删。

卷三四/761　文宗纪　[至顺元年秋七月丙子]

赈木邻、扎里至苦盐泊等九驿

按："木邻"是一路驿道的总名，"扎里"和"苦盐泊"是木邻道中的驿站名。"木邻"后面的顿号应删。

卷三六/802　文宗纪　[至顺三年三月丙申]

赈木怜、苦盐泺、扎哈、扫怜九驿

按：《经世大典·站赤》有"木怜站迤里苦盐泊至扎哈站"，木怜是驿道总名，以下是木怜道所辖站名，"木怜"后面的顿号应删。

卷三六/803　文宗纪　[至顺三年五月壬申]

赈木怜、七里等二十三驿

按："七里等二十三驿"是木怜道所辖站名，"木怜"后面的顿号应删。

卷三六/804　文宗纪　[至顺三年五月]

赈帖里干、不老、也不彻温等十九驿

按:帖里干是驿道总名,"不老、也不彻温"是其所辖站名,"帖里干"后顿号应删。

卷七六/1901　祭祀志·郡县宣圣庙

诏宣圣庙及所在书院有司,岁时致祭。

按:此句标点不知令何人致祭。应改为:诏:宣圣庙及所在书院,有司岁时致祭。

卷一五五/3651　汪德臣传

乞免益昌赋税及徭役漕粮,屯田为长久计,……

按:"漕粮"和"屯田"都是汪德臣为长驻益昌的计策,下文即提到。应改为"乞免益昌赋税及徭役,漕粮、屯田为长久计"。

卷一六一/3777、3780　杨大渊传、文安传获总管黄文才、路钤、高坦之以归。……擒路钤、赵贵等。

按:"路钤"乃高坦之、赵贵的官称。应点为"获总管黄文才、路钤高坦之以归"。"擒路钤赵贵等"。"路钤"下的人名号应删。

卷一六二/3812　刘国杰传

既而复合众请战,国杰不应。

按:应点为"既而复合,众请战,国杰不应"。

二　失校

卷七/133、134　世祖纪　[至元八年二月乙巳]

大理等处宣慰都元帅宝合丁、王傅阔阔带等,协谋毒杀云南王,火你赤、曹桢发其事

按:《世祖纪》卷六/116　至元四年(1267)九月,立大理等处行六部,以阔阔带为尚书兼云南王傅,柴祯尚书兼府尉。毒杀云南王之"王傅阔阔带",即此"尚书兼云南王傅"阔阔带,"发其事"的"曹桢",应即柴祯,此名本书多见,疑"曹"乃"柴"音近之误。

卷八/171　世祖纪　[至元十二年十二月]

绍庆府、施州、南平及诸蛮吕告、马蒙、阿永等

按：卷六〇《地理志三》：四川行省所辖诸部蛮夷中有阿永蛮部，"自言阿永邻境乌蒙等蛮"云云，乌蒙全书多见，无马蒙，疑"马"为"乌"之误。

卷九/182　世祖纪　[至元十三年六月]

己巳，以孔子五十三世孙曲阜县尹孔治兼权主祀事。

按：《圣门志》卷三上："五十三代孔浣，……从弟治，至元十三年，授……曲阜尹，……仍权祀事。"孔治兼应作孔治。

卷九/188　世祖纪　[至元十四年二月甲戌]

西川行院不花率众数万至重庆，营浮屠关……

按：《宋史》卷四五一《张珏传》记此事在至元十五年二月，《元史》误置前一年，错简。

卷一〇/213　世祖纪　[至元十六年六月]

籍户十一万二百

按:卷一二五/3067《纳速剌丁传》作"籍户十二万二百"。

卷一一/224　世祖纪　［至元十七年六月］

吕告蛮部安抚使王阿济

按:《元文类》卷四一《招捕·八番顺元诸蛮》作"四川蛮吕告部主阿济"。疑"王"乃"主"之误,应置于安抚使前。

卷一四［七］

斡脱吉思部民

按:蒙古语 ötögüs,意为"老的们",应译斡脱古思,"吉"乃"古"形近之误,失校。

卷一六/353　世祖纪　［至元二十八年十二月己巳］

诏罢遣官招集畏兀氏

按:"氏"疑为"民"之误。

卷一七/366　世祖纪　[二十九年九月丁卯]

茆蘱、十围

按:《地理志》(卷六三/1549)作"茆蘱等团",专名线应联标为"茆蘱十围","蘱"应作"蘿",即今广西环江等县之毛南族族名之异译。

卷一七/366　世祖纪　[至元三十年十二月辛卯]

贼一人入境

按:疑"人"字衍。

卷一八/392　成宗纪　[元贞元年三月丙辰]

给月儿鲁、秃秃军炒米万石。

按:"秃秃"即秃秃合,或作土土哈,卷一二八有传,译音不全,脱字。

卷一九/417　成宗纪　[大德二年春正月]

以……集贤王颙、宋渤、卢挚、耶律有尚、李泰、郝采、杨麟,皆耆德旧臣。

按：郝采、杨麟二人不见于元文献。卢挚供职集贤，曾应"今为集贤直学士"的郝采麟之请，为其父郝经撰写《墓志铭》，此"郝采、杨麟"乃郝采麟之误，"杨"字衍。

卷二一/459　成宗纪　[大德八年夏四月]

　　赐……朵耳思等站户钞……

按：朵甘思乃土蕃三部之一，"耳"乃"甘"形近之误。

卷二五/582　仁宗纪　[延祐五年二月]

　　王子诸王答失蛮部乏食，校勘记[五]"王子""诸王"同义重复，疑"王子"二字衍。

按：此句前文乃辛亥日，次日为壬子日，此"王子"因原版变形或印刷时移动，致"壬"字变形为"王"。故应校改为"壬子"。

卷二六/589　仁宗纪　[延祐六年六月甲午]

　　改缮珍司为徽仪使司，秩二品。

按:卷八九《百官志五》:……缮珍司。延祐六年,升徽仪使司,秩正二品。此处脱"正"字。

卷二七/611　英宗纪　[至治元年三月辛丑]

以铁失为御史大夫,佩金符

按:卷二○七《铁失传》:改元至治,……三月,特授……御史大夫,仍金虎符。"佩金符",应为佩金虎符。

卷二七/616　英宗纪

校勘记[八]脱思马部 ……本书卷六〇地理志有"脱思麻路",卷九一百官志有"脱思马田地"。

据实际记载应改:本书卷六〇地理志、卷八七百官志有"脱思麻路"(2195、2196),卷九一百官志有"脱思马路"(2309),又有"脱思马田地"。

卷二八/626　英宗纪　[至治二年十二月癸未]

绍兴路 柔远州洞蛮把者为寇

按:原校勘记,《地理志》(卷六○/1443),柔远州属四川怀德府,与浙江绍兴路无涉。此处书"绍兴路",史文有误。《翰墨大全·后乙集·地理门·目录》:四川行省有柔远州属"绍庆路",确证"绍兴"乃"绍庆"之误。

卷三〇/677　泰定帝纪　[泰定四年二月]

大司徒亦怜真乞剌思

按:此人即本书卷二〇二《释老传》中天历二年嗣帝师的辇真吃剌失思(Rin-chen grags-shis),译音不全,脱"失"字。

卷三五/782　文宗纪　[至顺二年夏四月甲寅]

改宣忠扈卫亲军都万户府为宣忠斡罗思扈卫亲军诸指挥使司

按:本书卷九九《兵志》(2530):宣忠斡罗思扈卫亲军都指挥使司。

卷四六/968　顺帝纪　[至正二十四年八月]

孛罗帖木儿请……禁止西番僧人好事

按:本书卷二〇七《孛罗帖木儿传》:禁西番僧人佛事。疑"好事"

当作"佛事"。

卷六一／1484　地理志

六难路甸军民府

按：《元混一方舆胜览》中作"歹难路"，《翰墨大全·后乙集》卷六作"歹难甸总管府"，《元文类》卷四一《经世大典序录·八百媳妇》作"甪难甸"。"六"乃"歹"形近之讹，"甪"乃"觩"字脱落右半。"路""甸"二字颠倒，应改"歹难甸路军民府"。

卷六三／1583　地理志

校勘记[一九]新添朮军民指挥使司……平越朮军民指挥使司

按：应改为"新添卫军民指挥使司……平越卫军民指挥使司"。

卷一一五／2886　睿宗传

渡汉水，遣夔曲涅……驰白太宗。……夔曲涅至。

按：此人卷一四九《郭德海传》作"魁欲那拔都"，卷一四四《月鲁不花传》作"贵裕"；《金史·白撒传》作"回古乃"；《圣武亲征录》作

"贵由乃"或"贵由拔都";《元朝秘史》247 节作"古亦古捏克把阿秃儿"(Güyigünek-ba'atur)。"曲"与以上译名不协,乃"由"形近之讹,失校。

卷一三三/3228　脱力世官传

渡不思鲁河

按:伯希和《马可波罗书注释》Brius 条:《元一统志》金沙江名"不鲁失"。卷一三一《速哥传》作"不鲁思河"。"思鲁"颠倒,失校。

卷一六〇/3772　阎复传

其先平阳 和州人

按:袁桷《清容居士集》卷二七《阎复神道碑》及卷三六《阎复赠永国公》:"迢迢裔孙,实家平阳,试邑死事,和川归藏。"金平阳府有和川县,无和州,元并入岳阳县,"州"乃"川"之讹。

卷一六二/3811　刘国杰传

又巴洞 何世雄

按:即《元史·世祖纪》至元十九年、二十年(卷一二/246、255)累见之"向世雄","何"应作"向",乃土家姓。

卷一六二/3811　刘国杰传

在澧者曰隘丁,在辰者寨兵。

按:"在辰者"后脱"曰"字。

卷一六七/3918　张立道传　[至元二十九年]

阮代之

按:《世祖纪》:"至元二十九年闰六月,礼部尚书张立道……使安南回,以其使臣阮代乏……至阙。"《安南志略》卷一四《历代遣使》:"至元壬辰(二十九年)世子遣令公阮代乏……来贡。"似应以"乏"为正。

卷一七八/4146　宋衜传

[中统]六年,高丽权臣林衍废其国王,而立其弟温。

按:《世祖纪》至元五年(1268)春正月(卷六/117)、六年八月(卷六/123)、《外夷·高丽传》(卷二〇八/4613、4615)及其他多处所见之高丽国王王禃弟王淐,"温"应改"淐"。

卷一七八/4137　王约传

丞旨火鲁火孙

按：此人即《世祖纪》至元九年九月壬寅、十二年三月等处多见之"翰林学士承旨和礼霍孙"（卷六/117、卷八/165）。《元史·百官志》"翰林兼国史院"："〔至元〕六年，置承旨三员，……八年升从二品。"承旨即翰林学士承旨，"丞旨"乃"承旨"之误，"丞"应改"承"。

卷一八〇/4159　耶律希亮传

生希亮于和林南之凉楼，曰秃忽思

按：即《世祖纪》至元十七年（1280）十一月乙卯所见之"尚书秃速忽"。"凉楼"是窝阔台所建之避暑小城，《世界征服者史》作 Tuzghu-baligh，云在哈剌和林以东两帕列散（约十一公里）。本书太祖纪作"图苏湖城"，《圣武亲征录》作"秃思儿忽城"。此处"忽思"二字颠倒，失校。

（原载《点校本"二十四史"及〈清史稿〉修订工程简报》
2007年，第10期）

元朝名臣事略

元苏天爵编,元朝人物传记资料选编。十五卷,原题《国朝名臣事略》。书前有天历二年(1329)序,故成书不得晚于此时。全书有元朝开国功臣、文臣、武将、学者四十七人的传记,前四卷收蒙古、色目十二人,后十一卷收汉人三十五人。该书仿南宋杜大珪《名臣碑传琬琰集》的体例,直接利用诸家文集中碑传等原始资料成篇,但又不像杜书那样全文照录,而是按年按事选辑有关人的行状、碑文、墓志、家传及其他记载,分段注明出处,取详去简,弃去重复和芜词,使文字首尾一贯。每传前有提要,概述传主的氏族、籍贯、简历、年岁等。传主祖先功业卓著者,在正文下用小字摘注其事迹。文中涉及的事件、人物有他书可补充的,也用小字注出。这是中国传记类史籍中一种创新的体裁。全书共引文一百三十余篇,其中选自元初著名文人王鹗、王磐、徐世隆、李谦、阎复、元明善等十余人的作品占一半以上,他们的文集今已不存,若干名篇赖该书得以保存,因此具有很高的史料价值。《四库全书》和据它翻刻的几个版本脱误甚多,加上专名经过改译,面貌全非。中华书局1962年影印的元统乙亥(1335)建安余氏勤有书堂刊本,是该书最好的版本。

(《中国大百科全书》辞条)

《元朝名臣事略》史源探讨

三十年前,我分工写《大百科全书》中《元朝名臣事略》这一词条,对这部篇幅不大的书稍有研究。全书虽仅收录四十七人,但都是元朝的重要人物,所据史料皆忠实引用原文,其作者多是翰林院官员、当时知名文人,他们部分人虽有文集,但多已失传,至于没有文集的人,元末时各种"家乘志铭不能家至而徧知",幸亏苏天爵勤于搜罗得以保存。《元朝名臣事略》不仅保存了珍贵史料,而且保存许多元代有代表性作家的文学作品。苏天爵出于对前辈的尊重,讳用真名,而以某公代替,致使某些作家湮没不彰。写词条时,我曾试图清理全书,有哪些篇章仅存于本书?所谓某公指的是何人?近读孟繁清先生《韦轩李公考》,对《元朝名臣事略》的价值体会甚深,他从考据引文作者出发,发掘出以往被忽略的重要历史人物、作家和作品。受此启发,愿将三十年来积累的资料整理出来,供同行参考并请指正。

卷一之一　太师鲁国忠武王木华黎

所引史料有四种。

太常元公撰《世家》

太常元公撰《世家》是这篇传记的基本史料。此书不见有传世本,其全名为《东平王世家》,乾隆时尚存于世,钱大昕曾亲见此书,并著文介绍：[1]

> 元永贞《东平王世家》,卷首一叶,载"延祐四年九月初四日,拜住怯薛第二日,嘉禧殿里有时分,拜住司徒、阔阔䚟平章将元永贞所撰《东平王世家》三卷进上"。

延祐四年(1317),拜住加大司徒,仍领太常。[2] 故称"拜住司徒",《东平王世家》就是在这年由拜住等进呈的。

此书卷首明言乃"元永贞所撰",可见苏天爵所谓"太常元公"就是元永贞。元永贞《元史》等书无传,其生平不详。唯有《元史·泰定帝纪》载,泰定帝即位,弑杀英宗和丞相拜住的铁失等人被诛之后,时任礼部员外郎的元永贞进言："铁失弑逆,皆由铁木迭儿始祸,请明其罪,仍录付史馆,以为人臣之戒。"[3] 此后元永贞曾出任江东建康道肃政廉访司副使,分按太平、池州等路。[4]

1　《十驾斋养新录》卷一三《东平王世家》,《嘉定钱大昕全集》柒,江苏古籍出版社,1997年,356页。
2　黄溍《中书右丞相追封郓王谥文忠神道碑》,《金华黄先生文集》卷24,叶3a。
3　《元史》,中华书局点校本,卷二九《泰定帝一》二年九月丁丑,660页。
4　黄溍《承务郎富阳县尹致仕倪公墓志铭》,《金华黄先生文集》卷三二,叶26a;杨维桢《有元文静先生倪公墓碑铭》,《东维子集》卷二四,叶10a。以上皆四部丛刊初编本。

安童之子兀都台曾任大司徒太常礼仪使。延祐二年(1315)其子拜住继任太常礼仪使。¹ 苏天爵称元永贞为"太常元公",《元文类》卷十五有元永贞《真定玉华宫罢遣太常乐仪》,说明他曾任职于太常礼仪院,是兀都台、拜住父子的下属同僚,与此家族有特殊关系,如钱大昕所说是"拜住门客",因而由他撰写这部元代显赫世家的家传。曾代祀南岳的"奉常(即太常)亨之元公"可能就是他。² 在拜住被逆臣刺杀后,他又挺身上言追究拜住的政敌——前右丞相铁木迭儿为"始祸"者,将其罪行"录付史馆"。

《世家》全名《东平王世家》,乾隆时尚存于世,钱大昕曾亲见此书,并著文介绍³:

元永贞《东平王世家》,卷首一叶,载"延祐四年九月初四日,拜住怯薛第二日,嘉禧殿里有时分,拜住司徒、阔阔觯平章将元永贞所撰东平王世家三卷进上"。

延祐四年(1317),拜住加大司徒,仍领太常⁴,故称"拜住司徒"。《东平王世家》就是在这年由拜住等进呈的。

钱大昕还引用书中圣旨:"奉圣旨交元复初作〔序〕,赵子昂写了刊行者。么道圣旨了也。"《东平王世家》是奉旨刊行的书,仁宗对"眷之甚厚"的文臣"以字呼之而不名",元复初就是"以文章自豪"的元明

---

1 黄溍《中书右丞相追封郓王谥文忠神道碑》。
2 朱思本《衡岳赋》,《贞一斋诗文稿·文》(宛委别藏本),叶 35a。
3 《十驾斋养新录》卷一三《东平王世家》,《嘉定钱大昕全集》柒,356 页,江苏古籍出版社,1997 页。
4 《中书右丞相追封郓王谥文忠神道碑》。

善,当时任参议中书省事。赵子昂就是翰林学士承旨大书法家赵孟頫。[1] 钱大昕还说:"此书专为安童一支而作。""《元史》于木华黎、李鲁、塔思、霸都鲁、安童传,多采此文。盖其书以刊刻得传,它贵族谱牒,兵乱皆付之煨烬矣。"《东平王世家》刊本虽流传到18—19世纪之交的清乾嘉时代,可惜钱大昕之后不再见于著录。

经《元朝名臣事略》节录而《元史》失采的文字自有其独具的史料价值。《东平王世家》是奉旨刊行并由赵孟頫书写的元刊本,如能再显于世,不仅有史料价值,而且是具有高度艺术欣赏价值的文物。

张匡衍撰行录

张匡衍不知是何许人,不见于其他记载,《行录》是什么性质的书,全名是什么,皆不得而知。木华黎全篇共引八段,除一段作为正文外,其余皆作为夹注补充了正文所涉内容的具体史实和细节。如第一段,描述成吉思汗军由山后(燕山山脉以北)突袭山前,进围中都的过程,可补《圣武亲征录》《史集》等书记载之缺。

牧庵姚公撰王兴秀神道碑

牧庵姚公即姚燧(1238—1313),字端甫,《元史》有传。三岁丧父,由伯父姚枢养育成长。十八岁时,始受学许衡于长安。至元八年(1271),许衡任国子祭酒教贵胄子弟,姚燧以旧弟子之一被召为伴读。十二年,始出任秦王府文学兼陕西四川等路儒学提举。十七年,迁陕西汉中道提刑按察副使。二十年,改山南湖北道。二十三年,奉召入京任翰林直学士。成宗元贞元年(1295),因修《世祖实录》,再召为翰林学士,与侍读高凝为总裁。在此前后历任大司农丞、江东廉访

---

1 《元史》卷一七二《赵孟頫传》,第4022页;卷一八一《元明善传》,4173页;马祖常《翰林学士元公神道碑》,《国朝文类》(即《元文类》,四部丛刊初编)卷六七,叶17b。

使、江西行省参知政事等职。武宗时仕至翰林学士承旨。[1] 姚燧自号牧庵,故苏天爵称他为"牧庵姚公"。

《元史》称姚燧"为世名儒。为文闳肆该洽,豪而不宕","盖自延祐以前,文章大匠,莫能先之","当时孝子顺孙,欲发挥其先德,必得燧文始可传信","故三十年间,国朝名臣世勋,显行盛德,皆燧所书"。[2] 姚燧的文章,生前就有人搜罗编辑,宁国路已有不全刊本。至顺三年(1332),他的门生翰林待制刘致(字时中),将姚燧的全集通过中书省移命江浙行省,用州县赡学余钱雇工刻板印行。主事人江浙等处儒学提举吴善是姚燧任翰林承旨时的下属,又与钱塘学者叶景修重加校雠,分门别类,总计有六百八十九篇,凡五十卷。并作序说:"我朝国初最号多贤,而文章众称一代之宗工者,惟牧庵姚公一人耳。"[3]

姚燧《牧庵集》明初尚见于《文渊阁书目》。[4] 后刘昌拟刻《牧庵集》,"闻松江士人家有刻本,南北奔走,竟莫能致"。只得从《元文类》辑录,即清康熙汪立名刻《中州名贤文表》丛书中的八卷本,较《元文类》仅多出诗数首。[5] 八卷本与北京图书馆所藏清初转钞的二卷本同是刘昌辑本,因书"前有昌天顺甲申跋",说明早在天顺八年(1464)元本《牧庵集》已很难找到了。[6] 乾隆时修《四库全书》,从《永乐大典》

---

1 《元史》卷一七四《姚燧传》,4057~4058 页;《牧庵集》(四部丛刊初编)附录《年谱》。
2 《元史》卷一七四《姚燧传》,4059 页;张养浩《原序》,《牧庵集》卷首。
3 吴善《牧庵集序》,《牧庵集》卷首。
4 《文渊阁书目》卷九:"《姚牧庵文集》一部二十册,完全。"见《丛书集成初编》0029 册,116 页。
5 《四库全书总目》,中华书局,1965 年,卷一六六《牧庵文集》条,页 1433 中。
6 傅增湘在"昌跋"下注"不知其姓",实为刘昌。《藏园群书经眼录》,中华书局,1983 年,第 5 册,1314 页。

辑出三十六卷,又由武英殿聚珍版印行,商务印书馆出版的《四部丛刊》和《丛书集成》都是据武英殿聚珍版丛书影印或排印。

木华黎"事略"所引《王兴秀神道碑》尚存,原名《怀远大将军招抚使王公神道碑》。[1]

按察使赵滑碑

在王兴秀碑之后又引此碑,在引文后苏天爵说:"二碑皆姚公撰。"同是记载蒙古军攻占蠡州事,而所载事却不同。在两种说法无法统一的情况下,他采取这种并列的办法,供读者参考,这也反映了他处理史料的态度。

苏天爵将赵滑碑原文选入他所编《元文类》,也收入辑本《牧庵集》。碑原名《提刑赵公夫人杨君新阡碣》,并非为赵滑而作,碣文主人是赵滑妻杨氏,内容则主要叙其夫的事迹。[2]

除上引二碑外,《元朝名臣事略》引用姚燧文还有以下多篇:

卷二之三,阿里海涯　牧庵姚公撰神道碑

　　又:刘武敏公碑

卷四之三,不忽木　牧庵姚公撰神道碑

卷四之四,彻里　牧庵姚公撰神道碑

卷六之四,张弘范　又牧庵撰左丞李恒庙碑

卷七之二,史天泽　又牧庵文集

卷八之二,姚枢　公佺牧庵撰神道碑

卷八之三,许衡　又牧庵文集

　　牧庵姚公文集

---

[1]《怀远大将军招抚使王公神道碑》,见《牧庵集》卷二一,叶1~4;《全元文》第9册,668~671页。

[2]《元文类》卷五五,叶9a;《牧庵集》卷二七,叶11ab;《全元文》第9册,786页。

卷十之三,杨果　又牧庵文集

卷十一之一,李德辉　牧庵姚公撰行状

卷十一之二,商挺　引牧庵文集,
　　又引牧庵文集

卷十一之三,赵良弼　牧庵姚公撰庙碑

卷十一之四,贾居贞　牧庵姚公撰神道碑

卷十三之三,杨恭懿　牧庵姚公撰神道碑

卷十四之三,董文忠　牧庵姚公撰墓碑

《元朝名臣事略》共引用姚燧文十八篇。《四库全书·牧庵集》提要评论说:"碑志诸篇叙述详赡尤多,足补《元史》之阙,又不仅以词采重焉。"姚燧是提供全书史料最多的作者。其中有五篇不见于四库馆重辑的《牧庵集》。

卷一之二　丞相东平忠宪王安童

太常元公撰世家

元永贞所撰《东平王世家》也是安童"事略"的主要依据,有两个问题值得提出。钱大昕介绍《世家》内容说:

> 第一卷为孔温窟哇、太师国王都行省事。第二卷为国王孛鲁、国王塔思事;第三卷为太师东平武靖王霸突鲁、丞相东平忠宪王安童、大司徒东平忠简王兀都台、大司徒太常礼仪使拜住事。是时拜住尚未拜丞相也。

《东平王世家》为《元朝名臣事略》中木华黎、安童二人的"事略"提供了丰富的史实依据,其余孔温窟哇、孛鲁、塔思、霸突鲁、兀都台、拜住等人虽采用《世家》的内容并载入《元史》有关传文中,但肯定有所删节,《世家》所载事实也随着它的失传而湮没了。

其次,钱大昕发现《东平王世家》所列世次与元明善《东平忠宪王碑》不同,经考证,肯定《世家》的记载是正确的:

> 木华黎子孛鲁,嗣国王。孛鲁子七人:塔思,亦称查剌温,嗣国王。速浑察,袭国王、霸突鲁、……。霸突鲁子四人:安童、定童、霸虎带、和童,袭国王。安童子兀都台。兀都台一子拜住。此《世家》所述世次也。
>
> 予向据元明善《东平忠宪王碑》,称霸都鲁为塔思第二子,疑《元史·木华黎传》以霸都鲁为孛鲁子为误。今《世家》所载,正与《元史》同,《世家》系拜住门客所编,又系进呈本,当必不误矣。元明善既奉诏为《世家》作序,当悉其昭穆之详,而其撰《安童碑》,乃复与此抵牾何耶?黄溍撰《郓文忠王拜住碑》,称高祖孛鲁、曾祖霸都鲁,正与《世家》合。

清河元公撰勋德碑

清河元公即元明善(1269—1322),《元史》有传,字复初,大名清河(今属河北)人。其父任江南某路经历,故随父就学于江南,曾跟王旭(景初)、吴澄(幼清)等受业。[1] 渐以"能文章"闻名,因此被人荐任

---

[1] 张养浩《故翰林学士资善大夫知制诰同修国史赠具官谥文敏元公神道碑铭》,《全元文》第24册,660页。

安丰、建康两路学正。又历任江南行枢密院、江西行省、江南诸道行御史台掾史。后来又转京师,任枢密院照磨和中书左曹掾。

至大元年(1308),仁宗由其兄武宗立为太子,擢明善为太子文学。四年(1311),仁宗即位,改任翰林待制,升翰林直学士。皇庆二年(1313)又升翰林侍讲学士。延祐二年(1315),元朝恢复科举,选明善充考官,廷对又充读卷官。一度改任礼部尚书,擢升参议中书省事,出任湖广行省参知政事。1320年,英宗即位,又召入集贤院为侍读学士,升翰林学士。[1]

元明善的同事张养浩对他的文章评价甚高,说:"元由无科举,士多专心古文,而牧庵姚公(姚燧)倡之,骎骎乎与韩、柳抗衡矣。其踵牧庵而奋者,惟君一人。"[2] 马祖常说:"明善早以文章自豪,出入秦、汉间,晚益精诣,有文集行世。"其中"有赋五,诗凡一百六十三,铭、赞、传记五十九,序三十,杂著十五,碑志一百三十。"共三十九卷。[3] 明初尚见于著录,后失传。[4]

元明善不仅奉旨为《世家》作序,还奉旨给安童撰写《勋德碑》。安童勋德碑也选入苏天爵所编《元文类》卷二十四。清末缪荃孙编刻《藕香零拾》丛书,专收他辑佚和稀见的古籍,收入他所辑《清河集》卷三,题为《丞相东平忠宪王碑》。苏天爵出于对前辈的尊敬,《元朝名臣事略》引文加注不用作者本名,如元永贞称其官职太常,姚燧则称其号牧庵,元明善和阎复则称籍贯。缪荃孙判定高唐阎公就是阎复,

---

[1] 《元史》卷一八一《元明善传》,4171~4172页;马祖常《翰林学士元公神道碑》,《元文类》卷六七,叶15a。
[2] 《故翰林学士资善大夫知制诰同修国史赠具岩溢公敏元公神道碑铭》。
[3] 同上。
[4] 《文渊阁书目》卷九,"元明善《清河文集》一部六册",已残缺。见《丛书集成初编》0029册,116页。

清河元公就是元明善,故将他们写的碑传文辑入久已失传的《清河集》和《静轩集》。这两种元人文集主要是从苏天爵编撰的《元朝名臣事略》和《元文类》辑出的。[1]

英宗继皇帝位,任命拜住为中书右丞相,即首相。明年,"敕立故丞相(拜住祖父)安童碑于保定新城",[2]视为朝廷大政载之史册,并命时任翰林院侍讲学士的元明善"制为铭辞"。[3]

《元文类》所载《丞相东平忠宪王碑》称碑建于"大都良乡之通逵",黄溍所撰郓王拜住碑则说"树于王所食采之地范阳之通逵",《元史》又说立于"保定新城",此碑清乾隆间尚存,碑文也说在新城,实际所在地距当时的涿州三十里,在新城县的西北境,处于新城和涿州两城之间。《元史》和黄溍的记载不过是说法不同。黄溍撰拜住碑中所谓"范阳"是涿州的古称,因涿州是拜住家族"食采之地",故立碑于出京南下大路之旁涿州食邑中供人瞻仰。但拜住食邑中立碑的具体地点,已划入元朝雄州新城县辖境内,因此说碑在范阳或在新城,实指一地。至于《元文类》书面和石碑实体记载的矛盾,钱大昕解释说:"初拟立石良乡(今北京房山县境),后乃定于新城也。"这年冬碑"刻铭既完",十二月"蒇事"。明年春正月,英宗亲至碑所,伫立凝视观瞻。九月,从易州返回,又"帐殿碑垣之南"。次日早,从帐殿步行至碑右,坐金椅上接受拜住和从臣"进觞"。这里原是东平王所有范阳采地朔南康庄,由于英宗曾驻跸于此,故"号其地曰驻跸庄",[4]后来当地因有此

---

[1] 《清河集》(《藕香零拾》本,光绪二十一年(1895)刊)七卷附录一卷。又见《全元文》第24册,340页。
[2] 《元史》卷二七《英宗纪》,至治元年(1321)十一月丙申,615页。
[3] 黄溍《中书右丞相郓王谥文忠神道碑》,《金华黄先生文集》卷二四,叶1至8a。
[4] 黄溍《中书右丞相郓王谥文忠神道碑》;字尤鲁翀《驻跸颂》,《元文类》卷一八,叶5a。

碑而得名高碑店。京汉铁路通车后,高碑店是必经的一站而著名。钱大昕对此碑有较详描述:

> 碑久仆没,土人莫知其处,独龟趺存,高可隐人马。顷十余年前,直隶总督某欲立碑刻己文,有州判张某者白新城多旧石刻,可取为碑材,即遣访之,无所得,乃募人于碑趺旁掊土遍求之,得斯碑于一里外。其阳乃蒙古书,众莫识,复役丁夫覆而视之,额云:"大元敕赐开国元勋命世大臣之碑。"碑文漫灭者仅十之一。新城令单君功擢拓数本上督府言状,意不欲毁之也。督府不识安童何人,命工磨去其文,得碑材者四,识者咸惋惜焉。

钱大昕的朋友翰林院检讨毛式玉从新城单县令处得到碑文拓本,请大昕写前引题跋于上收藏。不知毛检讨珍藏的碑拓尚存于世否?[1] 这是罕见的巨碑,《元文类》的碑名"丞相东平忠宪王碑"和《元朝名臣事略》省称的"勋德碑"都是苏天爵自拟的简称,其实《元文类》碑文开头就说是赐名"开国元勋命世大臣之碑",钱大昕亲见原碑额名"大元敕赐开国元勋命世大臣之碑"。按古碑通例,碑上螭首用篆书题写额名,碑身用楷书书写碑文,碑文前还另有碑名,应在额名前加碑主官爵封赠等,则其全称应如《元文类》所记为:"故中书右丞相赠推忠同德翊运功臣太师开府仪同三司东平忠宪王开国元勋命世大臣之碑。"这碑阳阴两面分刻蒙汉两种文字,在传世畏兀儿字蒙古文碑中,这碑所载文字之多,对蒙古语言文字和历史研究的价值是无与伦比的。

1　钱大昕《潜研堂文集》卷四三《翰林院检讨毛君墓志铭》,《嘉定钱大昕全集》玖,734 页。

钱大昕将《元文类》书中文字和碑石拓本互校，发现"异者百余字，石本删去数十言，文义更完"。并认为："后定之本胜于初稿，文章之贵乎改削如此。"[1]

连同安童碑，《元朝名臣事略》共引元明善文六篇。以下是：

卷二之一，伯颜　清河元公撰勋德碑

卷三之二，月赤察儿　清河元公撰勋德碑

卷七之三，廉希宪　清河元公撰神道碑

卷十一之二，商挺　清河元公撰墓碑

卷十四之一，董文炳　清河元公撰家传

野斋李公文集

野斋李公即李谦(1233—1311)，字受益，《元史》有传，郓之东阿(今属山东)人。累官严氏东平万户府经历，东平府教授。"为赋有声，与徐世隆、孟祺、阎复齐名"。经翰林学士王磐推荐，召为应奉翰林文字。历任翰林待制、直学士、侍读学士。成宗即位，升学士。大德六年(1302)，召为翰林承旨。他"文章醇厚有古风，不尚浮巧，学者宗之。号野斋先生"。故苏天爵以其号称他为"野斋李公"。[2] 从《元朝名臣事略》引文得知他曾有文集，但元以后已失传，各种元艺文志皆未著录，故书名、卷数无从得知。

《元朝名臣事略》引"勋德碑"，记至元二十四年(1287)，忽必烈欲立尚书省，安童奏请不用桑哥。下注："又野斋李公文集"，内容是桑哥诬陷"北安王以皇子僭祭岳渎"，得到安童的默许，并要参知政事吕合剌作证，吕挺身为安童力辨其诬。吕合剌虽官至宰执，《元史》无

---

[1]　《潜研堂金石文跋尾》卷一九「元」东平忠宪王安童碑》，《嘉定钱大昕全集》陆，512页。

[2]　《元史》卷一六〇《李谦传》，3767页。

传,仅《本纪》出现其名两次,只有他供职将作院的记载,[1] 其名也不见于《宰相年表》。幸喜吕合剌之子天祺的墓志尚存,墓志简记其父合剌曾任金玉局使,历任工部侍郎、尚书、将作使、中书参知政事,拜大司徒。也说"桑哥诬陷丞相安童",他确实曾"力为之辨"。[2]

丞相东平忠宪王安童"事略"这段引文似是李谦为吕合剌写的碑传文,可惜这篇记述元朝宰执生平的传记已失传,仅赖这段引文留下他的名字和片断事迹。

连同这段引文,《元朝名臣事略》共引李谦文十一篇,以下是:

卷二之一,伯颜　野斋李公文集

卷七之四,张文谦　野斋李公撰神道碑

卷八之一,窦默　野斋李公撰墓志

卷十之三,杨果　野斋李公文集

卷十一之一,李德辉　野斋李公撰神道碑

卷十一之三,赵良弼　野斋李公撰墓碑

卷十二之二,王磐　野斋李公撰墓志

卷十二之三,李昶　野斋李公撰墓碑

卷十四之一,董文炳　李野斋撰墓志

卷十五之二,刘因　野斋李公撰文集序

---

[1] 《元史》卷一一一,《世祖八》,第 227 页;卷一六《世祖十三》,335 页。
[2] 揭傒斯《故荣禄大夫陕西等处行中书省平章政事吕公墓志铭》,《揭文安公集》(四部丛刊)卷一三,叶 9 至 12a。

卷二之一　丞相淮安忠武王伯颜

清河元公撰勋德碑

元明善撰写的所谓"勋德碑"是伯颜"事略"的基本史料,碑文尚存,苏天爵也将它选入自编的《元文类》,题为《丞相淮安忠武王碑》。[1] 缪荃孙编刻的《藕香零拾》本《清河集》,是从《元文类》辑出,《全元文》再从缪辑本《清河集》辑出。[2]

中庵刘公撰庙碑

中庵刘公即刘敏中(1243—1318),《元史》有传。字端甫,自号中庵,故以其号称为"中庵刘公"。济南章丘县(今属山东)人。至元十一年(1274),由中书省掾擢兵部主事,历任监察御史及地方监察机构肃政廉访司、陕西行台及御史台官员,也曾任东平路总管、山东宣慰使、河南行省参知政事等地方官。早年入京任国子监司业,升翰林直学士,兼国子祭酒。成宗大德九年(1305),召为集贤学士,商议中书省事。武宗时,官至翰林学士承旨。

《元史》评论说:刘敏中"为文辞,理备辞明。有《中庵集》二十五卷"。[3] 所谓"庙碑"全名《敕赐淮安忠武王庙碑》,是奉成宗旨于大德八年(1304)所作。[4] 当时,杭州路司狱平庆安奏请建祠祭祀伯颜,借

1　《元文类》卷二四,叶 11a 至 19a。
2　《清河集》卷三,叶 24a 至 29b。《元文类》和《元朝名臣事略》是保存此碑碑文的元刻文献,应从此辑录。《全元文》(第 24 册,346~352 页)甚至不知有这两书所录"勋德碑"文的存在,竟用现代出版商商务印书馆编印的《涵芬楼古今文钞》(即抄自《元文类》)作为校本。
3　《元史》卷一七八《刘敏中传》,4136 页。
4　《中庵先生刘文简公文集》(元刻本胶卷)卷一;《全元文》第 11 册,480~483 页。

杭州城武成庙之东宋朝原武学故基建立祠庙。这篇敕赐的碑文就是为新建的伯颜庙而作。

除这篇外,卷四之二另有"中庵刘公撰〔丞相顺德忠献王〕勋德碑"。

野斋李公文集

伯颜渡江后,亲见江南城郊川渠交通便利,提出在南北混一的形势下,应"令四海之水相通"。李谦这段文字,记述伯颜的倡议和后来修会通河的经过,这是修建运河的重要史料,与《元史·河渠志》有关记载一致,并可互相补充。尤其是强调修运河是因伯颜最先上奏,并得到"上可其奏"。可惜我没找到李谦这篇文章,也不知篇名和因何而作。

汲郡王公玉堂嘉话

汲郡王公即王恽(1227—1304),卫州汲县(今属河南)人,以其籍贯称他为"汲郡王公"。《元史》有传,年少时,"好学善属文,与东鲁王博文、渤海王旭齐名"。人称"淇上三王"。中统元年(1260)被选为中书省详定官。次年转翰林修撰,兼中书省左右司都事。从至元五年(1268)建御史台起,历任监察御史、地方提刑按察司长官。十四年授翰林待制。二十九年,召至京师,任翰林学士。

他"作为文章,不蹈袭前人,要自肺腑中流出"。"绾其文柄,独步一时"。著述甚富,"易箦方停笔"。其中《承华事略》《守成事鉴》《中堂事记》《乌台笔补》《玉堂嘉话》并杂著诗文,合为一百卷。由于他别号秋涧,故定名《秋涧先生大全文集》。[1] 延祐六年(1319),由中书省、

---

[1] 《元史》卷一六七《王恽传》,3932页;王公孺《大元故翰林学士谥文定王公神道碑铭》,《秋涧先生大全文集》(下文简称《秋涧集》,四部丛刊初编)附录。

御史台合议,批准监察御史所言,"移咨江浙行省于儒学钱粮内就便刊行"。[1]

《玉堂嘉话》是王恽从中统二年(1261)初为翰林修撰,再任翰林待制,在翰林国史院得见本朝收藏和平宋所得古籍书画和翰林院所作制诰,将感兴趣的历史典故、书画鉴定,以及本朝大事、仪制、掌故等等记录下来,于至元二十五年(1288,戊子)初步编辑为八卷,收入《秋涧先生大全文集》93~100卷。由于宋以后翰林院所在地称为"玉堂",故书名《玉堂嘉话》。这段引文附在引"勋德碑"伯颜献宋主赵㬎等于上都一段后,是一段江南民谣,用"百雁"隐喻伯颜。由于《全元文》的体例不收笔记体著作,这段引文仅见于《玉堂嘉话》卷四,即《秋涧先生大全文集》第96卷。

汲郡王公文集

在世祖"晏驾"、伯颜"总百官以定国论"一段后,引用王恽文集中赞扬伯颜处理政务"深谋远至"的事例,原文见于《秋涧先生大全文集》,本来是王恽夸赞伯颜为大贤写了三首七言律诗,这段文字是诗前说明诗意的序。[2]

连同上引二文,《元朝名臣事略》共引王恽的文字九篇。

卷二之二,阿朮　汲郡王公撰庙碑

卷五之一,耶律楚材　汲郡王公文集

卷六之四,张弘范　玉堂嘉话

卷七之二,史天泽　汲郡王公撰家传

卷八之一,窦默　汲郡王公中堂事记

---

[1]　皇帝圣旨里中书省、御史台呈文,同上,附录。
[2]　《大贤诗三首序》,《秋涧集》卷二二,叶8a。因《全元文》体例不收诗词,这段诗序未收。

卷十之四,张德辉　汲郡王公撰行状
卷十二之二,王磐　玉堂嘉话

卷二之二　丞相河南武定王阿朮

汲郡王公撰庙碑

阿朮的"事略"全文皆采用王恽所写的这篇"庙碑",全名《大元光禄大夫平章政事兀良氏先庙碑铭》。兀良氏或作兀良合、兀良罕,族人折里麦、速不台都是蒙古开国名将,速不台还是两次西征和灭金战争的主将。速不台之子兀良合台辅忽必烈平大理,留云南,"收诸部,降交趾,践宋境"。阿朮是兀良合台之子,与伯颜领军平宋有功,官至中书左丞相,追封河南武定王。《河南武定王》一篇按体例只载阿朮事略,"先庙碑"是应平章政事不邻吉歹的请求,为他的故父阿朮和阿朮"多树功阀"的"乃祖乃父"建祠树碑而作。因此,在引用阿朮早年"从父都帅公(兀良合台)征西南夷"一段《庙碑》文字后,在"又云"下,用小字附注的形式,引用了大段追溯其祖速不台、其父兀良合台事迹的文字。由于他们祖孙三代都是元朝历史中的重要人物,因此,追述祖先数代功绩的《先庙碑》和《事略》附载其父、祖的事迹更具史料价值。王恽的文集现存,通行《四部丛刊》本《先庙碑》有脱文、墨钉十六处四十字,可用《事略》校补。[1]

元朝蒙古统治者重视"根脚",大臣将帅世代相继,故《元朝名臣

---

[1] 《大元光禄大夫平章政事兀良氏先庙碑铭》,《秋涧集》卷五〇,叶1至卷末;《全元文》第6册,382~393页。

事略》以后各篇,凡传主先人生平功绩显著者,都采取这种附注的办法保留他们的事迹。

卷二之三　丞相楚国武定公阿里海涯

牧庵姚公撰神道碑

阿里海涯是负责荆湖方面平宋的主帅,他的"事略"采自姚燧所写的神道碑,苏天爵也选入自编的《元文类》,题为《湖广行省左丞相神道碑》。由于元朝编刊的姚燧文集已佚,明刘昌编的《中州名贤文表》本《姚文公牧庵集》和《四库全书》中的《牧庵集》都是重辑,因此应以《元朝名臣事略》和《元文类》所载碑文为最原始的文本。[1]

刘武敏公碑

《神道碑》提到:起初宋降将刘整献策攻取襄阳,然后"浮汉入江,则宋可平"。但后来"襄阳下"和"渡江捷闻",刘整因"功已不出乎己","愤惋以死"。因此姚燧在碑文最末,大发感慨。苏天爵在这段后加注:"又《刘武敏公碑》云",这一段更详细地叙述忽必烈接受刘整的献策和宋朝派间谍离间刘整等事实。《牧庵集》没有这篇《刘武敏公碑》,《全元文》未收,也不见于《金石志》等书。

---

[1] 《元文类》卷五九,叶1a至10b;《牧庵集》卷一三,叶12a至21b;《全元文》第9册,551页。

卷三之一　太师广平贞宪王月吕禄那演

高唐阎公撰勋德碑

高唐阎公即阎复(1236—1312),字子靖。父忠,因躲避战乱从山西移居山东高唐,故以他的籍贯称为"高唐阎公"。严实父子主政东平行台,入他们所创东平府学,招阎复等诸生肄业,"迎元好问校试其文,预选者四人,复为首,徐琰、李谦、孟琪次之"。1259年,出任东平行台书记,后升御史台掾。至元八年(1271),经翰林学士王磐推荐出任翰林应奉,历任翰林修撰、翰林直学士、侍讲学士、翰林学士。除两度出任金河北河南道提刑按察司事和浙西道肃政廉访使外,都在翰林院供职,成宗大德四年(1300),升任翰林院长官翰林学士承旨。

阎复"在翰林最久,赞书积几,高下轻重,拟议精切,传颂以为楷则"。从至元到大德三四十年间,诰令典册都是阎复"所独擅"。"其所为文",有《静轩集》五十卷。[1] 苏天爵所谓"勋德碑"篇名《太师广平贞宪王碑》,也被选入他另编的《元文类》卷二三。由于《静轩集》早已失传,缪荃孙也将《元朝名臣事略》和《元文类》中散见的阎复文章辑出,编成《静轩集》五卷,附录一卷。[2]

月吕禄那演《元史》译月吕鲁那演,乃元世祖赐名,本名玉昔帖木儿,附传于其祖博尔朮传后。月吕禄那演"事略"的史料全用《太师广平贞宪王碑》。月吕禄,阿尔剌氏,世袭其祖博尔朮右翼万户长。博

---

[1] 《元史》卷一六〇《阎复传》,3772页;袁桷《翰林学士承旨谥文康阎公神道碑铭》,《清容居士集》(四部丛刊初编)卷二七,叶9b至13a。
[2] 《藕香零拾》本。《太师广平贞宪王碑》辑入《静轩集》卷三,叶10a至13b。又见《全元文》第9册,257页。

尔尤是蒙古开国功臣,"位诸将之上",故在正文提到他时,用小字夹注博尔尤等人的事迹。

《全元文》明知《静轩集》为辑本,舍元刻本不用,却以辑本为底本。《元文类》《元朝名臣事略》原本是辑本的来源,反而被贬为参校本。辑本《清河集》《静轩集》如有改正原本脱误处,只能视为缪荃孙的研究成果。既不应作底本,也不能视为不同版本。

连同月吕禄碑,《元朝名臣事略》共引阎复文五篇。以下是:

卷三之三,土土哈　高唐阎公撰纪绩碑

卷四之一,完泽　　高唐阎公撰勋德碑

卷十之二,宋子贞　高唐阎公文集

卷十五之一,郝经　高唐阎公撰墓志

卷三之二　太师淇阳忠武王月赤察儿

清河元公撰勋德碑

月赤察儿的"事略"全据元明善所作碑文。所谓"勋德碑"原名《太师淇阳忠武王碑》,苏天爵也将它选入自编的《元文类》卷二十三。月赤察儿,许慎氏,曾祖博尔忽也是蒙古开国功臣,祖脱欢,父失烈门,世袭怯薛长。在正文提到他们时,用小字夹注博尔忽等人的事迹。[1]

---

[1] 《太师淇阳忠武王碑》,辑入《清河集》卷二,叶11a至17a。又见《全元文》第24册,332页。

卷三之三　枢密句容武毅王土土哈

高唐阎公撰纪绩碑

土土哈的"事略"全部依据阎复所作的这篇"纪绩碑"。碑文已佚,仅赖《元朝名臣事略》引用得以保存。《全元文》据《静轩集》收录此文,并据《元朝名臣事略》校正。《静轩集》本非阎复原书,脱误甚多。《全元文》第9册,268页出七注,又将脱误文字校改恢复原状,多此一举。缪荃孙在篇末本已注明来源,不如直接从《元朝名臣事略》选录。《全元文》随《静轩集》命名《枢密句容武毅王碑》,此碑《元朝名臣事略》注名"纪绩碑",应在"碑"字前加"纪绩"二字,以与虞集所撰《句容郡王世绩碑》区别。[1]

卷四之一　丞相兴元忠宪王完泽

高唐阎公撰勋德碑

完泽的"事略"全部依据阎复所作的这篇"勋德碑"。碑文已佚,仅赖《元朝名臣事略》引用得以保存。《全元文》据《静轩集》收录此文,并据《元朝名臣事略》校正。[2] 完泽,土别燕氏。祖土薛,又译秃薛,蒙古灭金之役,充拖雷西路军前锋。金亡,任都元帅,领兵攻宋兴元(今陕西汉中)、四川各地。父线真,中统、至元初任中书右丞相。

1　《枢密句容武毅王碑》,《静轩集》卷三,叶17a至21a;《全元文》第9册,265~268页。
2　《丞相兴元忠宪王碑》,《静轩集》卷三,叶20a至21a;《全元文》第9册,268~270页。

碑文追述完泽先人，将二人功业、事迹用小字夹注于正文中。

卷四之二　丞相顺德忠献王答剌罕

中庵刘公撰勋德碑

答剌罕的"事略"全部依据刘敏中所作的这篇"勋德碑"。在他的文集《中庵集》中全名《敕赐太傅右丞相赠太师顺德忠献王碑》，下注作于"皇庆元年"。苏天爵也将碑文选入他所编《元文类》，简称《丞相顺德忠献王碑》。[1] 当时，刘敏中已"以病归田里"，退职在家，"朝廷有大制作，必遣使需其文，如忠武王伯颜碑、故丞相忠宪王答剌罕碑，咸出其手"。[2]

答剌罕是蒙元授予享有特权之功臣的封号，子孙世袭。他本名哈剌哈孙，曾祖启昔礼，与其兄巴歹，得悉王汗将偷袭成吉思汗，密告他"为备"有功，赐号答剌罕。[3] 子博里察、孙囊加台世袭，分别领军灭金伐宋有功。苏天爵在引用"勋德碑"提到哈剌哈孙因是"勋臣后"，"命袭答剌罕"时，用小字夹注碑文中追述他祖先三代的内容。

1　《中庵先生刘文简公文集》卷四；《元文类》卷二五，叶 1a 至 10a；《全元文》第 11 册，537~544 页。
2　曹元用《敕赐故翰林学士承旨赠光禄大夫柱国追封齐国公刘文简公神道碑铭并序》，《中庵集》卷首。
3　参见《元朝秘史》，乌兰校勘本，中华书局，2012 年，第 169~170、219 节，176~188、286~288 页。

卷四之三　平章鲁国文贞公不忽木

牧庵姚公撰神道碑

不忽木的"事略"基本上依据姚燧所作的"神道碑"。碑文已佚，四库本(包括写本和聚珍版印本)和《全元文》第9册299—328卷姚燧文都遗漏未辑。这篇平章鲁国文贞公不忽木的神道碑文靠《元朝名臣事略》引用得以保存，是仅见于此书的珍贵史料。

瓠山王公撰墓志

不忽木的"事略"有三段引自"瓠山王公撰墓志"。"瓠山王公"即王构(1245—1310)，字肯堂，号瓠山。袁桷作祭文称他为"翰林承旨瓠山先生王公"，所以苏天爵以他的号称为"瓠山王公"。[1] 山东东平人，《元史》有传，称他"学问该博，文章典雅"。至元十一年(1274)，授翰林国史院编修官。"由院中叙迁应奉、修撰、升侍讲，进翰林学士"。武宗即位，拜翰林学士承旨。未几，以疾卒。[2]

《全元文》第10册，578~581页、第13册，121~151页皆收有王构文，没有从《元朝名臣事略》辑出这篇墓志。

1　《析津志辑佚》，北京古籍出版社，1983年，159页；《祭王瓠山承旨》，《清容居士集》卷四三，叶9b。
2　《元史》卷一六四《王构传》，3855页；《翰林学士承旨赠大司徒鲁国王文肃公墓志铭》，《清容居士集》卷二七，叶9b。

卷四之四　平章武宁正宪王彻理

牧庵姚公撰神道碑

彻理"事略"基本上依据姚燧所作的这篇"神道碑"。苏天爵也将神道碑原文选入他所编《元文类》，也收入四库辑本《牧庵集》，题为《平章政事徐国公神道碑》。[1]

吴松江记

《神道碑》提到：大德七年（1303），彻理出任江浙行省平章政事，"发卒数万浚决"吴松江，下面夹注《吴松江记》，具体记述大德八年疏导吴松江的过程。

这篇《吴松江记》不见于其他元代文献和明清的水利书和地方志。《元史·河渠志》记载吴松江的水利建设从英宗至治年间开始，此前大德间的治理情况可用这篇《吴松江记》补充。此篇前失注撰人，不知是何人所作。

卷五之一　中书耶律文正王楚材

耶律楚材的"事略"苏天爵引用文献较多，有行状、神道碑、墓志和其他有关资料共七种。

平章宋公撰神道碑

平章宋公即本书卷十之二的"平章宋公子贞"。宋子贞（1185—

---

[1]　《元文类》卷五九，叶 20b；《牧庵集》卷一四，叶 10b 至 16a；《全元文》第 9 册，566 页。

1266），潞州长子人。《元史》有传，称他"性敏悟好学，工词赋"。起初在严实父子治下任东平行省幕官。中统元年（1260），忽必烈即位，出任益都宣抚使。再召为中书省右三部尚书。至元二年（1265），李璮反，与左丞相耶律铸行省山东，参议行中书省事。还，授翰林学士，参议中书省事。又拜中书平章政事。[1] 故苏天爵称他为"平章宋公"。中统二年，耶律楚材葬于玉泉东瓮山（今颐和园万寿山）之阳。七年后，其子耶律铸因与宋子贞是中书省和行省同僚，故将赵衍写的《行状》交给宋子贞写就这篇神道碑铭。苏天爵也将此篇选入自编的《元文类》，题为《元故领中书省耶律公神道碑》（目录）或《中书令耶律公神道碑》。[2]

《中书令耶律公神道碑》提供了耶律楚材"事略"绝大部分资料。下文卷十之一，刘肃的尚书刘文献公墓志也是宋子贞所作。

张都燕居丛谈

张都之名不见于元人文献，《燕居丛谈》今不传，也不见前人著录。从书名看，作者似久居燕京，记当时亲见亲闻的掌故。所引两段都是讲成吉思汗西征驻跸寻思干（今撒马尔罕）时，耶律楚材进《庚午元历》和在当地检验的情况。《元史·历志序》简单介绍了《庚午元历》，但不及《燕居丛谈》详细。[3] 后者还引用耶律楚材向成吉思汗进呈的表文原文，尤为可贵。

李微撰墓志

李微，字子微，号九山居士，云中（今山西大同）东城人。生平不详，但当时人诗文中常提到他，是金元之际未出仕的重要文人。李微

---

[1]　《元史》卷一五九《宋子贞传》，3735~3737 页。
[2]　《元文类》卷五七，叶 9b；《全元文》第 1 册，169 页。
[3]　《元史》卷五二《历一》，1119 页。卷五六《历五》、卷五七《历六》是《庚午元历》。

自称是耶律楚材的"门下士",癸巳年(1233)曾为他的《湛然居士集》作序。据1998年新发现的耶律铸墓志载:"既成童,从学于九山李先生子微。"[1] 可见耶律铸是请他的启蒙老师为其父撰写墓志铭。在他的文集中还保留怀念李微的诗。[2]

全文共摘引《墓志》两小段,前段在引《神道碑》"己丑太宗即位"一段下,小字夹注引《墓志》,记耶律楚材反对"再择日"立"太宗登宝位"。后段以正文引《墓志》,记"壬寅春,后以储嗣"征询他意见的回答。

遗山元公上书

遗山元公即元好问(1190—1257),字裕之,号遗山,故苏天爵尊称为"遗山元公"。他"为文有绳尺,备众体"。金元之际,"故老皆尽,好问蔚为一代宗工,四方碑版铭志尽趋其门"。[3] 所谓"上书"指《癸巳岁寄中书耶律公书》,此文还保存在他的文集中。苏天爵也选入他所编《元文类》,题为《上耶律中书书》。[4]《事略》引《神道碑》叙述蒙古下汴梁前后,耶律楚材为保存传统文化所做的努力。下面用小字夹注元好问这段文字,记述汴梁陷落后的次年,金帝迁往蔡京苟延时,元好问自称为耶律楚材的"门下士",向他上书,期望他救助汴梁城中的儒士于兵荒马乱之中。书信中列有很长的名单,包括姓名、籍贯、官职等。这个名单是研究当时士大夫概况的重要史料。

连同《上书》,《事略》共引用元好问文四篇。

---

1 《大元故光禄大夫监修国史中书左丞相耶律公墓志铭》,孙猛《北京出土耶律铸墓志及其世系、家族成员考略》,《中国国家博物馆馆刊》2012年第3期。
2 《客中寄怀李先生九山居士》,《双溪醉隐集》(知服斋丛书)卷三,叶2a。
3 《金史》,中华书局点校本,卷一二六《元好问传》,2742页。
4 《遗山先生文集》(四部丛刊初编)卷三九,叶1a;《元文类》卷三七,叶1a。

卷六之二，严实　遗山元公撰神道碑

卷六之三，张柔　遗山元公撰勋德第二碑

卷十三之一，杨奂　遗山元公撰墓碑

赵衍撰行状

赵衍字昌龄，号西岩。宋子贞作耶律楚材神道碑文，就是依据赵衍这篇《行状》，称他为"进士赵衍"，应是前金的进士。他随龙山居士吕（鲲）先生游。金朝以"诗学为盛"，赵著（号虎岩）、吕鲲二人"以风雅自居"，是金宣宗南迁后留居燕京的著名诗人，赵、吕之学自成燕蓟一派。耶律楚材待以宾礼，让他们教授其子耶律铸。赵衍大概就在这时受业于吕鲲，成为绍传赵、吕之学遗绪的名士。[1] 蒙哥汗在位时，耶律铸一家在漠北，向汗请求携诸子至燕京就读儒书，让耶律希亮兄弟师事赵衍。[2] 赵衍有著作《西岩集》，在他去世后曾由其子请王恽作序，可惜此书已失传。[3]

耶律楚材"事略"有两段选自赵衍撰《行状》。

汲郡王公文集

《行状》提到窝阔台嗜酒和畋猎，终于导致病故。又以小字夹注引王恽的文集。这是王恽途经平阴县，亲闻"先朝控鹤近侍"校尉陈某所谈的一段掌故，描述太宗的容貌、性格，与他死后比较，肯定他执政的"前后十年，号称无事"。[4]

1　王恽《西岩赵君文集序》，《秋涧集》卷四三，叶 11a。

2　危素《故翰林学士承旨资善大夫知制诰兼修国史赠推忠辅义守正功臣集贤学士上护军追封涞水郡公谥忠嘉耶律公神道碑》，《危太朴续集》（嘉业堂丛书）卷二，叶 5b。

3　《西岩赵君文集序》。

4　《秋涧集》卷四四《杂著》，叶 16a。

陵川郝公文集

陵川郝公即郝经(1223—1275),字伯常,《元史》有传。泽州陵川人(今属山西),故称"陵川郝公"。早年被顺天守帅张柔、贾辅延为上宾,两家藏书皆万卷,郝经"博览无不通"。宪宗二年(1252),忽必烈召郝经加入他的金莲川幕府,咨以经国安民之道,多次向忽必烈进言献策。中统元年(1260)忽必烈即帝位,任命郝经为翰林侍读学士,佩金虎符,充国信使使宋,被宋人拘留。在被拘期间,撰《续后汉书》《易春秋外传》《太极演》《原古录》《通鉴书法》《玉衡贞观》等书及文集,凡数百卷。至元十一年(1274),伯颜领大军南下,宋人惧,放郝经归。次年抵京,病卒。后追谥文忠。故卷五之二引文又以他的谥号称为"郝文忠公"。[1]

郝经去世四十多年以后,仁宗延祐间,他的学生礼部尚书郭贯,通过中书省上奏说:故国信使郝公"以命世之才",奉世祖命"讲好使宋",被拘留十六年,"凛然风节,远配古人"。其平日著述"学者愿见而不得",遗稿家藏尚多,而其子郝采麟已早卒,请求于怀州家中取来,交翰林院审定后发下刊刻印行,"庶使一代儒宗雅文杰作不至湮没,传之将来"。于是怀孟路总管府从郝家将书申解至京,有《陵川文集》十八册,《三国志》(《续后汉书》)三十册,送交翰林国史院考校,经待制赵穆、编修官蒲道源鉴审后联署呈报说:"郝经所著文集,笔力雄深,议论该博,忠义之气蔼然见于言意之表";其《三国志》"黜曹魏而主刘蜀,使正统有归,脗合朱文公《通鉴纲目》笔法"。于是礼部通过中书省行文江西行省,交付行省所辖儒学钱粮多处开板,刊毕各印

---

[1] 《元史》卷五七《郝经传》,3698页;阎复《元故翰林侍读学士国信使郝公墓志铭》,《郝文忠公陵川全集》(以下简称《郝文忠公集》,清道光八年增补年谱重修本)卷首。

二十部装褙完备咨来。[1] 因此,郝经的《郝文忠公陵川文集》是由中书省上奏获准,交付江西行省刻印的,开元朝私著官印之例。虽然延祐年刻的郝经文集已不存,但明、清的翻刻本仍在,三十九卷诗文及有关附录皆保存完整。

在神道碑评述耶律楚材的风格、人品之后,又引《陵川文集》。这段文字出自《立政议》,是郝经出任国信使,在"渡淮入宋"时向新君忽必烈的建言。引文是说耶律楚材在太宗时各方面皆有政绩,但遭到"矫诬",致"愤悒以死"。[2]

连同这篇《立政议》,全书共引郝经文八篇,以下是:

卷五之二,杨惟中　郝文忠公撰神道碑

　　　　周子祠堂记

　　　　又〔太极书院记〕

卷六之三,张柔　陵川文集〔故易州等处军民总管何侯神道碑铭〕

卷六之三,张柔　陵川文集〔顺天府孔子新庙碑〕

卷十五之一,郝经　班师议

卷十五之一,郝经　复与宋国丞相论本朝兵乱书

1　李之绍《原序》《延祐五年五月初九日奉圣旨》《中书省移江西行省咨文》,《郝文忠公集》卷首。
2　《立政议》,《郝文忠公集》卷三二,叶14a。

卷五之二　中书杨忠肃公惟中

郝文忠公撰神道碑

郝文忠公是郝经的谥号。杨惟中的"事略"主要根据郝经所写的神道碑,全名"故中书令江淮京湖南北等路宣抚大使杨公神道碑铭",收入他的文集,故此碑全文仍在。

1259年,蒙哥大举伐宋,自己领兵入川,命忽必烈统东师直趋荆鄂,郝经随从至濮州,向忽必烈建议说:现今宋朝未有败亡之衅可乘,不如绥怀远人,结盟好、弭兵锋、饰战备以待西师(蒙哥军)。忽必烈乃任命杨惟中为江淮荆湖南北等路宣抚使,郝经为副使,先至江上,存恤遗黎,听纳降附。[1] 同年冬十二月,杨惟中卒,由于郝经是他的同僚,故请郝经撰写了这篇神道碑文。[2]

周子祠堂记

神道碑提到,蒙古军克宋枣阳军、德安府等地,"收集伊、洛诸书送燕都,立周子祠,建太极书院"。在这段引文下,用小字夹注"又《周子祠堂记》云"。这段引文也出于郝经所作《周子祠堂碑》。[3]

〔太极书院记〕

在"岁时释奠"一句后,接连是"又刻太极图……"一段,并未断开

1　苟宗道《故翰林侍读学士国信使郝公行状》,《郝文忠公集》卷首;《元史》卷一五七《郝经传》,3698页。
2　《故中书令江淮京湖南北等路宣抚大使杨公神道碑铭》,《郝文忠公集》卷三五,叶29b至30a。
3　《郝文忠公集》卷三四,叶10a。

另标篇名,实际"又"字后是引郝经另一篇文章《太极书院记》。[1]

卷六之一　　总帅汪义武王世显

杨文宪公撰神道碑

杨文宪公即本书卷十三之一的"廉访使杨文宪公",名奂(1186—1255),字焕然,号紫阳,乾州奉天(今陕西乾县)人。戊戌选试中选,中书耶律楚材荐授河南路征收课税所长官。1252年,忽必烈驿召奂参议京兆宣抚司事。三年后卒,赐谥文宪,故苏天爵称他为"杨文宪公"。

"奂博览强记,作文务去陈言,以踏袭古人为耻"。在他生前的丙午年(1246),门人员择摭拾遗稿八十卷,命名《杨紫阳文集》,付刻前请宋进士赵复作序。[2] 另说他所著有《还山集》六十卷、《天兴近鉴》三卷、《正统书》六十卷。[3] 似乎元朝曾有不同的版本。明初已佚。明嘉靖初宋廷佐辑得残存文一卷、诗一卷,称《还山遗稿》。

汪世显的"事略"主要依据这篇神道碑文,共分八小段。嘉靖辑本《还山遗稿》卷上已收入,篇名《总帅汪义武王世显神道碑》,碑文从"公系出汪骨族"开门见山说起,前后文皆无神道碑常见套话,又无碑序后的铭文,全文与这篇汪世显"事略"摘录性文字基本相符,显然是从《事略》辑出。《全元文》辑校者据元刻勤有堂本《元朝名臣事略》

---

[1] 《郝文忠公集》卷二六,叶14a。
[2] 赵复《杨紫阳文集序》,《元文类》卷三二,叶11a。
[3] 元好问《故河南路课税所长官兼廉访使杨公神道之碑》,《遗山先生文集》卷二三,叶5b;《元史》卷一五三《杨奂传》,3621页。

校出讹脱甚多,其中几注用适园丛书本《还山遗稿》校出,经核对,适园本正确者文字与勤有堂本无异。如弄清文献源头,就应选《事略》为新编杨奂文的底本,没必要这么倒果为因的出校。

除这篇外,卷八之一内翰窦文正公引《杨文宪公文集》一段。

卷十三之一,杨奂 〔杨文宪〕公文集

  杨奂 鲁国东游记

蜀郡虞公文集

蜀郡虞公即原籍四川的虞集。虞集(1272—1348),字伯生。先祖虞殷,唐中和间(881—884)出任四川仁寿郡守,"因家焉,遂为蜀人"。父汲,任黄冈尉。宋亡,侨居临川崇仁(今属江西)。[1] 他以祖籍自称蜀人,故苏天爵尊称他为"蜀郡虞公"。

《事略》引神道碑叙述汪世显在金亡以后仍据守巩昌,及其降蒙的经过。以下小字夹注"又蜀郡虞公文集云"。这段注文的全文苏天爵也选入《元文类》,篇名《汪氏勋德录序》。虞集的文集今存,有内容不同的版本,主要有《雍虞先生道园类稿》和《道园学古录》两种。《道园类稿》和《道园学古录》皆收入此文,全名《陇右王汪氏世家勋德录序》。[2]

连同这篇《汪氏勋德录序》,全书共引虞集文六篇,以下是:

卷六之四,张弘范 蜀郡虞公撰庙堂碑

卷七之四,张文谦 蜀郡虞公撰新茔记

卷八之三,许衡 蜀郡虞公文集

---

1 赵汸《邵庵先生虞公行状》,《东山存稿》(清康熙赵吉士刻本)卷六,叶1a;《全元文》第54册,351页;《元史》卷一八一《虞集传》,4174页。

2 《元文类》卷三五,叶11a;《雍虞先生道园类稿》(元人文集珍本丛刊)卷一六,叶8b;《道园学古录》(四部丛刊初编)卷六,叶12b;《全元文》第26册,68页。

卷十一之三,赵良弼　蜀郡虞公文集
卷十四之二,董文用　蜀郡虞公撰行状

卷六之二　万户严武惠公实

遗山元公撰神道碑

万户严武惠公实的"事略"主要依据元好问这篇神道碑文。碑文收入《遗山先生文集》卷二十六,碑名《东平行台严公神道碑》。

卷六之三　万户张忠武王柔

张柔的"事略"引用文献有神道碑、墓志、勋德碑、勋德二碑、文集等多种。

王文忠公撰神道碑

王文忠公即本书卷十二之二"内翰王文忠公"王磐。王磐(1202—1293),《元史》有传,字文炳,号鹿庵,金广平永年(今河北永年东南)人。正大四年(1227)经义进士,授归德府录事判官,不赴。"自是为学益力,涵泳经史,渐浸百氏,发为歌诗古文,波澜闳放,浩无津涯"。元世祖时久官翰林院,仕至翰林学士承旨,死后追封洺国公,谥文忠。故苏天爵以谥号称他为"王文忠公"。

同样曾任翰林学士承旨的李谦颂扬他说:"夙有重名,持文柄主盟吾道,余二十年,天下学士大夫,想闻风采,得被容接者,终身为荣。"又评论他"为文冲粹典雅,得体裁之正,不取尖新以为奇,不尚隐僻以为高"。[1]《文渊阁书目》有《王文忠公文集》一部六册,残缺。[2]以后不再见于著录。

幸喜早年原碑尚存,被录入地方志中得以留传。[3]

连同这篇《神道碑》,全书共引王磐文九篇,以下是:

卷七之一,刘秉忠　王文忠公撰神道碑

卷七之二,史天泽　王文忠公撰神道碑

卷七之四,张文谦　先茔碑(继"野斋李公撰神道碑"后,"又《先茔碑》",令人误以为李谦撰,实为王磐所作)

卷八之一,窦默　神道碑

卷八之三,许衡　〔鲁斋先生画像赞〕

卷八之三,许衡　〔名儒论赞　鹿庵王氏曰〕

卷十三之二,李冶　王文忠公撰书院记

卷十四之一,董文炳　王文忠公撰墓碑

陵川文集

王磐神道碑记张柔早年,金中都路经略使苗道润被其副手贾瑀所害,部众推张柔为长。以下小字注"又《陵川文集》云",是引用郝经所作《故易州等处军民总管何侯神道碑铭》,内容是记苗道润被贾瑀伏射受伤,被何伯祥救出,并报告朝廷,"命易水公靖安民代道润",次年靖安民死,才"以符节归"张柔。[4]

1　《元史》卷一六〇《王磐传》,3751 页;《元朝名臣事略》卷十二之二,内翰王文忠公引野斋李公撰墓志。

2　《文渊阁书目》(一)卷九,见《丛书集成初编》0029 册,116 页。

3　《(光绪)畿辅通志》(上海古籍出版社缩印本)卷一六八,叶 10a,6243 页下。据明清历修地方志移录,《全元文》第 2 册,267~271 页亦收入。

4　《郝文忠公集》卷三五,《故易州等处军民总管何侯神道碑铭》,叶 24b 至 25a。

王文康公撰墓志

王文康公即本书卷十二之一的"内翰王文康公"王鹗,《元史》有传。王鹗(1190—1273),字百一,曹州东明(今山东东明南)人。金正大元年(1224),中进士第一甲第一人出身,即状元。1260年,世祖即位,建元中统。首授翰林学士承旨,制诰典章,皆所裁定。至元元年(1264),倡议创立翰林学士院。十年卒,谥文康。故苏天爵以谥号称他"王文康公"。

张柔"事略"共引《墓志》十段,是全篇引用最多的文献。王鹗"为文章不事雕饰",主张"学者当以穷理为先"。有《应物集》诗文四十卷。[1] 早已不传,张柔的《墓志》仅保留在此"事略"的引文中,不见于其他任何文献。[2]

另外,卷十之三杨果的"事略"引用了王文康公文集。

滹南王公撰勋德碑

滹南王公即王若虚(1174—1243),藁城(今属河北)人。金承安二年(1197)经义进士,官至翰林直学士。金亡,北归真定,浮沉里社者十余年。因所居处滹沱河南,自号滹南遗老。故苏天爵称他为"滹南王公"。他的遗稿经王鹗、董文炳编辑刊行《滹南遗老集》四十五卷。[3] 然这篇《勋德碑》,《滹南遗老集》失收,只能靠《元朝名臣事略》得以留传。[4]

这篇"事略"之末有一段记张柔反思:平生作战杀人甚多,表示不

---

[1] 《元史》卷一六〇《王鹗传》,3756页。
[2] 《全元文》第 8 册,1~37 页王鹗文遗漏未辑。
[3] 王鹗《滹南遗老集引》,《滹南遗老集》(四部丛刊初编)卷首。
[4] 《全辽金文》,山西古籍出版社,2001 年,2517 页,据上海图书馆抄本《金源七家文集补遗》所辑《元朝名臣事略》文辑入。

再安杀,要优待俘虏、降人等。下注出自"勋德碑",这段文字也见于王磐撰神道碑,只不过在最前面加上"公将南渡也"一句,以便与下文联结。[1] 可能这段引文乃王磐"神道碑"因袭王若虚的《勋德第一碑》。

陵川文集

张柔"事略"正文引用《陵川文集》记述张柔据保州后建庙学的经过,这段引文出自郝经的《顺天府孔子新庙碑》,现仍保存在他的文集中。[2]

遗山元公撰勋德第二碑

正文壬辰年之下,引《墓志》记张柔"薄汴梁,蹙归德,陷汝南,攻徐、邳"的事实。下文小字注"又遗山元公撰勋德第二碑云"。元好问这篇碑文现存他的文集中,碑名《顺天万户张公勋德第二碑》。由于王若虚所写的《勋德碑》"立将二十年",而张柔的"勋伐积累日盛,而皆王君不之见者"。所以元好问应张柔部曲的请求,又写了《勋德第二碑》。[3]

紧接下一段正文仍引《墓志》,下注"又勋德碑云",实际上这段引文仍出自元好问的《勋德第二碑》。这两段引文都是元好问历数张柔参加的各次战役及其功绩。由于元好问的记录较为详细,苏天爵不是照抄原文,而是做了大量删节,前一段,略去归德之役,后一段略去郢州之役和光州之役。每一次战役的细节和描写也被删简,为了文字的衔接,个别文字有所增减和改动。

---

1 《(光绪)畿辅通志》卷一六八,叶 11b,6244 页上。
2 《郝文忠公集》卷三四,叶 12a。
3 《遗山先生文集》卷二六,叶 13b 至 15a;《全元文》第 1 册,593、591 页。

卷六之四　元帅张献武王弘范

蜀郡虞公撰庙堂碑

元帅张献武王弘范的"事略"主要依据虞集这篇《庙堂碑》。苏天爵也将它选入自编的《元文类》，题为《元帅张献武王庙碑》，虞集的文集《道园类稿》和《道园学古录》皆收有此碑，篇名《淮南献武王庙堂之碑》。

牧庵撰左丞李恒庙碑

至元十六年（1279）下引"庙堂碑"，记元宋崖山之战，"宋臣以其主广王赴水死"，"张世杰北突吾军而遁，令李恒追之大洋"。下文小字注引"牧庵撰《左丞李恒庙碑》云"，节选宋幼主在杭州出降后，陈宜中、张世杰拥立益王、卫王和文天祥继续抵抗的经过。此"庙碑"苏天爵也选入他所编《元文类》，篇名《中书左丞李公家庙碑》。也收入辑本《牧庵集》，全名《资善大夫中书左丞赠银青荣禄大夫平章政事谥武愍公李公家庙碑》。[1]

玉堂嘉话

最末一段引《庙堂碑》，记张弘范俘获文天祥，"待以客礼"。下文小字注"又《玉堂嘉话》云"，记陈宜中、文天祥等继续抗元，文天祥被俘、拒降和就戮。这段注文尚保存在王恽《秋涧先生大全文集》中。四部丛刊本后三行上首共脱十二字，可据《元朝名臣事略》引文补。[2]

---

[1]　《元文类》卷二一，叶 1a；《牧庵集》卷一二，叶 5a；《全元文》第 9 册，492 页。
[2]　《玉堂嘉话》卷之五，《秋涧集》卷九七，叶 13b。

卷七之一　太保刘文正公秉忠

王文忠公撰神道碑

刘秉忠的"事略"引用的文献有神道碑、行状、墓志和文集序等多种。首先是王磐所撰神道碑,全文共引七段,是刘秉忠"事略"的主要资料。这篇碑文现存,收入明弘治顺德府刻本《藏春集》卷之六附录和念常《佛祖历代通载》。《佛祖历代通载》是一部编年体佛教史著作,按年记载佛教大事,以及高僧和与佛教有关人物生卒,每条之后,原文附载"佛教碑碣及诸大家之文"。[1] 因此,在刘秉忠去世那年转录了这篇神道碑。《全元文》从日本《大正大藏经》本《佛祖历代通载》转载此碑,拟名《刘太保碑铭并序》。明刻《藏春集》所收是王磐原作,碑题《故光禄大夫太保赠太傅仪同三司文贞刘公神道碑铭并序》。还有神道碑撰文、书写和篆额者三人姓名、官衔:"翰林学士嘉议大夫知制诰兼修国史王磐奉敕撰","昭文馆大学士正议大夫姚枢奉敕书","国信使所参议官高翺篆额",皆被《佛祖历代通载》略去。碑的全名、撰文、书写和篆额者姓名、官衔,在史料缺乏的情况下,往往可提供有关人物的重要讯息。

韦轩李公撰文集序

据孟繁清先生的最新考据成果,他从《永乐大典》本《顺天府志》中《析津志》佚文发现名宦"幸轩李槃"的名字,搜集到大量李槃和李韦轩的资料,两人的事迹接近,而未发现另有李幸轩其人,因此考定"韦轩李公"即李槃。由于他没找到李槃字或号韦轩的铁证,故只慎

---

[1] 陈垣《中国佛教史籍概论》,科学出版社,1957年,136页。

重地说"极有可能"。[1] 至元、大德间，有一位都漕运副使张仲温，喜好与文人交往，"在廷文学之臣咸赠以诗，今其家所存，则有左山商公挺孟卿、韦轩李公槃德新、阎公复子静"等人凡十七篇。[2] 我们已知，首位商挺字孟卿，号左山。由此确证，下一位"韦轩李公"是李槃的号，还透露他字德新，这更是新的发现。[3]

诚如孟繁清先生所说："李槃家居真定，与邢州（治今河北邢台）邻近"，即与刘秉忠家乡毗邻。1247 年，张德辉赴漠北，向忽必烈举荐李槃等人。肯定他随后也曾应召，以"庄圣太后唆鲁禾帖尼"真定食邑属民的身份侍幼子阿里不哥讲读，当然与同在漠北的刘秉忠有交往。[4] 至元元年（1264），李槃经刘秉忠等向忽必烈推荐，出任皇子忙安的说书官。[5] 李槃不仅给刘秉忠的文集作序，而《太保刘秉忠赠谥制》也是李槃所作。苏天爵将《赠谥制》选入《元文类》。[6]《赠谥制》也收入明刻本《藏春集》卷之六附录，篇名《赠仪同三司太傅谥文贞刘公制》，制辞末尾较《元文类》多"准此。至元十二年正月日"十字，让我们确知制辞定稿的年月。

刘秉忠"事略"共引用《文集序》三段，乃关于刘秉忠建议选人治理邢州，从征大理和宋，为忽必烈献策，为忽必烈兴建开平城选地相宅。

1　孟繁清《韦轩李公考》，《中华文史论丛》2012 年第 4 期。
2　虞集《都漕运副使张公墓铭》，《道园类稿》卷四六，叶 34b；《全元文》第 27 册，532 页。
3　《全元文》将顿号置"德新"前，而将"德新"系于阎复名之上。阎复，《元史》有传，袁桷《清容居士集》有神道碑，只载他字子静，文集名"静轩"应是他的号，没说他另有号"德新"。
4　以上史实出处，请参看孟繁清文。
5　《元史》卷五《世祖纪》，99 页。事在至元元年八月，孟文误作八年。"忙安"（Mangqala）乃蒙古名忙哥剌的误读。
6　《元文类》卷一一，叶 5b，《全元文》却辑自宣统间出版的《涵芬楼古今文钞》。

张忠宣公撰行状

张忠宣公即本书卷七之四的"左丞张忠宣公文谦"。张文谦（1217—1283），字仲谦，邢州沙河人。"自入小学，与太保刘公秉忠同研席，年相若，志相得"。这可能因他们的父辈同是邢州官吏有关。文谦之父张英，任邢州军资库使。[1] 刘秉忠之父刘润在1220年蒙古军南下时，降邢州，留官镇守，本地群众推举刘润为副都统、都统。后正式任命为本州录事。刘秉忠和张文谦都是邢州官吏之子，因而能同入当地为官吏子弟办的学校并自小同学。

刘秉忠十三岁时，由于父亲官居录事，就被送到元帅府充当质子。年十七，因得邢台节度使赵某的赏识，任命为幕下令史。张文谦可能也有类似经历，后来，刘秉忠因出家随海云和尚入世祖潜邸，推荐文谦置于侍从之列，故能以熟悉他生平的老友受诏替刘秉忠写行状。《行状》全文也收入《藏春集》附录，全名《故光禄大夫太保赠太傅仪同三司谥文贞刘公行状》，由"资政大夫中书左丞张文谦奉敕撰"。《全元文》已收入这篇《行状》。[2]

徒单公履撰墓志

徒单公履（？—1289），字云甫，号颐轩，女真人，因来自今东北地区，故王恽以他的祖籍泛称为辽海人，实际是获嘉人（今属河南）。金经义进士，"学问该贯，善持论，世以通儒归之"。[3] 1232年汴梁城降蒙古，城中民被迫北渡，金名士多流离失所，他往真定投靠史天泽。[4] 蒙

1　《元史》卷一五七《张文谦传》；李谦《中书左丞张公神道碑》，《元文类》卷五八，叶9a。
2　《故光禄大夫太保赠太傅仪同三司谥文贞刘公行状》，《藏春集》（明弘治顺德府孔鉴刻本）卷之六附录；《全元文》第22册，281~284页。
3　王恽《碑阴先友记》，《秋涧集》卷五九，叶8a；虞集《田氏先友翰墨序》，《道园学古录》卷五，叶4a。
4　《中书左丞相忠史公家传》，《秋涧集》卷四八，叶19b。

哥即汗位,史天泽被委任经略河南,命其属下王昌龄领卫州事。公履这时正"肥遯邻邑",应该是退隐在邻县获嘉家中,听说昌龄"典卫",遂"幡然来归",帮他办学校,"郡之文风,尤为熠兴"。据王恽回忆,徒单公履是"壬子(1252)秋"到来的,他的朋友季武"抠衣席下",向徒单公履"执经问学"。[1] 王恽之子公孺也说:当年王磐、徒单公履相继教授于此,二人"道崇学博","乐诲人",学子"凡经启迪,化若时雨",人才辈出,如下面有引文的"西溪王公"博文、"苦斋雷公"膺,及前文已出现的汲郡王公恽和他早逝的朋友季武,"尤其魁杰者"有十几人。当时东平严氏办的庙学成绩最突出,但卫学也"视郓学为无愧"。由于徒单公履和王磐"乐育淇上(卫州),一时秀造号称多士"。忽必烈建元中统以后,"宦游四方"者甚多。[2]

中统二年(1261)七月,立翰林国史院,经王鹗推荐,徒单公履出任翰林待制。[3] 至元十年(1273),许衡因病回归故里,徒单与刘秉忠等老臣建议"以太子赞善王恂主国学,庶已衡之规模不致废坠"。[4] 从此元朝的国子学得以继续。但他在八年、十二年提出设科举取士的建议,就没能得到采纳。[5] 徒单仕至翰林侍讲学士,二十六年(1289)冬十月,王恽作祭文"致奠于故待制徒单公之灵",说明他在这年已故。[6]

---

1 王恽《故真定五路万户府参议兼领卫州事王公行状》《哀友生季子辞并序》,《秋涧集》卷四七,叶 4a;卷六五,叶 1b。
2 王公孺《卫辉路庙学兴建记》,《(乾隆)汲县志》卷一三,叶 6b;王恽《蝶恋花二》,《秋涧集》卷七六,叶 7a。
3 王恽《中堂事记》下,七月廿七日丁亥,《秋涧集》卷八二,叶 11a。
4 《元史》卷八《世祖纪》,至元十年九月丙戌,151 页。
5 姚燧《金书枢密院事董公神道碑》《领太史院事杨公神道碑》,《元文类》卷六一,叶 9b;卷六〇,叶 3b。
6 《祭待制徒单公文》,《秋涧集》卷六四,叶 11b。

这篇墓志用小字附注于神道碑引文之后,墓志全文收入明弘治刻本《藏春集》卷六附录,全名《故光禄大夫太保刘公墓志》,署名和官衔是"翰林侍讲学士少中大夫知制诰同修国史徒单公履撰"。徒单公履《元史》无传,也没有文集,《全元文》甚至连这篇墓志都遗漏了,干脆在元文作者名单中没有他的名字。

鲁斋文集

在徒单公履墓志引文后,又引许衡的鲁斋文集,内容是刘秉忠奏用朝仪,忽必烈的回应。

卷十一之三赵良弼也引用一段《鲁斋文集》。

卷七之二　丞相史忠武王天泽

史天泽"事略"的史料有家传、行状和神道碑等。

汲郡王公撰家传

王恽撰写的这篇家传是史天泽"事略"的基本史料,全名《开府仪同三司中书左丞相忠武史公家传》,全文现存于王恽的《秋涧先生大全文集》中。[1]

西溪王公撰行状

西溪王公即王博文(1223—1288),字子勉,或作子冕,号西溪。[2]任城人(今山东济宁市),故泛称为"东鲁王博文",1243年弱冠成婚

1　《秋涧集》卷四八,叶11a至21;《全元文》第6册,343~351页。
2　《析津志辑佚》,154、157页;卢挚《西溪赞》,《天下同文集》(雪堂丛刻本)卷二九,叶100a。

时侨居卫州。[1] 在授馆苏门赵侯南衙时,结识本地汲县人王恽。他俩和渤海王旭(号春山)结为忘年交,以"好学善属文"齐名,人称为"淇上(卫州)三王"。[2]

王博文年未三十,"闻望四达,士大夫咸以远大期之"。1252年,忽必烈在王府"招贤礼宾",与郝经同奉召。世祖即位,即被擢用,"由礼部侍郎迁都转运者二,迁提刑按察使者四",为官三十年,最后由礼部尚书、大名路总管升江南行御史台中丞。[3] 至元二十五年(1288)秋八月,病逝于扬州客舍。[4]

与王磐、徒单公履等人不同,王博文不是翰林国史院掌文墨的官员,而是久居监察机构。但世祖在位时,"中外居言责者,大抵多文学老成之士",如前文出现的"汲郡王公"恽,后面有引文的浑源"苦斋雷公"膺、"东平徐公"琰等。王博文本人就属于这类人物,"其言论风旨,学殖文采,士论归焉"。[5] 兼之他出身成长于史天泽的领地,与史家关系甚深,因此史天泽的行状和真定的《史丞相祠记》都由他执笔。《全元文》第5册89~106页辑出王博文文八篇,从乾隆《正定府志》辑出《史丞相祠记》,却遗漏了这篇《行状》。

---

[1] 《登琴台诗并跋》,《北京图书馆藏中国历代石刻拓本汇编》第48册(元一),101页;胡祗遹《祭王中丞子勉文》,《紫山大全集》(文渊阁四库全书)卷一九,叶9b。

[2] 《感皇恩六·至元十七年八月八日为通议西溪兄寿》《玉漏迟》;王公儒《大元故翰林学士谥文定王公神道碑铭》,《秋涧集》卷七五,叶16b;卷七八,叶1ab;附录,叶16a;《元史》卷一六七《王恽传》,3933页。

[3] 魏初《西溪王公真赞》,《青崖集》(四库全书珍本)卷五,叶38a;卢挚《西溪赞》;胡祗遹《祭王中丞子勉文》。

[4] 王恽《路祭中丞王兄永诀文》《御史中丞王公诔文》,《秋涧集》卷六四,叶8ab。

[5] 苏天爵《御史中丞魏忠肃公文集序》,《滋溪文稿》,陈高华、孟繁清点校本,中华书局,1997年,卷五,68页。

王文忠公撰神道碑

史天泽死于至元十二年(1275),次年特颁圣旨命翰林大学士王磐"制墓隧碑文"。这篇神道碑苏天爵也选入他所编《元文类》,题为《中书右丞相史公神道碑》。《全元文》收入此碑,然而却舍元编元刻的元文总集不用,而是据商务印书馆编的现代出版物《涵芬楼古今文钞》。[1]

牧庵文集

史天泽"事略"引《家传》,记忽必烈命史天泽与伯颜总大军平宋,"中道病",下面用小字插注"又《牧庵文集》云"。这一段文字出自姚燧的《江汉堂记》。于史天泽"至郢而疾"后,转引姚燧文中忽必烈闻讯后所发的诏旨。[2]

卷七之三　平章廉文正王希宪

河内高公撰家传

河内高公即高凝,字道凝。其先西京人,父名圣举。庚戌岁(1250),潜藩时期的忽必烈,以安车征召金朝名士魏璠至漠北,向忽必烈举荐中州名士大夫六七十人。[3] 其中就有"西京高圣举",说他"年三十已上,博学善属文,通世务、有器识,廉介有守,可使临财,亦

---

[1] 《元文类》卷五八,叶1a。《全元文》第2册,273~278页,注明又见康熙十五年《永清县志》卷一四。
[2] 《元文类》卷二八,叶22b;《牧庵集》卷七。
[3] 魏初《书傅氏家传后》,《青崖集》卷五,叶45a。

可以临政"。元好问称赞他为"今之能文者"。元初官至侍郎。[1] 高家后来迁至河内,故白栋从太原至河内向许衡求学,曾寄住高凝家二年。畅师文来谒许衡,也与在河内的高凝、姚燧"相推友善"。[2] 至元二年(1265),许衡被召至京师时,高凝自河内来报告其子学习情况,并委托高凝"相与辅导之"。[3] 至元八年(1271),许衡以集贤大学士兼国子祭酒,专门教蒙古世胄子弟就学,奏请征召散居四方的弟子十二人为伴读,高凝和姚燧兄弟来自河内。[4] 因此,苏天爵以高凝的侨居地称他为"河内高公"。

至元十六年(1279),高凝出任江南行御史台监察御史。随后迁江西行省郎中。[5] 二十五年(1288)累迁南台治书侍御史。[6] 二十九年(1292),监察御史商琥举荐"昔任词垣风宪,时望所属而在外者"高道凝等十人,宜置居翰林,备顾问。由御史大夫月儿鲁等上奏。[7] 三十一年(1294)冬,新即位的成宗诏修《世祖实录》,召命姚燧为翰林学士,高凝为侍读,至元后九年由他们二人共总裁之。[8] 大德五年

---

[1] 魏初《七言绝句——赠高道凝》,《青崖集》卷二,叶 2a。
[2] 姚燧《河南道劝农副使白公墓碣铭》,《元文类》卷五五,叶 3b;《元史》卷一七〇《畅师文传》,3995 页。
[3] 许衡《至元三年十二月二十九日与子师可书》,《鲁斋遗书》(文渊阁四库全书本)卷九,叶 5a。
[4] 欧阳玄《元中书左丞集贤大学士国子祭酒追封魏国公谥文正许先生神道碑》,《圭斋文集》(四部丛刊初编)卷九,叶 4b。
[5] 虞集《黄纯宗遗诗序》《宗濂书院记》,《道园类稿》卷一八,叶 27a;卷二四,叶 6b。
[6] 《至正金陵新志》(《宋元地方志丛书》,台湾大化书局,第 3 册)卷六,《官守志二·题名》,叶 48a、40a。
[7] 《元史》卷一七《世祖纪》至元二十九年三月壬寅,361 页。
[8] 姚燧《唐州知州杨公墓志铭》,《牧庵集》卷二八,叶 16b;《牧庵集》附录,叶 11b,至元三十一年甲午;《元史》卷一七四《姚燧传》,4058 页。

（1301）又出任南台侍御史。[1] 十一年丁未（1307），姚燧为前江淮行省平章政事游显写神道碑，是依据已故翰林侍读学士高凝所撰《事状》，可见他卒于这年以前。[2]

高凝为廉希宪家族所撰的《家传》是廉希宪《事略》的主要史料，然而他没有文集，这篇《家传》仅见于《元朝名臣事略》。《全元文》第11册辑得高凝文三篇，却遗漏了这篇《家传》。

清河元公撰神道碑

延祐七年（1320）英宗即位，"一新庶政"，任命廉希宪子御史中丞廉恂为平章政事，诏命翰林学士元明善制恂父恒阳王神道碑，碑文参考《家传》写成，苏天爵也将这篇神道碑选入自编的《元文类》，题为《平章政事廉文正王神道碑》。[3] 廉希宪《事略》篇幅数倍于其他人，《家传》和《神道碑》都是长篇，《神道碑》也是《事略》的重要依据，全文引用多达二十八段，而《家传》则有四十六段。

卷七之四　左丞张忠宣公文谦

野斋李公撰神道碑

张文谦的《事略》基本上依据李谦这篇神道碑，苏天爵也将全文选入他所编《元文类》，题为《中书左丞张公神道碑》。[4]

---

1. 《至正金陵新志》卷六，叶37a。
2. 姚燧《江淮等处行中书省平章政事游公神道碑》，《牧庵集》卷二二，叶1b。
3. 《元文类》卷六五，叶1~16。辑入《清河集》卷五，《全元文》第24册，352~363页。
4. 《元文类》卷五八，叶9a至16a；《全元文》第9册，101~105页。

先茔碑

张文谦《事略》第一段下注:"野斋李公撰神道碑",注文接着是"又《先茔碑》云",令人误认为李谦又另写了一篇《先茔碑》,畿辅丛书本"又"之下多"某公撰"三字,意示作者另有其人。实际上这是王磐所作,摘录自他所写的《张氏先德之碑》,现保留在明成化《顺德府志》中。[1]

蜀郡虞公撰新茔记

张文谦《事略》的最后一段,论述他提倡儒术,支持许衡之说"得进见于当时",朱熹之书"著于天下"。下注引自虞集所撰《新茔记》。全文苏天爵也选入自编的《元文类》,题为《张氏新茔记》。虞集的《道园类稿》也收此碑,题名《张氏先茔碑》。[2]

卷八之一 内翰窦文正公默

野斋李公撰墓志

李谦所写的墓志是窦默"事略"的主要史料,这篇墓志不见于其他任何记载,是仅存于《元朝名臣事略》一书的珍贵文献。《全元文》第 9 册 286~288 卷李谦文,遗漏了这篇墓志未辑。

神道碑

窦默"事略"之末有两段引文注《神道碑》,但缺注作者,《全元文》从文渊阁四库全书本《畿辅通志》辑出王磐撰《大学士窦公神道

---

1 《(成化)顺德府志》卷三;《全元文》第 2 册,263 页。
2 《元文类》卷三〇,叶 18a;《道园类稿》卷四五,叶 4b;《全元文》27 册,403 页。

碑》,至元十七年(1280)作。然而此《神道碑》中并无"事略"引文的内容。[1]

杨文宪公文集

《杨文宪公文集》即卷六汪世显神道碑作者杨奂的文集,原书已佚,辑本《还山遗稿》所载此文是从《元朝名臣事略》辑出,原文是片段或全文?篇名是什么?因何而作?皆不得而知。由于窦默"事略"引《墓志》提到:"忽必烈访求贤士三十年",能得他认可的"惟得李状元、窦汉卿二人",故从杨奂文集中引出这段谈李俊民的故事,用小字附注于后。明嘉靖宋廷佐辑刊《还山遗稿》,自《元朝名臣事略》此处辑出。《全元文》再将《还山遗稿》中此文编入杨奂文,并袭用其自拟标题"李状元事略"。[2]

汲郡王公中堂事记

在前引"杨文宪公文集云"一段引文后,又引"汲郡王公中堂事记云"。《中堂事记》是王恽在中统初年任职中书省时的亲历记录,从他中统元年(1260)十月至燕京,随燕京行中书省"综练众务,日熟闻见"。次年二月,行省官奉旨北上,他随行到开平,至九月初返燕,按年月日顺序记录所见朝廷大事,可补充取材《实录》的《元史本纪》,尤其是所记人事任命及人物简况,所经地及其描述等,保留了不少重要史料。王恽这段话摘自王恽《秋涧先生大全文集》卷八二《中堂事记》下,六月八日戊戌。由于当日颁旨追谥李俊民,故王恽写了这段文字介绍李俊民的事迹。

---

1 《(民国)肥乡县志》卷四〇,《艺文·碑文》叶13;《全元文》第2册,271~273页。
2 《还山遗稿》(适园丛书本)卷上,叶28b;《全元文》第1册,杨奂文,150页。用《元朝名臣事略》校。

《元史·李俊民传》就是藉《元朝名臣事略》用小字附注杨奂和王恽文集中两段有关李俊民的报导,编写成正史中的一篇小传。[1]

卷八之二　左丞姚文献公枢

公侄牧庵撰神道碑

姚燧撰写的《神道碑》前特意冠以"公侄"二字,即此文乃他为其伯父姚枢所作。当时姚燧"承乏翰林,复世公官",继伯父之后任翰林学士承旨。于公,他有资格执笔;于私,作为亲侄,当然熟悉伯父的事迹,"恐公事业不能详尽,不敢干他词臣,故惟自述"。所以这篇姚枢"事略"全采用姚燧"详尽"的神道碑文。苏天爵选入自编的《元文类》,题为《中书左丞姚文献公神道碑》。也收入四库全书辑本《牧庵集》。[2]

静庵笔录

《神道碑》提到:赵复至燕,"北方经学自兹始"。以下小字注:"又《静庵笔录》云",内容是记赵复的来历、学问和言行。《静庵笔录》似乎是一部笔记体书,前人所作各种《元艺文志》皆不见记载。《千顷堂书目》和《补辽金元艺文志》皆著录有《静庵春秋志疑》九帙,注明作者

1　《元史》卷一五八《李俊民传》,3733 页。形式上也随《元朝名臣事略》,附传于窦默传后。
2　《元文类》卷六〇,叶 8b;《牧庵集》卷一五,叶 1~19;《全元文》第 9 册,573~585 页。全文共出 11 注,5 注据《元文类》校,6 注据清钞本校,清钞本即从《元文类》辑出,文字皆与《元文类》相同。元刻《元文类》本是辑本《牧庵集》的主要来源,用转抄本为底本,再用原本校闳,本末倒置。

"失名"。[1] 江西南丰人刘埙曾为同乡"静庵刘君"的《金刚经解》作序,称:"吾州里有居士曰静庵刘君元璋,以儒会释,根器不凡。"也不知《静庵笔录》的作者是否就是这位刘元璋。[2]

另卷八之三,许衡"事略"又引《静庵笔录》。

卷八之三　左丞许文正公衡

祭酒耶律公撰考岁略

祭酒耶律公即耶律有尚。耶律有尚(1236—1320),字伯强,《元史》有传。耶律楚材之兄——金中京副留守善材之孙。善材死义于汴,有尚之父钧得到东平万户严氏父子的尊重和接纳,乃徙居善材为官之地东平。中统初,任东平工匠长官。蒙哥汗在位的1254年,忽必烈接受关中为其潜藩分地,廉希宪被任命为宣抚使,奏征许衡为京兆提学。有尚闻讯,艰关数千里前往求学,"受业许衡之门"。至元八年(1271),许衡兼任国子祭酒,教授勋臣贵戚子弟,让有尚等旧弟子担任斋长"伴读"。两年后,许衡南归,起任有尚为国子助教,"嗣领其学事"。后历任秘书丞、蓟州知州、真金太子詹事院长史,继刘因教学于春坊,授国子司业。二十四年(1287),正式设国子监学,春坊学徒随有尚入监,仍任司业,明年升祭酒。有尚"前后五居国学","教国子几三十年",如武宗时大臣上奏所说:"许文正公典教胄子,耶律某继之,

---

[1] 黄虞稷《千顷堂书目》(补元代部分);倪灿、卢文弨《补辽金元艺文志》(元代部分);《辽金元艺文志》,商务印书馆,1958年,20、94页。
[2] 《金刚经解序》大德元年,《水云村吟稿》(文渊阁四库全书)卷五,叶13b。

自助教至位祭酒。"造就人才有功,"宜优爵秩",进拜昭文馆学士,仍兼祭酒。故苏天爵称他为"祭酒耶律公"。

有尚在受学许衡时,将许衡的言行"默而识之,其后考次年谱,笔之于书"。这就是构成《事略》的基本史料《考岁略》和《国学事迹》。[1]《考岁略》按年记载许衡生平事迹,不见有单行本传世。清乾隆修《四库全书》时,从《永乐大典》辑出《许鲁斋考岁略》一卷,虽肯定"是编载衡言行较史为详",但以"大端已具于史"为由将此书弃置《存目》。[2] 新编《四库存目丛书》所收《许鲁斋考岁略》是据明万历怡愉等编刻《鲁斋遗书》的附录。许衡文集的各种版本大多附有《考岁略》,《元朝名臣事略》基本上已全文收录。

耶律公国学事迹

许衡《事略》又引耶律有尚《国学事迹》十段,末段前一段引《考岁略》:"先生之教人也,……",实为《国学事迹》之误,原文皆附载于《鲁斋遗书》末卷中。

蜀郡虞公文集

许衡《事略》中一段专论许衡创建国学,"使国人知有圣贤之学,而朱子之书得行于斯世者",引自虞集的文集《送李扩序》,现存于《道园类稿》和《道园学古录》两种文集中。苏天爵也收入自编的《元文类》。[3]

---

1 《元史》卷一七四《耶律有尚传》,4064 页;苏天爵《皇元故昭文馆大学士兼国子祭酒耶律文正公神道碑铭》,《滋溪文稿》卷七,101 页。
2 《四库全书总目》卷五九、史部十五、传记类存目一,538 页上栏。
3 《送李扩序》,《元文类》卷三五,叶 16b;《道园类稿》卷二〇,叶 21b;《道园学古录》卷五,叶 13a。

牧庵文集

在上引《蜀郡虞公文集》一段下,小字注"又《牧庵文集》云",内容是阐扬许衡培养弟子的成就,出自姚燧的《送姚嗣辉序》。苏天爵也选入自编的《元文类》,已收入辑本《牧庵集》。[1]

静庵笔录

在"又《牧庵文集》云"一段后,仍用小字注"又《静庵笔录》云",引文共三十六字,评述许衡在燕,从学者良莠不齐的情况。

牧庵文集

正文又有一段引《牧庵文集》,内容是许衡告诫姚燧应如何看待文章的作用。这段话出自姚燧的《送畅纯甫序》,苏天爵也选入自编的《元文类》,已收入辑本《牧庵集》。[2]

〔鲁斋先生画像赞〕

全文最末一段,注明出自"眉山刘公撰文集序"。头一句是:"鹿庵赞先生之像曰",一直到"盖异世而同符者也",是引用王磐《鲁斋先生画像赞》一文,此文苏天爵也编入《元文类》。[3]

〔鹿庵王氏论赞〕

接着"自关洛大儒倡绝学"至"鲁斋先生生焉"一段,也是王磐的话,见于鲁斋文集卷末《名儒论赞》"鹿庵王氏曰"之下。

眉山刘公撰文集序

继王磐的话之后,第三小段才是"眉山刘氏"自己的话,也载于《名儒论赞》"鹿庵王氏曰"一段前,"眉山刘氏曰"之下,内容与《事

---

1 《元文类》卷三四,叶 11a;《牧庵集》卷四,叶 11b。
2 《元文类》卷三四,叶 7a;《牧庵集》卷四,叶 7a;见《全元文》第 9 册,377 页。
3 《元文类》卷一八,叶 9b;《全元文》间接从《涵芬楼古今文钞》编入第 2 册,259 页王磐文。

略》所引相同。[1] 苏天爵曾作《题鲁斋先生遗书后》,认为许衡的学说"幸有遗书六卷者在,犹得见其彷佛焉"。[2] 他看到的眉山刘公《文集序》当然附在这部六卷本遗书中。清宫中曾有元刊《鲁斋遗书》六卷本一函二册,前有大德九年(1305)杨学文序。[3] 明成化刻本即祖此本,仍有杨学文序,说"中斋苏公来牧安成",出鲁斋遗稿将广其传。中斋苏公不见于其他记载,杨学文曾任太和州同知("贰车")。[4] 而安成是以安福为中心的古郡名,元安福、太和州皆属吉安路,可见杨学文是以地方官作序。他署名前冠以"眉山后学",同"眉山刘公"正是同乡。

刘有庆,字志善,号损斋,四川眉山人,初任南陵县主簿,平江书院山长,江西等处儒学提举,官至翰林待制。与巴西邓文原善之,同被人称为"学完行尊"的四川学者。[5] 泰定元年(1324),以江西等处儒学提举的名义,为宋人赵惪的《四书笺义》作叙。[6] 我怀疑刘有庆就是苏天爵所谓的"眉山刘公",可能与杨学文为《鲁斋遗书》作序一样,是他作为江西学官热心倡导儒学的表现。许衡《事略》和《名儒论赞》中的"眉山刘氏"的话应出于刘有庆为元刻《鲁斋遗书》所作的序。

---

1 《鲁斋遗书》卷一四,叶4a。
2 《滋溪文稿》卷二八,466页。
3 《天禄琳琅书目续编》(光绪长沙王氏刻本)卷一一,叶14ab。
4 程钜夫《太和州重修快阁记》,《雪楼程先生文集》(简称《雪楼集》)卷一三,叶10a。作于至大四年。
5 柳贯《见初亭记》,《柳待制文集》卷一四,叶4b;《(民国)南陵县志》,中国方志丛书,台湾成文出版社,1968年,卷三三《人物·流寓》;王沂《张君仲实行述》,《伊滨集》(四库全书珍本)卷二四,叶4a。
6 《四书笺义叙》,《丛书集成初编》0244册《四书笺义》卷首。

卷九之一　太史王文肃公恂

济南杨公撰行状

济南杨公即杨文郁(1235—1303),《元史》无传,幸有他的《神道碑》文传世,称他字从周,济阳人,从小读书。年及成人,就出仕于本道。提刑按察使陈祐(字节斋)闻其名,将他向朝廷推荐,除阙里教授。

至元十五年(1278),杨文郁由翰林国史院荐授应奉翰林文字,王恽所作推荐事状称他为"济南士人",赞扬他"天资雅厚,质而有文,子史群经多所浃洽,今年近强仕,经明行修,不求闻达,侍庭闱以蔬水悦亲,居乡里以教授为业"。[1]《元朝名臣事略》元刻本称他"济南杨公",聚珍版丛书本则注作"济阳杨公"。济阳是金济南府(元升路)属县,故称济南或济阳人,只不过是称路、府或县名的不同。苏天爵曾作文赞美济阳和杨文郁,说"济阳介乎齐、鲁之间,圣贤德化之所被也"。这里出了一位"邑之先进有若故翰林学士杨文安公,雅德懿行为世师表"。[2] 他入翰林院不久,补翰林修撰、历任待制,升直学士,改任国子祭酒。元贞二年(1296)因病还乡,大德元年(1297)征回京,升侍讲学士、翰林学士。二年春正月,成宗以一批翰林、集贤耆德旧臣,清贫守职,特赐钞二千一百余锭,杨文郁名列众翰林院臣中。[3] 七年卒,年六十九。[4]

1　王恽《荐济南士人杨从周事状》,《秋涧集》卷八八《乌台笔补》,叶 18。
2　《滋溪文稿》卷六《济阳文会序》,79 页。
3　《元史》卷一九《成宗二》,417 页。
4　原作"七十九",前文杨文郁自称:"今予六十有八矣",接着是"俄遘疾,遂不起"。不可能跳到七十九岁。又下文李谦说:"公少予二年。"据《元史·李谦传》,大德六年,以年七十一,乞致仕。文郁比他年少二岁,应为六十九之误。

李谦说：杨文郁"素从乡先生张清真、杨素庵（弘道）、杜止轩（仁杰）游，得其议论为多。为文必援据义例，质实不崇华藻，有《林下集》藏于家"。[1] 当时没能刻印，《林下集》不仅失传，甚至不为人所知，因而各种《元艺文志》皆没录入。王恂的《行状》幸赖《元朝名朝事略》得以保存。

杨公又撰墓志

王恂《事略》引"济南杨公"撰《行状》四段；接着引"杨公又撰"《墓志》，共引五段，都是杨文郁所作。

家传

在《墓志》之后，又连引《家传》三段，此处又疏忽未署作者。[2]

卷九之二　太史郭公守敬

太史齐公撰行状

太史齐公即齐履谦（1263—1329），字伯恒，大名人，《元史》有传，也有苏天爵为他写的《神道碑》文。齐履谦之父名义，善算术。七岁时教他读书，十一岁"教以推步星历，尽晓其法"。至元十三年（1276），初立太史局，改治新历，不久升局为院。十六年（1279），履谦十七岁，补星历生，得到太史令王恂的赞赏，侍奉诏治历的许衡、杨恭懿左右，勤学请教。新历既成，又参加修《历经》《历议》。二十九年

---

[1] 李谦《翰林学士杨公神道碑铭》，《（乾隆）济阳县志》卷一二，叶21a；《全元文》第9册，97~100页。
[2] 《全元文》第10册，卷三五八杨文郁文，将有关"太史王文肃公"的《行状》《墓志》和《家传》等重要文章通统遗漏了。

（1292），太史令郭守敬奉诏浚惠通河，荐任星历教授，凡仪象未完备者奏请命齐履谦完成，如按宋旧图考定莲花、宝山等漏壶的规制，命工改作，恢复了鼓楼计时的制度。大德二年（1298），升保章正，始专历官之政。九年（1305）冬，始立南郊，祀昊天上帝，摄司天台官。至大三年（1310），升授时郎秋官正，兼领冬官正事。四年，仁宗即位，喜尚儒术，擢国子监丞，教国学子弟。又改授国子司业。英宗至治元年（1321），拜太史院使。履谦在太史院，会秘书监辇亡宋图籍，留置本院，昼夜诵读，精思深究，故其学博洽而精通，自六经、诸史、天文、地理、礼乐、律历，下至阴阳、五行、医药、卜筮，无所不能，而于经学尤其精邃。齐履谦的著作很多，经学有关于《易》《书》《春秋》和《四书》的，有关于天文、历法的，有遗文若干卷。[1]

齐履谦在太史院随郭守敬共事近四十年，最熟悉郭守敬的生平事迹，懂得其在天文、历法和科学技术的成就，《行状》由他写最为合适，因此郭守敬整篇《事略》全采自《行状》，苏天爵也将这篇《行状》选入自编的《元文类》中，题为《知太史院事郭公行状》。[2]

卷十之一　尚书刘文献公肃

平章宋公撰墓志

刘肃《事略》的第一段引自宋子贞撰《墓志》。宋子贞最先被东平

---

[1] 《元史》卷一七二《齐履谦传》，4028页；苏天爵《元故太史院赠翰林学士齐文懿公神道碑铭》，《滋溪文稿》卷九，128页。
[2] 《元文类》卷五〇，叶1；《全元文》第21册，753~761页。又是辑自"清宣统刻本《涵芬楼古今文钞》"。

行台严实招置幕府,用为详议官。金京城汴梁陷落,子贞拔刘肃于羁旅,共事严实父子。中统元年(1260),世祖置十路宣抚使,子贞任益都济南等路宣抚使,刘肃任真定路宣抚使。二人接着先后出任右三部尚书,参与策划创立中书省、裁定典章制度。宋、刘二人在东平共事二十年,世祖即位后在朝又有同样的经历,故由宋子贞撰写刘肃的《墓志》。这篇《墓志》仅载于《元朝名臣事略》。《全元文》第 1 册宋子贞文遗漏了这篇墓志。

商文定公撰墓碑

商文定公即本书卷十一之二的"参政商文定公"商挺。商挺(1209—1288),《元史》有传。金亡,商挺受严实聘为诸子师。实子忠济嗣,辟挺为经历,赞助忠济兴学养士。1253 年,商挺被忽必烈征召至潜邸,先后佐杨惟中、廉希宪宣抚关中。世祖即位,与廉希宪宣抚陕蜀,改行省参知政事。至元元年(1264),任中书省参知政事。[1] 商挺与刘肃在东平和在朝皆有同僚之谊,故由他撰写《墓碑》。

刘肃《事略》全文共分六段,除开头引宋子贞《墓志》一段外,以后五段皆出自商挺撰《墓碑》。[2]

卷十二之一,又有商挺撰内翰王文康公《先茔碑》一篇。

---

[1] 《元史》卷一五九《商挺传》,3738~3742 页。
[2] 《全元文》第 2 册,506~516 页,商挺文共辑得八篇,遗漏了这篇刘肃《墓碑》。

卷十之二　平章宋公子贞

太常徐公撰墓志

太常徐公即徐世隆（1199—1278），《元史》有传。金正大四年（1227）进士。金亡，严实招致东平幕府，俾掌书记。忠济嗣位，以世隆为东平行台经历，赞助忠济兴学养士。中统元年（1260），出任燕京路宣抚副使。至元元年（1264），迁翰林侍讲学士，兼太常卿。因此，苏天爵称他为"太常徐公"。

徐世隆任职翰林期间，"诏令典册多出其手"，因此编选前贤内外制可备馆阁用者，书名《瀛洲集》百卷。他的"古文纯正明白，无奇涩之偏"。论事"秉笔而书，顷刻千百言，言尽意到，灿然成文"。有文集若干卷。[1] 可惜皆已失传。他撰写的宋子贞《墓志》是这篇"事略"的主要史料，共引用十段。幸赖《元朝名臣事略》得以保存。[2]

连同这篇《墓志》，《元朝名臣事略》共引徐世隆文三篇，以下是：

卷十二之一，王鹗　太常徐公撰墓碑

卷十三之一，李冶　太常徐公撰四贤堂记

东平吴公疎堂集

东平吴公即吴衍，字曼卿，或作蔓庆、曼庆，谥文贞。鄄城人。金进士李昶，在东平行台严实及子忠济幕下任职，后来因父忧去官，杜门

---

[1] 《元史》卷一六〇《徐世隆传》，3768~3770 页；《元朝名臣事略》卷十二之四《太常徐公》。
[2] 《全元文》第 2 册，386~401 页徐世隆文，遗漏了这篇宋子贞《墓志》。

教授,吴衍和李谦、马绍等名士,皆出其门。[1] 历任提刑按察副使。[2] 至元二十五年(1288),吴衍任江南行御史台侍御史。三十年(1293),升御史中丞。[3] 延请张翥于江宁学宫,让子弟受业。[4]

这段引文用小字附注于前引《墓志》之后,始知吴衍曾著有《疎堂集》,但未说明引文文体和篇名,《疎堂集》也不见于任何著录,内容和卷帙更无从得知。

尚书李公撰神道碑

"尚书李公"即李昶(1203—1289),东平须城人,《元史》有传,本书卷十二之三有"尚书李公"的"事略"。李昶是金兴定进士。金亡,回东平,任严实、忠济父子幕官。1259年,忽必烈征宋途中,召见于濮州,问治国用兵之要。次年,忽必烈即位,召至开平,访以国事。至元五年(1268),起为吏礼部尚书,故苏天爵称之为"尚书李公"。[5]

李昶在东平"处赞画之任",与幕长宋子贞议论相合,配合默契,有多年共事之谊,故由他为宋子贞撰写《神道碑》。[6]

高唐阎公文集

"事略"引《墓志》,记述宋子贞倡新庙学,齐鲁儒风为之一变,下小字注"又高唐阎公文集云"。这是一段故事,说东平庙学请康晔为师,某学生梦与诸生郊迎老师于郭外,梦见其中部分人"衣金紫",后来"果至通显",提到姓名的有前文的翰林承旨李谦、中丞吴衍和后文

---

1 《元史》卷一六〇《李昶传》,3761~3763页。
2 王恽《蔓庆宪副良友》,《秋涧集》卷一九,叶13;胡祗遹《谢吴曼庆宪副良友》,《紫山大全集》卷六,叶8b。
3 《至正金陵新志》卷六,叶34a、37a。
4 《元史》卷一八九《张翥传》,4315页。
5 《元史》卷一六〇《李昶传》,3761页。
6 《全元文》第2册,353~355页李昶文,遗漏了这篇宋子贞《神道碑》。

的翰林承旨徐琰等。阎复的文集已失传,这段文字《藕香零拾》本《静轩集》和《全元文》皆遗漏未辑。

卷十之三　参政杨文献公果

王文康公文集

首段引用王鹗文集,杨果生平事迹全在这段文字中概述,仅见于《元朝名臣事略》此处引用,似碑、志文,但未注"墓碑""墓志"之类。《元史》杨果本传显然是据"事略"删改而成。可惜王鹗的文集已不传,此段文体、篇名皆无从得知。[1]

杨叔能事言补

杨叔能即杨弘道(1189—?),字叔能,号素庵、默翁,淄川(今山东淄博西南)人,博学无所不知。金末南渡后,与元好问、刘祁、杨奂等"皆以诗鸣"。[2] 金亡,避乱流落南宋襄汉间,宋理宗端平元年(1234),任襄阳府学教谕。[3] 而集中又有《赠仲经诗序》称:端平二年(1235)清明后出襄阳,摄唐州司户。后北还乡里。[4] 中统、至元间,曾出任益都路提举学校官。[5]

王恽说:杨弘道"文章德业,师表一世"。"文章极自得趣,有《小

1　《元史》卷一六四《杨果传》,3854 页。《全元文》第 8 册,1~37 页王鹗文遗漏未辑。
2　鲜于枢《困学斋杂录》,《丛书集成初编》2884 册,12 页;于钦《齐乘》,《宋元方志丛刊》,中华书局,1990 年,第 1 册,卷六,叶 29b、628 页。
3　杨弘道《祭刘总管文》,《小亨集》(四库全书珍本)卷六,叶 24b。
4　杨弘道《赠仲经·序》,《小亨集》卷四,叶 2b 至 3a。
5　杨弘道《李氏迁祖之碑》,《益都金石记》,《石刻史料新编》,台湾新文丰出版公司,1977 年,第 1 辑 20 册,卷三。

亨集》行于世"。[1]《小亨集》由元好问作序,序中说:"兴定末,叔能与予会于京师。"他的诗得到礼部尚书赵秉文等人的赞赏,"以为今世少见其比"。"叔能用是名重天下今三十年"。[2] 鲜于枢说《小亨集》共十卷。明初尚存,《文渊阁书目》有残缺本《小亨集》一部五册。焦竑《国史经籍志》则载有《小亨集》十卷。[3] 清初已失传,四库全书馆从《永乐大典》中辑得诗五卷,文一卷。因避乾隆名讳,改名"弘道"为"宏道"。

《事言补》是另一部笔记体著作,久已失传,仅存魏初所写的序称:素庵先生"致力古学,为名辈所推重,尝著《事言补》三卷"。[4] 这段《事言补》用小字注于引"王文康公文集"的正文之下,内容是表彰杨果的才貌和人品。《元史·杨果传》末段显然同出《事言补》,但内容反多于《元朝名臣事略》,可见苏天爵引用时有所删节。

牧庵文集

"事略"引姚燧文集中这段文字提到:中统初"无斥其名某相"(指王文统,因视为"叛臣"被诛,故"无斥其名"),"自洛阳起西庵杨公宣抚辽西",杨果借"回妇越商"夫妻言语不通的笑话,表达他的不满。四库辑本《牧庵集》不见这个故事,《全元文》姚燧文也未辑出。

国朝典章

这段引自《元典章》卷一四《吏部·公规二》"执政官外任不书

---

[1] 王恽《儒士杨弘道赐号事状》《碑阴先友记》,《秋涧集》卷八七,叶15a;卷五九,叶8b。
[2] 《杨叔能小亨集引》,《遗山先生文集》卷三六,叶16b。
[3] 《困学斋杂录》,12页;《文渊阁书目》(一)卷九,《丛书集成初编》0029册,114页;《国史经籍志》(四)卷五,《丛书集成初编》0028册,275页。
[4] 魏初《素庵先生〈事言补〉序》,《青崖集》卷三,叶17b。

名"。此文件中的"杨少中"即杨果,因他官阶少中大夫。[1]《元史》本传提到:杨果由参知政事外任怀孟路总管,因"以前尝为中书执政官,移文申部",仍享有"特不署名"的礼遇,就是根据《元朝名臣事略》所引用载入《元典章》的这篇公文。

野斋李公文集

最后一段引李谦文集,记述杨果出任怀孟路总管时,创建庙学礼殿的事。

卷十之四 宣慰张公德辉

汲郡王公撰行状

宣慰张公德辉的"事略"全用王恽所写的张德辉《行状》,一百卷的《秋涧先生大全文集》没收。《元史·张德辉传》是据《行状》写成,但许多具体细节皆被本传删略,只能凭"事略"所引《行状》补充。[2]他写的《岭北纪行》,是记录即位前的忽必烈,以及当时漠南北地理和交通的重要史料。姚从吾先生专此作《张德辉〈岭北纪行〉足本校注》,他将原篇分为十三小节,其中第8、第10、第12小节,是采自《元朝名臣事略》和《元史·张德辉传》增补的。注者认为这三小节的增入,不但上下文衔接,合之方成完璧。他还将《元朝名臣事略·宣慰张公德辉》作为附录全文抄录于《校注》全文之后。[3]

---

[1] 《元典章》,中华书局,2011年,卷一四,514页。
[2] 《全元文》第6册王恽文也未辑出这篇行状。
[3] 《台湾大学文史哲学报》,1962年。

卷十一之一　左丞李忠宣公德辉

牧庵姚公撰行状

姚燧撰写的这篇《行状》苏天爵也选入他所编《元文类》，四库本《牧庵集》也辑出，并已收入《全元文》第9册姚燧文，篇名《中书左丞李忠宣公行状》。[1] 李德辉《事略》全文主要采自姚燧写的《行状》。当时，李德辉由安西王相改任安西行省参知政事、陕西四川行省左丞，姚燧则由秦王（由安西王改封）文学出任陕西汉中道提刑按察副使，如姚燧所说："荷公（李德辉）知且久游其门"，又与德辉子李颎同学，故请他写成这篇《行状》。

野斋李公撰神道碑

李德辉《事略》末尾有三段引自李谦撰《神道碑》，一段是记他和平解决"既降复叛"的罗施鬼国的过程，一段是评述他的人品，最后一段讲他与阿合马原来"偕侍潜邸"，"及当国用事"，"未始一至其门"。这篇李德辉《神道碑》仅见于《元朝名臣事略》。[2]

卷十一之二　参政商文定公挺

清河元公撰墓碑

元明善所撰商挺的墓碑是这篇"事略"的主要史料来源。经缪荃

1　《元文类》卷四九，叶1；《牧庵集》卷三〇，叶4~13；《全元文》第9册，484~490页。
2　《全元文》第9册李谦文遗漏了这篇李德辉《神道碑》。

孙辑入《清河集》,并被《全元文》吸收。[1]

碻陵周公撰墓志

张起岩所作七言古诗《送周学士致政南归》,中有句"今日又见周壖陵"。[2] 魏初诗《送周集贤正平致仕东归》,中有句"独有壖陵气象真"。[3] 可见"碻陵周公"就是张、魏二人诗中的集贤学士周正平。而《析津志·名宦》中有一位"集贤学士正平周砥",原来他名砥,字正平。[4] 碻陵或作壖陵,古城名,在东平路聊城西南十五里。五代晋开运初于此建州。宋淳化初,圮于水,移治孝武渡西。[5] 周砥因籍贯聊城,故以古名壖陵为号。

严忠济继其父镇东平,幕僚徐世隆倡议兴学养士,培养的人才"往往著名当代",代表人物就有后来官居国子祭酒集贤学士的周砥。[6] 至元元年(1264),王鹗建议设翰林国史院,荐周砥为应奉翰林文字,兼太常博士。后官至太常寺首长太常卿。[7] 五年(1268),立御史台,侍御史张德辉以衰老请辞,举荐周砥等"可任风宪"。[8] 二十四年(1287),尚书左丞叶李请立太学,荐周砥等十人为学官,周砥由太

---

1 《清河集》卷六,叶66b 至69b;《全元文》第24册,376~379页元明善文。拟篇名《参政商文定公墓碑》。
2 《西岩集》卷三,叶5a。
3 《青崖集》卷二,叶13b。
4 《析津志辑佚》,153页。
5 顾炎武《肇域志》(二),上海古籍出版社,2004年,《山东·东昌府·聊城县》,510页。
6 阎复《乡贤祠记》,《(光绪)高唐州志》(中国方志丛书)卷八,叶7a。
7 《元史》卷五《世祖纪》,至元元年九月壬申朔,100页;《元朝名臣事略》卷一二,《内翰王文康公》,239页;胡祗遹《太常博士厅壁记》,《紫山先生大全集》卷九,叶7a;《元史》卷一七〇《胡祗遹传》,3992页。
8 《元朝名臣事略》卷十之四《宣慰张公》,210页。

常卿出任国子监学祭酒。[1] 最终官至集贤学士兼国子祭酒。魏初至元二十八年壬辰(1291)卒,[2]作诗《送周集贤正平致仕东归》应在此前。而张之翰《送周学士致政南归》诗中有句:"璞陵抗章乞致仕,年去七十犹有二。"故周砥是至元二十八年以前六十八岁时退休的。

商挺在东平任经历官,赞助严忠济大兴学校,周砥是他培养的学生之一,故由他撰写《墓志》。全文共引《墓志》五段。

牧庵文集

"事略"引《墓志》,记丁巳年阿蓝答儿会计陕西、河南,以下小字注引"又《牧庵文集》云"。这段出自《牧庵集》《谭公神道碑》。[3] 内容是忽必烈派人治理河南、关西、邢州,"中土诸侯民庶翕然归心",遭宗亲离间,造成与大汗蒙哥的矛盾。《牧庵集》中经四库馆臣篡改的译名可藉这段引文改回。

牧庵文集

"事略"引《墓碑》,记至元十年(1273)封皇子忙阿剌为安西王,以商挺为王相。以下小字注引"又《牧庵文集》云"。这段出自姚燧的《延釐寺碑》,内容是描述安西王的长安营帐,管辖范围和军政财权等。这篇碑文苏天爵也选入自编的《元文类》,四库本《牧庵集》也辑出,并已收入《全元文》第9册姚燧文。[4]

---

1 《元史》卷一七三《叶李传》,4049 页;苏天爵《昭文馆大学士兼国子祭酒耶律文正公神道碑铭》,《滋溪文稿》卷七,101~106 页。
2 张之翰《挽魏中丞太初》:"生值壬辰岁又辰,嗟嗟六十一年身。"生卒皆壬辰年。《西岩集》(四库全书珍本)卷八,叶 5b。
3 《牧庵集》卷二四,叶 5a;《全元文》卷九,709 页。
4 《元文类》卷二二,叶 6a;《牧庵集》卷一〇,叶 5a;《全元文》卷九,518 页。

卷十一之三　枢密赵文正公良弼

牧庵姚公撰庙碑

赵良弼"事略"开头就引姚燧撰《庙碑》，全文共引《庙碑》三段。此《庙碑》仅见于《元朝名臣事略》，《牧庵集》和《全元文》皆遗而未辑。

野斋李公撰墓碑

李谦为赵良弼撰写的《墓碑》是这篇"事略"的主要史料来源，全文共引十四段。此《墓碑》仅见于《元朝名臣事略》，《全元文》第9册李谦文遗漏未辑。

蜀郡虞公文集

"事略"引《庙碑》，提到张易"坐擅发卫兵以酰"。以下小字注引"又《蜀郡虞公文集》云"。摘自虞集的《徽政院使张忠献公神道碑》，他的文集《道园学古录》卷一七和《道园类稿》卷四○皆收有这篇《神道碑》。苏天爵的引文除主语"公"，明确为"工部尚书张公九思"外，略有删削。然而将张易对构变的高菩萨、王著等"不能辨其伪,不敢抗"，改为"素恶相(阿合马)奸"，即"以兵与之"。由于当时张易是被世祖处死的，虞集文集中的碑文用"不能辨其伪"为张易开脱。姚燧的《庙碑》同样说"见误是僧"。实际上张易与阿合马矛盾甚深，数十年后苏天爵已没必要回避，将不能辨其伪，改为素恶阿合马之奸(可能是神道碑的原稿)，使我们更深入了解世祖朝哄动国内外的王著杀阿合马事件的真相。因此，《元朝名臣事略》已佚的引文固然有保存文献之功，即使其文尚在，这种偶然的改动，读者如能细察，更能从中得到重要的讯息。

鲁斋文集

由于赵良弼曾出使高丽、日本,这一段是世祖向他询问高丽的国情和赵良弼的回答,《元史·赵良弼传》也有这一段内容。赵良弼的事何以会出自《鲁斋文集》? 今本许衡文集中也没找到这段话。

卷十一之四　参政贾文正公居贞

牧庵姚公撰神道碑

姚燧撰写的《神道碑》是贾居贞"事略"的主要史料,苏天爵也选入自编的《元文类》,题为《参知政事贾公神道碑》。四库全书辑本《牧庵集》和《全元文》皆已收入。[1]

汶上曹公撰行状

汶上曹公即曹元用(? —1329),《元史》有传,字子贞,汶上(今属山东)人,故以籍贯称他为"汶上曹公"。最早任镇江路儒学正。考满游京师,得到翰林承旨阎复的欣赏和推荐。御史台辟为掾史,转中书省右司掾,与清河元明善、济南张养浩,同时号为三俊。后除应奉翰林文字,迁礼部主事。武宗设尚书省,改任右司都事,转员外郎。英宗时授翰林待制,升直学士。泰定二年(1325),授太子赞善,转礼部尚书兼经筵官。累迁翰林侍讲学士,兼经筵官,预修仁宗、英宗两朝实录。天历二年(1329)卒,追封东平郡公,谥文献。

曹元用有诗文《超然集》四十卷,早已失传。[2] 贾居贞的"事略"

---

[1] 《元文类》卷六一,叶1;《牧庵集》卷一九,叶1~8;《全元文》第9册,642~647页。
[2] 《元史》卷一七二《曹元用传》,4062页。

引用他写的《行状》三段,文字不多,但仅有《元朝名臣事略》保存。

苦斋雷公文集

苦斋雷公即雷膺(1225—1297),《元史》有传,字彦正,浑源人。太宗时戊戌选试,与选为儒户。史天泽镇真定,辟为万户府掌书记。世祖即位,授膺大名路宣抚司员外郎。中统二年(1261),翰林承旨王鹗、王磐荐膺为翰林修撰。至元二十一年(1284),任江南行御史台侍御史。[1] 二十三年(1286),迁江南浙西道提刑按察使,同年致仕。二十九年(1292),又征召为集贤学士,备顾问。大德元年(1297)卒于京师,谥文穆。[2] 姚燧为《雪堂雅集》作跋,收集有作品的文人二十七人,其中有集贤学士苦斋雷膺,故知他号"苦斋",苏天爵乃尊称他为"苦斋雷公"。[3]

贾居贞"事略"用小字引苦斋雷公《文集》两段,皆记贾居贞征鄂、治鄂的事迹。可惜苦斋《文集》已不存,仅保留"事略"所引片断,故不知是何文体和篇名。雷膺《全元文》作者中无名,当然也不会辑录这篇文字。

卷十二之一　内翰王文康公鹗

太常徐公撰墓碑

徐世隆所撰《墓碑》是王鹗"事略"的主要史料来源,这篇《墓碑》

---

1 《至正金陵新志》卷六,叶 37a。
2 《元史》卷一七〇《雷膺传》,3990 页。
3 《跋雪堂雅集后》,《牧庵集》卷三一,叶 10a。

仅见于《元朝名臣事略》。[1]

李恺撰言行录

王鹗"事略"引用李恺撰《言行录》共四段,都是有关忽必烈潜藩时期王鹗漠北之行的细节,以及王鹗奏对的言论。不知李恺是何许人?《言行录》是什么书,我没发现有其他记载。

商文定公撰先茔碑

商挺所撰王鹗《先茔碑》只引用了一段,内容是记阿合马欲求王鹗推荐他为相,遭到拒绝。但不屑于提他的名,而以"贾胡"代之,反映出当时汉族大臣对阿合马的敌视。这段《先茔碑》文也仅见于《元朝名臣事略》。[2]

卷十二之二 内翰王文忠公磐

野斋李公撰墓志

李谦所撰《墓志》是王磐"事略"的主要史料来源,李谦是王磐在东平学校主师席时的弟子,又得他的引荐入翰林院,因此这篇《墓志》由他执笔。李谦所撰王磐《墓志》仅见于《元朝名臣事略》。[3]

由于平定江南,应得赏赐的功臣甚多,王磐上奏:只能加赐散官或爵号,不宜任以实职。明初,《历代名臣奏议》将《墓志》中这段文字编入,清康熙时又经孙承泽编入《元朝典故编年考》,《全元文》据此二

---

1 《全元文》第2册,卷六六,386~401页,徐世隆文遗而未辑。
2 《全元文》第2册,卷七三,506~516页,商挺文遗而未辑。
3 《全元文》第9册,62~122页,李谦文遗而未辑。

书辑入第 2 册王磐文。

墓碑

王磐"事略"第二段下注"墓碑",中华书局点校本《元朝名臣事略》对此"墓碑"加注说:聚珍本作"墓志",且下文均作"墓志",似是。按本书例,凡首注出处,必列其作者之名,此则无。由于这里所注"墓碑"前佚作者名,致使聚珍本误以为"碑"乃"志"之误。今查《广平府志》《永年县志》和《金石分域编》诸书,皆有张晏所撰王磐神道碑,在永年县北三十里曲陋镇。结衔二行:"集贤殿大学士昭文馆大学士荣禄大夫大司农兼御史中丞张晏譔并书。""朝散大夫大名路同知李晔篆额"。碑文十八行,行八十字,铭四行,行六句。末行"至元三年岁在丁丑夏四月辛未朔越四日甲戌立石"。

由此可见,王磐"事略"所注的"墓碑"无误,是在他去世四十年后的顺帝至元三年丁丑(1337)所立的《神道碑》。作者张晏,中书左丞张文谦长子,初侍裕宗(太子真金)于东宫,为府正司丞。世祖思功臣子孙,选充刑部郎中,迁吏部郎中、大司农丞。成宗元贞改元,命讲经史,特授集贤侍读学士、参议枢密院事,升集贤学士,嘉议大夫、枢密院判官。如所撰《神道碑》结衔所示,张晏仕至集贤殿大学士、昭文馆大学士、荣禄大夫、大司农兼御史中丞。死后赠陕西行省平章政事,封魏国公,谥文靖。[1] 立碑虽在王磐身故多年,但碑文早在树碑前撰写,执笔者乃故人之子,对他生前还是熟悉的。

《全元文》辑入张晏撰《王磐墓神道碑铭》,辑自清嘉庆《广平府志》卷八,篇名乃校点人代拟。[2]《永年县志》载有《神道碑》名,全称

---

[1] 《中书左丞张公神道碑》,《元文类》卷五八,叶 13b;《元史》卷一五七《张文谦》,3698 页。
[2] 《全元文》第 35 册,207~208 页。

为《大元故翰林学士承旨资德大夫赠端真雅亮佐命功臣太傅开府仪同三司追封洺国公谥文忠王公神道碑铭并序》。但《广平府志》仅录铭,《永年县志》仅有上引描述,并未录碑文,但评论说:碑载"磐走襄阳,宋将闻其名,署议事参军。《史·传》所未及"。[1] 这类《元史》王磐本传失载的内容,幸而保存在《事略》的引文中,《全元文》间接从清宣统本《元书》和《元朝典故编年考》转录两段,题为《请定班序疏》和《按察司不宜省疏》,却遗漏了张晏的整篇《墓碑》正文,同样也舍弃了前述的李谦撰《墓志》。

玉堂嘉话

至元十一年(1274)一段之后,又一小段引"玉堂嘉话",内容是"有诏集百官问钞轻物重事",接着是王磐的对答。原文仍保留在王恽《秋涧集》中,但主人翁姓名有所不同,《元朝名臣事略》用其字作"学士王文炳",《秋涧集》则用其号作"大学士王鹿庵"。[2] 不知是因苏天爵的更改?或是《玉堂嘉话》另有失传版本?

卷十二之三　尚书李公昶

野斋李公撰墓碑

李谦所撰的墓碑是李昶"事略"的唯一史料来源。据《元史·李昶》本传称:他在严忠济东平行台任经历官,后"去官,杜门教授,一时名士,若李谦、马绍、吴衍辈皆出其门"。李谦作为李昶的得意门生,

---

[1] 《永年县志》(光绪三年刻本),卷一四《碑碣》,叶4b。
[2] 《玉堂嘉话》卷之四,《秋涧集》卷九六,叶16b。

是为其师撰写《墓碑》的合适人选。这篇《墓碑》仅存于《元朝名臣事略》。[1]

卷十二之四　太常徐公世隆

东平徐公撰墓碑

东平徐公即徐琰（？—1301），字子方，号容斋、养斋、汶叟，东平（今属山东）人。严忠济镇东平，徐世隆为幕客，倡议修复泮宫，兴学养士，这批学生往往著名当代，仕至江西行省参政、翰林学士承旨的徐琰是其中杰出代表。[2] 忠济曾迎元好问校试学生文章，预选四人中就有徐琰。[3] 至元初年（1264），徐琰出任陕西行省左右司郎中。至元六年（1269）兴建的灞河石桥，就是听取他们这些僚属的建议。[4] 虞集的文集中提到：至元十三年（1276），"时东平徐公琰方为行省左司员外郎"，可见"东平徐公"是虞集、苏天爵等翰林晚辈对徐琰的共同称谓。[5]

十八年（1281），真金太子命侍从太常官宋衜择可备顾问者，衜推荐徐琰等人，遂召琰于东平，任命为中书省左司郎中。[6] 二十三年（1286），出任岭北湖南道提刑按察使。[7] 二十六年（1289），经御史中

1　《全元文》第 9 册，62~122 页李谦文遗而未辑。
2　阎复《乡贤祠记》，《（光绪）高唐州志》卷八，叶 7a。
3　《元史》卷一六〇《阎复传》，3772 页。
4　李庭《创建灞石桥记》，《寓庵集》（藕香零拾本）卷五，叶 51。
5　《奉元路重修宣圣庙学记》，《道园类稿》卷二二，叶 21a；《道园学古录》卷三五，叶 4a。
6　《元史》卷一一五《裕宗传》，2890 页。
7　姚燧《奉议大夫广州治中阎君墓志铭》，《牧庵集》卷二九，叶 7b、9a。

丞董文用推荐,升江南行御史台御史中丞。[1] 二十八年(1291),改任江西行省参知政事。[2] 三十一年(1294),迁浙西廉访使。徐文献公为浙西廉访使时,治所尚在平江,有旨迁置于杭。[3]

大德二年(1298),入为翰林学士承旨。五年卒,谥文献。[4]

苏天爵评说世祖时,"中外居言责者,大抵多文学老成之士"。列举就有徐琰在内。[5] 他又是徐世隆东平兴学培养的人才,应是撰写碑文的理想作者。孔齐认为徐琰的文集可供"异日史馆之用",是"不可阙"的"大元国朝文典"。[6] 可惜他的文集已失传,连书名也无从得知。不过王恽提到他有《爱兰轩诗卷》,不知付刻没有?[7] 他也是《录鬼簿》提到的"前辈名公乐章行于世者"的曲作家。[8] 散曲今存小令十二首,套数一篇。

徐世隆"事略"的第一段,下注"东平徐公撰墓碑"。下文每段都下注出自"墓志",头一段无本书例应注的撰人,最先引用的文献往往是全篇的主要史料来源,下文长达二十一段怎么会不再出现呢?幸好元末的《析津志》"名宦"卷几乎全抄自《元朝名臣事略》,虽然删去

---

[1] 《元史》卷一四八《董文用传》,3499页;《至正金陵新志》卷六,叶34a。
[2] 程钜夫《至元二十八年龙集辛卯十月十日至洪,王肯堂治书见示芙蓉诗次韵二首》《徐容斋参政王安野治书……次韵二首》,《雪楼集》卷二六,叶6a。
[3] 陶宗仪《南村辍耕录》,中华书局,1959年,卷六"廉使长厚",71页。
[4] 李之绍《祭徐承旨文》,《元文类》卷四八,叶13ab。
[5] 《御史中丞魏忠肃公文集序》,《滋溪文稿》卷五,69页。
[6] 孔齐《至正直记》,上海古籍出版社,2012年,卷一"先君教谕"条,65页。
[7] 《题徐中丞子方爱兰轩诗卷》,《秋涧集》卷三三,叶12b。
[8] 钟嗣成《录鬼簿》,古典文学出版社,1957年,卷上,6、64页,"徐子芳宪使"或"徐子方宪使"。

了几段,也不是每段出注,但仍两次总结性地注出"并见墓志"。[1] 我猜测东平徐公所撰"墓碑"乃"墓志"之误。

徐琰所撰徐世隆《墓志》仅见于《元朝名臣事略》,《全元文》辑徐琰文,《元朝名臣事略》《顺天府志》和《析津志辑佚》所载,都遗漏未辑。[2]

卷十三之一　廉访使杨文宪公奂

遗山元公撰墓碑

元好问所撰"墓碑"是杨奂"事略"的主要史料来源,这篇碑文尚保存在他的文集中,全名《故河南路课税所长官兼廉访使杨公神道之碑》。[3]

公文集

本篇第3段引《墓碑》,记杨奂通过耶律楚材举办的戊戌选试,宣授河南路课税所长官。下用小字引"又公文集云",内容是杨奂本人评说十路课税所发挥的积极效果。这段文字也收入《还山遗稿》卷上,并自拟篇名《耶律楚材改课税制》。由于《还山遗稿》这一段正是从《元朝名臣事略》辑出,如末句"凡佐吏许自辟以从","佐"误为

1　明初修《顺天府志》,名宦部分注明"以上并见析津志"。清末缪荃孙从《永乐大典》辑出。北京图书馆善本组又从《永乐大典》和辑本《顺天府志》辑出《析津志辑佚》。徐世隆"事略"见于《顺天府志》,北京大学出版社,1982年,卷九,174~178页;《析津志辑佚》,184~186页。
2　《全元文》第10册,618~632页徐琰文。
3　《遗山先生文集》卷二三,叶1至8a;《全元文》第1册,556~557页。

"在",《还山遗稿》与《全元文》皆因循致误,聚珍本径改为"佐",中华书局点校本姚景安已据聚珍本校正。[1]

鲁国东游录

杨奂"事略"最末一段无注,姚景安先生点校本加注:"此段文字阙注出处,聚珍本补'墓碑'二字。然核之《元遗山先生全集》卷二三《故河南路课税长官兼廉访使杨公神道之碑》,文字颇多出入,疑另有所本。"查永乐大典本《顺天府志》,"廉访使杨文宪公"内容多抄自《元朝名臣事略》,卷前概述,第一段全文抄自《事略》,下注"元遗山撰墓碑",以下五段省去,《事略》脱注出处的一段全部保留,末注:"见鲁国东游录。"[2] 明杨士奇等编《文渊阁书目》,载有《紫阳先生东游记》一册,[3] 应该就是《鲁国东游录》。辑本《还山遗稿》有《东游记》一篇,内容是"壬子(1252)春三月"杨奂应东平行台公邀请,与其他文士一起东游阙里等处的游记,并无此段内容。而这段前半以"君著述有"开头,是第三者的口气,与元好问碑文相同,然内容有异。第二段介绍《正统书》,在"其叙曰"之后,仍与碑文一致。[4] 我猜想《紫阳先生东游记》或《鲁国东游录》,除《还山遗稿》的《东游记》外,又增入了编刊者所辑有关杨奂著述的报导。

---

1 《还山遗稿》卷上,叶29b;《全元文》第1册,150页;《元朝名臣事略》,258页。
2 《顺天府志》卷九《名宦》,180页;《析津志辑佚》,188页。
3 《文渊阁书目》卷一八,《丛书集成初编》0030册,226页。
4 《永乐大典》辑本《顺天府志》卷九,179页。

卷十三之二　内翰李文正公冶

李冶"事略"的依据无碑传之类,史料来源多而且杂,问题也较多。

事迹

聚珍本作"某公撰敬斋事迹",不知何据。所引这段是写他自幼至金亡前后的事,冠以"某公撰",仍不知作者是谁。"敬斋"是他的号,内容确是记"敬斋事迹",但不知是什么性质的文献。

门生集贤焦公撰文集序

"集贤焦公"指焦养直(1238—1310),《元史》有传。东昌路堂邑(今属山东)人,"为学寻坠绪于游离困苦之余"。东平万户严忠济延请敬斋李先生于府办学,养直"往来从之,至于数十年,问学不绝"。因此苏天爵称他为李冶的门生。至元十三年(1276),养直以词赋经义中选儒户。十八年(1281),以真定路儒学教授超拜典瑞少监。"入侍帷幄",向世祖陈说古先帝王政治,又为成宗进讲《资治通鉴》。大德三年(1299)升集贤侍讲学士,后进集贤学士。武宗至大元年(1308),授集贤大学士。[1] 故称他为"集贤焦公"。

据《元史》本传,李冶"所著有《敬斋文集》四十卷"。《事略》第二段就引用这篇焦养直所撰《文集序》,记述他治学的经过和成就。焦养直的文章身后由亲属编成《彝斋存稿》,然而与《敬斋文集》都已失

---

[1] 虞集《焦文靖公神道碑》《焦文靖公彝斋存稿序》,《道园类稿》卷四一,叶 19a;卷一八,叶 2a;《元史》卷一六四《焦养直传》,3859 页。

传,这篇《敬斋文集序》因此仅靠《元朝名臣事略》保留其中片断。[1]

王庭问对

丁巳年(1257),忽必烈驿召李冶至潜邸,询问天下大事。"事略"第二段就是这次两人会见时问答的记录,故命名《王庭问对》。这段文字甚长,《元史·李冶传》基本上依据李冶"事略",并节录采用了《王庭问对》。明永乐间修《历代名臣奏议》,再从《元史·李冶传》摘出,加以分门别类插入有关卷次中。崇祯时张溥加以删节重刊。《全元文》辑李冶文,又分别从文渊阁《四库全书》本(据永乐《历代名臣奏议》原刊本)或崇祯本《历代名臣奏议》辑出。《王庭问对》经《元史》和《历代名臣奏议》两次节录和转抄并割裂分载,已失原貌。事情因何而起,故事的完整性皆无从谈起。《全元文》将一篇文字分成四篇,散在前后两处,代拟标题为《治天下策》《对地震策》和两个重复的《论贤臣》。[2] 一个山居的老儒,何以会凭空发这些言论,令人不解。如恢复原状和原篇名《王庭问对》,那就一目了然了。

《历代名臣奏议》元代部分,经陈得芝、邱树森先生标点、整理,于1998年以《元代奏议辑录》为名出版。此书的特点就是查明每篇奏议的出处,干脆替换为原来文字并注明来源。如陈得芝先生虽仍分三段并加"论人才""论治天下难易"和"论地震"三标题,但已将割裂的文字按顺序归拢,并注明出自《元朝名臣事略》中李冶的《王庭问对》。[3] 辑佚就应追寻最初文本,陈、邱二先生的做法是值得学习和借鉴的。

---

[1] 《全元文》第10册,30页焦养直文仅收文一篇,《敬斋文集序》遗而未辑。
[2] 同上,第2册,卷四七李冶文,分散在15、16、23、24页。
[3] 《元代奏议集录》,浙江古籍出版社,1998年,45~47页。

王文忠公撰书院记

王磐所撰《书院记》,内容是记李冶晚年家元氏,于封龙山构讲堂、斋舍讲学,题目应是封龙山书院记之类,可惜此文已佚,仅存《元朝名臣事略》节录的这一段。[1]

与翰苑诸公书

王磐撰《书院记》提到:"立翰林院于燕京",召授李冶翰林学士。以下小字引《与翰苑诸公书》,表示辞退之意。这一段已经《全元文》辑出,注明出自《元朝名臣事略》卷一三。

敬斋泛说

接着引《敬斋泛说》四段。在第二段下小字注:"公著述有《文集》四十卷,《壁书丛削》十卷,《泛说》四十卷,《古今黈》四十卷,《测圆海镜》十二卷,《益古衍段》三卷,其它杂著又十余卷"。可见他除"经为通儒,文为名家"外,也兼攻自然科学。《敬斋泛说》是他文集外的另一部四十卷巨著,可惜仅有这几小段保存在《元朝名臣事略》中。

太常徐公撰四贤堂记

末段引徐世隆所撰《四贤堂记》,记至元二年(1265),平定州守刘天禄"为屋数楹,置赵、杨、元、李四公像其中以事之"。即供奉金末的"一代宗师"赵秉文、杨云翼,以及近年海内敬仰的元好问和李冶,称"四贤堂",可惜《四贤堂记》已佚,仅存《元朝名臣事略》所引片断。[2]

---

1 《全元文》第 2 册,卷六一至六二,243~308 页的王磐文,王磐所撰《书院记》未辑。
2 《全元文》第 2 册,卷六六,386~401 页徐世隆文,徐世隆所撰《四贤堂记》未辑。

卷十三之三　太史杨文康公恭懿

牧庵姚公撰神道碑

姚燧所撰《神道碑》是杨恭懿"事略"的主要史料来源,全文共六大段,五段出自《神道碑》。《神道碑》苏天爵也选入自编的《元文类》,四库全书辑本《牧庵集》和《全元文》也收入,题为《领太史院事杨公神道碑》。[1]

墓志

在全文倒数第二段,至元十六年(1279)之下,杨恭懿奉召赴都于太史院改历。这一大段的内容,主要是他和领太史院的张易、许衡所上改历奏议和《合朔议》。下注"墓志",遗漏了撰者。而下接全文最末段引《神道碑》,开头一句:"征士萧㪺志其墓曰:……。"这句话恰告给我们,前一段未署名的墓志正是萧㪺所作。

萧㪺(1241—1318),字惟斗,奉元路咸宁(今陕西西安)人。《元史》有传,隐居读书南山三十年,博览群书,天文、地理、律历、算数,靡不研究。为文辞,立意精深,言近而指远。关辅之士,翕然宗之,称为一代醇儒。[2] 世祖征不至,陕西行省官荐授陕西儒学提举,皆辞。继而成宗累征授国子司业、集贤直学士,皆未赴,故人称为"征士"。大德十年(1306),进集贤侍读学士,即其家授之。武宗即位,仁宗为皇太子,以太子右谕德征召,始至京师,授集贤学士、国子祭酒、谕德如

---

1 《元文类》卷六〇,叶1;《牧庵集》卷一八,叶1~8;《全元文》第9册,626~631页。
2 《元史》卷一八九《萧㪺传》,4325页。

故。以老疾辞。延祐五年(1318)卒,谥贞敏。[1]

至正四年(1344),苏天爵出任陕西行御史台侍御史,当时萧㪺之文已散逸无几,才动手与人采辑。后编成《勤斋文集》十五卷,行于世。清乾隆修《四库全书》,从《永乐大典》辑出《勤斋集》八卷。

最末段下注《神道碑》,查《元文类》中《太史杨文康公神道碑》,的确有杨恭懿"事略"中这段文字。《全元文》从《四库全书》本《元朝名臣事略》辑出,收入萧㪺文中,并命名《太史杨文康公墓志铭》。引文开头,"征士萧㪺志其墓曰"是姚燧所撰《神道碑》文转引萧㪺《墓志》中的话。辑者忽略了末尾明明有注,这段出自《神道碑》。最后,"呜呼!诚知德不易之言哉!"是姚燧发的感叹,更不能算《墓志》中的文字。尤为重要的是,前一段作者佚名的《墓志》正是萧㪺所作,可惜将这段长四五倍的文字遗漏未辑,将仅与《神道碑》重复的一小段,却并非出自《墓志》的文字辑入萧㪺文中。[2]

卷十四之一　左丞董忠献公文炳

清河元公撰家传

元明善所撰《家传》是董文炳"事略"的主要史料来源,苏天爵也将它选入自编的《元文类》,题为《藁城董氏家传》。已被缪荃孙辑入《清河集》。《全元文》据《清河集》收入。[3]

1　苏天爵《元故集贤学士国子祭酒太子右谕德萧贞敏公墓志铭》,《滋溪文稿》卷八,114页;刘致《萧贞敏公谥议》,《元文类》卷四八,叶23b。
2　《全元文》第10册,卷三六四至三六七,719~786页萧㪺文。
3　《元文类》卷七〇,叶1~15;《清河集》卷七,叶74a;《全元文》第24册,312~320页。

李野斋撰墓志

《藁城董氏家传》提到(董文炳"事略"未引):文炳病故,世祖"敕翰林待制李谦志其墓,翰林学士承旨王磐撰神道碑"。这篇"事略"少量引用《墓志》和《神道碑》作为补充。李谦的《墓志》共引二段,一段在正文引《家传》记董文炳幼年事之下,用小字引《墓志》作为补充。另一段作为正文,记己未年(1259)董文炳随忽必烈伐宋,降服光山县台山砦的事迹。这篇《墓志》已佚,仅存《元朝名臣事略》所引片断。[1]

王文忠公撰墓碑

王磐所撰《墓碑》只引了一小段,夹注于《家传》载董文炳与张世杰大战于大江中一段之下,记其子士元战死于淮东之役。《墓碑》即元明善《家传》中提到的《神道碑》,全名《赵国忠献公神道碑》,现存于嘉靖《藁城县志》。[2]

卷十四之二　内翰董忠穆公文用

蜀郡虞公撰行状

虞集所撰《行状》是董文用"事略"的主要史料来源,苏天爵也将它选入自编的《元文类》,题为《翰林学士承旨董公行状》。又同见虞集的《道园学古录》和《道园类稿》。[3]

1　《全元文》第9册,卷二八六至二八八,62~122页李谦文,未辑董文炳《墓志》。
2　《(嘉靖)藁城县志》卷九,叶1a,后修县志及《畿辅通志》皆转录;《全元文》第2册,286~291页已收入。
3　《元文类》卷四九,叶10b至21b;《道园学古录》卷二〇,叶7~14;《道园类稿》卷五〇,叶1a。

遗事

董文用《事略》整篇几乎全用《行状》，仅开头一段引《行状》，记董文用随世祖围鄂，闻宪宗崩。下小字注"又《遗事》云"，是讲文用"一日三谏"，劝忽必烈回师争夺帝位。我不知《遗事》是什么文献。

卷十四之三　枢密董正献公文忠

牧庵姚公撰墓碑

姚燧所撰《墓碑》是董文忠"事略"的主要史料来源，苏天爵也将它选入自编的《元文类》，四库全书辑本《牧庵集》和《全元文》也收入，题为《金书枢密院事董公神道碑》。[1]

涿郡卢公撰墓志

涿郡卢公即卢挚，字处道，号疏斋，涿州（今河北涿州市）人。据他自述："挚在稚幼，特蒙世祖皇帝天地大造教育作成。""遭际先朝（世祖朝），服勤帷幄，多历年所，擢置侍从。"原来卢挚的出身和其他为官翰林和风宪的文人不同，"稚幼"时就在忽必烈身边，由他抚养、教育成长。成年后就任命为官。[2]

在至元十三年（1276）以前，卢挚任太府监属官令史。因有人控告他"盗断监布"，世祖"命杀以惩众"。常侍世祖左右的符宝郎董文忠建言："宜付有司簿责阅实，以俟后命。"经董文忠调查，原来太府监

---

[1]　《元文类》卷六一，叶 8b 至 15；《牧庵集》卷一五，叶 19~26，自命名《董文忠神道碑》。
[2]　《移岭北湖南道肃政廉访司乞致仕牒》，《天下同文集》卷二三，叶 90ab；《与姚江村先生书》，《元文类》卷三七，叶 13a。

的布两端都有多余的布头,"尚方工官"需要零碎布料,认为毁掉整匹可惜,切断羡余的布料给工官,并非贪污归己。卢挚的性命赖董文忠得以保全,交情不同一般,故董氏家人请他撰写《墓志》。[1]

元朝平宋后,卢挚出任翰林院属官,巡行江南诸郡,籍在官书板。接着出任燕南河北道、江东建康道、陕西汉中道提刑按察副使,河南路总管。大德元年(1297),回朝任集贤学士。三年(1299),又出任岭北湖南道肃政廉访使。卸任后,七年(1303),又入朝任翰林学士。十一年(1307),再出任江东道肃政廉访使。至大四年(1311),仁宗继位,召回翰林院任职,随即告病致仕,不久病故。[2]

卢挚在生前就有《诗文集》,可能在出任江东道按察副使时已结集,书名《江东藁》,赠送给在江南行台结识的侍御史程钜夫。[3] 约在他再次赴宁国任江东道廉访使时,徐嘉善得到他的近稿,作为"后集"刊行。[4] 张雨有七律咏《卢疏斋集》,诗序说有宣城校官本,可见当时已有刻本。[5]《卢疏斋集》明初尚存,杨士奇《文渊阁书目》有两部,分别装九册或八册,皆完全,估计约二三十卷。[6] 明成祖时收入《永乐大典》,近人已从残卷中辑出诗文数十篇。清人补编的各种《元史艺文志》,仅录书名《疏斋文集》,同样缺注卷数,内容更无从得知,可见《艺

---

[1] 董文忠《事略》引卢挚撰两段《墓志》文,已辑入《全元文》第 11 册,21 页,惟标题误作"董文公墓志",应循《元朝名臣事略》原标题作"枢密董正献公墓志",或注"文忠"名。
[2] 关于卢挚生平,见拙文《卢挚生平及诗文系年再检讨》,《中华文史论丛》2014 年第 4 期。
[3] 程钜夫《卢疏斋江东藁引》,《雪楼集》卷一四,叶 4b。
[4] 徐明善《疏斋卢公文后集序》,《全元文》第 17 册,233 页。
[5] 张雨《卢疏斋集并序》,《句曲外史集》(文渊阁四库全书,第 1216 册)卷中,叶 1,371 页下。
[6] 《文渊阁书目》卷九,《丛书集成初编》0030 册,115 页。

文志》作者皆未亲见原书。[1] 1984 年出版了卢挚诗文的辑本。[2]

成宗时吴澄北行归来,"征中州文献,东人往往称李〔谦〕、徐〔琰〕、阎〔复〕;众推能文辞,有风致者,曰姚、曰卢"。将他与姚燧并列,被推崇为当代文宗。[3] 卢疏斋等十余家的文集,被列为"大元国朝文典","皆为异日史馆之用,不可阙"的重要文献。[4]

卷十五之一另有卢挚撰郝经神道碑。

卷十五之一　国信使郝文忠公经

高唐阎公撰墓志

阎复所撰《墓志》保存在《郝文忠公陵川集》卷首,缪荃孙辑入他编刻的《藕香零拾》丛书本《静轩集》,篇名《元故翰林侍读学士国信使郝公墓志铭》。[5]

保定苟公撰行状

用小字注于第二段引《墓志》正文后。保定苟公即苟宗道,字正甫,金河东南路孟州河阳人。父士忠,金末河朔受兵,被推为义兵都统。岁壬辰(1232),蒙古进军河南,遂北迁以避兵锋,寄居顺天路清苑,与郝经之父思温同处邻里,相处甚融洽,士忠让宗道从郝经受学。

---

[1] 黄虞稷《千顷堂书目》补元代部分,58 页;倪灿、卢文弨《补辽金元艺文志》元代部分,130 页;钱大昕《补元史艺文志》卷四,275 页;《辽金元艺文志》,商务印书馆,1958 年。
[2] 李修生辑笺《卢疏斋集辑存》,北京师范大学出版社。
[3] 《送卢廉使还朝为翰林学士序》。
[4] 《至正直记》卷一《国朝文典》,65 页。
[5] 《静轩集》卷四,叶 33b 至 36b;《全元文》第 9 册,292~295 页。

顺天路至元十二年(1275)改保定路,故苏天爵称他为"保定苟公"。中统元年(1260),郝经奉旨使宋,苟宗道以门生随行,任都事和书状官,被留仪真,向郝经问学多年,遂成儒者。[1] 至元间任监察御史,二十六年(1289)累迁南台治书待御史,历任江北淮东道肃政廉访副使,仕至国子祭酒。

《行状》全名《故翰林侍读学士国信使郝公行状》,保存在《郝文忠公陵川集》卷首。苟宗道自幼从郝经学,使宋时又同被拘留十六年,作为多年的弟子和下属,对郝经了解最深,故由他撰写行状。

涿郡卢公撰墓碑

卢挚所撰《墓碑》苏天爵也选入他所编《元文类》,题为《翰林侍读学士郝公神道碑》。《郝文忠公陵川集》卷首也录入此碑,全名《元故翰林侍读学士国信使郝公神道碑铭》,并署名"集贤学士嘉议大夫卢挚撰"。《神道碑》提到:郝经子采麟,"以文学行治权寘侍从",出任集贤直学士,准备徙其父之厝安葬于孟州河阳县,请卢挚撰写神道碑铭。[2] 而据前引阎复所撰郝经墓志铭,具体指明"迁窆"是"大德三年春",《神道碑》和《墓志铭》是郝采麟同时邀请卢挚和阎复分别撰写的,时间应在大德二年秋或冬。采麟与卢挚皆出身侍从,又是集贤院同僚,因此请卢挚撰写《神道碑铭》。而《墓志铭》则由翰林学士阎复撰写。

班师议

"事略"引《墓碑》,己未年忽必烈围鄂,闻蒙哥死讯班师。下用小字注:"又按公《班师议》云",引用郝经分析当前形势,建议忽必烈班

---

[1] 郝经《河阳逋士苟君墓铭》《先父行状》,《郝文忠公集》卷三五,叶30b;卷三六,叶9b。
[2] 《元文类》卷五八,叶16~20;《天下同文集》卷四〇,叶125a至129b;《郝文忠公集》卷首;《全元文》第11册,15~18页。

师争夺帝位的内容。《班师议》全文现存郝经文集中。[1]

与宋论本朝兵乱书

"事略"引《墓碑》,郝经被"馆留真州","上书宋主,移文其执政"。下有小字注引《行状》两段,接着引《与宋论本朝兵乱书》。可能宋朝听闻新即位的忽必烈遭到其弟阿里不哥和西北诸王的反对,因而怀疑蒙古新朝能否巩固,从而不善待通好使臣。郝经在信中论述忽必烈取得帝位的合法性,并得到蒙古诸王和汉地诸侯的支持,对方"卒无所成无所疑也"。这封信仍保存在郝经文集中。篇名《复与宋国丞相论本朝兵乱书》。[2]

临川吴公文集

临川吴公应指吴澄,我从他的《吴文正公集》中没找到这段文字,容今后再考。

卷十五之二　静修刘先生因

刘因的《事略》通篇没有引用碑传文之类,除了引用他本人《文集》中的自述外,还有景仰他的人对他作的评述。

野斋李公撰文集序

李谦所撰刘因《文集序》,《四部丛刊》初编本《静修先生文集》据涵芬楼藏宋刊小字本影印,无此序,另据抱经楼旧藏元至顺本补入东

1　《郝文忠公集》卷三二,叶 7b 至 12a。
2　《郝文忠公集》卷三八,叶 7a 至 8b。

平李谦序全文。[1]

静修文集

第二段是引刘因本人的《文集》,开头一句"先生上宰相书曰",这是编者苏天爵的话。这篇《上宰相书》仍保存在《静修先生文集》中,也被苏天爵选入自编的《元文类》。这段引文是刘因在接到征聘时,向当朝执政者申述辞退理由的一封长信。所引文字对原文有较多删节,使篇幅精简,而文意无损。[2]

会稽袁公文集

会稽袁公即袁桷(1266—1327),字伯长,号清容居士。庆元路鄞县人,庆元原称明州,唐开元间自越州析出,属古会稽郡地,故称为"会稽袁公"。袁桷出身南宋官僚世家。以茂才异等被廉访司荐于行省,授丽泽书院山长。大德初,经阎复等荐任翰林院检阅官。升应奉翰林文字、兼国史院编修官。历任翰林修撰、待制、集贤直学士,改任翰林直学士。至治元年(1321),升侍讲学士。泰定四年(1327)卒于家,谥文清。

袁桷在翰林近三十年,朝廷制册、勋臣碑版,多出其手。苏天爵评论他的文辞"奥雅奇严",堪称"国家文学博洽之儒",因此"以文章名海内。士咸以为师法,文体为之一变"。"会稽袁公文集",[3] 即他所著《清容居士集》五十卷,今有元刻本流传。[4] 本段引文出自《真定安

---

1 《全元文》第9册,卷二八六至卷二八八李谦文未辑。
2 《静修先生文集》(四部丛刊初编)卷二一,叶1~2;《元文类》卷三七,叶9a至11a。
3 《(永乐)顺天府志》(卷九,195页)和《析津志辑佚》(194页)皆转引《元朝名臣事略》,下注"会稽表伯长文集",姓字全备,但将"袁"误写为"表"。
4 苏天爵《元故翰林侍讲学士知制诰同修国史赠江浙行中书省参知政事袁文清公墓志铭》,《滋溪文稿》卷九,133~137页;《元史》卷一七三《袁桷传》,4025~4026页。

敬仲墓表》,安熙字敬仲,刘因弟子,袁桷为安熙作《墓表》,因他得刘因之传,故进而阐述刘因之学及其渊源。此文也被苏天爵选入自编的《元文类》,篇名为《安先生墓表》。[1]

助教吴明进策

吴明的生平事迹不见记载,他的"进策"被苏天爵选编入《静修刘先生》"事略"中。可能他在当时文坛颇有影响,可惜后来湮没无闻。《全元文》第59册有吴明文《进策》一篇,注明辑自《顺天府志》卷九。然《顺天府志》有多种版本,《全元文》所辑吴明文应出自永乐《顺天府志》,乃缪荃孙从《永乐大典》抄出。[2] 与《元朝名臣事略》引文核对,文字几乎全同,只有三处有异,缪抄本文字不通,可见《顺天府志》这段《进策》并非出自《事略》,而是《顺天府志》《永乐大典》或缪荃孙移录时抄错。如"旋以母老辞去","旋以"误为"授以",《全元文》点校者读不通此句,竟将"授"字点入上句,仍令人莫解其意。又如"士之处世不自贵重"抄成"世之处士……",这句话更令人无法理解了。

明叶盛《菉竹堂书目》卷二有《吴助教万年策》一册,可见助教吴明与郑介夫、赵天麟一样,曾累次向朝廷进言,并结集成册传世,表彰刘因的《进策》应是他的《万年策》之一。叶盛卒于成化十年(1474),说明15世纪后期此书尚存于世,可惜《历代名臣奏议》未收。

苏天爵本人还自写一篇《静修先生刘公文表》,两次引用国子助教吴明陈书于朝的文字,可见苏天爵对吴明颇敬重,赞同他对刘因的评价,不仅将吴明的《进策》辑入静修刘先生的《事略》中,而且在为刘

---

[1] 《清容居士卷》卷三〇,叶21b至23;《元文类》卷五六,叶16b至17a;《全元文》第23册,651~652页。
[2] 《(永乐)顺天府志》卷九,194~195页。

因写墓表时,干脆将吴明的话引入自己的表文。[1]

翰林待制欧阳玄赞先生之像

欧阳玄,字原功,湖南浏阳人。延祐二年(1315),仁宗首开科举,赐进士出身。由地方官召入京任国子博士、监丞。致和元年(1328),迁翰林待制。天历二年(1329),文宗初置奎章阁学士院及所辖艺文监,任艺文少监。顺帝至正初,召为修辽、宋、金史总裁官,官至翰林学士承旨。《元史》称:欧阳玄"六入翰林,而三拜承旨,修实录、〔经世〕大典、〔辽、宋、金〕三史,皆大制作","屡主文衡,……凡宗庙朝廷雄文大册,播告万方制诰,多出玄手","海内名山大川,释老之宫,王公贵人墓隧之碑,得玄文辞以为荣。片言只字,流传人间,咸知宝重"。[2]

《事略》末段没注出处,而是在正文中以"翰林待制欧阳玄赞先生之像曰"开头,引用欧阳玄对刘因的赞词。姓名前有官衔"翰林待制",说明画像赞作于他任此职的泰定帝末年和文宗初即位之际,现存所著《圭斋文集》,苏天爵也选自编的《元文类》,篇名《静修先生画像赞》或《静修刘先生画像赞》。[3]

引文作者及篇名表

作者		引用书或篇名	卷次	传主	今存何书	原书或篇名	存佚	全元文
元永贞	1	太常元公撰世家	1之1	木华黎		东平王世家	佚	未辑
元永贞		太常元公撰世家	1之2	安童		东平王世家	佚	未辑
张匡衍	2	张匡衍撰行录	1之1	木华黎		不明	佚	未辑
姚燧	3	牧庵撰招抚使王兴秀碑	1之1	木华黎	牧庵集卷二一	怀远大将军招抚使王公神道碑铭	存	9/699

---

1 《滋溪文稿》卷八,110~114页。
2 《元史》卷一八二《欧阳玄传》,4196~4199页。
3 《圭斋文集》卷一五,叶3b至4a;《元文类》卷一八,叶14a;《全元文》第34册,586页。

续表

作者	引用书或篇名	卷次	传主	今存何书	原书或篇名	存佚	全元文
姚燧	牧庵撰按察使赵璋碑	1之1	木华黎	元文类卷五五、牧庵集卷二七	故提刑赵公夫人杨君新阡碣铭	存	9/786
姚燧	牧庵姚公撰神道碑	2之3	阿里海涯	元文类卷五九、牧庵集卷一三	湖广行省左丞相神道碑	存	9/551
姚燧	又刘武敏公碑	2之3	阿里海涯			佚	未辑
姚燧	牧庵姚公撰神道碑	4之3	不忽木			佚	未辑
姚燧	牧庵姚公神道碑	4之4	彻里	元文类卷五九、牧庵集卷一四	平章政事徐国公神道碑	存	9/566
姚燧	牧庵撰左丞李恒庙碑	6之4	张弘范	元文类卷二一、牧庵集卷一二	资善大夫中书左丞赠银青荣禄大夫平章政事谥武愍李公家庙碑	存	9/492
姚燧	牧庵文集	7之2	史天泽	元文类卷二八、牧庵集卷七	江汉堂记	存	9/443
姚燧	牧庵撰神道碑	8之2	姚枢	元文类卷六○、牧庵集卷一五	中书左丞姚文献公神道碑	存	9/573
姚燧	牧庵文集	8之3	许衡	元文类卷三四、牧庵集卷四	送姚嗣辉序	存	9/380
姚燧	牧庵文集	8之3	许衡	元文类卷三三、牧庵集卷四	送畅纯甫序	存	9/377
姚燧	牧庵姚公文集	10之3	杨果		不明	佚	未辑
姚燧	牧庵姚公撰行状	11之1	李德辉	元文类卷四九、牧庵集卷三○	中书左丞李忠宣公行状	存	9/484
姚燧	牧庵文集	11之2	商挺	牧庵集卷二四	谭公神道碑	存	9/708
姚燧	牧庵文集	11之2	商挺	元文类卷二二、牧庵集卷一○	延釐寺碑	存	9/518
姚燧	牧庵姚公撰庙碑	11之2	赵良弼		不明	佚	未辑
姚燧	牧庵姚公撰神道碑	11之4	贾居贞	元文类卷六一、牧庵集卷一九	参知政事贾公神道碑	存	9/642
姚燧	牧庵姚公撰神道碑	13之3	杨恭懿	元文类卷六○、牧庵集卷一八	领太史院事杨公神道碑	存	9/626
姚燧	牧庵姚公撰墓碑	14之3	董文忠	元文类卷六一、牧庵集卷一五	佥书枢密院事董公神道碑	存	9/586

续表

作者		引用书或篇名	卷次	传主	今存何书	原书或篇名	存佚	全元文
元明善	4	清河元公撰勋德碑	1之2	安童	元文类卷二四、清河集卷二	丞相东平忠宪王勋德碑	存	24/340
元明善		清河元公撰勋德碑	2之1	伯颜	元文类卷二四、清河集卷三	丞相淮安忠武王勋德碑	存	24/346
元明善		清河元公撰勋德碑	3之2	月赤察儿	元文类卷二三、清河集卷二	太师淇阳忠武王勋德碑	存	24/332
元明善		清河元公撰神道碑	7之3	廉希宪	元文类卷六五、清河集卷五	平章政事廉文正王神道碑	存	24/352
元明善		清河元公撰墓碑	11之2	商挺	清河集卷六	参政商文定公墓碑	佚	24/376
元明善		清河元公撰家传	14之1	董文炳	元文类卷七〇、清河集卷七	藁城董氏家传	存	24/312
李谦	5	野斋李公文集	1之2	安童			佚	未辑
李谦		野斋李公文集	2之1	伯颜			佚	未辑
李谦		野斋李公撰神道碑	7之4	张文谦	元文类卷五八	中书左丞张公神道碑	存	9/101
李谦		野斋李公撰墓志	8之1	窦默			佚	未辑
李谦		野斋李公文集	10之3	杨果			佚	未辑
李谦		野斋李公撰神道碑	11之1	李德辉			佚	未辑
李谦		野斋李公撰墓碑	11之3	赵良弼			佚	未辑
李谦		野斋李公撰墓志	12之2	王磐			佚	未辑
李谦		野斋李公撰墓志	12之3	李昶			佚	未辑
李谦		野斋李公撰墓志	14之1	董文炳			佚	未辑
李谦		野斋李公文集序	15之2	刘因	静修先生文集卷首	静修先生文集序	存	未辑
刘敏中	6	中庵刘公撰庙碑	2之1	伯颜	中庵集卷一	敕赐淮安忠武王庙碑	存	9/480
刘敏中		中庵刘公撰勋德碑	4之2	答剌罕	元文类卷二五、中庵集卷四	敕赐太傅右丞相赠太师顺德忠献王碑	存	11/537
王恽	7	汲郡王公玉堂嘉话	2之1	伯颜	秋涧集卷九六、玉堂嘉话卷四	宋末下时江南谣云	存	无
王恽		汲郡王公文集	2之1	伯颜	秋涧集卷二二/8a	大贤诗三首序	存	无
王恽		汲郡王公撰庙碑	2之2	阿术	秋涧集卷五〇	大元光禄大夫平章政事兀良氏先庙碑铭	存	6/382

续表

作者	引用书或篇名	卷次	传主	今存何书	原书或篇名	存佚	全元文
王恽	汲郡王公文集	5之1	耶律楚材	秋涧集卷四四杂著	太宗英文皇帝	存	6/244
王恽	玉堂嘉话	6之4	张弘范	秋涧集卷九七、玉堂嘉话卷五	〔至元十一年〕明年十二月临安降	存	无
王恽	汲郡王公撰家传	7之2	史天泽	秋涧集卷四八	开府仪同三司中书左丞相忠武史公家传	存	6/343
王恽	汲郡王公中堂事记	8之1	窦默	秋涧集卷八二、中堂事记	中统二年六月八日	存	无
王恽	汲郡王公撰行状	10之4	张德辉			佚	未辑
王恽	玉堂嘉话	12之2	王磐	秋涧集卷九六、玉堂嘉话卷四	有诏集百官问钞轻物重事	存	无
阎复 8	高唐阎公撰勋德碑	3之1	月吕禄	元文类二三、静轩集卷三	太师广平贞宪王月吕禄那演勋德碑	存	9/257
阎复	高唐阎公撰纪绩碑	3之3	土土哈	静轩集卷三	枢密句容式毅王纪绩碑	佚	9/265
阎复	高唐阎公撰勋德碑	4之1	完泽	静轩集卷三	丞相兴元忠宪王勋德碑	存	9/268
阎复	高唐阎公文集	10之2	宋子贞				未辑
阎复	高唐阎公撰墓志	15之1	郝经	郝文忠公集卷首、静轩集卷四	元故翰林侍读学士国信使郝公墓志铭	存	9/292
王构 9	鄫山王公撰墓志	4之3	不忽木			佚	未辑
？	吴松江记	4之4	彻里			佚	未辑
宋子贞 10	平章宋公撰神道碑	5之1	耶律楚材	元文类卷五七	元故领中书省耶律公神道碑	存	1/169
宋子贞	平章宋公撰墓志	10之1	刘肃			佚	未辑
张都 11	燕居丛谈	5之1	耶律楚材			佚	无此人
李微 12	李微撰墓志	5之1	耶律楚材			佚	无此人
元好问 13	遗山元公上公书	5之1	耶律楚材	遗山集三九、元文类卷三七	癸巳岁寄中书耶律公书、上耶律中书书	存	1/285
元好问	遗山元公撰神道碑	6之2	严实	遗山集卷二六	东平行台严公神道碑	存	1/584
元好问	遗山元公撰勋德第二碑	6之3	张柔	遗山集卷二六	顺天万户张公勋德第二碑	存	1/597

续表

作者		引用书或篇名	卷次	传主	今存何书	原书或篇名	存佚	全元文
元好问		遗山元公撰墓碑	13之1	杨奂	遗山集卷一九	故河南路课税所长官兼廉访使杨公神道之碑	存	1/546
赵衍	14	赵衍撰行状	5之1	耶律楚材			佚	无此人
郝经	15	陵川郝公文集	5之1	耶律楚材	郝文忠公陵川集卷三二	立政议	存	4/85
郝经		郝文忠公撰神道碑	5之2	杨惟中	郝文忠公陵川集卷三五	中书令江淮京湖南北等路宣抚大使杨公神道碑	存	4/441
郝经		周子祠堂记	5之2	杨惟中	郝文忠公陵川集卷三四、二六	前段出：周子祠堂记，后段出：太极书院记	存	4/405
郝经		又刻太极图……	5之2	杨惟中	郝文忠公陵川集卷二六	〔太极书院记〕	存	4/339
郝经		陵川文集	6之3	张柔	郝文忠公陵川集卷三五	故易州等处军民总管何侯神道碑铭	存	4/437
郝经		〔郝文忠〕公班师议	15之1	郝经	郝文忠公陵川集卷三二	班师议	存	4/81
郝经		公与宋论本朝兵乱书	15之1	郝经	郝文忠公陵川集卷三二	复与宋国丞相论本朝兵乱书	存	4/120
杨奂	16	杨文宪公文集	6之1	汪世显	还山遗稿卷上	总帅汪义武王世显神道碑	佚	1/155
杨奂		杨文宪公文集	8之1	窦默	还山遗稿卷上	李状元事略（辑自事略）	佚	1/150
杨奂		〔杨文宪〕公文集	13之1	杨奂	还山遗稿卷上	元耶律楚材改课税制（辑自事略）	佚	1/150
杨奂		鲁国东游记	13之1	杨奂	还山遗稿卷上	东游记（无《事略》所引内容）	佚	未辑
虞集	17	蜀郡虞公文集	6之1	汪世显	元文类卷三五、学古录卷六、类稿卷一六	陇右王汪氏世家勋德录序	存	26/168
虞集		蜀郡虞公撰庙堂碑	6之4	张弘范	元文类卷二一、学古录卷一四、类稿卷三七	元帅张献武王庙碑（淮南宪武王庙堂之碑）	存	27/215

续表

作者		引用书或篇名	卷次	传主	今存何书	原书或篇名	存佚	全元文
虞集		蜀郡虞公撰新莹记	7之4	张文谦	元文类卷三〇、类稿卷四五	张氏新莹记	存	27/403
虞集		蜀郡虞公文集	8之3	许衡	元文类卷三五、学古录卷五、类稿卷二〇	送李扩序	存	26/173
虞集		蜀郡虞公文集	11之3	赵良弼	学古录卷一七、类稿卷四〇	徽政院使张忠献公神道碑	存	27/270
虞集		蜀郡虞公撰行状	14之2	董文用	元文类卷四九、学古录卷二〇、类稿卷五〇	翰林学士承旨董公行状	存	27/160
王磐	18	王文忠公撰神道碑	6之3	张柔	(光绪)畿辅通志卷一六八	蔡国公神道碑	存	2/267
王磐		王文忠公撰神道碑	7之1	刘秉忠	藏春集卷六附录	光禄大夫太保赠太傅仪同三司文贞公神道碑铭	存	2/299
王磐		王文忠公撰神道碑	7之2	史天泽	元文类卷五八	中书右丞相史公神道碑	存	2/273
王磐		某公撰先莹碑	7之4	张文谦	(成化)顺德府志	张氏世德之碑	存	2/262
王磐		某公撰神道碑	8之1	窦默	(雍正)畿辅通志卷一〇七	昭文馆大学士窦公神道碑	存	2/271
王磐		鹿庵赞先生之像曰	8之3	许衡	元文类卷一八	鲁斋先生画像赞	存	2/259
王磐		失注出处	8之3	许衡	鲁斋文集卷末·名儒论赞	〔鹿庵王氏曰〕	存	无
王磐		王文忠公撰书院记	13之2	李冶			佚	无
王磐		王文忠公撰墓碑	14之1	董文炳	(嘉靖)藁城县志卷九	赵国忠献公神道碑	存	2/286
王鹗	19	王文康公撰墓志	6之3	张柔			佚	未辑
王鹗		王文康公文集	10之3	杨果			佚	未辑
王若虚	20	滹南王公撰勋德碑	6之3	张柔			佚	未辑

续表

作者		引用书或篇名	卷次	传主	今存何书	原书或篇名	存佚	全元文
李槃	21	韦轩李公〔藏春〕文集序	7之1	刘秉忠			佚	未辑
张文谦	22	张忠宣公撰行状	7之1	刘秉忠	藏春集卷六附录	光禄大夫太保赠太傅仪同三司谥文贞刘公行状	存	22/281
徒单公履	23	徒单公履撰墓志铭	7之1	刘秉忠	藏春集卷六附录	故光禄大夫太保刘公墓志	存	无此人
许衡	24	鲁斋文集	7之1	刘秉忠			佚	未辑
许衡		鲁斋文集	11之3	赵良弼			佚	未辑
王博文	25	西溪王公撰行状	7之2	史天泽			佚	未辑
高凝	26	河内高公撰家传	7之3	廉希宪			佚	未辑
?	II	静庵笔录	8之2	姚枢			佚	未辑
		静庵笔录	8之3	许衡				无
耶律有尚	27	祭酒耶律公撰考岁略	8之3	许衡			存	无
耶律有尚		耶律公国学事迹	8之3	许衡	下文已全引,无此段			无
耶律有尚		耶律公国学事迹	8之3	许衡	许文正公遗书卷末	国学事迹,分11段引	存	未辑
刘	III	眉山刘公撰文集序	8之3	许衡	鲁斋文集卷末·名儒论赞	眉山刘氏曰	存	未辑
杨文郁	28	济阳杨公撰行状	9之2	王恂			佚	未辑
杨文郁		杨公撰墓志	9之2	王恂			佚	未辑
?	IV	家传	9之2	王恂			佚	未辑
齐履谦	29	太史齐公撰行状	9之3	郭守敬	元文类卷五〇	知太史院事郭公行状	存	2/753
商挺	30	商文定公撰墓碑	10之1	刘肃		尚书刘献公肃墓碑	佚	未辑
商挺		商文定公撰先茔碑	12之1	王鹗		翰林学士承旨王文康公鹗先茔碑	佚	未辑
徐世隆	31	太常徐公撰墓志	10之2	宋子贞		中书平章政事宋公墓志	佚	未辑
徐世隆		太常徐公撰墓碑	12之1	王鹗		翰林学士承旨王文康公鹗墓碑	佚	未辑

续表

作者		引用书或篇名	卷次	传主	今存何书	原书或篇名	存佚	全元文
徐世隆		太常徐公撰四贤堂记	13之2	李冶			佚	未辑
吴衍	32	东平吴公踈堂集	10之2	宋子贞			佚	未辑
李昶	33	尚书李公撰神道碑	10之2	宋子贞		中书平章政事宋公神道碑	佚	未辑
杨弘道	34	杨叔能事言补	10之3	杨果			佚	未辑
	V	国朝典章	10之3	杨果	元典章卷一四	吏部·公规二·执政官外任不书名	存	无
周砥	35	磦陵周公撰墓志	11之2	李德辉		参政商文定公墓志	佚	无此人
曹元用	36	汶上曹公撰行状	11之4	贾居贞		参政贾文正公行状	佚	未辑
雷膺	37	苦斋雷公文集	11之4	贾居贞			佚	无此人
雷膺		苦斋文集	11之4	贾居贞			佚	无此人
李恺	38	李恺言行录	12之1	王鹗			佚	无此人
〔张晏〕	39	墓碑	12之2	王磐	(光绪)永年县志卷一四、广平府志、全石分域编	翰林学士承旨资德大夫赠端真雅亮佐命功臣太傅开府仪同三司追封洺国公谥文忠王公神道碑铭	存	35/207
徐琰	40	东平徐公墓碑(志?)	12之4	徐世隆		太常徐公世隆墓碑	佚	未辑
	VI	〔敬斋〕事迹	13之2	李冶			佚	无
焦养直	41	门生集贤焦公撰文集序	13之2	李冶		〔敬斋〕文集序	佚	未辑
李冶	42	王庭问对	13之2	李冶	元史卷一六〇、历代名臣奏议卷六五	治天下策、对地震策、论贤臣、论贤臣	佚	2/15、16、23、24
李冶		〔李文正〕公与翰苑诸公书	13之2	李冶			佚	2/17
李冶		敬斋泛说	13之2	李冶			佚	无
萧斛	43	征士萧公撰墓志	13之3	杨恭懿		太史杨文康公恭懿墓志铭	存	10/762
?	VII	遗事	14之2	董文用			佚	无

续表

作者		引用书或篇名	卷次	传主	今存何书	原书或篇名	存佚	全元文
卢挚	44	涿郡卢公撰墓志	14之3	董文忠		〔金书枢密院事董公〕墓志、全元文董文公墓志	佚	11/21
卢挚		涿郡卢公撰墓碑	15之1	郝经	郝文忠公集卷首、元文类卷五八	元故翰林侍读学士国信使郝公神道碑铭	存	11/15
苟宗道	45	保定苟公撰行状	15之1	郝经	郝文忠公陵川集卷首	故翰林侍读学士国信使郝公行状	存	11/708
吴澄	46	临川吴公文集	15之1	郝经			?	
刘因	47	静修文集	15之2	刘因	静修集卷二一	上宰相书	存	13/332
袁桷	48	会稽袁公文集	15之2	刘因	清容居士集卷三〇	真定安敬仲墓表	存	23/651
吴明	49	助教吴明进策	15之2	刘因	滋溪文稿卷八、(永乐)顺天府志卷九	静修先生刘公文表名宦·静修刘先生	佚	59/227
欧阳玄	50	翰林待制赞先生之像	15之2	刘因	元文类一八、圭斋集一五	静修刘先生画像赞	存	34/586

(原载《元史及民族与边疆研究集刊》第29辑,上海古籍出版社,2015年)

日本所藏元人诗文别集珍本

我这次访问日本,研究的课题之一就是调查元人文集的珍善本。一则是为了补充我所编的《元人文集版本目录》,其次是为了协助我国《全元诗》和《全元文》的编纂,为尽可能搜全元代诗文做出贡献。

我检阅了东京几家大图书馆的书目,浏览了部分重要文集,发现了不少珍本,大致可分为如下几类:(一)现在中国已失传或残缺的最早版本;(二)中国仅有抄本流传而日本藏有刊本或日本翻刻本;(三)海内外已无任何版本留传的孤本。日本学者在明清时期,甚至在元朝当时就已收罗了这些书籍,累世珍藏并一再翻刻传抄,使这批古书得以保留至今,使我对日本古代珍视汉学的热忱和造诣有较深的了解,也使我对珍重这些书籍的日本学者深感敬佩。

我想按《四库全书》已收、存目以及四库未收而且国内不见传本三部分分别介绍。

第一部分是《四库全书》已收之书:

《水云村泯稿》三十八卷,刘壎撰。壎(1240—1319),江西南丰人,号水云生,至大中为延平教授。集中多反映元初江南状况。通行有道光十七年(1837)爱余堂刻二十卷本和道光十年(1830)刻《水云村吟稿》(诗集)十二卷本。静嘉堂文库有十万卷楼旧藏明天启元年辛酉(1621)赵师圣刊三十八卷本。此书北京图书馆原有一部,现在台湾"中央图书馆",北京图书馆只留有胶卷。另有元抄残本十卷。

《元松乡先生文集》十卷,任士林撰。士林(1253—1309),浙江奉化人,字叔实,号松乡,曾任安定书院山长。《文集》多记成宗、武宗时事,通行清光绪十六年(1890)据明泰昌板修补重印本。《四库全书简明目录标注》(以下简称《标注》)称有元至正四年(1344)浙江行中书省刊本,前有赵孟頫撰、书墓志及京兆杜本序,乃缪荃孙所藏。但中国各大图书馆未见收藏,只有北京图书馆藏明初刻本,重庆市图书馆藏明泰昌刻本。而静嘉堂却有皕宋楼旧藏元刊本一部三册。另有明刊本一部二册。

《临川吴文正公集》一百卷,《外集》二卷,吴澄撰。又《附录》《年谱》各一卷。吴澄(1249—1333),江西抚州崇仁人,因在乡筑草屋讲学著书其中,学者称草庐先生,门生甚多,著述甚丰,是元代理学大儒。明朝升谥为临川郡公,列为先贤从祀孔庙。百卷本即《四库全书》收录之本,前九十卷是文,后十卷是诗,卷帙繁巨,是研究元代学术和历史的重要资料。北京图书馆有明永乐四年丙戌(1406)五世孙吴燿重刊本,残存二十八卷(四一至五十、五三至七十卷),每页十五行二十八字,黑口双边。宫内厅书陵部有此书全本,略有缺页和补写,行款、版式与北京图书馆本相同,也标明是"吴燿编""永乐四年版"。但书陵部本书卷首有"正统元年(1436)正月十五日直隶庐州府六安州英山县县丞致仕吴燿谨书"字样,则此书应是吴燿编刻于正统元年以后。《故宫天禄琳琅录外书目》有宣德十年乙卯(1435)五世孙炬刊本一部(现藏台北故宫博物院),这书同所谓永乐本应是同一版本。

此书后附授官、赐谥等宣敕和圣旨十余通,皆照八思巴蒙古字书原文刊刻，以汉字副本旁注，实为研究八思巴字的丰富资料。

此书通行清乾隆二十一年(1756)刊四十九卷本，乃据明成化本重刊。成化本乃抚州方中等合并百卷本重编刊行，因此百卷本是现存各种版本的祖本。

吴澄的文集还有尊经阁文库所藏的明嘉靖刊《临川吴草庐先生正宗文集》三十一卷，明怡莲堂活字印本《吴草庐先生文集》八卷，都是我从未见过的版本。

《程雪楼集》，程钜夫撰。钜夫(1249—1318)，原名文海，建昌(今江西南城)人，以所居名"雪楼"，世称雪楼先生，因以名集。他长期任职翰林、集贤院，主修《成宗实录》《武宗实录》，大臣碑文多出他手，故文集史料价值甚高。通行清末民国初陶湘涉园影刊洪武二十八年(1395)与耕堂本。静嘉堂有新宫城文库旧藏元刊残本六卷(二二至二七卷)，海内外都没听说有这版本。

《白云集》，释英撰。英字实存，号白云，钱塘(今浙江杭州市)人，泰定元年(1324)住阳山福岩精舍，卒年八十七。喜作诗，辑为《白云集》。《四库全书》所收分三卷，附录一卷，底本是鲍廷博进呈知不足斋抄本。此书现存南京图书馆，有"翰林院印""鲍氏正本""知不足斋鲍以文藏书"等印，可见此书鲍廷博曾进呈翰林院供修《四库全书》之用。书后又有丁丙跋，丁丙即八千卷楼主人，他的藏书是今南京图书馆古籍善本的基础，说明此书曾递经鲍廷博、丁丙和南京图书馆收藏。《白云集》通行本收在《武林往哲遗著》中，这部丛书也是丁氏所刻，可见它和《四库》本、各种抄本皆同出知不足斋藏书。《标注》称有元刊本、明成化刊本，皆未见有何处收藏。日本却有应安七年(1374)俞良甫复刊元本，静嘉堂文库藏，四卷。书陵部、东洋文库、内阁文库有宽文五年(1665)藤田氏六兵卫刊本；大东急纪念文库有室町末写本；书陵部另有贞亨五年（1688）刊本，题《鳌头白云诗集》，都是四卷，当是据应安本翻刻或传抄，较中国国内现存各本多一卷，又是据元刊本复刻，当以应安本为正本。

《顺斋先生闲居丛稿》二十六卷，蒲道源撰。道源（1260—1336），兴元（今陕西汉中市）人，字得之，号顺斋，初为郡学正，教授乡里三十余年。皇庆二年（1313）应征为国史院编修官，进国子博士，不久辞归。《丛稿》凡诗赋八卷，杂文十七卷、乐府一卷。除《四库全书》外，此书只留传少数抄本。静嘉堂有皕宋楼旧藏元至正十年（1350）刊本一部。上海图书馆有一部。北京图书馆仅有残本十四至廿六卷；《故宫天禄琳琅录外书》有残本一至十三卷，现已转移至台北故宫博物院，当是同一书分在两处。希望这两部残本能在一起，以全完璧。台湾"中央图书馆"有北平图书馆旧藏抄本一部，影印后编入《元人文集珍本丛刊》之中。东洋文库藏复制本，有"京师图书馆印""光绪戊子（1888）湖州陆心源捐送国子监之书藏南学"等印，说明这书是陆心源从家藏皕宋楼元刊本抄出赠送国子监，后归北平图书馆、中央图书馆，与《汇刊》所收实同一版本。现祖本在日本，东洋文库反而从台湾复制，大可不必舍近求远。

《贡文靖公云林诗集》六卷、附录一卷，贡奎（1269—1329）撰。此书通行清乾隆宣城贡氏刊十卷本。六卷本有明弘治刊本，北京图书馆、中国社会科学院文学研究所及台湾中央图书馆和故宫皆有收藏。《标注》云有明洪熙元年（1425）陈巘刻本，"见皕宋楼藏书志"，果然此书已转至静嘉堂文库，是现存《云林集》最早的版本。

《张文忠公集》二十八卷，张养浩撰。元刊明印本，静嘉堂有皕宋楼旧藏一部。养浩（1270—1329），济南人，武宗时任监察御史，奏时政万言，英宗时参议中书省事。文宗时出任陕西行御史台中丞，以作

《谏灯山疏》《时政书》著闻于世。此书通行乾隆五十五年(1790)周永年刊二十卷本,《四库全书》以明刻二十七卷本增加《永乐大典》所录佚文重编为二十四卷,皆不及元本完备。此书仅北京大学图书馆藏有全本和抄配本各一部,台湾中央图书馆藏有一部。

《金华黄先生文集》四十三卷,黄溍撰。黄溍(1277—1357),婺州义乌人,延祐进士,官至翰林侍讲学士,文名甚著,弟子成名者很多,《元史》总裁官宋濂、王祎都是他的学生。《文集》中初稿三卷,是未及第时所作;续稿四十卷,其中诗三卷,文三十七卷。因他长期在翰林国史院任职,奉敕和受托撰写的行状、碑文、墓志、世谱、家传等多达二十二卷,可以补正史传。此书另有危素所编二十三卷本,明嘉靖时张俭等删编为十卷,称《黄文献公集》,《四库全书》所收和万历、康熙、雍正、咸丰、光绪和《金华丛书》翻刻重印各本,都出自嘉靖本,致使四十三卷本湮没无闻。1924年永康胡宗楙辑刊《续金华丛书》,据影抄元刊本重刻收入。商务印书馆编印《四部丛刊》,初次印本采用梁溪孙氏小绿天藏影元抄本。二次印本乃张元济访问日本时,摄照静嘉堂藏元刊本,合瞿氏铁琴铜剑楼、宗舜年藏本影印。后两书现藏北京图书馆,还另有残本二卷,三书相加也只有二十七卷。《四部丛刊》合配本仍有缺叶,而静嘉堂文库藏元刊四十三卷本全帙二十册,实为存世唯一足本。

《所安遗集》一卷,陈泰撰。陈泰(约1279—1320),字志同,号所安,湖广茶陵人。延祐元年(1314)乡试居首,然礼部会试落第,曾任龙泉县主簿。此书除《四库全书》所收,仅有抄本流传。清光绪六年(1880)茶陵谭钟麟刻于杭州,商务印书馆又据旧抄本影印收入《涵芬楼秘籍》第十集,此书始通行。《标注》载有明成化二十三年(1487)陈铨刊本,未见馆藏。南京图书馆有影抄成化本一册。静嘉堂有十万卷楼旧藏明正德刊本，是光绪本以前仅见的古刊本，可能与成化本同出一版。

《吴礼部文集》二十卷，附录一卷，吴师道撰。师道（1283—1344），婺州兰溪（今属浙江）人，字正传，至治进士，顺帝时任国子博士，至正三年（1343）以礼部郎中致仕。此书凡诗九卷，文十一卷，以《续金华丛书》本通行，乃据汪鱼亭（宪）藏旧抄本复刻。《标注》载有"元刊本，吴门黄氏（丕烈）藏"，北京图书馆藏元刊本一部，题《吴正传文集》，视为珍本已列入《新古逸丛书》影印计划。台湾出版《元代珍本文集丛刊》收同名文集，乃据"中央图书馆"藏明抄本影印。日本静嘉堂文库有皕宋楼旧藏明刊本五册，是元刊本外另一种古刊本。

《陈众仲文集》十三卷，陈旅撰。陈旅（1288—1343），福建莆田人，字众仲，出身闽海儒学官。顺帝初年，由国子监助教出任江浙儒学副提举。至元中，任应奉翰林文字，迁国子监丞。此书前三卷是诗，后十卷是文。传世多为抄本，与《四库全书》本皆题《安雅堂集》。元刊明修本仅北京图书馆藏有残本两部，仅存七（一至七）或四卷（一至四）。静嘉堂有皕宋楼旧藏元至正刻明修本九卷（一至五，十至十三），后四卷可补北京图书馆藏本之缺。

《新编铁崖先生文集》四卷，杨维桢撰。维桢（1296—1370），会稽（今浙江绍兴）人，字廉夫，号东维子。少时读书铁崖山中，因此自号铁崖。泰定进士，仕至江西儒学提举。元末徙居杭州，又徙松江，传授门人，著述甚多。《四库全书》和《四部丛刊》本所收题《东维子文集》三十卷附一卷。以《铁崖文集》为书名者有明弘治、万历、天启等各朝五卷或十一卷不同刊本，静嘉堂有十万卷楼旧藏成化间刊四卷本，刊刻时间最早，也是罕见孤本。

《复古香奁集》八卷附一卷，杨维桢撰。此书仅见于《一枝轩四种》丛书本。内阁文库藏罕见的明刊本二册。

《学言诗稿》六卷,吴当撰。吴当(1297—1361),吴澄之孙。至正五年(1345),被荐任国子监助教,参与修辽、金、宋三史,仕至江西肃政廉访使、抚州路总管。此书只见有乾隆四年(1739)重刊本和抄本。静嘉堂文库有十万卷楼旧藏明弘治叶天爵校刊本二册。

《周翰林近光集》三卷、《扈从诗》一卷,周伯琦撰。伯琦(1289—1369),江西鄱阳人,博学能文,擅长书法。顺帝至元元年(1335),任翰林国史院编修,预修《泰定帝实录》《宁宗实录》。《近光集》收集他自至元六年任翰林修撰至至正五年(1345)出任广东道肃政廉访使时所作之诗。《扈从诗》则为至正十二年任监察御史时扈从上京之作。集中多记朝廷掌故、边塞风土。日本编刊《满蒙丛书》,第一卷《口北三厅志》引录书中之《扈从北行前记》《后记》,是记述元后期出塞外至上都地理的名作,此书以抄本传世,研究者往往只能间接利用《口北三厅志》的引文。静嘉堂有十万卷楼旧藏明刊本一册,是存世的唯一刊本。

《云阳李先生文集》十卷,附录一卷,李祁撰。李祁(1299—?),湖广茶陵人,元统进士,累官江浙儒学副提举。此集乃明弘治间五世从孙东阳重刻,凡诗二卷,文八卷,多记顺帝时事。刻本仅见于《故宫天禄琳琅现存书目》,现藏台湾故宫。北京图书馆有清抄本,陈高华即从此书发现江西奴隶暴动的史料。通行本有清康熙广州释大汕删削、重编刻本和嘉庆再刻本,只有四卷,不全。静嘉堂有十万卷楼旧藏弘治刊本一至六卷,七至十卷和附录配补抄本。

《新芳萨天锡杂诗妙选稿全集》一卷,萨都剌撰。萨都剌(1300—1348),回回人,字天锡,先世随蒙古军东来,祖、父居雁门(今山西代县),乃籍贯雁门。泰定进士,仕至燕南肃政廉访司经历。善诗词,尤以描写自然景物见长。所著称《雁门集》或《萨天锡诗集》，版本甚多，唯此版本仅流传于日本。明治三十八年(1905)，岛田翰据永和刻本由民友社铅印，因而此本得以再流入中国。日本东洋文库、内阁文库、书陵部还分别藏有五山期、明历三年(1657)和元禄七年(1694)大阪油屋与兵卫等旧刊本。

《嗘吃集》一卷，宋无撰。宋无(1260—1340)，号翠寒道人，本名名世，字晞颜，曾冒姓朱，吴郡人。元初代父职，领征东万户案牍，从征日本。归，家居不复仕，为馆塾师，寿八十余。工诗，别有《翠寒集》《鲸背吟集》各一卷。此书因明末毛晋编入汲古阁刊《元人十种诗》而传世。更早有明嘉靖刊本，藏台湾"中央图书馆"。南京图书馆藏"明刊本"。静嘉堂文库和内阁文库各有更早的明成化十九年(1483)序刊本一部。

《桧亭稿》九卷，丁复撰。丁复，天台人，放情诗酒，浪迹江湖间，晚年寓金陵。为诗不事雕琢，自然俊逸，意趣超忽。此书通行《台州丛书》本，此外只见有抄本。静嘉堂文库有皕宋楼旧藏元刊本二册。南京图书馆藏影抄元至正十年刊本一部，可能抄自此刊本。

《梦观集》二十四卷，释大圭撰。大圭，福建晋江人，至正间居泉州紫云寺。此书《四库全书》所收为五卷，后人因此误认为全书仅五卷。静嘉堂文库藏《四库》底稿本，标明为残存五卷(卷四至九)，故知《四库》乃收录此书残本。南京图书馆有明初刊本残三卷。内阁文库藏明崇祯九年(1636)序刊二十四卷本，卷一至三是与佛事有关的梦法、梦偈、梦事；卷四、五为古诗五言；卷六、七为律诗五、七言；卷八、九为绝句五、七言；卷十至二四为文，乃当今存世唯一明刊足本。《四库全书》本仅收部分诗集。

《贡理官南湖集》二卷，贡性之撰。性之(约1318—1388)，宣城人,师泰侄。以荫补簿尉,补福建行省理官。有《南湖集》七卷,《四库全书》所收乃根据明万历四十三年(1615)潘是仁辑刊《宋元名公诗集》本。《标注》云有明弘治和万历刊两种二卷本,今仅见北京市文物局有万历贡靖国刊残本一卷。尊经阁文库藏有此书,乃明嘉靖版,附其叔师泰《贡礼部玩斋集》后。

《佩玉斋类稿》,又名《杨文举文集》,不分卷,杨翮撰。杨翮(？—1369)字文举,上元(今江苏南京)人,官至江浙儒学提举。此书除抄本外,仅有《四库全书》所收十卷本,商务印书馆列入《四库全书珍本初集》出版,始通行。《标注》有"元至正末刊本",并加注:"竹汀(钱大昕)以元刊不分卷之本为佳。"静嘉堂有十万卷楼旧藏元刊本一部,正是此本。

《梧溪集》七卷,王逢撰。王逢(1319—1388),江阴人,字原吉,号梧溪子、席帽山人。至正中,作《河清颂》献于朝。元末徙居松江乌泥泾。张士诚弟士德用其策,降元以拒朱元璋军。明初隐居不出。本书以《知不足斋丛书》和同治十三年(1874)思补楼活字印本通行。因书中记黄道婆在乌泥泾传播棉纺织技术事,经学者引用,颇受重视。此书初刻于王逢生前元至正末,至洪武戊辰(1388)卒年刻成,南京图书馆有全本,钱曾王(《读书敏求记》)与张金吾(《爱日精庐藏书续志》)皆曾收藏残本,钱本仅有前二卷,张本残存后三卷,现藏北京图书馆,都是经陈敏政于景泰七年(1456)重修本。静嘉堂有皕宋楼旧藏元刊明印本,当即上述初印本。

第二部分是《四库全书》列入存目的书。

《太平金镜策》八卷,赵天麟撰。天麟,山东东平人,世祖至元末上书建言为政事宜,前后累计数万言,编成此书。所论涉及田制、农桑、赋役、户计、义仓、冗官、服章、祭祀、军事等方面,明永乐时编《历代名臣奏议》，分别录入此书片断，史学家常作为重要史料引用。唯原本罕见，《故宫天禄琳琅录外书目》著录元至正九年（1349）建安刘氏日新堂刊本，今藏台北故宫博物院。北京图书馆有残本四卷（三至六），北京大学图书馆有残本三卷（四至六），旅顺博物馆有残本二卷（七至八）。尊经阁文库有此书明版全帙，是前所未闻的版本。

《赵待制遗稿补遗》一卷，赵雍撰，清鲍廷博编。赵雍（1289~?），字仲穆，赵孟頫次子，泰定四年（1327）以荫授昌国州知州。至正十四年（1354）累迁集贤待制，十六年以湖州路同知致仕。文集已不传，修《四库全书》时，得两淮马裕家藏本《赵仲穆遗稿》一卷，列入存目。鲍廷博刊《知不足斋丛书》，收入《赵待制遗稿》一卷，此书始通行。静嘉堂有十万卷楼旧藏抄本《补遗》一卷，估计是鲍氏后来搜辑得来的抄本，可补《遗稿》之缺。

《铁牛翁遗稿》一卷，何景福撰。景福，字介夫，浙江淳安人，学行均优，朝廷累次征用不出。《遗稿》附于其族祖何梦桂《潜斋文集》后。国内仅见民国三年（1914）南城李之鼎宜秋馆辑刊《宋人集甲编》本。华东师大另有题名《青溪何介夫诗集》刊本一卷。《标注》记有明成化刊本、又明刊本、清康熙间刊本，均未见藏本。现尊经阁文库有明版一部，静嘉堂文库有十万卷楼旧藏明刊补写本一部。

《得月稿》，吕不用撰。吕不用（1314—?），浙江新昌人，明初任本县训导，未几以耳聋解官，自号石鼓山聋。修《四库全书》时，得两淮盐政采进本，入存目，分四卷。今仅见北京图书馆有清抄本二册，分七卷。静嘉堂有十万卷楼旧藏抄本一册，不分卷，乃其孙吕风所编。现中日各有此书一部传世，然分卷不同，将两本互相比勘，定能有所补正。

《欧阳论范》二卷，欧阳起鸣撰。起鸣曾举进士，所著杂取经、史、诸子之语为题,各写一论,共六十篇。修《四库全书》时,采进两淮马裕家藏本,题为《论范》二卷,未收,入存目。现此书仅见南京图书馆有明成化七年(1471)贾奭刊本二册,此后未见传本。日本却有各种翻刻本,如内阁文库即有朝鲜刊本、江户写本和嘉永六年(1853)刊本三种。此书前有临颍儒学教谕杜希贤序,称"论范一帙,⋯⋯诚为文场之典型,后学之矜式"。可能此书甚适合朝鲜、日本人学习经、史、诸子主要典籍之用,故颇受欢迎,一再传抄、翻刻。嘉永本也流入了中国,北京大学图书馆、南京大学图书馆皆有藏本。

《庐山外集》四卷,释道惠撰。此书《四库全书》未收,也不见于存目。道惠生平不详,从卷首庐陵龙仁夫序得知,道惠字性空,是庐山东林寺悦堂訚公方丈弟子,早年即"以诗名闻匡庐南北"。后封佛智真觉圆明普照大师。此集由前兴国路总管府知事兰陵岳廷秀集点,另有延祐丙辰(1316)临川姜隶序,龙仁夫则序于泰定甲子(1324),应是此书结集之时。今北京大学图书馆有元延祐刻本前两卷,三、四卷配清抄本,作者署释性空。这书不知何时传入日本,有宽文三年(1663)刊本,卷尾有"宽文三稔三月吉祥日长尾平兵卫开板"款识。尊经阁文库、国会图书馆、内阁文库、东洋文库皆有藏本。

此外,《四库全书》入存目和未收之书,国内只有个别抄本的,静嘉堂有抄本萧国宝撰《萧辉山存稿》一卷,明抄本韩奕撰《韩山人诗集续集》不分卷,抄本蒋易撰《鹤田蒋先生文集》一卷,抄本刘永之撰《刘仲修先生诗集》(《山阴集》)八卷,抄本姚琏撰《姚叔器先生集》一卷,抄本张庸撰《全归集》七卷,抄本陈植撰《慎独叟遗稿》一卷,书陵部藏清刊本杜本撰《清江碧嶂集》一卷,静嘉堂藏清乾隆三年(1738)刊本沈贞撰《茶山老人遗集》二卷附录一卷,元刊本李道纯撰《清庵先生中和集》三卷、《后集》三卷,都是稀见的书。

第三部分是《四库全书》和存目皆未收和国内不见传本的书。

《村西集》诗六卷、文十卷,谭景星撰。元皇庆元年(1312)序刊本,书陵部藏。景星,湖广茶陵人,字明望,号西翁,生活乡间,仅晚年曾任永明县教谕。因"幼失父,追念之,庐其墓十年",在《元史》卷一九七《孝友传》留下十一字的记载。他所居地名村西,故书名《村西集》,由其姻戚陈泗孔编,当地乡村小书塾刊刻,版式虽小,然写刻皆工,远非麻沙版可比。茶陵离传统刻书中心甚远,此书也可作为宋元版刻的一种地方样板。《文集》十卷由广汉甘楚材校定,缺一、四、五卷。

《西翁近稿》文八卷、诗三卷,元延祐七年(1320)序刊本。前有延祐己未(六年,1319)衡山何克明题字和谭景星自序,又有延祐庚申(七年)临川黄常跋,称"村西谭明望儒世其家,……好事者类其所著为《村西集》行世,已年来又有《西翁近稿》……将锓诸梓",故知此集乃谭景星皇庆元年后几年中所作,也是陈泗孔所编。这两书仅见于《标注》,注明为元刊本,但没标卷数,可见注者并未亲见原书,可能是据书目或传闻日本有此书而著录。此外,内阁文库也有《村西集》和《西翁近稿》江户写本各一部,缺卷相同,当是从元版抄出。

《碧山堂集》五卷,释宗衍撰,日本应安五年(1372)刊本。宗衍(1309—1351),字道原,吴人,工诗。至正初住石湖楞伽寺,一时名士多与之游。后主嘉禾德藏寺。此书目录后有"吴郡张克明刊","卷之五终"后一行题"应安五季八月初旬中华大唐俞良甫学士谨置",说明此书在苏州已有刻本,经中国人带到日本翻刻。日本应安五年上距宗衍卒年至正十一年(1351)仅二十年,居然有中、日两个刊本,有幸赖日本学人珍视而传世。现国会图书馆和东洋文库各有一部,唯东洋文库本前二卷是抄配本。此书五卷皆诗,往来唱和的元代知名文人甚多。《元诗选·二集·壬集》选载其《碧山堂集》诗三十四首。

《雪庐稿》一卷,释克新撰。克新,江西鄱阳人,俗姓余,字仲铭,号雪庐,又号江左外史。元末住嘉兴水西寺,明初召至京师,曾奉诏往招谕吐番。此书只见于金门诏《补元史艺文志》和钱大昕《元史艺文志》著录,不见传本。内阁文库有南北朝刊本和日本宽文六年(1666)刊本各一部,可见此集至迟在他死后不久已传至日本并且翻刻,反而在故土失传。

《金玉编》二卷,释克新等撰,释克新编。此集乃克新住金陵(文宗改名集庆)大龙翔集庆寺时,与当时名士张翥、周伯琦、危素及觉隐诚公等诗僧唱和之作,编为一集。卷首有至正二十二年(1362)翰林承旨张翥和释至仁所作序。书陵部藏有一部,有"二条通二王门町长尾平兵卫开刊"字样,书目误认为是克新一人所作。

《南游寓兴集》一卷,金哈剌撰。据书前江浙行省枢密院判官刘仁本至正二十年(1360)序称,金哈剌为"雍古氏,字元素"。登进士第,历任吏部司绩署、监察御史、淮东肃政廉访司副使,升江浙行省参知政事、左丞,拜枢密院副使,后从顺帝北去。刘仁本又称其"伯氏中丞石田",即指时任御史中丞的雍古氏马祖常是他的兄长。但福建行省左右司都事赵由正序称他为"萧林人","乃祖有功于国,赐姓金氏",与其兄姓马有异。此集是作者在南方时所作,故名《南游寓兴集》,时人评其诗"有类杜甫西州诸作"。内阁文库藏有江户时写本一部。

还有几种诗文集,书目误定为元人别集,在此顺便指出。

《静观堂文稿》三十八卷,内阁文库藏明万历三十六年(1608)序刊本,误定为"元马玉麟撰"。元代确有马玉麟其人,字国瑞,号东皋道人,海陵人。张士诚据吴地,辟为府吏,累升至平江路总管,江浙行省参知政事,明兵破苏州,仰药死。有《东皋先生诗集》五卷,民国以前未见有刊本,仅《元诗选·癸集·庚集上》选收《东皋诗集》一卷。1935 年商务印书馆选印阮元辑原稿本《宛委别藏》,又有韩国钧于民国十三年(1924)排印所辑《海陵丛刻》,此书五卷本始通行。但没见他另著有《静观堂文稿》的记载。经查阅此书原本,从目录下题识得知,撰者名马玉麟,吴郡人,字德征。前有万历丁未(三十五年,1607)申时行叙,称"曩余校士南宫,而得今大参马君德征君于博士家"。又有顾秉谦序,称"《静观堂稿》者,今致政滇南参知马公所著也。……不佞纵角辱公游,少公数岁"。集中有《贺申相公寿诞启》《与王弇州书》等篇,"申相公"即主修《明会典》和写序的大学士申时行,王弇州即明末文豪王世贞,马玉麟与他们是同时人,且有交往,万历三十五年写序时还在世,这是万历时另一同名的马玉麟,故应定为明人文集。

《闻诗集纪》八卷《续纪》一卷,内阁文库藏明万历十四年(1586)序刊本,误定为"元李瓒撰"。元人李瓒,有《弋阳山樵稿》,选入《元诗选·三集·庚集》,字子粲,姑苏人。而《闻诗集纪》乃"豫章右斋李瓒",籍贯和字号都不同。书前有万历丙戌(1586)朱孟震序。又有其子廷观作《闻诗集纪引》,云"家大人所为诗,己未以后三年者……曰《都行纪咏》,壬戌再三年……曰《八宝公余吟稿》,乙丑,家大人解绶以归。……嘉靖丙寅(1566)秋九月廿六日"。嘉靖四十五年是丙寅年,其子李廷观作《引》,则这年以前的己未是嘉靖三十八年(1559),壬戌是四十一年(1562),乙丑是四十四年(1565)。《闻诗续纪》还提到"万历甲申(1584)"。可见这李瓒是嘉靖、万历间人,与元朝的李瓒是两个人,故这书应定为明人文集。

(日本《东洋文库书报》1991 年第 23 号)

元代汉籍在日本的流传和翻刻

隋唐以来,日本多次遣使来华学习中国文化,并携回中国书籍。宋代刻书业兴起,书可大量印刷,汉籍成批传入日本。当时来华日本人以求佛问法的僧人居多,他们主要是求取佛经,顺便也带回世俗书籍。现在有据可查的,则有辨圆圆尔(1202—1280)来华学佛时"将来经籍数千卷",藏于京都东福寺普门院书库,"内外之书充栋焉"(《元亨释书》第七《圆尔传》),他的法孙大道一以编撰的普门院藏书目录尚存于世。辨圆于1235—1241年到南宋明州、杭州名刹学佛,相当北方蒙古太宗在位时,居然得到一本1229年蒙古名相耶律楚材"燕京中书侍郎宅刊行"的《西游录》。这书到元朝中期已"人所罕见",盛如梓从中节录西游地理部分八百余字,编入他的《庶斋老学丛谈》。1926年,日本神田信畅在宫内省图书寮发现一部旧抄足本《西游录》,有跋称"得此书于慧日祖塔,命抄手录副",慧日祖塔即辨圆圆尔,他带回的原刊本虽已不存,但它的转抄足本"湮沉六七百年,始又复显于世",难怪王国维听到发现足本的消息时,称为"惊人秘籍,闻之喜跃三百"。(向达校注《西游录·前言》;《王国维全集·书信》)说明元朝未建立以前,已有蒙古刻本传到日本。

元世祖1276年灭南宋,统一了中国,接着两次发兵进攻日本失败,元朝和日本处于战备状态,但仍没断绝商船往来。元成宗鉴于用武力无法征服日本,企图招谕日本入贡,1298年夏,有日本商船开到庆元(今浙江宁波),成宗令普陀山高僧一山一宁搭乘此船持国书于次年到达日本,曾先后住镰仓和京都各名刹,凡二十余年。他博学多识,通教乘诸部、儒、道、百家之学,善于书法,对日本的佛学、学术、文学和书画都有积极影响。此后,元高僧清拙正澄、明极楚俊和竺仙梵仙分别于1326、1329年被邀请到日本,历住京都和镰仓名刹,他们同其他旅日僧一起将当时在中国兴盛的禅宗传到日本,在日本上流社会宣扬禅风,使他们的精神生活受到感化;另一方面,当时中国禅林具有世俗化的倾向,大多擅长诗文,也影响到日本禅僧钻研中国经史百家之学,热心于作文吟诗。同时日僧也成批入元求法,据日本学者木宫泰彦调查,史册留名的入元僧多达二百余人,近年中国学者陈高华又检出木宫遗漏者近二十人。这些日僧留华数年,甚至长达十余年、数十年,掌握汉文、汉语和学识与中国人无异。由于大批日僧在元朝留学并亲身体验中国的生活,加上留日元僧的促进,终于发展成以京都、镰仓的五山、十刹为中心的五山文学。

不论是出于传播佛法,或是爱好中国的学术和文学,都引发日本人到元朝搜求并翻刻汉籍的热情。当时日本对元贸易,输入品除铜钱、丝织品、香药外,主要是经卷、书籍和文具等。这种风气直到明朝未衰。

寺院当然以求佛经为主。如镰仓净妙寺的太平妙准,曾于1326年派他的徒弟安禅人入元,搜求福州版《大藏经》;东福寺的刚中玄柔曾派十禅客到中国求《大藏经》,历三年得到两部福州开元寺版。一山一宁住过的伊豆修善寺,曾藏元杭州路余杭县南山大普宁寺版《大藏经》,日本学者推测是一山托他的法嗣入元时运回的。鹤冈八幡宫也有一部大普宁寺元版《大藏经》,今藏京都。奈良等大寺院宋元版《大藏经》有十部以上,可见当时输入的远不止此数。除《大藏经》以外,单种输入的佛书就更多了。如镰仓幕府在元弘年间(1331—1333)从元朝运来宋版《一切经》,由足利尊捐给近江三井寺。清拙正澄的徒弟古镜明千入元,求得了后至元二年(1336)修成付刊的《勅修百丈清规》。

由于入元僧都是禅僧,他们所师事的元朝高僧的《语录》,可以作为参究悟禅的指导。禅僧常以汉文的偈和法语表达禅的思想和见解,所以他们必须学习中国诗文。禅僧重视师徒相承的嗣法关系,注意由回顾道统法系来肯定自己的地位和特色,对佛教史——僧史、僧传一类书也很关心。与此相应,元朝时也有不少语录、僧史、诗文集传到日本。以下文将谈到的春屋妙葩和其他五山期刻本为例,其底本都是从元朝传入。妙葩所刻《明教大师辅教编》,就是据入元僧无隐元晦携归的杭州天目山幻住庵流通本复刻。宋末至元代成书的僧史《佛祖统纪》《佛祖历代通载》《历代释氏资鉴》《释氏稽古略》等,都在元明之际日本文献中提到,已经传到日本。妙葩还刻了七八种宋元高僧的《语录》,可能是这些高僧的法嗣入元学成后带回的。他所刻的《蒲室集》,释大䜣所作。大䜣,号笑隐,建康(今南京,文宗时改名集庆)大龙翔集庆寺住持。集庆寺本来是元文宗潜邸,他即位后,诏改建此寺,特选大䜣住持,当时名播海内外。这书初刻于后至元(1333—1340)间,现存元刊本仅北京图书馆藏有一部,而日本尊经阁文库尚存此书元刻残本,可见刻出后不久就传到了日本。

日本现存元僧诗集四种在我国已经失传,即释宗衍(1309—1351)的《碧山堂集》、释克新的《雪庐稿》、释克新等的《金玉编》和释道惠的《庐山外集》。还有一种释英的《白云集》,足本四卷,不同于国内留传的三卷本。《碧山堂集》和《白云集》分别在1372和1374年刻于日本,肯定是翻元本无疑;《雪庐稿》有南北朝刊本,也应在元朝传入。只有《金玉编》和《庐山外集》在日本翻刻略晚,但传入日本也可能在元代。

元人俗家的诗文集日本也有国内失传的秘本,如谭景星著《村西集》和《西翁近稿》,今存宫内厅书陵部。谭景星,号西翁,湖广茶陵人,因所居地名村西,故名。《村西集》诗六卷文十卷,皇庆元年(1312)序刊。几年后,又辑近作为《西翁近稿》,文八卷诗三卷,延祐七年(1320)序刊。两书由当地书塾刊刻,版式略小,但写、刻都较精美,茶陵离传统刻书中心甚远,这两书也是国内从未见过的宋元版刻的一个地方样板。

雍古人金哈剌的《南游寓兴集》,不见于诸家补修的《元史艺文志》,是少有的色目人作品。这是他任江浙行省参知政事、左丞时在南方写的诗,有至正二十年(1360)序,约结集于这时,内阁文库藏有江户时抄本一部,可能是从元本转抄。此外,静嘉堂文库有新宫城文库旧藏《程雪楼集》元刊残本六卷,东洋文库有五山期刊的《新芳萨天锡杂诗妙选稿全集》一卷,都是国内没有的版本,早已从中国传入日本,五山版则能肯定是据元本翻刻。

元朝的书传入日本,当然大多是从中国得来,但也有间接从朝鲜传入的。宫内厅书陵部有一部《圣元名贤播芳续集》六卷,洪武六年

(1373)高丽刻本。首列"名贤总目计一百二十三家"姓名。卷一至三是表,如徐世隆《东昌路贺平表》、李冶《车驾班师贺表》(中统元年九月为真定廉宣抚作)等;卷四是笺,大多是"贺正旦""贺皇太后""贺皇太子"之类;卷五、卷六是诏,大多不见于《元史》《元文类》《元典章》等书。这是一部与《元文类》完全不同的元人总集,可惜没发现正集,不知它编进了什么内容。这也是一部国内没有传本和不见著录的珍本。

日本从中国输入书籍,为了广泛传播,也自己从事翻刻。南宋末年中国高僧来到日本,如兀庵普宁住建长寺时,就在镰仓刊印了自己的语录。大修正念在寿福寺刊印《断际禅师传心法要》和《佛源禅师语录》,分别刻于1283、1284年,相当于元世祖至元二十、二十一年。

元僧陆续入籍日本,同时日僧也成批入元求法,不仅促进了日本禅学的发展,也激发了日本禅僧学习中国经史百家之学和文学的热情。春屋妙葩(1311—1388)是南北朝时期五山文学的杰出代表,他精通佛学,兼通中国儒学和诗文,曾任日本首任僧录,受天皇所赐"智觉普明国师"的徽号,在天龙寺热心刊印书籍,由他主持刻印的书有"妙葩版"之名。受这种风气的影响,其他寺院也热心刻书,统称为"五山版"。日僧从中国传入的书籍,多被当作蓝本复刻,所以宋元刻本与日本复刻本版式、行款完全相同,这无异增加了若干倍准宋、元刻本,在原书散失的情况下,五山版就有代替宋、元版本的价值。

据日本学者木宫泰彦调查,从1342年起,春屋妙葩先后刻印了十三部书,有元僧古林清茂等的语录九部、僧史三部、元僧大䜣的诗文集《蒲室集》一部。大䜣住持过文宗敕建的大龙翔集庆寺,实行《百丈清规》,传播和影响到日本。大䜣的诗,《四库提要》称"其五言古诗,实足揖让于士大夫间,余体在僧诗犹属雅音";他文章也作得好,有两篇是代赵孟頫撰文;故妙葩在1359年复刻此集。此外,日本还现存《范德机诗集》数部,卷末题记作"延文辛丑(1361)仲春命工刊行",书陵部藏有两部,标明为"复元五山版",内阁文库有一部,明确说版本是"妙葩复元刊",说明木宫的统计还可补充,也说明妙葩曾刻过俗家的诗集。

其他寺院也竞相刊印书籍,以僧史为例,建仁寺天润庵曾刻过《景德传德录》,灵洞院曾刻过《五灯会元》,南禅寺曾刻过《佛祖统纪》,东福寺海藏院曾刻过日僧叙述日本僧史的《元亨释书》。日本某些武士因皈依佛门,受流风影响,也常捐资刊刻和印刷佛书。

五山版的书刻得越多,篇幅也越来越大。1371年刻的僧史《宗镜录》,多达一百卷二十五册,书中有刻工名三十一人,都是中国人。关于这些刻工的来历,义堂周信(1325—1388)所作《空华日用工夫略集》(日记)的记载可见一斑,应安三年(1370)九月二十三日条:"唐人刮字工陈孟千、陈伯寿二人来,福州南台桥人也。丁未年(1367)七月到岸。大元失国,今皇帝改国号为大明。"

日本刻书业的兴盛,除了禅林的热心外,也同中国刻工的东渡,提供了大批技术人才有关。《宗镜录》书尾有题记:"应安辛亥(1371)结制日,天龙东堂比丘春屋妙葩命工雕之,江南陈孟荣刊刀。"这个陈孟荣在书中有十余卷留下名字,或作"孟荣",或简作"荣",但题记中独留他"刊刀"之名,看来他是这批刻工的领头人。此前1367年临川寺刊印的《禅林类聚》,卷首目录下刊有"孟荣刊施"款识;此后1374年刻的《重新点校附音增注蒙求》,卷末有"孟荣拜题,谨置志之";都是现存可肯定是陈孟荣刊刻的版本。

陈孟千、陈伯寿来自福州，陈孟荣则来自江南。同时还有一位来自福建莆田县的俞良甫，由于他刻书较多，大多留下款识，使人们对他的来历和他在日本的刻书生活有更多的了解。《月江和尚语录》是他现存最早刻的书。书末题："良甫自刊月江语录……応安三年六月初旬谨题。"这年相当明洪武三年(1370)，说明他在1370年以前已来到日本，也是因避元末战乱而来，并以"自刊"书维持生活。次年，《宗镜录》刻成，其中十余卷有"良甫"或简作"良""甫"的刻工名，可见他也受雇于寺院刻书。1372年，他又自刻《碧山堂集》，款识为："応安五季八月初旬，中华大唐俞良甫学士谨置。"明确说明自己来自"中华""大唐"。甲子年(1384)刻的《传法正宗记》，款识为："福建道兴化路莆田县仁德里住人俞良甫于日本嵯峨寓居，凭自己财物置版流行。"他在这里自报详细的籍贯、寓日地点，可能是想借翻刻流通佛书以结善缘，并非受寺院或施主雇用，已能"凭自己财物置板流行"。他在自刻的《李善注文选》的题记中也自报了从道、路、县到里的籍贯，而在丁卯年(1387)的《新刊五百家注音辩唐柳先生文集》中的题记(四十五卷末)报得更详细："祖在唐山福州境界福建行省兴化路莆田县仁德里台谏坊住人俞良甫，久住日本京城阜〔附〕近，几年劳鹿〔碌〕，至今喜成矣。"进一步报到里以下的坊。[1] 这种不嫌累赘详报籍贯的方式，流露出他思念故土的心情。

俞良甫在《碧山堂集》中的题记自称"中华大唐"人，《柳先生文集》中称"祖在唐山"。他于明洪武三年(1370)已在日本刻书，可能离

---

[1] 木宫泰彦《日本古印刷文化史》，236页，"台谏"二字误读作"宣让"，东洋文库有旧岩崎文库藏本，笔划清楚，可以辨认。

家时明朝还未建,而元朝已在风雨飘摇之中,福建为陈有定所据,他不自认为元人也合乎情理。可是《梦中问答》书尾,有元天历二年(1329)来日本的高僧竺仙梵仙(1292—1348)于日本康永元年(1342)写的题记,也自称"中华沙门"。这几个例子反映了江南人对元朝的态度,也提供了中国人当时在国外如何自称的第一手资料。直到日本应永二年(1395),相当于明洪武二十八年,俞良甫才在《般若心经疏》书尾题"大明国俞良甫刊行",承认自己是大明国人。

《李善注文选》的题记也很有趣,全文是:"《文选》之板世鲜流布,童蒙不便之,福建道兴化路莆田县仁德里人俞良甫,顷得大宋尤袤先生(1124—1193)之书于日本嵯峨,自辛亥(1371)四月起刀,至今苦难始成矣,甲寅(1374)十月谨题。"他翻刻这部《李善注文选》,是为了便于童蒙学习中国古文,可见他有学术眼光,联系到《碧山堂集》书尾他自称"学士",显然他不是一般刻书匠,而是有相当文化修养的人,鉴于"《文选》之板世鲜流布",所以翻刻就有利可图。柳宗元的《柳先生文集》也属此类。日本现存版式、纸质和书风等特征与《柳集》相同,但未署款的《新刊五百家注音辩昌黎先生文集》四十卷、《春秋经传集解》复宋大字本三十卷,也已判断为俞良甫所刻,都是经学、古文中最重要的外家书。《碧山堂集》和《白云集》[1]则是禅僧作外家之诗,这些书也受到日本文人和学问僧的欢迎。因此刻书可以贩卖牟利,难怪俞良甫从辛亥、甲寅,不惜以三年"苦难"之功刊完六十卷的《文选》,又以"几年劳鹿,至今喜成"的心情刊完《柳集》二十册,他这样辛

---

[1] 释英著。释英,钱塘人,元代名诗僧,号白云,故书名《白云集》,日本静嘉堂文库今藏"应安七年俞良甫复元刊本",木宫泰彦书未检出。

勤劳动,是由于刻书贩卖已成为他维持生计的职业。刻印书籍,过去以禅寺为主,也有少数武士参与,由于出现了专门从事刻书为业的人,以营利为目的的书坊也发展起来了。

(原载《文史知识》1998年第9期)

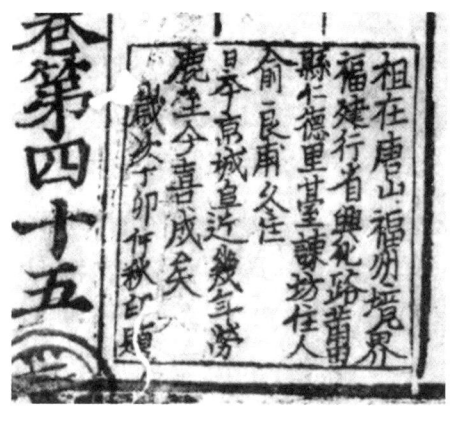

元代汉籍在日本的流传和翻刻 | 171

元代文献辑佚中的问题
——评《全元文》1—10 册

北京师范大学古籍研究所主持整理的《全元文》,现在已出版了10册,可以说是已初见成效。《全元文》将二百余种元人别集和数以千计作家的散见文章汇集在一起,是对文史学界大有功德的事。今后,有关元代文史的研究者,只要拥有这一套书,就不必忙于跑图书馆,在连屋迭架的书海中翻寻了。这是一项极其艰巨和繁难的工程,他们敢于迎着困难而上,诚如白寿彝先生在弁言中所说,"表现了一种很大的气魄"。他们除从各地各单位搜检资料和加以汇编外,又全部进行标点分段,并用别本互校;特别是在没有现成文集可利用的情况下,辑佚更不容易。如清末号称学识渊博的大学者缪荃孙,曾辑出失传的《静轩集》五卷,本书阎复文又补辑出佚文十三篇;《四库全书》辑出《牧庵集》三十六卷,本书姚燧文又辑得佚文十九篇。可见《全元文》是一项很难一蹴而就的大工程,缺失和遗漏在所难免,本文本着更有便于读者的目的,从先出的几册,特别是辑佚方面发现的问题提出若干意见。

一　选好底本和校本

作者如有别集通行,在《四部丛刊》《北京图书馆古籍珍本丛刊》和台湾的《元人文集珍本丛刊》等丛书中大多已经影印,保留了初刊本、较早刊本或精校本的原貌,可以选为底本。如果作者的原书已经失传,经《四库全书》等后人辑录成集或新辑的单篇文字,若有单篇保存在石刻或其他金石类文献中,有文字完整的拓本应采用石刻为底本。

1册5~6页《召丘神仙手诏》。此文以《正统道藏》为底本,错讹甚多,以中华排印《南村辍耕录》校。《道家金石略》445页载《重阳宫圣旨碑》刻石,首题"成吉思皇帝赐神仙手诏",可用为题,并以此为底本。《中国历代石刻拓本汇编》48册16页收录有原碑拓本。

1册152页,杨奂《洞真真人于先生碑》,《沔阳述古编》收录有此碑,《道家金石略》508页转录全文,《还山遗稿》有讹脱数处(见后),可选取石刻为底本。

石刻虽较辗转传抄和翻印的书有保存原貌的优点,但年久字会残蚀,这种情况下可采用选收此文的总集、方志等善本作底本。

如缪荃孙从《常山贞石志》辑出阎复撰《赵国忠穆董公神道碑》,碑文残泐甚多,几不能读,《全元文》采《藁城县志》为底本,文字完整,大有便于读者。而2册48卷李冶《故知中山府事王公神道碑铭》,却以《常山贞石志》为底本,校以《藁城县志》,碑文残泐多处,且有模糊识读错误之处,补正还要看后面的注释,多此一举。清乾嘉以后,金石学才大兴,故拓本或金石志往往出现较晚,多有残泐。在这种情况下,选方志作底本较胜于石刻或金石志,因为方志是历代递修,早年修志时,碑文尚完好,后修的志也可从前志转录。但有两个问题值得注意,以《赵国忠穆董公神道碑》为例,《常山贞石志》卷二一沈涛跋云:"碑文……虽为《藁城县志》所收,已遭修志者妄为删改,与拓本多异同。"所以仍有利用《常山贞石志》校勘的必要。

其次,李冶《故知中山府事王公神道碑铭》,注明出处是"四种合刊《藁城县志》",《太傅忠烈公神道碑》则出自"台湾影印1934年刻本《藁城县志》",卷六二王磐的《赵国忠穆董公神道碑》等三碑又注明出自"1934年刻本《藁城县志》",同一书书名五花八门;《赵国忠穆董公神道碑》本是阎复所作,在9册卷二九七阎复文中重出,篇名变成《董文用神道碑》,出处又改用"清同治十年《畿辅通志》"。类似例子甚多,使读者莫名其妙。1934年续修《藁城县志》时,曾将明嘉靖、清康熙、光绪三部旧志与民国续修志一起铅印,合称《藁城县志四种》,所以不能笼统说辑自此书,而应注明选自四种中哪一种,当然以选最早收入此文的版本为佳。

本书底本大量选用影印文渊阁《四库全书》本,《四库全书》虽有保存文献之功,但对于元代文献也可以说是一场浩劫。元代国内外各族人民交往频繁,文献中常出现各族人名、地名和其他专名,乾隆自作聪明,令馆臣将各族汉译专名一律改译以求划一,并颁定所谓辽、金、元三史《语解》,提出"辽以索伦(达斡尔)语为本语","金以满洲语为本语","元以蒙古语为本语",认为契丹、女真、蒙古语词皆可循《语解》通例改译。殊不知元代文献所载国内外民族极多,专名绝不止于上述三族;即使判别语词族属无误,但复原原词读法未必正确。甚至有的改译后读音无误,用字也较前雅驯,但元代本有一套习惯译音用字,虽同词异译,治元史者一般能加以辨别,而《四库》舍弃元代译音常用字,另搞一套,反而使熟悉元代文献的人如堕五里雾中。因此,《四库》本元代文献除自《永乐大典》等已佚书辑出和只有《四库》保存的书籍外,《四库》本一般只能供参校,不应选作底本。

一类是原本尚在,不能图方便选用《四库》本。

2册15~16页,李冶文辑自《历代名臣奏议》,原书初刻本尚存,却选《四库》转抄本为底本,致袭《四库》抄写之误(见下文)。

二类是原书已不存,但仍有选本、辑本、单篇流传,应选未经《四库》修改的版本或单篇为底本,尽量让《四库》本妄改译名恢复元代原形。9册中姚燧的《牧庵集》就是一个典型(见后)。

除选好底本外,选择和利用好校本往往可补正底本的脱误。

2册33页,李冶《大元故平定等州大总帅聂公神道碑铭》,辑自《山右石刻丛编》,有大量缺字白丁。该书在此碑后有跋,引《平定州志·聂珪传》复述墓主生平,文字与碑文相同,当系早年修志时,传记乃抄自文字尚清晰可辨的碑文。编辑《山右石刻丛编》已在19世纪末,碑文剥蚀甚多,可据《平定州志·聂珪传》校补。

二 辑文应尽量利用原始文献

作者文集如前人已有辑本,应力争查清该书所辑每篇原始出处,重新辑录,避免转抄或翻刻中的脱误。如清末缪荃孙从《元文类》《元朝名臣事略》等书中辑出《静轩集》《清河集》等元人文集数种,今《全元文》第9册阎复文就是在缪刻《藕香零拾》本《静轩集》的基础上补辑而成。《静轩集》等辑本在每篇之后都注明辑文出处,应利用此线索采用原书为底本。

2册卷四七李冶文,《治天下策》《对地震策》《论贤臣》《论贤臣》

四篇,分散在15、16和23、24页,又分别辑自文渊阁《四库全书》本《历代名臣奏议》或崇祯本《历代名臣奏议》,从同一书选同一作者的文章,这类随意取一种版本的例子甚多。建议在入选《全元文》之前,应对每部文集,甚至每篇文章先作版本和史源考证,确定应以哪部书、哪篇为底本。以李冶文为例,《历代名臣奏议》这四段节选自《元史》卷一六〇《李冶传》。而《元史》卷一六〇《李冶传》又节自《元朝名臣事略》卷十三之二《内翰李文正公(李冶)》所引的《王庭问对》。经《元史》和《历代名臣奏议》两次节录和转抄,已失原貌。从校勘价值、文字完整和恢复原篇名三种角度看,皆应以选定原始出处《王庭问对》作底本为宜。

再如9册姚燧《牧庵集》,它以《四部丛刊》武英殿聚珍版影印本为底本,校以清抄本、《丛书集成初编》本。武英殿聚珍版出自从《永乐大典》辑出的《四库》本。《丛书集成初编》本是据武英殿聚珍版丛书排印;北京图书馆所藏清抄本,是根据明刘昌所辑《中州名贤文表》八卷《牧庵集》转抄,几乎全部录自《元文类》,《元文类》元刊本尚在,这两种校本都没有多大校勘价值。《牧庵集》共收文二百二十余篇,《元文类》收姚燧文五十八篇,多系长篇,实占全书小半,可作为底本。《元朝名臣事略》引姚燧文十七处,虽大多重复,也可作为校本或补辑。《元文类》不收者只能以影印文渊阁《四库》本为底本,但妄改的译名,也应力争恢复原状。如卷三一二的《湖广行省左丞相神道碑》,卷三一三的《平章政事蒙古公神道碑》《平章政事徐国公神道碑》,皆被收入《元文类》卷五九,碑主阿力海涯、博罗骥、彻里分别改为阿尔哈雅、博啰罕和彻尔,相应地其族名、父祖先人、后人的名字全改,本来是元朝知名重臣,读此竟不知是何许人。这三人在《元史》卷一二八、卷一二〇、卷一三〇各有传,阿力海涯和彻里还收入《元朝名臣事略》,但经此一改,使读者无法利用碑文和史传互相校勘补充。又如《元文类》卷六二的《兴元行省夹谷公神道碑》,碑主女真姓夹谷,即《元史·刘黑马传》中所见的夹谷忙古歹,《四库》本(本书卷三一六)改成满姓瓜尔佳。卷三一二的《皇元高昌忠惠王神道碑》,碑主即《元史》卷一三四有传的也先不花之弟答失蛮(改达实密),其父孛鲁欢(改布尔哈)宪宗时任中书右丞相,其祖先、兄弟、后人都是元朝大臣,碑中都有记载,经改名后面目全非。卷三○九《中书右丞相史公先德碑》,碑主乞台普济(改奇塔特布济克),武宗海山藩邸亲信,武宗即位后,其子也儿吉尼(改额尔吉纳)、厘日(改哩日)都是朝廷重臣,累见于《武宗纪》,可惜《元史》无传,这碑正是可了解他们的出身和经历的重要史料,如能恢复本来面目,则它的价值会更大。

9册577页11、12行姚燧文,"陕西则移陇右汪义武公成、利川刘忠惠公黑马于城都[三]。……漕潼关……[四]"。

注"[三]、苏天爵《元文类》本作'成'。[四]、潼……《元文类》本作'渔'"。

按:潼关在陕西、河南界,与此无关。渔关,或作鱼关,在沔州(今略阳)西,从此顺嘉陵江而下,至利州,故利川应作利州(今广元)。苏天爵《元文类》正作"成""渔",既已校出,但注而未改。《四部丛刊》本《元文类》是据元刊本影印,《四库》和《聚珍本》已经辗转抄印,两相对勘,前者大多正确,不如干脆用《元文类》等尚存文篇为主重辑,所缺才用《四库》本补充,效果肯定要好得多。

三　避免漏收、误收和重复

漏收

1册卷六元太宗文,将太宗时诏令归在元太宗名下,如按此例,元代政书有关此类诏令甚多,《永乐大典》残卷等必须仔细检查。如据我所知,《大元马政记》有太宗十年戊戌(1238)圣旨,有太宗五年癸巳(1233)抽分羊马圣旨,有太宗四年壬辰(1232)圣旨谕西京……等,《大元仓库记》有太宗五年癸巳诏,《元高丽纪事》太宗五年癸巳谕王皦悔过来朝诏,《庙学典礼》卷一有《选试儒人免差》丁酉年(1237)八月二十五日皇帝圣旨,《通制条格》卷二《驱良蒙古牌甲户驱》有甲午年(1234)钦奉哈罕皇帝圣旨,《永乐大典》卷一九四一六《经世大典·站赤》有若干圣旨等。

《全元文》1册卷八宋子贞文,共辑佚文五篇,但仍有遗漏。如其名作《改邢州为顺德府记》,见于《寰宇访碑录》。大德元年(1297)刊立于邢台,顺德府和邢台累修府县志,皆收此文。如乾隆《顺德府志》卷一五《艺文》即引用此碑文。

缪荃孙《藕香零拾》中的辑本,很多辑自《元朝名臣事略》。《元朝名臣事略》所引碑传文皆注明作者和出处,但苏天爵出于对前辈的尊敬,没用作者本名,而是称其官称、字号或郡望。如缪荃孙判定高唐阎公就是阎复,清河元公就是元明善,故将他们写的碑传文辑入《静轩集》和《清河集》。所以,《元朝名臣事略》所引用的五十余人的文章,凡已经失传者,都可辑入有关文集中。

宋子贞在《元朝名臣事略》中称"平章宋公",卷十之一有他所写的《尚书刘文献公(肃)墓志》片断,《全元文》也遗漏未辑。

类似的遗漏还有：

2册卷六一至卷六二王磐文。王磐在《元朝名臣事略》中称"王文忠公"，卷十三之二，有他所写的《书院记》。

2册卷六四李昶文。李昶在《元朝名臣事略》中称为"尚书李公"，卷十之二有他所写的《中书平章政事宋公(子贞)神道碑》。

2册卷六六徐世隆文。徐世隆在《元朝名臣事略》中称"太常徐公"，卷十之二有他所写的《中书平章政事宋公(子贞)墓志铭》，卷十二之一有《翰林学士承旨王文康公(鹗)墓碑》，卷十三之二有《四贤堂记》。

2册卷七三商挺文，失收《大元故资德大夫中书左丞行陕西四川行中书省谥贞肃汪公(惟正)神道之碑》，见《陇右金石录》卷五及补。

又商挺在《元朝名臣事略》中称"商文定公"，卷十之一有他所写的《尚书刘文献公(肃)墓碑》，卷十二之一有《翰林学士承旨王文康公(鹗)先茔碑》。

5册卷一四〇王博文辑文，王博文在《元朝名臣事略》中称"西溪王公"，卷七之二有他所写的《中书丞相史忠武公(天泽)行状》。

6册卷一八〇王恽文，王恽在《元朝名臣事略》中称"汲郡王公"，卷十之三有他所写宣慰使张公(德辉)行状，《秋涧先生大全文集》未收。

8册卷二四五至卷二四六王鹗文，失收《汪忠烈公(德臣)神道碑》，见《陇右金石录》卷五。

王鹗在《元朝名臣事略》中称"王文康公"，卷六之三有他所写《蔡国公张柔墓志铭》。

9册卷二八六至卷二八八李谦文，失收《郑州荥阳县洞林大觉禅寺藏经记》，见《金石萃编补正》卷四。李谦在《元朝名臣事略》中称

"野斋李公",卷七之四有他所写《中书左丞张忠宣公(文谦)先茔碑》,卷八之一有《大学士窦文正公(默)墓志铭》,卷十一之一有《中书左丞李忠宣公(德辉)神道碑》,卷十一之三有《枢密赵文正公(良弼)墓碑》,卷十二之二有《翰林学士承旨王文忠公(磐)墓志铭》,卷十二之三有《尚书李公(昶)墓碑》,卷十四之一《中书左丞董忠献公(文炳)墓志铭》,卷十五之二有《静修先生文集序》。又《四部丛刊》本《静修先生文集》据抱经楼旧藏元至顺本补有此序全文,失收。

9册卷二九九至卷三二八姚燧文。姚燧在《元朝名臣事略》中称"牧庵姚公",卷二之三有他所写的《刘武敏公(整)神道碑》,卷四之三有《中书平章鲁国文贞公(不忽木)神道碑》,卷十一之三有《枢密赵文正公(良弼)庙碑》,这几篇《牧庵集》未收。

10册卷三三〇焦养直文。焦养直在《元朝名臣事略》中称"集贤焦公",卷十三之二《内翰李文正公(冶)》引有他所写《敬斋文集序》。

10册卷三五七王构文。失收《郑州荥阳县洞林大觉禅寺第一代西堂宝公大宗师颂古序》,见《金石萃编补正》卷四。王构在《元朝名臣事略》中称"瓠山王公",卷四之四有他所写《平章鲁文贞公(不忽木)墓志》。

10册卷三五八杨文郁文。杨文郁在《元朝名臣事略》中称"济南杨公",卷九之一有他写的《太史王文肃公(恂)行状》《太史王文肃公(恂)墓志》。

10册卷三五九徐琰文。徐琰在《元朝名臣事略》中称"东平徐公",卷十二之四有他所写《太常徐公(世隆)墓志》。

误收或重复

2册卷六二王磐文,《赵国忠穆公神道碑》与9册卷二九七阎复文《董文用神道碑》是同一碑,重出。

5册卷一三七敬铉文,23—25页《顺天府路涞水县长官李君宣化之碑文》,辑自清康熙十六年《涞水县志》卷十,与16—17页辑自清光绪二十一年《涞水县志》卷末之《李伯甫政绩》是同一篇幅文字,后者录自前者,略有删节,省去碑名,编者又另代拟篇名,更误认为敬铉另有一文。

8册卷二五七廉希宪文收《木芙蓉花序》《……塔本世系状》两篇,注明辑自《永乐大典·廉文靖公集》。按"廉文靖公"乃希宪的幼子廉惇,字公迈,仕至陕西行中书省左丞,死后谥文靖。廉希宪谥文正。

9册卷三〇八(482页)姚燧文《烈妇胡氏传》,辑自《古今图书集成》,此文乃王恽所作,见于《元文类》卷六九姚燧《金……杨公传》之后,误为姚作。6册卷一八二(363页)王恽文已收,此处重出。

9册卷三二七(775页),姚燧文《郇王府长史李公墓志铭》。此文辑自乾隆《怀庆府志》,篇名系修志者妄拟,实即前文卷三〇九(504页)之《河内李氏先德碣》,《元文类》卷五五、《牧庵集》卷二六皆有载。

四 合理编排所辑各篇顺序和确定篇名

韩儒林先生六十年前即已指出:"现行聚珍版《牧庵集》,系清代纂修《四库全书》时,由《永乐大典》辑出。当日馆臣,潦草塞责,不忠所事,于《牧庵集》卷一、卷二《诰制》一门,排列至为零乱,非详加比勘,往往不能知受封者父子兄弟之关系。"韩先生此文正是理清散在卷二(358—360页)四个制辞的关系,将蒙克特穆尔还原为《元史》中的尚书左丞忙哥帖木儿,考定其祖考伊苏应还原为《元史》卷一三四有传的爱薛,以下是他的祖妣克呼〔克烈〕氏、考崇福使追封秦国忠翊公的阿实克岱〔阿速歹〕,还更正了其父秦国忠翊公之弟追封古哩〔拂林〕郡恭懿公的制辞误置于祖父爱薛之前的错误。韩文在注中又指出:"如卷二珊竹氏(Saljiut,改译为散周氏)纽邻(改译为纳喇,Nara,此言日)为也速答儿(Yisudar,改译为伊苏德勒)之父,故纽邻追封制在也速答儿前(356页),是也。而纽邻父太答儿(改译为塔塔尔,Tatar)追封制,则列于卷一(339页)《考赠蔡国武穆公(张柔之父)制》前,若不详加研寻,则其人竟与张柔为同胞矣(《爱薛之再探讨》,《中国文化研究所集刊》1941年1卷3期)。《四库》原本和据此重印的武英殿聚珍版系统,译名都经妄改。如347页《乌雅尔……制》,见于《国朝文类》卷一一,原作"乌野而",即《元史》卷一二〇有传的"吾也而",卷一四七《史天倪》《史天祥》传的"乌野儿"。356页《纳喇……制》,见于《国朝文类》卷二,作"纽邻",即《元史》卷一二九有传的"纽璘"。

此外,9册卷二九九335页《中书右丞相塔剌台追封淇阳王制》与卷三〇〇的《淇阳惠穆王妻啜思蛮公主封王夫人制》夫妻拆散两处,相差一卷。336页《索隆噶台赠营国威翼公制》与346—347页一连四制本是一家人,分在两处。卷二九九338页王思廉之考、妣两制在卷三〇〇 354页他祖、祖妣两制之前。339—340页张柔考、妣两制应与348页张柔夫妻两制并在一起。

辑本篇名正名

辑文有的原无篇名,常有代拟标题的现象。一类可根据原文,摘取原文代拟;一类是碑文原题过长,方志、金石志等书,往往在目录中加以省略,或改用碑主姓名。但金石志引用原文时或在拓本中,仍保留原碑名,这就应力争恢复碑名原貌,这有助于了解碑主生前所任官爵,死后的封赠,对了解一代制度有所帮助。

1册8页,拟定《优待丘处机诏》为题,开头"成吉思皇帝圣旨"前,《重阳宫圣旨碑》(《中国历代石刻拓本汇编》第48册16页;《道家金石略》446页)原有"宣差阿里鲜面奉"七字,可与"成吉思皇帝圣旨"合为此圣旨题目。

2册卷四七李冶文,前述辑自《历代名臣奏议》四段,原来本是《元朝名臣事略》中一整段文字,应恢复原篇名《王庭问对》。

2册271页王磐文,《大学士窦公神道碑》,最早见于嘉靖《广平府志》八卷,作《昭文馆大学士窦公神道碑》。

2册296页,《张弘范墓碑》,篇名原作《大元故银青荣禄大夫平章政事武烈张公神道碑铭》,见《淮阳献武王集》附碑铭。

2册299页,《刘太保碑铭并序》。此文辑自大正《大藏经》,今《北京图书馆古籍珍本丛刊》77册已影印出版现存惟一元刊本《佛祖历代通载》,应选为底本。甲戌年载:"是年八月,故光禄大夫太保赠太傅仪同三司文贞刘公薨,……王磐奉敕撰神道碑铭并序,其文曰……"以下是此碑全文,因无题,故拟此碑名。此文又见于明天顺刻本《藏春诗集》卷六,碑名为《故光禄大夫太保赠太傅仪同三司文贞刘公神道碑铭并序》,正是《通载》将碑铭原文分散在叙事文字之中。校以《藏春诗集》,还可补充撰文人王磐、书写人姚枢、篆额人高翿的名字和官称。

9册卷二九七阎复文《董文用神道碑》与误收入2册62页王磐文的《赵国忠穆公神道碑》,见于《常山贞石志》卷二一,碑名为《大元故翰林学士承旨资德大夫知制诰兼修国史致仕赠宣献佐理功臣银青荣禄大夫少保追封赵国公谥忠穆董公神道碑》(有残泐,据篆额补)。

9册586页姚燧文,《董文忠神道碑》,《元文类》卷六一作《金书枢密院事董文忠公神道碑》。

五 标点欠妥

1册5页6行,"然而任大守重治平,犹惧有阙"。应点为"然而任大守重,治平犹惧有阙"。《南村辍耕录》断为"任太守,重治平","大"讹为"太",更误。《道家金石略》标点正确。

1册38页2行,"其颈宛其喙,箝若无意飞鸣者"。应断为"其颈宛,其喙箝,若无意飞鸣者"。

1册44页末行,"修真观在东门内街,南宋大观……"。应断为"修真观在东门内,街南,宋大观……"。按:南宋无大观年号。

1册120页9行,"胡土花小通事、合住、迷速门……"。按:"胡土花","士"为"土"之误,《析津志辑佚》原文作"土",即石抹明安次子燕京等处行尚书省事、兼蒙古汉军兵马大元帅忽笃华。《大元马政记》有太宗皇帝五年癸巳抽分羊马圣旨,就提到胡土花、小通事合住等人。《元史》卷一四九《郭德海传》有小通事合住。"胡土花"之后应加顿号,"小通事"后之顿号应删。

1册124页6行,《北极观懿旨碑》:"道与卫州达鲁花、赤管民官。"辑自《元代白话碑集录》,原无顿号,应点为"道与卫州达鲁花赤、管民官"。

1册144页3行,"天下形势之重,莫重于河阳、孟州,附邑怀、洛咽颐之地,……"。据《金史》卷二六《地理志》,孟州以河阳为附郭县,即附邑。应点为:"莫重于河阳,孟州附邑,怀、洛咽颐之地,……。"

1册153页6行,"……降香济源。上初期望祀于宫中,……"。应点为:"降香济源上,初期望祀于宫中,……。"

1册156页8、9行,"遂蹂资普"。按:资州、普州乃宋潼川路所辖二州,应加顿号断开。

1册157页3、4行,"平凉、德、顺、镇戎原、……等二十余州"。据《金史》卷二六《地理志》,德顺和镇戎皆凤翔路属州,原州乃庆原路属州。应点为:"德顺、镇戎、原、……等二十余州。"

1册165页10行,"且属以观事常住,多羡余几十万缗"。按:常住,此处指常住物,即僧道的寺舍、田地等产业,应与多羡余联读,逗号应置常住前。即:"且属以观事,常住多羡余,几十万缗。"

1册168页15行,"同尘性淳,至早岁炼气诀"。按:淳至,意为至诚,见《晋书·阮籍传》。故应点为:"同尘性淳至,早岁炼气诀。"

1册169页2行,"志久,潞之长子,人实,与余同里闬"。按:潞与长子,指山西潞州长子县,皆地名。应标点为:"志久,潞之长子人,实与余同里闬。"作者宋子贞也是潞州长子人,故云。

1册664页倒数4行,"稍取庄周、列御寇之书读之"。按:庄周是庄子姓名,列御寇是《庄子》书中篇名。应标点为:"稍取庄周《列御寇》之书读之。"

2册10页末行,"燕京宣差札八石抹相公"。按:《长春真人西游记》下卷,"〔甲申〕仲夏,行省金紫石抹公……请师主持天长观";又"季夏望日,宣差相公札八传旨"。燕京宣差札八,即《元史》中"守中都"的札八儿火者,卷一二〇有传;石抹相公即《元史》中的燕京行省石抹咸得不,卷一四九有传的《石抹明安》之长子;本系二人,应加顿号。

2册13页11、12行,"以……藏经板样,所在俱崇墉千栋"。应断为"以……藏经板样所在,俱崇墉千栋"。

2册26页7、8行,"常顾觇其礼殿巍如,……丰碑矗如,高树蔚如然,目击其盛美,……"。应断为:"……丰碑矗如,高树蔚如,然目击其盛美,……。"

2册283页11行王磐文,"溉平凉、甘肃、瓜派数州之田"。此文又重复见于9册288页6行阎复文,作:"溉平凉、甘肃、瓜、沙数州之田。"按:派乃沙之讹,沙州即敦煌,后者加顿号正确。甘肃分指甘、肃二州,即张掖和酒泉,中应加顿号。

2册283页13行王磐文,"前侍郎平章阿合马私人教鹰,监人恕今侍郎不给鹰食"。9册288页6行阎复文,作:前侍郎平章阿合马私人教鹰监入恕今侍郎不给鹰食。全句无标点。应标点为:"前侍郎,平章阿合马私人,教鹰监人恕今侍郎不给鹰食。"

2册284页15行王磐文,"则褫其台权而摈公于农。官欲夺民田为屯田,……"。9册289页9行阎复重出文标点为:"则褫其台权而摈公于农官,欲夺民田为屯田,……。"前者标点正确,应从前者。

2册284页15行王磐文,"世祖……曰:'老人畏寒,须暄和。'时至帐中,敕命……"。9册289页11行阎复重出文标点为:"世祖……曰:'老人畏寒,须暄和时至帐中。'敕命……。"前者标点正确,应从前者。

5册16页8行敬铉文,"国朝开创棋布,诸路分选勋旧,帅臣世之"。23页末行至24页1行重复文标点为:"国朝开创,棋布诸路,分选勋旧帅臣世之,……。"后者标点正确,应从后者。

5册17页3行敬铉文,"君廉于奉己,仁于用心,政事以理"。24页8行重复文标点为:"君廉于奉己,仁于用心。政事以理其家之经费,……。"前者标点正确,应从前者。

8 册 47 页 4 行张藻文,"同庆、白环、西和、沔州、泰安、兴元等处"。按:同,即同州;庆,即庆原府,今甘肃庆原;"同庆"间应加顿号。白,即同州属县白水;环,即环州,今甘肃环县;"白环"间应加顿号。泰安在山东,乃秦州属县秦安之误,即今甘肃秦安。此文辑自《山右石刻丛编》,原误作泰安,失校。

同上 5 行,"又取阶和、成凤及襄阳等处"。按:阶和、成凤即宋利州西路所辖阶、西和、成、凤四州,应加顿号分为四。

同上 6 行,"开、达、梁、山、忠、万等州"。按:梁山,指梁山军,治梁山县,属宋夔州路,梁字后顿号应删。

8 册 285 页 4、5 行弥里吴带令旨,"道与宝童忙兀歹、……并京兆府答剌火赤管民官大小官员等"。按:宝童是《元史》卷一四九耶律秃花之孙,传中有名,与忙兀歹(即前述的夹谷忙古歹)是两人,"答剌火赤""管民官"是两类官员,皆应用顿号断开。

9 册 111 页 9 行李谦文,"怀安之役,朱四川制置。蒲泽之役,诸路守帅合兵七万,……"。按:原出处明嘉靖《威县志》版刻模糊,"宋"误认为"朱",后文"成都之役,宋大将夏贵"也冠以宋字可证明。蒲泽之乃宋四川制置使姓名,应断为:"宋四川制置蒲泽之,役诸路守帅,合兵七万,……。"

9 册 268 页 10 行阎复文,"取道金房"。按:宋利州东路有金州(今陕西安康),京西南路有房州(今湖北房县),乃两地,金房间应加顿号。

9 册 474 页 7 行姚燧文,"申饬兵民之官驿传之,使诸郡之臣,自今水轮厩马在野之墅在城之肆,是所业无敢千骚祝发之徒,或恃有此肆为不度,……"。按:"千"乃"干"之讹。应标点为:"申饬兵民之官,驿传之使,诸郡之臣,自今水轮、厩马,在野之墅,在城之肆,是所业,无敢干骚。祝发之徒或恃有此,肆为不度,……。"

9 册 549 页 14 行姚燧文,"又领诸王副车僧道伊勒琨。大食蛮朝觐……"。按:副车意为帝婿,即驸马;伊勒琨即也里可温,指基督教徒和教士;大食蛮即答失蛮,指伊斯兰教士。应标点为:"又领诸王、副车、僧、道、伊勒琨、大食蛮朝觐……。"

9 册 550 页 3 行姚燧文,"如马湩、酹郊、燔肉、告神皆大祀也,……"。《元史·祭祀志·国俗旧礼》:"每岁,驾幸上都,以六月二十四日祭祀,谓之洒马奶子,……再拜告天。"这就是"马湩酹郊"。又云:"每岁,……掘地为坎以燎肉,仍以酒醴、马湩杂烧之,巫觋以国语呼累朝御名而祭焉。"这就是"燔肉告神"。应标点为:"如马湩酹郊、燔肉告神,皆大祀也,……。"

9 册 550 页 6 行姚燧文《皇元高昌忠惠王神道碑》,"〔至元〕二十有五年,帝(世祖)……明年……。成宗时,皇孙诏王将卫士千人,从讨之,……"。按:当时成宗尚未继承皇位,奉世祖命以皇孙身份领兵出征。应标点为:"成宗时皇孙,诏王(高昌忠惠王)将卫士千人从讨之,……。"

9 册 577 页 11、12 行姚燧文,"陕西则移陇右汪义武公成,利川刘忠惠公黑马于成都。……置行部秦州,顺、嘉陵、漕……"。按:汪义武公是汪德臣,利川乃利州之讹,汪德臣戍利州,事见《元史·宪宗纪》与《汪德臣传》。嘉陵,江名,顺是动词,非地名,意指顺嘉陵江开通漕运。应标点为:"陕西则移陇右汪义武公戍利州,刘忠惠公黑马于成都。……置行部秦州,顺嘉陵,漕……。"

9 册 775 页末行姚燧文,"自称晋王,克用裔孙"。按:沙陀人李克用,受唐朝封为晋王,其子灭后梁,建后唐。晋王后逗号应删。

9 册 786 页 12 行姚燧文,"乃以近故太师广平王从祖托克。托与公为断事官"。广平王从祖之名在《元文类》中元译为脱兀妥（Toqot'a），清译改托克托，克字后句号应删。

10册749页1行萧奭文，"乃祖叶赞，圣朝抚宁中夏，以勋公……食静安诸城。联姻天家，孙阿尔布哈，……"。应断为"乃祖叶赞圣朝，……食静安诸城，联姻天家。"

10册765页5行萧奭文，"东拔遂城、蠡淄，定益都……"。按：金河北东路有蠡州，山东东路有淄州，蠡淄乃两地，中应加顿号。

10册765页7行萧奭文，"从击鄜坊、隰州，……"。按：金鄜延路下辖鄜、坊二州，中应加顿号。

10册765页14行萧奭文，"奏充总管天成、怀安、宣平、威宁、鄂勒事"。按：天成至威宁是四地名，鄂勒元译为奥鲁（a'uruq），蒙古语，直译"老小营"，即出征时留在后方的家眷辎重，设奥鲁官管理。故应标点为："总管天成、怀安、宣平、威宁鄂勒事。"

10册768页1、2行萧奭文，"又从下天和人和等堡、凤翔元城□□邑、恫资简等州，……"。按：天和人和是两堡；凤翔在陕西，元城是大名府治；南宋四川资州属潼川府路，简州属成都路；皆应加顿号断开。

六　文字失校

1册5页8行，"云集仙经"。《重阳宫圣旨碑》作"径"，《南村辍耕录》作"迳"，与"径"通，应作"径"。

1册143页9行，夫人姓开官氏[一]，……注[一]夫人姓开官氏：开，适园本作"开"，四部丛刊本《国朝文类》作"幵"。按《十驾斋养新录》卷一二《幵官》条：孔子娶幵官氏，今人以为"开官"，其误盖自明始。钱大昕举汉《礼器碑》、宋祥符《封郓国夫人制词》《元至顺加封号制》石刻及宋版《东家杂记》、元版《孔氏祖庭广记》为证,此字已有权威考证,应据《国朝文类》校改。

1册150页5行,"凡在吏"。按《元朝名臣事略》点校本校改"在"为"佐",与文意合,应据改。

1册152页5行(杨奂《洞真真人于先生碑》),"与丹阳同里闬"。按:《汧阳述古编》与《道家金石略》原作马丹阳,即马钰,脱马字。

1册152页11行,"创观平阳之西门"。按:平阳即今临汾,在山西。此观在汧阳,即今千阳,《汧阳述古编》与《道家金石略》"平阳"正作"汧阳"。

1册153页11行,"玄通子范圆曦,乃为人所尊信"。据《汧阳述古编》与《道家金石略》,"乃"应作"方"。

1册166页2行,"老幼获兔者甚众"。按《道家金石略》,"兔"原作"免",是。

2册1页末行,"仙宫王子□"。按《道家金石略》,"宫"原作"官",是。

2册3页9行,"后之有年矣"。按《道家金石略》"后"原作"从",是。

2册10页1行,"大定乙丑"。大定间无乙丑年,"乙"应作"己",己丑为大定九年(1169)。

2册11页13行,"复赴义州"。按《道家金石略》"义"原作"乂",金北京路辖有义州,无乂州地名。

2册12页10行,"戊戌正旦,诸路宿德庆师"。按《道家金石略》"师"原作"节",是。

2册13页7行,"命寂照"。按《道家金石略》"照"原作"然",是。

2册16页4行,"是无法度也"。按:《历代名臣奏议》此段摘自《元史》卷一六〇《李冶传》,袭传文误。《元朝名臣事略》卷一三《内翰李文正公》,"法度"原文作"赏罚",与上文文意合,应据改。

2册17页2行,"明诏之载颁"。此文辑自《元文类》,句前原有"遽"字,此乃四六句骈文,上联亦应六字。

2册284页11、13、14、15行,四见"乘葛"。9册289页6、7、9行阎复重出文作桑葛,《元史》卷一四六《董文用》本传作桑哥,即《元史》卷二〇二有传的桑哥。无"乘葛"其人,"乘"应改"桑"。

5册24页5行敬铉文,"贾侯……才识寇绝"。16—17行重出文作:"贾侯……才识冠绝。""寇"正作"冠",应从后者。

5册17页5行敬铉文,"罕加锤挞"。24页10行重出文正作:"罕加捶挞。""锤"应作"捶"。

5册24页15行敬铉文,"犹贪君以试之效,……"。17页7行重出文作:"犹嘉君已试之效,……。"疑"贪"应作"嘉","以"应作"已"。

9册14页7行,"迄今昔志"。此文辑自《常山贞石志》,"昔"原作"苦",是。

9册15页末行,"扎古见歹"。《常山贞石志》"见"原作"儿",是。

9册16页6行,"塔见孙"。《常山贞石志》"见"原作"儿",是。

9册268页9行,"公祖士薛[一]"。按注:"[一],《元史》本传作土薛",注而未改。此人即《元史》卷九五《食货志·岁赐》之秃薛官人,"秃"与"土"译音合,"士"应改"土"。

9册268页11行,"袭武林、兴元……诸州[二]"。按注:"[二],……林,原作'休',据《元朝名臣事略》改。"按:此次行军乃由关中进汉中(兴元),武林乃杭州别称,与此无干。武休指武休关,旁连褒斜道,当关中入汉中咽喉。《静轩集》原本正确,校改反错。

9册549页16行,"湖广行省丞相也先不〔花〕",脱"花"字。也先不花《元史》卷一三四有传,应据补。不花(buqa),蒙古语,意为公牛。

9册552页10行,"故中庸右丞相呼噜巴哈"。呼噜巴哈,《元文类》作中书右丞相呼鲁仆化,即《元史·宰相年表》所见中统二年至四年的中书左丞相忽鲁不花,"中庸右丞相"应作"中书右丞相"。

9册577页6行,"太祖平金,遣二太子总大军南伐,降唐、邓、均、德安四地"。平金是元太宗窝阔台时事,二太子是太宗窝阔台之子阔出,太祖乃太宗之误,《元朝名臣事略》卷八之二《姚文献公》引《神道碑》正作太宗,应据改。

10册769页行萧斆文,"女七。武文昌御位□□,關赤、张元振乾州等处管民长官,……婿也;余幼"。"御位□□關赤",疑即元代记载中常见的"御位下必闍赤",□□脱"下必"二字,"關"乃"闍"形近之误。故应标点为"女七:武文昌御位下必闍赤,张元振乾州等处管民长官,……婿也;余幼"。

以上只是我在检阅时偶然发现的问题,十册书只翻过其中几册,几册中又只涉及查阅过的几篇,看问题不全面,查书也只能利用手头所有。我认为,《全元文》的重点在全,这方面应多加注意,其他方面倒不必求全责备。尤其是校勘,古人云:校书如扫落叶,就是说,不是一次可扫尽的。我们从事元史研究的人,常被乾隆时改定辽金元三史的译名所困扰,所以很希望新整理的元代文献能尽量恢复原貌,因此我着重在辑佚方面举了些例子,如果可供参考,以后对类似问题请适当加以注意,将会对使用此书的读者带来更大的方便。

(原载《蒙古史研究》第6辑,内蒙古大学出版社,2000年)

《全元文》出版的意义及今后的展望

　　《全元文》经北京师范大学古籍研究所同仁多年努力,编纂整理,由凤凰出版社出版发行,现已全部出齐。全书约三千万字,收作者达三千人,文三万余篇,包括索引在内,共有六十巨册,可以说,这是20世纪初古籍整理的一项辉煌成果。

　　据我所知,1958年,在国务院领导下,曾制订了全国科学发展规划,其中"整理和出版古籍计划草案"(文学部分),拟影印或重印宋、元人集,"元人集"分甲、乙、丙、丁编,甲编已拟定三十种目录,即将出版;又拟出"元人诗文集校辑目录"共五十二种(附金一家、明初三家),"元集补遗"三十九家(附明初人集补遗七家),计划在1962年前印出。[1] 由于众所周知的原因,这个出版计划连同宏大的经济发展规划都落了空,北京师范大学古籍所的先生们幸逢盛世,终于完成了比这个出版计划更艰巨的工程,也使我们这些读者得以享受他们辛勤劳动的成果。

---

[1] "整理和出版古籍计划草案"(文学部分),内部印,1958年6月。

一　元人文集的价值

一般而言,"文"的载体文集,无论是总集或别集,在古人四部分类中列入集部,按现代的概念应属于文学中的散文。然而,元朝的文集过去很少有人从文学的角度进行研究,只有列入金人的元好问受到重视,但主要是他的诗词,如施国祁作的笺注。清康熙时的学者朱彝尊重视搜罗文集,他的潜采堂有宋、元人集目录各一卷、收藏元人文集达一百二十部,[1] 应是他为了编纂《词综》所需,或是在选辑《明诗综》之后,准备再选辑元诗。同时人顾嗣立,为了编《元诗选》,"因锐意搜辑元人诗集",[2] 注意的仍是诗,未遑考虑到文。大约同时,吴楚材等编《古文观止》,卷一一宋文,卷一二明文,元文一篇也未入选。稍后,姚鼐编《古文辞类纂》更干脆,收文七百余篇,唐宋文以选八大家为主,明清专选归有光、方苞、刘大櫆之文,元人一篇也未入选。

元人文集受到重视是由于它具有独特的史料价值,这应从元代史籍的纂修及其流传的实况说起。我国是一个重视修史的国家,创造了各种史书体裁,自唐以后,逐步各自形成体系,互为补充。宋朝官修史书已成定制,私修史书者甚多,印刷业已渐普及、书籍可刻板印刷,大量发行流通。其中史籍正史有元修近五百卷的《宋史》;别史有当时人所修《东都事略》等书;编年史《宋实录》虽已失传,仅残存太宗皇帝实录若干卷,但北宋有巨帙《续资治通鉴长编》,南宋有《建炎以来系年要录》等书;政书有《宋会要辑稿》;地理类有《太平寰宇记》

---

[1] 潜采堂宋金元人集目一卷,古学汇刊第二集。作者一人有文集两种或以上者算一部,个别宋、金、明人文集列入元文集。
[2] 《清史列传》卷七一《顾嗣立传》。

《元丰九域志》《舆地广记》《舆地纪胜》《方舆胜览》等书；传记有一百零七卷的《名臣碑传琬琰录》等；杂史笔记宋人私著甚多。元朝蒙古族贵族居于统治地位，接受汉文化和修史的传统为时甚晚，到世祖时才倡议修《实录》，虽连续编修达十三朝，但今已不存；入主中原百年后的文宗时，才发起仿唐、宋会要编《经世大典》八百八十卷，可惜全书也已失传，仅残存百分之二、三。世祖至元至成宗大德间，修成《大元大一统志》一千三百卷，并于顺帝时刻板印行，今仅存部分残卷和赵万里的辑本。文宗时苏天爵辑著《元朝名臣事略》，虽属佳作，可惜仅为开国功臣、文臣、武将、学者立传四十七人。杂史、笔记更少，笔记较有分量的只有《南村辍耕录》一种。元上与宋比如此，如下与明清比史料更显缺乏。所以宋和明、清各代历史，常愁必读的书太多，而研究元代，则患史料缺少。

　　钱大昕是最早认真研究元史的人，他的功劳之一就是发掘出《四库全书》纂修者所忽略的史籍，如《元秘史》《元典章》和《长春真人西游记》等。在史籍缺乏的情况下，最大的贡献是利用文集、碑刻订正和补充元史，即《廿二史考异》中的元史部分。《元史》中的列传，多取材于元人所写行状、碑、志，改写入传时，遗漏或误解原文之处甚多，个别处改得面目全非，匪夷所思。如《良吏·段直传》有这么一段："至元十一年，河北、河东、山东盗贼充斥，直聚其乡党族属结垒自保，世祖命大将略地晋城，直以其众归之。其后论功行赏，分土世守，命直佩金符，为泽州长官。"钱大昕指出：今泽州凤台县有刘因所撰直墓碑，文字完好，所书事迹与传略同，而传书年代与碑大相刺谬。碑云："甲戌之秋，南北分裂，河北、河东、山东郡县尽废。"这个"甲戌"是指1214年元兵围中都，金宣宗迁都汴梁时发生的事，所以说"南北分裂"。而传文却改写为"至元十一年（1274）"，如钱大昕所说："盖由史臣不学，误仞甲戌为至元之甲戌,相差一甲子而不悟也。"又妄加"盗贼充斥"四字,这时正是大举灭宋前夕,华北安宁,哪有什么盗贼充斥?碑文又说:"天子命太师以王爵领诸将来略地,公遂以众归之。"天子是指成吉思汗,太师指木华黎。传文将天子比定为世祖,太师改为"大将",这时忽必烈已改国号为元,南迁大都,统治稳固,怎能有"命大将略地晋城"之事?碑文作于世祖朝,说:"今上在潜邸,命〔直〕提举本州岛学校,未拜而卒。"说明段直死于宪宗朝忽必烈居潜邸时,又怎么可能出现在世祖朝呢?[1] 泽州凤台县刘因所撰段直墓碑也见于《静修集》,今被收入《全元文》十三册四百六十六卷,我们可凭借碑文的原始记载纠正《元史》的谬误。

钱大昕有志重修《元史》,完成并流传至今仅有《元史艺文志》和《元史氏族表》。《元史艺文志》就是依据各种碑传文中所列传主的著作编辑而成。蒙古统治者重视根脚出身,每个人的家世皆可决定他所处的地位和仕途。因此元代的碑志、家传,皆详细胪列传主的先人、父祖及子孙的名字、官爵和简历。他为此广泛搜罗元人文集和碑刻,编制《元史氏族表》。后修诸书,如《元史新编》《蒙兀儿史记》和《新元史》,或全文照录,或稍加改造,无不增加正史中"表"的这一新项目。如早期蒙古部中有涅古思其人,子孙自成涅古台部,曾随成吉思汗参与十三翼之战。元时有部人乞奴出任靖州路达鲁花赤,其《墓志铭》有成吉思汗少年时传说和捏古台氏再分为四的记载,伯希和从《蒙兀儿史记·氏族表》看到捏古台氏下"引证虞集一段有趣的文字",心知此文的史料价值。他博览东西各国文献,然而对纷繁的汉

---

[1] 《廿二史考异》卷一〇〇。

文文献就感到力不从心,承认"我还没有见过,希望将来能够见到"。[1]其实屠寄此处乃抄自钱大昕《元史氏族表》,因原已注明出自《道园类稿》,故屠寄注以"虞集此说"云云。而《道园类稿》大陆仅存一部,1985年台湾《元人文集珍本丛刊》影印出版明初刻本,学者才得以利用。《全元文》面世,若干类似孤本秘籍都可从这一部书中轻易找到了。治元史的学者,尤其是外国的学者,由于很难看到稀见文集和碑刻,往往借助于《氏族表》。伯希和认为钱大昕能看到他尚未知晓的元人撰写的某种碑传文,[2] 有了《全元文》,对外国学者来说,更提供了莫大的方便。

20世纪初,屠寄著《蒙兀儿史记》一百四十六卷,柯劭忞著《新元史》二百五十七卷,纪志增添的内容和增补的列传,除利用新译出的域外史料外,大多仰赖元人文集和碑传资料。尤以《新元史》列传扩充到一百五十四卷,大多就是将碑传文稍加删改写成。

陈垣的元史研究,外国学者承认是我国较早以近代科学方法研究历史的代表,在史料运用上也开拓了广阔的天地,其中主要是广泛利用元人文集和碑刻。如他的名作《元西域人华化考》,就引用文集六十余种;《南宋初河北新道教考》就引用三十来种,还引用了诸多有关道教的碑刻,为此他广泛搜罗石刻拓片,终于在身后编成出版《道家金石略》。他曾经眼前人无法看到的文集,主要靠读文渊阁《四库全书》,将其中稀见或从《永乐大典》辑出的元人文集六十种篇目抄出,留置身边随时备查。约1963年,他还将此抄本过录一册寄赠给我

---

[1] 伯希和、韩百诗(Pelliot Paul and Louis Hambis)译注《圣武亲征录》(*Histoire des Campagnes de Gengis Khan, Cheng-wou Ts' in-Tcheng Lou*),Leiden:Brill,1951年,135页。

[2] 伯希和著,耿昇译《卡尔梅克史评注》,中华书局,1994年,43~44页。

们内蒙古大学,可见他对文集在元史研究中价值的重视。

上世纪六七十年代,元史研究逐渐深入,队伍也更加扩大,为适应方便利用元人文集的要求,国内外陆续编制元人文集的索引。如1960年,日本元史学者安部健夫编《元人文集史料索引》(文集二十六种);澳大利亚国立大学的罗依果教授,于1970、1972年,出版《金元人文集传记资料索引》(初编含文集和其他典籍二十三种,续编六十六种);1974年,日本梅原郁、衣川强又编制《辽金元人传记索引》(文集一百三十一种);1979—1982年,台湾学者王德毅等编辑出版《元人传记资料索引》五册,以传记为检索对象,著录典籍七百余种,元人别集一百九十三种。翁独健教授早年就重视元人文集的价值,曾抄录文集篇名卡片四千余张。20世纪50年代末,他到中国科学院历史研究所就任元蒙史组长时,就指定陆峻岭等编制《元人文集篇目分类索引》。收别集一百五十一种,总集三种,明初人别集十六种(不收有诗无文的文集)。《文集篇目分类索引》第一类同其他索引一样,属传记性质。第二类参酌元《经世大典》和《元典章》,增史事典制一类;第三类是艺文杂撰,参酌《四库全书》四部分类。这种分类办法,主旨是为了充分发挥文集的史料利用价值。

随着近代元曲研究的兴盛,为了考订元曲家的生平和时代背景等,也促成学者对元文集的重视。如孙楷第先生对元曲家的考订,堪称广泛运用元人文集的典型。

二 元人文别集的大汇集

元代史料的缺乏导致史学界对元文的重视,首先是利用现成的文集,因而国内外皆有编制文集索引的举措。但用户虽从索引查到文章题目,但常患身边无书。上世纪70年代以前,除大城市和老大学的图书馆外,常见的书多靠商务等书店影印的古籍,如《四部丛刊》收元人别集二十一种,金元人总集五种;《续编》收别集五种,《三编》收别集三种。《四库全书珍本初集》收别集二十六种。加上常见的单刻本和丛书本,多半文集不易看到。

一类是极珍贵的元刻本:如刘敏中的《中庵集》,据陈垣说:《中庵集》元刻本在上世纪二三十年代才被"发见,廿五卷,先文后诗,与四库本详略迥殊"。[1] 这书原本是海源阁杨氏藏书,现存台湾中央图书馆。北京图书馆仅留胶卷。《四库》本仅二十卷,佚文颇多。赵天麟《太平金镜策》,元至正刻本,仅存台北故宫博物院,大陆仅有北京大学图书馆收藏残本。虞集的文集除常见的《道园学古录》外还有另一部文集——《道园类稿》,所收诗文互有异同,但此书仅有元至正或明初复刻本和几个抄本。陈旅《陈众仲文集》仅存元刻明修本一部,抄本存世也只有几部。张养浩的《归田类稿》虽有《四库》本二十四卷,乾隆本二十卷,但元至正刻二十八卷本才是足本,当然是珍稀难得。

第二类是明清单刻本,虽刻印较晚,现已罕见。如明永乐刻李存《番阳仲公李先生文集》,天顺、弘治刻刘秉忠《藏春集》(有少数抄本),弘治刻郑元祐《侨吴集》,弘治、正德刻胡炳文《云峰胡先生文集》,万历刻卢琦《圭峰集》等。这些书同样罕见,抄本传世也不多。清代的刻本,如康熙刻陈栎《定宇集》、赵汸《东山存稿》;乾隆刻张养浩《归田类稿》、贡奎的《云林集》、贡师泰的《玩斋集》、吴澄的《吴文正公集》(明永乐、宣德一百卷本和成化、万历和清康熙、雍正四十九

---

[1] 《南宋初河北新道教考》,48页。

卷本更加稀罕);嘉庆刻宋禧《庸庵集》;道光刻郑玉《师山集》、胡炳文《云峰胡先生文集》;光绪据明泰昌刻本修补的任士林《松乡文集》;宣统间石印的许有壬《至正集》;藏有这些书的图书馆也不多。

　　第三类书仅靠抄本流传。如张伯淳的《养蒙集》、邓文原的《巴西集》、刘岳申的《申斋集》、萧㪺的《勤斋集》、蒲道源的《闲居丛稿》、宋褧的《燕石集》、李祁的《云阳集》十卷本(存世明弘治刻本一部,在台湾故宫。清康熙刻本只有四卷,也不易得)。

　　《全元文》的出版,再也不用我们跑许多地方和图书馆,借阅时还要先弄清该书是丛书或单刻,是线装或洋装,是抄本或善本,耗时费力地四处寻找了。

三　元人别集拾遗和失传文集辑佚

　　前文述及,1958年已拟出"元人诗文集校辑目录"五十二种,但一种也没见出版。到了20世纪80年代,其中卢挚的《疏斋集》和揭傒斯的《揭文安集补遗》两种,已有李修生先生辑笺的《卢疏斋集辑存》和李梦生先生标校的《揭傒斯全集》陆续出版。《全元文》的出版更是一项规模最大的辑佚工程。

　　辑佚又可分几方面说。

　　其一是原有文集的作者,补其文集失收之文。一种是通过不同版本的互校可以相互补充,如作者的著作身后由别人整理出版,出了几个版本,但互有详略,如《道园学古录》和《道园类稿》就可相互补充。有些文集,后刻本鉴于前本有遗漏,出版人又将自己搜集到的佚文补充进去,如13册收入刘因文,以《四部丛刊》影印元至顺元年

(1330)宗文堂刊二十二卷本为底本,据明成化蜀藩府刊二十二卷本补充了缺文二十九篇。又如《四部丛刊》所收宋濂的《宋学士文集》,是据最早的明正德张缙刊本影印,但收文不全。嘉靖十五年(1536)有徐嵩刻的《潜溪集》,三十年,又有韩叔阳刻的《宋学士全集》,力图收集完全,经顺治、康熙几次重刻,清嘉庆严荣搜罗到各种版本,"荟萃而取其全",复得未刻、单刻文若干篇,合辑成《宋文宪公集》,所以宋濂的文集,应以晚出的清嘉庆本为佳。

  以不同版本互校增补其遗漏,此事较易,而要从石刻和各种书籍中搜罗遗文就要难得多,这种工作个人往往无能为力,《全元文》编纂集体则充分显示出集团作战的威力。以赵孟頫的《松雪斋文集》为例,元后至元初刻本仅辑得十卷、外集一卷。清康熙曹培廉城书室刻本,又搜集书本和石刻文字和家藏墨迹增加续集一卷。1986年出版任道斌校点的《赵孟頫集》,明知"赵孟頫的诗文,题跋较多,散见于地方史志、书画著录和文集笔记中",承认个人"囿于学识,真赝难辨,故未能全部收辑"。仅增加《翠寒集序》文一篇。今《全元文》在元、清两版本之外,从"书画法帖中所收作者手迹和散见方志"中的文字,共辑得佚文题跋共三百二十一篇(则)。

  一类是原有辑本的文集,此次重辑,又有很大增加。如《四库全书》从《永乐大典》辑出元人文集若干种,其中姚燧的《牧庵集》辑得三十六卷,今又增辑十九篇。清末学者缪荃孙编刻《藕香零拾》丛书,收入他自辑的阎复《静轩集》五卷,《全元文》又补辑十三篇;元明善遗文《清河集》七卷,《全元文》又辑佚文多达二十五篇。

  1958年计划辑校的元人诗文集,多是曾见于记载并列入后人所补《元史艺文志》中,今已失传,而作者多是名臣或翰林、集贤院等处执掌文字的官员,他们曾草拟过诏旨,或文中涉及朝政,或奉旨撰文、为勋臣写碑等等,具有很高的史料价值。如王鹗(1190—1273)曾著《应物集》四十卷,第 8 册共辑得佚文两卷二十二篇;第 2 册中,就包括著《敬斋文集》四十卷的李冶(1192—1279),辑得遗文两卷十六篇;[1] 著《西庵集》的杨果(1197—1271),辑得三篇;著《鹿庵集》的王磐(1202—1293),辑得二卷三十四篇;著文集若干卷的徐世隆(1206—1285),辑得十四篇;著《河东文集》五十卷的高鸣(1209—1274),辑得八篇;著《左山集》的商挺(1209—1288),辑得八篇;李谦(1232—1310)著《野斋集》,第 9 册辑得三卷三十九篇;鲜于枢(1246—1302)的《困学斋集》,第 13 册辑得十三篇;冯子振(1257—?)著《海粟集》,第 20 册辑得十二篇;廉惇的《廉文靖公集》,第 18 册辑得两篇;曹元用(1268—1329)著《超然集》四十卷,第 24 册辑得二十一篇;王士熙(约1265—1343)著《江亭集》,第 22 册辑得十六篇。

部分著名文人的作品,生前死后都未编成文集,搜罗更加困难。如宋子贞(1187—1266)第 1 册辑得五篇;李昶(1203—1289)第 2 册辑得四篇;王博文(1223—1288)第 5 册辑得八篇;王利用(1230?—1306?)第 22 册辑得十篇;王思廉(1238—1320)第 10 册辑得十六篇;尚野(1244—1319)第 13 册辑得八篇;王构(1245—1310)第 13 册辑得两卷二十九篇;刘赓(1248—1328)第 13 册辑得十四篇;杨文郁(1235—1303)第 10 册辑得六篇;徐琰(?—1301)第 10 册辑得九篇;李之绍(1254—1326)第 20 册辑得十三篇;赵世延(1261—1336)第 21 册辑得两卷十七篇;曹鉴(1271—1335)第 25 册辑得三篇;今存元人诗文作者有别集传世之人不足三百人,今通过编纂《全元文》,搜集有

---

[1] 其中一篇误分为四,见《元代文献辑佚中的问题》,《蒙古史研究》第 6 辑,内蒙古大学出版社,2000 年。

文传世的作者多达三千人,这是一笔可贵的文化遗产,也为广大学术研究者带来了方便。

辑佚即搜罗散见于别集以外的文字,其中一项主要来源就是我国传统盛行的石刻。自从宋朝欧阳修著《集古录跋尾》、赵明诚著《金石录》、洪适著《隶释》,开创了金石之学,如钱大昕所说:"欧、赵、洪诸家,涉猎正史,是正尤多。"肯定"金石铭勒出于千百载以前,犹见古人真面目,其文其事,信而有征,故可宝也"。[1] 书本记载或经篡改,或手抄版刻,辗转失真,金石文字能保持当时本来面目,是原始可信的史料,尤为重要的是,他充实了大量书本中失载的文字。清初顾炎武著《金石文字记》,颇能"证据今古,辨正讹误"。乾嘉之际,考史之风大盛,改变了以往通过碑帖以研讨书法为主的风气,兴趣逐渐转移到考稽史传上来。如钱大昕平生收得拓片二千余通,著《潜研堂金石文跋尾》二十五卷。钱的同学老友王昶又著《金石萃编》,将宋以前铜器石刻文字全部搜集起来刻板印行,创造了一种专收金石文字体裁的著作。嘉庆时孙星衍著《寰宇访碑录》,编制见于记载的全国碑刻目录。从此以后,碑目、碑文和考史三类著作不断有人续补,各地也有人编著当地的金石书籍,因此发现更多,学者也更认识到碑刻的重要性。如陈援庵先生研究全真道教,注意到《寰宇访碑录》卷一一有李谦《祁真人道行碑》,"余访之十年无着,近知其在赤城县北云州金阁山灵真观,道阻仍未拓为憾"。"后从胶西柯氏假得拓本",才考定祁志诚卒年。[2]《全元文》此文虽辑自《道家金石略》,不必到塞外深山访拓,但从此可看出前辈搜集资料之困难和锲而不舍的精神,也说明《全元

---

[1] 《潜研堂文集》卷二五《金陵石刻记序》。
[2] 《南宋初河北新道教考》,65 页。

文》的出版对学术界带来的方便。

我国的地方志是一项宝贵的文化遗产,也是一个巨大的资料宝库。《全元文》从数千种地方志中辑录佚文,为读者提供了方便,我本人就有切身体会,如第9册李谦文《都元帅刘恩先茔碑铭》,传主刘恩《元史》卷一六六有传,我遍查各种《传记索引》失收,多年搜访其碑传未得。卷二八八从明嘉靖《威县志》卷二辑出,为我的论文提供了新史料。又如第5册32页曹居一《金灯记》,辑自民国《林县志》,文中云:"岁己亥夏六月,宣差奉谕(御?)江淮安抚使粘合公道出相下,……不浃旬,皇帝诏公代其父丞相南伐,摄知行台军马事。"[1] 联系《元史·粘合重山传》,文中"其父丞相"即粘合重山,"江淮安抚使粘合公"即其子南合。"岁己亥"是元太宗十一年(1239),本传称他"嗣行军前中书省事"在"十年"有误。

文中又说:"自荣禄公至于宰丞,宰丞而复有公",联系《析津志·名宦》粘合中书条下载:"有名合达者,仕至荣禄大夫,金亡归我朝。我朝以前金故宦之子孙,而累朝宠任之。"荣禄公即金朝的荣禄大夫合达,宰丞即粘合中书重山,"公"即本文的主角粘合南合。不仅明确了粘合家族的世系,也核实了合达就是蒙古入据中都时奉金币拜见成吉思汗的金留守哈答,重山即其所见为质的"其孙崇山"。[2]

当然,《全元文》辑录的来源甚广,我只能举荦荦大端者为例以资说明。其余如散见经史子集各种书籍中元人所作序跋、释藏、道藏和各种类书、文选散见之元文,如此等等,不一而足。通过集体协作,终

---

[1] 施国祁《元遗山诗集笺注》卷五所引名"《碏谷宝岩院金灯记》,碑为曹居一撰,刘祁正书"。曹居一已见于2册503页,居一误作居易,错分为二人。"道出相下",误加逗号于"相"字后,下文读成"下为萧使君",不可解,"君"字后逗号亦应删。

[2] 《圣武亲征录校注》,《王国维遗书》本叶69上至下。

于完成了这项汇集有元一代文字的大工程。

《全元文》不只是简单的文章汇集,而且进行了校刊、标点。文章以作者为依归,作者则以时代先后为序。每位作者文章之前皆有生平简介和版本利用情况,实际上是分担整理者已对该作者及其文进行了初步研究,为元代的古籍整理和文史研究培养了一支熟悉业务的队伍。

四 庆功与希望

《全元文》全部出齐,是北京师范大学古籍研究所及全体编纂人员、凤凰出版社的大喜事,功不可没。从我们读者来说,应首先表示感谢,感谢你们为我们的工作创造了便利条件,应充分肯定成绩,不必求全责备。

历史经验证明,这种大工程是很难一蹴而就的。就以最早编纂的《全唐文》为例,此书于嘉庆13—19年(1808—1814)修成,收唐五代作家三千余人,文一万八千四百余篇,共一千卷。搜罗宏富,提供了大量的唐五代史料和文学作品。编者阮元、徐松等百余人是精熟唐宋史事的学者,订正了前人的不少错误。然而,同治间,劳格遗著《读书杂识》、今人岑仲勉著《唐人行第录》,就曾举出漏收、误收、弄错作者和题目,正文的讹脱等问题四五百条。同治间陆心源编《唐文拾遗》七十二卷,《唐文续拾》十六卷,增补达八十八卷。迄至今日,仅出土墓志一项,仍可补充不少唐文。所以我认为,《全元文》全部出版,只能说工作告一阶段,继续改正、完善的工作仍须坚持下去。

《全元文》是国家"十五"重点图书出版规划项目之一,"实千载之书",古人有云:"怯其疑乃能坚其信,指其暇益以见其美。""学问乃千秋事,订讹规过,非以訾毁前人,实以嘉惠后学。"[1] 余嘉锡先生赞扬《四库全书总目提要》:"衣被天下,沾溉靡穷,嘉、道以后,通儒辈出,莫不资其津逮。"自称:"余之略知学问门径,实受《提要》之赐,逮至用功之久,遂掎摭利病而为书。"著《四库提要辨证》四百九十篇,共八十万字。抱着"一得之愚,或有足为纪氏诤友"的目的,使《提要》更加完善,更具参考价值。[2] 据我自己的读书经验,想了解某书而参考《提要》时,如同书也见于《辨证》,常将两书取出一起读,深感《辨证》能帮助我对《提要》理解更加深刻,但看过《辨证》的批评后,并未因此而否定《提要》的价值。所以对编纂者和出版者来说,应抱着欢迎批评的态度,欢迎读者"求全责备",遗漏者补之,缺失者改之,使此书成为最全最佳的元文总集,传之百世而不朽。

具体地说,我建议《全元文》这段工作结束后,北京师范大学大古籍所应选择一两位在编纂工作中做出成绩并喜好此工作的人,仍继续负责《全元文》的善后工作。他们可接受其他任务,但《全元文》也应计入他们的工作任务之内。他们专责收集各方面对《全元文》的意见,自己或组织人员进行有关研究,策划整理、笺注单行专集等。所领导和出版社仍应一如既往给予支持,使《全元文》能比《全唐文》较早得以完善,而且是仍由原来的编纂和出版单位一以贯之地完成,而不必假手他人。

(原载《文汇读书周报》2005 年 11 月 11 日 13 版,有删节,此为原稿全文)

---

1 钱大昕《答王西庄书》,《潜研堂文集》卷三五。
2 余嘉锡《四库提要辨证·序录》。

洪钧与《元史译文证补》

洪钧(1839—1893),字陶士,号文卿。据其世交费念慈所撰墓志铭载:"先世自歙迁吴,遂为吴县人。"曾祖、祖父、父亲三辈没做过官,都是在洪钧贵显后才得到封赠。洪钧"幼颖异,家贫,令习贾,涕泣请读书"。[1] 歙县是安徽徽州府治,当地人以经商著名,被称为"徽商",洪钧可能是出身于一个侨迁到苏州府吴县的徽商家庭。由于他天资颖悟,坚持入馆读书,放弃了父辈经商的世业,走上了由科举而做官的道路。

一 洪钧的经历和著述

洪钧在科举上一帆风顺。年十八,补县学生。同治三年(1864),考中举人。七年,殿试授一甲一名进士,即在二十九岁时考上了状元,授翰林院修撰,从此开始了他的宦海生涯。他曾提督湖北学政,充顺

---

1 费念慈《清故光禄大夫兵部左侍郎洪公墓志铭》,闵尔昌《碑传集补》卷五。

天乡试同考官,陕西、山东乡试正考官。光绪六年(1880),提督江西学政。在此期间,又曾任《穆宗毅皇帝实录》和功臣馆纂修官。官职由翰林院侍讲升侍读,再升为右春坊右庶子、左庶子、翰林侍讲学士、侍读学士。九年,升詹事院詹事,再升内阁学士兼礼部侍郎衔。不久因母老请开缺终养。十年,丁母忧,居家三年。十二年起复故官。[1]

光绪十三年(1887)五月,清朝派洪钧为出使俄、德、奥、荷四国大臣。他先到西欧,然后于这年末(十一月二十二日甲戌——1888年1月4日)由德抵达俄京彼得堡。[2] 1888年,英人霍渥尔斯的巨著《蒙古史》全书完成,俄人贝勒津所译波斯文蒙古史珍贵史料拉施特《史集》也全部刊出。两书中涉及元代历史的内容大多是中国正史《元史》失载的史实,这就使洪钧的眼界大开。"洪氏本熟于西北史地,恰又际遇此难逢之时代与机会,故能在元史学上别辟一新天地"。[3] 他利用在彼得堡的方便条件,广泛搜罗西域史料的西文译本和蒙古史专著,结合汉文史籍对勘考证,"时逾两年,稿经三易",写成《元史译文证补》初稿。

十六年,洪钧升为兵部左侍郎。七月,奉召回国。十月回到北京,出任总理各国事务衙门大臣。公务之暇,仍继续他的著述。十九年秋,洪钧病重,临终将《证补》清本托付给好友陆润庠和沈曾植二人,而将未写定的初稿交其子洪洛保存。次年,洪洛也相继去世,陆润庠"函询其稿本,已散失不可复得",乃于光绪二十三年将这部未完成

---

1 《清故光禄大夫兵部左侍郎洪公墓志铭》,闵尔昌《碑传集补》卷五。《清史列传》卷五八《洪钧传》。
2 缪祐孙《俄游汇编》卷九。
3 韩儒林《元史研究之回顾与前瞻》,《穹庐集》,65页。

的著作刊行。[1]

二 《证补》产生的时代背景

洪钧著《元史译文证补》，可以说是清代学术发展史上一个方面的时代产物。《元史》由于成书匆促，错漏之处甚多。而元朝少数民族居于统治地位，人物、地理、名物制度大多非汉人所熟悉，在诸史中算最难读。乾隆以后，考据之学大兴，经学家反对宋、明学者空谈名理，往往穷毕生精力专攻一经，只对书中的词句、内容进行考释。其他学科的学者也采取这种治经的办法。正如梁启超所说："举凡自汉以来书册上之学问，皆加以一番磨琢，……其直接之效果：一、吾辈向觉难读难解之古书，自此可以读可以解；二、许多伪书及书中窜乱芜秽者，吾辈可以知所别择，不复虚糜精力；三、有久坠之绝学，或前人向不注意之学，自此皆卓然成一专门学科。"[2] 当时学者辈出，推动了学术的发展。在诸儒之中，钱大昕被称为"能兼其成"。[3] 他由治经转而致力于史学，著《廿二史考异》。在正史中，《元史》列为"难读难解""窜乱芜秽"之书，属于"前人向不注意之学"。[4] 钱大昕以"能为于举世不为之日"作为自己的治学宗旨，[5] 在《考异》中对《元史》研究做出了

---

[1] 陆润庠《元史译文证补序》。
[2] 《清代学术概论》，中华书局，1954 年。
[3] 阮元《十驾斋养新录序》。
[4] 康熙时，邵远平著《元史类编》，又名《续弘简录》，本意在续其曾祖邵经邦的《弘简录》，并非有意专攻元史。
[5] 《潜研堂文集》卷二六《重刻孙明复小集序》。

贡献,并准备重修元史,除完稿的《元史艺文志》《元史氏族表》已刊行外,还发掘出《元朝秘史》《长春真人西游记》等一批史料。

元史经过这位"一代儒宗"的提倡,从"向不注意之学"变成了显学。特别是鸦片战争以后,清朝腐败无能,累遭外强侵略,激起了士大夫对元朝全盛时的向往。魏源鉴于清朝以前,"疆域未有廓于元者","爱发愤重修",[1] 著《元史新编》九十五卷;而大多数人注意到列强觊觎我国边疆,转而从事边疆史地研究。张穆、何秋涛取辽、金、元及古代北方民族史料,联系当代实际,著《蒙古游牧记》和《朔方备乘》,并对元代史料《圣武亲征录》等书做校注。徐松也"有志重修"《元史》。[2] 他和祁韵士都曾被流放新疆,乃专门研究西北史地。徐松著《汉书西域传注》等书,祁韵士著《西陲总统事略》和《皇朝藩部要略》等。与此相呼应,为了唤起国人对全世界的了解,一些有识之士开始介绍海外各国。林则徐在广州时设译馆,翻译外国书报,编成《四洲志》草稿;魏源根据《四洲志》稿扩编为《海国图志》;徐继畬则著有《瀛环志略》。王国维曾说:"我朝三百年间,学术三变,国初一变也,乾嘉一变也,道咸以降一变也。"钱大昕是乾嘉时代的代表,特点是"肆意稽古"。"道咸以降,涂辙稍变,言经者及今文,考史者兼辽金元,治地理者逮四裔,务为前人所不为"。[3]《元史译文证补》一书,正是上述"考史者"和"治地理者"中具有突破性意义的著作。

洪钧出生于林则徐在广州查禁鸦片的道光十九年(1839),长成于上述"考史"和"治地理"学风盛行的时代。在青少年时期,他还只知专心于科举制艺,在金台书院求学时,与几个朋友组织一个登瀛社,

---

1 《拟进呈元史新编表》,《元史新编》卷首。
2 《元史新编》卷首《魏光焘叙》。
3 《沈乙庵先生七十寿序》,《观堂集林》卷二三,《王国维遗书》本。

专攻制艺功夫，逐日按期会课，将课艺汇成《登瀛社稿》行世。入官翰林以后，结识了一些搞洋务的人物，读了《海国图志》《瀛环志略》等书，逐渐被人认为是通晓洋务的人才，被当权者所器重，以致被任命为出使大臣。[1] 他与礼部右侍郎李文田等学者也有交往。"文田学识淹通"，"谙究西北舆地"，"于辽、金、元三史尤洽熟"，[2] 受到在京士大夫的钦慕。洪钧也颇留意这方面的学问，由于他早已有这种志趣，所以一旦在俄罗斯接触到域外还有中国书中没有记载的蒙古史料，敏锐地认识到这将对元史研究开拓一片新的天地，因此他立即开始了撰写《元史译文证补》的工作。

《元史译文证补》用翻译域外史料的办法来"证补"《元史》，故以汉文史籍中记述缺略的蒙古西征和中亚、西亚史为重点，即我国古代所谓西域，所以此书也属于当时西北和四裔史地研究的范畴。《证补》的考证虽然仍沿袭了乾嘉考据学的传统，但洪钧的动机显然有适应时代需要的经世目的，作为外交官来说，这种研究也直接有助于他对国际事务的认识和处理。首先，他抱着魏源一样的想法，回顾元朝的历史可以宣扬当时的强盛和武功，如陆润庠所说："有元西域武功之盛，卓越前古，观于此书亦可知。"[3] 其次，所谓西北史地，也就是中国和俄罗斯统治下的中亚各族、各地区的历史和沿革概况，有助于了解当时中俄边界交涉的背景，从事元史研究，同他在俄翻译并于光绪

---

[1] 曾朴的小说《孽海花》，男主角金汮就是洪钧，此事见第三、四两回。冒鹤亭《孽海花闲话》对真实史实有说明，这里采用了他的注释。见《孽海花资料》，225页。
[2] 《清史稿》卷四四《李文田传》；叶昌炽《李文田仲约事实》，《碑传集补》卷四。
[3] 《元史译文证补序》。

十六年出版的《中俄交界全图》一样,[1] 都是驻俄使节分内的事。第三,由元史而扩展到欧亚各国历史的研究,放眼看世界,有助于认识世界历史发展的趋势。他常对人讲"海国形势之异宜,与其所以强弱之故,俯仰太息而不能已"。预见到日本将是中国一大威胁。果然在他死后的次年,就发生了中国惨败的甲午战争。[2] 这也应归功于他平时对四裔各国的留心和了解。

三 《证补》引用的史料及其学术价值

《元史译文证补》的学术价值就在于它直接利用了西方的史料和研究成果,从而"开辟了元史研究的新天地"。而蒙古帝国时期留下的域外史籍和十八、九世纪欧洲东方学的兴盛为他的著作准备了良好的客观条件。

13世纪,蒙古曾发动三次大规模的西征,铁蹄踏遍了中亚、西亚、高加索、东欧等地,接触或征服了许多文明较高的民族。他们对蒙古的入侵印象极其深刻,并留下了不少文字记录,其中包括波斯、阿拉伯、亚美尼亚、格鲁吉亚、叙利亚、拉丁、俄罗斯等文字史料。尤其是旭烈兀一系建立的伊利汗国是建立在高度文明的波斯古国的领域内,富有修史的传统,当时纂修的若干部史籍仍流传至今,保存着大量汉

---

[1] 1892年发生中俄边界纠纷,俄驻华公使以洪钧所译此图"画苏满诸卡置界外"为词,企图侵占帕米尔,洪钧因此遭到弹劾,"疾益剧,遂卒"。实际上是上了俄人的当,将1883年俄国参谋部出版的地图作蓝本,当作与俄人交涉边界争端的武器。见《清史列传》卷五八《洪钧传》;胡思敬《国闻备乘》卷二。

[2] 费念慈《清故光禄大夫兵部左侍郎洪公墓志铭》。

文史籍失载的史料。洪钧正是利用这些史料对《元史》做了补充和订正。所谓"证补",就是说:"证者,证史之误;补者,补史之阙也。"[1] 因此有必要先对《证补》的卷首《引用西域书目》逐一具体评介,才能对它做出合适的评价。

《史集》(*Jāmi'al-Tawārīkh*,洪钧音译"札米伍特台白儿力克",译为"全史"),14世纪初,伊利汗国宰相拉施都丁(Rashīd-al-Dīn,洪译"拉施特儿哀丁",1241？—1317)奉合赞汗和合儿班答汗之命主持纂修,历时十年。全书分为三部,第一部是《蒙古史》。蒙古史又分三卷:一、突厥、蒙古诸部族志,成吉思汗先世及成吉思汗纪;二、成吉思汗后裔史;三、旭烈兀至合赞诸伊利汗史。拉施都丁不只是利用了前人所著波斯文史籍,还以宰相主修官书之便,能够参考秘藏宫禁的蒙古文史书《阿勒坦·迭卜帖儿》(*Altan Debter*,意为《金册》),并可向熟悉掌故的蒙古、汉、畏兀儿、印度等族学者、贵人请教。因此,有学者认为,《史集》是"一部中世纪时,无论是亚洲或欧洲都不是单个人所能完成的巨大历史百科全书"。[2] 当然,它更是一部重要的蒙古史著作。

洪钧所看到的《史集》,是1888年刚刚出齐的俄人贝勒津的译本,内容相当上述《蒙古史》的第一卷,分为突厥蒙古诸部族志、成吉思汗纪(即位前)、成吉思汗纪(从即位至死)三部分,分别于1858、

---

[1] 陆润庠《元史译文证补序》。
[2] Академик В. В. Бартолъд: Туркестан Монгольского Нашествия, Том I, Москва, 1963, p.94.

1868、1888 年在《俄罗斯皇家考古学会东方部丛刊》上发表。[1]

《全史》(*Kamil-al-Tawārīkh*，洪译"喀密儿伍脱台白儿力克")，阿里伊本额梯儿(Ali Ibn-al-Athir, 1160—1233，洪译"阿黎意本阿拉育勒体耳")用阿拉伯文撰写，是一部十四卷的世界通史。第十二卷于回历 617 年(1220)及以后诸年下(迄于 1231 年)，记述了蒙古人出征中亚、波斯、两河流域、高加索等战役。作者精于史学，这时正在毛夕里(Mosul，今伊拉克北境摩苏尔)，曾几次被毛夕里王遣使巴格达，书中蒙古史事是他亲历，故甚有价值。

《札兰丁传》(*Sirat-al-Sultan Jalāl-al-Dīn Mangubirtī*，洪译"西雷土斯苏尔滩只拉儿哀丁忙果木而体")，作者奈撒(Nasa)人失哈不丁穆罕默德奈撒未(Shihab-ad-Dīn Mohammad al-Nasawī，洪译"希哈泼哀丁谟罕默德讷萨怖")是呼罗珊北奈撒城附近哈连答儿堡主，曾任亡命印度归来的札兰丁的书记，此书作于 1241 年，是有关蒙古征花剌子模国和札兰丁的第一手史料。

《世界征服者史》(*Ta'rīkh-i-Jahān-Gushā*)，阿老丁·阿塔灭里·志费尼('Alā'u al-Dīn'Aṭā Malik-i-Juwaynī, 1226—1283)著。他出身于波斯呼罗珊志费因县一个显赫家族。其父巴哈丁约于 1233 年被蒙古驻波斯的将军所任用。1251 年，志费尼陪同蒙古驻阿母河行省长官阿儿浑参加推选大汗的大会，次年抵和林觐见新汗蒙哥，居留

---

[1] И. Березин: Сборник Лѣтописей. Исторія Монголовъ, Сочиненіе Рашид-эд-дина. Введеніе: О Турецкихъ И Монгольскихъ Племенахъ. 译自波斯文，附导言和注释。圣彼得堡，1858 年(Труды Восточнаго Отдѣленія Императорскаго Археологическаго Общества. часть.V)；同上，波斯原文、序言和注释，1861 年(ТВОРАО，ч.VII)；Исторія Чингизъ-Хана До Восшествія Его На Престолъ. 波斯原文、序言；俄译文及导言和注释，1868 年(ТВОРАО，ч.VIII)；Исторія Чингизъ-Хана Отъ Восшествія Его На Престолъ До Кончины. 波斯原文；俄译文及注释，1888 年(ТВОРАО，ч.XV)。

年余,开始撰写此书。全书分三部分:一、记蒙古的概况、成吉思汗的兴起和西征,畏兀儿、西辽末期、大汗窝阔台、贵由及术赤、拔都、察合台等;二、记花剌子模王朝、蒙古派驻波斯等地镇将的统治;三、记拖雷,蒙哥汗、旭烈兀西征及亦思马因派;迄于 1260 年。部分取材于他父亲的追忆本人去蒙古宫廷和旅途中的见闻,部分是根据亲身经历和其他目击者的报导。

《瓦撒夫史书》(*Kitāb-i-Musṭatāb-i-Vassāf*),奥都剌合法即剌('Abd allāh-al-Fadl-Allāh,洪译"阿卜图拉")著。此书旨在续《世界征服者史》,1312 年共成四篇进呈完者都汗,自称瓦撒夫(Vassāf-al-Hazrat,意为陛下之赞颂人,洪解释为"以字行")。1328 年又增写不赛因汗一代的第五篇。此书可补充《世界征服者史》和《史集》成书后的史实。

19 世纪的欧洲,所谓东方学盛起,学者一面从事史料的刊布、翻译和研究,一面发表著作。1888 年洪钧抵俄时出齐的霍渥尔斯(H. H. Howorth,洪译"霍儿渥特")书,是一部蒙古史巨著,共分三大卷,包括:蒙古本土和卡尔梅克人;俄罗斯和中亚的所谓鞑靼人,波斯的蒙古人。[1] 霍渥尔斯书主要利用二三手资料拼凑而成,中外原始史料大多不能直接利用。如洪钧所说:"本于多桑,而搜猎过繁,胸无断制,异说丛积,辄自矛盾。"

洪钧先译了霍渥尔斯书,"意未安也",渐知"西人考元事者,皆称引多桑"。后从德国图书馆借到此书,作为《证补》中许多补传的主要依据。多桑祖籍是亚美尼亚人,出生于土耳其的伊斯坦布尔,受过西

---

[1] H. H. Howorth, *History of the Mongols From the 9th to the 19th Century*, pt. I, 1876; pt. II, 1880; pt. III, London, 1888. 他计划写第四卷察合台汗国史,第五卷帖木儿帝国史,没有完成。

方的良好教育,曾任瑞典的外交官。他利用了当时已译出的汉文史籍,如法国传教士宋君荣译出的《元史类编》前五帝本纪,[1] 冯秉正译的《通鉴纲目》和《续通鉴纲目》,[2] 俄国东正教驻华传道团长俾丘林(修道名雅琴夫,Иакинф,或按拉丁拼写译为夏真特,Hyacinthe)所译的《元史》前四帝本纪。[3] 多桑精通波斯、阿拉伯等文字,这些文字写的原始史料皆能直接利用。他用法文写成一部有世界影响的蒙古史。[4] 洪钧引用的穆斯林史书,除贝勒津译的《史集》外,大多是转引多桑书。此外,关于拔都西征等史实,则参考了德人华而甫的《蒙古史》,[5] 哈木耳的《钦察金帐汗国史》和《伊利汗史》。[6] 哀忒蛮的《古突厥、鞑靼及蒙古民族概况》是《史集》和瓦撒夫书的节译本,以及他的著作《不动摇的铁木真》,是《证补》得以援引波斯史料的另一种来源。[7]

1　Gaubil, P. Antoine, *Histoire de Gentchiscan et de Toute la Dinastic des Mongous ses Successeurs Conquerans de la Chine: Tirée de L'histoire Chinoise*, Paris, 1739.

2　Mailla, *Histoire générale de la Chine*, t.IX-XI, Paris, 1779—1780. 其中第九册全为元代史事。

3　Н. Я. Бичурин, История Первых Четырех Ханов из Дома Чингисова, 圣彼得堡, 1829 年。雅琴夫神甫译自汉籍。

4　D'ohsson, *Histoire des Mongols, depuis Tchinguis-Khan jusqu'à Timour Beg ou Tamerlan*. t.I, 1824 年初版,海牙;t.I-IV,1834—1835 年再版,海牙和阿姆斯特丹;1852 年第 3 版,阿姆斯特丹。

5　O. Wolff, *Geschichte der Mongolen Oder Tataren*…, 布累斯劳, 1872 年。

6　J. Hammer-Purgstall, *Geschichte der Goldfnen Horde in Kiptschak*, 佩斯, 1840 年; *Geschichte der Ilchane, das ist der Mongolen in Persien*, Bd.I-II, 达姆斯塔特, 1842—1843 年。

7　F. Erdmann, *Vollständige Übersicht der Ältesten Türkischen, Tatarischen und Mongolischen Völkerstämme*, 喀山, 1841 年; *Temudschin der Unerschütterliche*, 莱比锡, 1862 年。

四 《证补》的内容和各章的价值

《元史译文证补》全书分三十卷,其中若干卷又分上、中、下卷,这样算就有三十五卷。但其中十卷有目无文,实有二十五卷。以下结合各卷具体内容介绍,可以看出《证补》在学术上有如下几方面的贡献:

(一)以西方的史料补充了《元史》的缺略

《证补》卷一为《太祖本纪译证》,分上、下二篇,占全书四分之一。所谓"译证"就是译贝勒津俄译《史集》补证《元史·太祖本纪》,所以这卷用的是第一手史料,后附的《太祖训言补辑》等也都是《史集》的译文;再结合《圣武亲征录》《元秘史》等互相勘考证,丰富了蒙古建国前后的史实内容。洪钧在开头对所见的蒙、汉、波斯史料分析说:"拉施特自谓亲见本朝谱谍史策,依据成书。今以《元史》、《亲征录》、《元秘史》较之,则尤与《亲征录》符合,用知《亲征录》实由《脱必赤颜》译出,当日金匮副本,必然颁及宗藩。否则夷夏异文,东西异地,何以不谋而合若此。"这一见解现已成为定论。从史源角度辨明了史料的关系,也使他能更稳妥地决定对史料的估价和取舍。

卷二是《定宗、宪宗本纪补异》。《元史·定宗纪》只有几条,非常简略;《宪宗纪》有关争夺汗位的事实也很笼统。贝勒津本《史集》这部分未译,此卷转引多桑书,补充了《元史》失载的史实,揭示了元朝史臣不甚了解和讳言的蒙古皇族内部矛盾和帝位斗争的内情。

洪钧鉴于"西域之师所载事实,为自来华书所未见",作《西域补传》(卷二二)。卷上记太祖西征事,卷下记太宗以后蒙古将领在中亚的经营。旭烈兀征报达(今巴格达)和木剌夷,《宪宗纪》只有征没里奚、八哈塔之类一两句话,不知何指。《郭侃传》和常德《西使记》略有记载,多属道听途说。《证补》为此分别作补传(卷二三、二四),用丰富的西域史料叙述了这些战役的详情。

成吉思汗的长子朮赤《元史》有传,只说他"分封西北,其地极远,……莫得而详焉"。卷四据《史集》等书给他补传。卷五、六是拔都、忙哥帖木儿等诸王补传,记述了汉籍不载的拔都及其后王西征的事迹和朮赤、拔都父子所建立的钦察汗国史。蒙哥之弟旭烈兀征服波斯,建立蒙古王朝,《元史》只零散记载他和他的后王的名字和少数往来外,很少有反映。卷九至十二阿八哈、阿鲁浑、合赞、合儿班答补传为伊利汗国史提供了一个较清晰的轮廓。

哲别是成吉思汗的一员骁将,他以只别、折不、折别儿、哲伯、柘伯、者必、遮别、阇别等不同译名累见于《元史》,但没有他的专传。卷十八补传采用《史集》等书的记载,将上述零星、混乱的史料考定归纳,弄清了他的家世和经历,增补了他在西域奇迹般远征的故事。

蒙哥汗死后,忽必烈与其弟阿里不哥争夺帝位。后来窝阔台之孙海都和察合台后王联合,与元朝争战数十年,《元史》只有零星记载。卷十四、十五为这两人补传,也系统地记述了这两个历史事件的背景和过程。

(二)结合西方史料,疏通《元史》的模糊记载,校正《元史》的史实错误

以《元史·朮赤传》为例,由于史臣对他"莫得而详",在"朮赤薨,

子拔都嗣"之后,列举六汗,延续一百余年,纯是兄终弟及,《宗室世系表》也据此列表,实在荒唐。《补传》更正了这个世系,还补充了三个遗缺的汗。《尢赤传》又载:"至大元年(1308),月即别薨。"而在此前有两处记月即别事,皆为"至元"年号,只能理解为世祖时的"至元"。洪钧根据月即别在位的确切年代(1313—1341)和后文的"至元五年己亥岁(1339)"一句,断定"至元"是顺帝的后至元年号,而"至大元年"也可断为至正元年(1341)之误,纠正了相差数十年的史实错误。

世祖时作乱的东部诸王乃颜,《宗室世系表》误列为别里古台的后裔。卷一下附《太祖诸弟世系》,根据《史集》,并结合《太宗纪》八年(1236)和《世祖纪》中统元年(1260)、至元二十四年(1287)所记斡赤斤、塔察儿、乃颜同有益都、平滦分地的史实,肯定乃颜是太祖幼弟斡赤斤的后人,并得意地说:钱大昕根据同一史料,以分地推断出与乃颜同叛的也不干、胜剌哈的世系,但"未敢言乃颜"。[1] 而他因掌握了西域的确切史料,才能做出肯定《元史》所记错误的结论。

元朝帝室同几个大族世代联姻,如弘吉剌氏"生女为后,生男尚公主",所出皇后、驸马在元代都有历史影响,但《元史》有的记载并不清楚。《诸公主表·郓国公主位》载:"秃满伦公主,适赤窟驸马。"不知是何人之女,嫁往何族?《证补》卷三《后妃公主表补辑》和卷一下所附《太祖后妃皇子公主考异》,据《史集·部族志》知秃满伦是太祖之女,赤窟是弘吉剌部按陈之子,同《蒙鞑备录》所载三公主嫁成吉思汗正后之弟尚书令国舅按赤那邪之子相符。又如失名公主,适塔出驸马,留下三个□□□,《补辑》据《史集》考定是成吉思汗第五女按塔伦(洪译阿儿塔楞),而且还知道她是嫁往他母亲的娘家斡勒忽讷惕部。

---

[1] 《廿二史考异》卷九五。

(三)将西北和四裔史地之学推向更高的水平

《证补》卷二六(分上、下篇)是《地理志西北地附录释地》。《西北地附录》本是《元史·地理志》末卷的一篇附录,取材于《经世大典》,本来有一幅地图,《元史》仅将地名录入书中,并无任何解析,对与西域隔绝的明朝人来说,无异是一部天书。"西北地"指笃来帖木儿(察合台汗)、月祖伯(金帐汗)、不赛因(伊利汗)所辖境域,共列九十三个城市和族名,包括今新疆以及哈萨克、吉儿吉斯、塔吉克、乌兹别克、土库曼、俄罗斯、阿富汗、伊朗、伊拉克等国境。洪钧抵俄的1888年,出版了俄人布润珠所著英文本《中世纪研究》两卷。他在1866至1883年曾任驻华使馆医师,精通汉学,书中对"西北地"做了精辟考证。[1]《证补》所引海屯、[2]泼兰喀批尼、路卜洛克[3]及巴卑尔书(Babur-nāma)等当时亲历者的史料,估计是转引自此书,也就是他常提到的"西人"或"西书"。汉朝以来,我国史籍虽有西域的丰富记载,但研究帕米尔以西各地,还必须结合西方史料。洪钧由于掌握了这些史料和研究成果,以中外载籍互相疏证,地名对音、方位考证多能做得大体正确,达到了前述元史、西北和四裔史地学者都未能达到的高度和深度,使这近百地名、族名得以阐释,还纠正了前人不少错误的推断。

---

[1] E. V. Bretschneider, *Mediaeval Researches From Eastern Asiatic Sources* (2 Vols.), London, 1888. "西北地"考证见 Vol.II, pp.26~135.

[2] 海屯是小亚美尼亚国王,曾于 1254—1255 年去蒙古。见何高济译《海屯行记》,中华书局,1981 年。

[3] 今译普兰诺·加宾尼(Plano Carpini)和鲁不鲁乞(Rubruck),方济各会修士,分别受教皇或法国国王派遣,于贵由汗或蒙哥汗时经中亚出使蒙古。见道森编、吕浦译《出使蒙古记》,中国社会科学出版社,1983 年。

卷二七是《西域古地考》(分上、中、下篇)。一类是考证我国的古代北方民族。突厥回纥一节,介绍了中亚以至土耳其皆属突厥族的知识,考定回纥也是突厥的一支,"宋之高昌、元之畏吾儿,为回纥衰后分国"。蒙古一节,追溯了它在元以前史籍中的不同称呼,断定蒙古就是《旧唐书》中的蒙兀室韦,室韦附近的俱轮泊就是呼伦淖尔,"据此以考元之先世,在黑龙江南,即所谓望建河(今额尔古纳河),唐后徙克鲁伦河、斡难河"。首次提出蒙古来源于额尔古纳河东蒙兀室韦的看法,现已为国内外学术界所公认。第二类是地名,有《西北地》未考的乌尔鞬赤、哈押立和叶密尔,还有咸海、里海、黑海,都结合史书做了考定。第三类是康居、粟特、安息、条支、拂菻、马札儿等中亚、西亚以至东欧的古国和民族,分别考释了它们的中外历代不同的名称和历史变迁。卷三十《旧唐书·大食传考证》也属于这一类,对大食(阿拉伯)及谟罕默德兴教和开国的历史做了考证。

卷二九是《元世各教名考》。元代文献多有也里可温、木速蛮、答失蛮与僧道并提,读史者不得其解。洪钧考定也里可温即元之天主教,是"景教之遗绪";答失蛮、木速蛮即天方教(伊斯兰教),乃"分别住寺、住户两项人"的称呼。他指责"《元史》列传仅著'释老',何明初史局诸公之不考也"。当时这些宗教"蔓延宇内",教名考释清楚,大有助于宗教史的研究。本卷所附《景教考》,考释了唐朝的《景教碑》,介绍了景教(基督教的聂斯托里派)的由来和发展,蒙元时在中亚和蒙古传播的记载。附《天方教历考》介绍了回回历法,"征诸西书",知"回历元年即武德五年,为公历六百二十二年"。更正了《旧唐书》及前人各说的错误。

五 《证补》一书的缺憾

洪钧从 1888 年抵达俄罗斯,开始接触西域史料,至 1893 年去世,前后仅共有五年,而且只能在公余从事研究,因此他的著作并未全部完成。就已出版的《元史译文证补》三十卷而言,其中的十卷有目无文:包括察合台汗国的察合台诸王补传(卷七),察合台汗国的后继者帖木儿、图克帖木儿补传(卷十六、十七),伊利汗国的旭烈兀、不赛因补传(卷八、十三),参加过西征的将领速不台、曷思麦里、郭宝玉、郭德海传的注(卷十九、二十、二一)。据贝勒津本《史集·部族志》编译的克烈部补传和蒙古部族考(卷二五、二八)也未完成,这当然会降低《证补》一书的价值。

《证补》依据的波斯、阿拉伯文史籍是以手抄本流传,在传抄过程中由于音点脱落或错位等原因,造成原文的错误和无法解读的情况。尤其是人、地、制度等专有名词,必须用不同抄本校勘并借助汉文等其他文字史料审音勘同才能确认。如蒙古军占领金中都时,洪钧的《史集》译文有"往宏州西坑寨城而往"一句,认为"此语不可解"。《亲征录》相应处作"通州元帅七斤率众来降"。其实宏州(qūng-jīū)是贝勒津本之误,伦敦和列宁格勒抄本正作 tūng-jīū;石坑寨原文作 Sīkīng-Sāi,应读作"七斤帅",是洪钧读错。此句原意是"往七斤帅〔的〕通州城",是拉施特不懂汉语,将七斤帅(即《元史·太祖纪》之金右副元帅蒲察七斤)与通州,人名与地名混在一起。[1] 既有原作和抄本的错误,也有引用者不懂原文的误译。

波斯文的蒙古史书,所载大多是蒙古、突厥专有名词,翻译时还

---

[1] 《史集》俄译本,第 1 卷第 2 分册,第 175 页;中译本,240 页。

有必要掌握蒙古、突厥语本身的读音规律。如成吉思汗之女适汪古部主之子镇国,哀忒蛮所据本作 Jinkui 是正确性的,洪钧仍按贝勒津本 Sinkūi 译作石奎夷,不知蒙古语中 Jin 和 Sin 可交替使用。突厥和蒙古语的特点是元音和谐律,即将元音分为后元音(a、i、o、u,阳性)和前元音(e、i、ö、ü,阴性)两类,阴、阳性词分别各用前后元音,四对字母形状一样,以词性区别读音。辅音中 q、γ 只同后元音拼写,k、g 同前元音拼写。洪钧缺乏这种知识,以致将不同音词混而为一,同音词又区别为二。如《太祖纪译证》中传说的先祖 Negüz(涅古思),本是阴性词,却与常见人名阳性词脑忽(Naqu)混同。阿里不哥一名的"不哥"(böge)是阴性词,意为巫,误读为不喀,变成了阳性词 buqa=牤牛。此外,汉籍中的那海、孛罗欢在《史集》中的拼写应读作 Naqai 或 Bolqai,与元代汉字读音一致,他却误译为阴性词诺垓(Nögei)或孛尔该(börgei)。

汉字读音也有时代特点。儿字到元代读 er,用来译民族语言的 r 音(或用尔),但从不译 l 音。洪钧明知拔都之弟 Berke《元史》中译别儿哥,却硬创一个新译伯勒克,将 r 译为 l。反之,Mongγol(蒙古、忙豁勒)、Emil(叶密立、叶密里)他却认为应译蒙兀儿、叶密尔,将 l 读成 r。l 在音节末尾,或与前面的元音拼读,如 Emil、Bolqai 读叶密立、孛罗欢;斡赤斤的后裔 Ajul 元译阿术鲁,洪钧不采纳《元史》的正确译音,另新创一个译名哀楚儿。l 或转为 n,如客烈部人 Altun-asuq、El-qutur、Il-qunqur、Kul-buri,《亲征录》和《元史》将前一词分别译作按敦、燕、延、浑,这在元代已是较固定的译音用字,洪钧则另创阿勒屯、伊勒、伊儿、忽勒等对译,令人无法与汉籍相同记载对应。

洪钧所利用的原始史料只有贝勒津俄译《史集》的一部分,是"墨守拉施特",从波斯文"逐句逐段翻译"的,但《太祖本纪译证》并非逐句逐段译出,而是经过节略。至于价值最高的《部族志》,可惜由于《证补》

《蒙古部族考》一卷空缺，读者也无法了解《史集》有何内容。除贝勒津书以外，《证补》其他史料都是转引西方著作，包括英、法、德、俄不同文字的译本，每种文字对专名各有不同的译音拼写方法，转成汉字，同一人一地，往往出现不同的译名，内容也互相矛盾。洪钧本人不能直接阅读西文书，全靠使馆馆员、洋文参赞金楷理[1]等帮他收集资料和翻译，这些人不懂元史，这样辗转重译，误译和漏译是无法避免的。

六 《证补》在史学界的影响

《证补》除了本身的学术价值外，它在史学界发生的影响更为深远。光绪年间，洪钧与李文田（1834—1895）、沈曾植（1850—1922）、文廷式（1856—1904）、袁昶（1846—1900）等人同官京师，他们的共同学术旨趣是元史和西北史地之学，并常一起进行学术探讨和交流。如李文田所注《元朝秘史》，书眉批语，多有"廷式按"语；"桐庐袁氏（昶）刊行何〔秋涛〕校〔圣武亲征录〕本附光绪朝士校语，杂出顺德李仲约侍郎文田、萍乡文道希学士廷式、嘉兴沈子培先生曾植之手"。[2] 洪钧在俄研究元史，曾托袁昶搜访元代史籍，借沈曾植《圣武亲征录》抄本，将全文和眉端识语全部抄寄俄国。洪钧临终，将遗稿委托沈曾植代为整理。1895 年，陆润庠在苏州家居时，准备将《元史译文证补》清本付刊，又曾与沈函商体例。[3] 他们已似乎形成一个研究集体，他

---

[1] 金楷理（Carl. T. Kreyer），美国人。1866 年来华，在杭州为浸礼会设立教会站。1870 年任上海江南制造局翻译。后来随驻俄公使许景澄赴俄，任中国驻俄使馆参赞。
[2] 王国维《圣武亲征录校注》（《王国维遗书》本），叶 2 上。
[3] 陆润庠《元史译文证补序》。

们分头从事各自的著述又互相共同商讨。李文田的著作:在洪钧去世前一年(1892),由《知服斋丛书》刊出《双溪醉隐集笺》六卷;死后一年,由袁昶刊出《元朝秘史注》十五卷;《元史译文证补》出版的同年(1897),又由《灵鹣阁丛书》刊出《西游录注》《和林金石录》和《朔方备乘札记》各一卷。文廷式曾著《西域释地》《元史录正》,未刊;[1] 他从翰林院所存《永乐大典》中抄出元《经世大典》若干卷;又将《元朝秘史》十二卷本传到日本,为那珂通世等学人奠定了日本元史研究的基础。沈曾植与李文田曾一起校注何秋涛校本《圣武亲征录》(《知服斋丛书》);《证补》的《地理志西北地附录释地》,沈曾植也参与了"爬梳剔抉"和考证。[2] 他还自著《岛夷志略广证》《〈蒙古源流〉笺证》和《元秘史注》。袁昶对边疆史地之学颇有研究,还曾经自刻有关"实学"的《渐西村舍汇刊》,包括何秋涛的《校正元亲征录》,李文田的《元朝秘史注》,以及有关云南、西藏、黑龙江、吉林的史地书等。李文田是咸丰九年(1859)探花,洪钧是同治七年(1868)状元,沈曾植是光绪六年(1880)进士,文廷式是光绪十六年(1890)榜眼,都是科举高第的一代名士,在他们的倡导下,掀起了一股西北史地之学的高潮,而《元史译文证补》一书又给这股热潮注入了新的推动力。

自此以后,"四十年来,国内治元史者,犹多不能出洪氏矩矱"。[3] 元史大家柯邵忞(1850—1933)和屠寄(1856—1921)利用洪钧介绍的新史料,写成《新元史》和《蒙兀儿史记》两部巨著。《新元史》共二百五十七卷,被认为是全面改修《元史》的弘规钜制,被当时的总统颁定为二十五史。但《新元史》新增的史料多赖《证补》,请人译出哀忒蛮《不动摇

---

[1] 《昭萍志略》之《人物志·文廷式小传》;《文芸阁先生年谱》。
[2] 《何斠元圣武亲征录》书末光绪甲午《姚士达跋》。
[3] 韩儒林《元史研究之回顾与前瞻》,《穹庐集》,62页。

的铁木真》的导言及其他资料,史料价值和范围远不及《证补》。屠寄的《蒙兀儿史记》一百六十卷(缺文十四卷),考订较《新元史》缜密,参考价值在《新元史》之上,但他增译的乞迷亚可亭书[1]并没有史料价值,西域史料主要凭借《证补》,据说他还得到了《证补》未刊的稿本。[2]

　　史学大家王国维(1877—1927)有志于蒙古史研究,直接或间接是受到洪钧和沈曾植的影响。他的《圣武亲征录校注》所引《拉施特书》就是出自《证补》。陈垣(1880—1971)于1917年发表《元也里可温教考》,后又从事回教史、回回历及其他宗教的研究,对元史和宗教史做出了贡献,也可看出他是受洪钧的《元史译文证补》,尤其是受到《元世各教名考》等西方史学知识的启发。

　　1934年商务印书馆出版了冯承钧译的《多桑蒙古史》,学术界才开始摆脱对《证补》的依赖。近年《世界征服者史》《史集》及其他西方史料中译本相继出版,《证补》已基本上完成了它的历史使命。但洪钧是中国史学界最早放眼世界,吸取西方史料从事本国史研究并开展国际学术交流的学者,将元史研究引向新的天地。跟随他所开辟的新的学术道路,元史领域出现了几部巨著,产生了好几位史学大师,使元史研究从乾嘉考据之学跃向了新的阶段,洪钧的筚路蓝缕之功是不可磨灭的。

(《中国史学家评传续编》约稿,未出版)

1　Jeremiah Curtin, *The Mongols in Russia*, Boston, 1906; *The Mongols: A History*, Boston, 1908.
2　陆润庠说稿本"已散失不可复得"。但据冒鹤亭《孽海花闲话》说:"文卿生前将已译未译稿统交沈子培,托他续成。子培以托武进屠敬山,久久不归,……近年敬山《蒙兀儿史》已出版矣。"《孽海花资料》,293页。现上海图书馆藏有《元史译文证补》稿本,存卷一、二六和经世大典地图一卷及张尔田跋。

邵循正生平及其所译波斯文《集史》

邵循正，字心恒，福建省福州市人。1909年十一月二十一日生。少年时接受家庭和私塾教育，1924年始入福州英华学院学习高中课程。1926年初考入福州协和大学，同年夏考入清华大学政治系，主修国际法和国际关系。1930年毕业后，又考入清华大学研究院，改学中国近代史。1934年初，由清华大学保送欧洲留学，先在法国巴黎法兰西学院、东方语言学院从伯希和等人学习蒙古史、波斯文，次年转入德国柏林大学攻研蒙古史。

1936年邵循正从欧洲回国，应聘为清华大学历史系讲师。1937年抗日战争爆发后，随清华大学南迁，先后任教于长沙临时大学、昆明西南联合大学，递升为历史系副教授、教授，讲授蒙古史、波斯文和中国近代史等课程，并培养了研究生。抗日战争胜利后，1945年被聘为牛津大学访问教授，并在比利时短期讲学。1946年冬回国后，继续担任清华大学历史系教授，讲授元史、清史和中国近代史。同时应聘在北京大学历史系和政治系兼授元史和中国近代政治史。

中华人民共和国成立后，1950年邵循正曾任清华大学历史系主任，1952年院系调整，转到北京大学历史系中国史教研室，同时讲授基础课元明清史和中国近代史,中国近代史教研室成立,他出任主任,专授中国近代史、中国近代史料学等课。

在校外,邵循正曾任中国史学会中国近代史资料丛刊编辑委员,兼任中国科学院中国近代史研究所研究员、研究室主任。北京市史学会成立,被选为副会长。他积极参加新中国的社会活动,参加了中国民主同盟,曾任民盟中央科教委员。又以社会科学界代表的身份,担任第三、四届中国人民政治协商会议全国委员会委员。

清末洪钧出使俄国,利用剌失德丁《集史》等波斯史料,著《元史译文证补》一书,使元史中若干隐晦不明的史实豁然开朗。邵循正留学欧洲,全力学习波斯文和搜罗波斯史料的写本和刊本,着手直接从波斯文翻译和研究《集史》等书,试图消除《元史译文证补》经过几手翻译的讹脱,使元史研究者能够一窥这类波斯史籍的原貌。

他留学归来兴趣转入中国古代史,发表了《有明初叶与帖木儿帝国之关系》一文,利用汉文和波斯文史料中所记双方使臣的往来和两种文字的文书进行比较研究。又发表了《元史、剌失德丁〈集史·蒙古帝室世系〉所记世祖后妃考》一文,用《元史》《集史》和不列颠博物馆、巴黎国家图书馆所藏波斯文写本《贵显世系》(Muʻizz-al-ansāb)比勘,校正了《集史》的讹脱,使之与《元史》能相互印证而又能补其缺略。同时他根据俄人贝烈津(И. Н. Березин)刊本译注《集史》第一篇《部族志》,1937年春出版的清华大学《社会科学》第二卷一期预告,拟于下期发表。适逢卢沟桥事变,下期停刊,原稿也于托轮船南运时遗失。

以后,他着手翻译布洛舍(E. Blochet)所刊波斯文《集史》成吉思汗继承者部分,但只发表了《剌失德丁〈集史·忽必烈汗纪〉译释》(上)一篇(1947),其余《蒙哥汗纪》、《忽必烈汗纪》(下)、《铁木耳合罕本纪》译释仅有残稿。1985年《邵循正历史论文集》出版才得以公布。

剌失德丁《集史》蒙哥、忽必烈、铁木耳汗纪的《译释》，不仅表现出他能从波斯文直接翻译史学名著的功力，而且在注释中荟萃了他的精深研究。译文采用浅近的文言，并尽量与洪钧的译文取得一致，以便从相异处识别洪译的错误。三篇残稿是先选原文中有窒碍处加以注释，所以残稿实际上已解决了全文转译中大部分难题。

他通晓英、法、德文，善于吸收东西方学者的学术成果，又学过波斯、梵、蒙古、突厥、女真、满等各民族文字，具有丰富的历史语言学知识，故能对波斯文抄本中音点脱落、传抄讹脱的人名、地名及其他专门词语，皆能追溯其词源，准确地按元代习用译法译出，并旁征博引疏注阐释。他能运用各种语言和知识，得心应手，发别人所不能发。

以人名为例，《蒙哥汗纪》载其女失怜（Širin）适塔出驸马之子。此子之名贝烈津本《部族志》《贵显世系》、布洛舍本皆误，《译释》认为应读 Jūjinbāi，就是《元史·公主表》中的尤真伯（见1985年出版的《邵循正历史论文集》第10页）。俄译本《部族志》据德黑兰博物馆藏抄本勘定为 Jūjinbāi，证实了他的判断。

《忽必烈汗纪》称大理国主为 Māhārāū，他译为"摩合罗"，释为巴利文的"大王"，即梵语的 Maharaja，也就是《元史》中所见的"摩合罗嵯""马合剌昔"，元曲中的"马合罗"，并从蒙、汉语读音规律说明译音的不同（第29页）。忽必烈准备伐宋时，选 Samgeh Bahādur 统率契丹军。布洛舍理解为满语的 Sāmangkha，多桑则误译为 Semeké。邵循正凭借自己的元史知识，判定是汉语人名，应读为"三哥"，就是元初著名汉将史天泽（布洛舍又将波斯文中的史天泽误认为蒙古语的 Šidamči），由于他"行三，故称三哥"（同上第67页）。

残稿《铁木耳合罕本纪》与俄、英译本比较：涉及的人物移相哥、八不沙、囊加真、完泽、答剌罕（二人误为一人）、只儿合忽，俄、英译本皆识读错误，此稿的发表可纠正二书之谬（同上，第78—81页）。

以地名为例，忽必烈率军阻击阿里不哥的地方，布洛舍和多桑都读错，《译释》正确读为 Abjieh-kūtagar，考定即《秘史》中的阿卜只合阔帖格儿，《圣武亲征录》的阿不札阙忒哥儿，与伯希和遗稿不谋而合（*Histoire des Campagnes de Gengis-khan*, p.409）。

以部族名为例，《译释》译 Jāūqūt 为扎忽惕，比定为《元史·世祖纪》之"爪忽都"，释为"糺"字。此说得到学术界的承认，并常引为立论的根据（贾敬颜《糺军问题刍议》、蔡美彪《糺与糺军之演变》）。

对名物制度的阐释则更多精彩之处。如亦思替非文字究竟何指一直是元史学界的难题，考古学家夏鼐曾因此请教韩儒林教授，韩先生肯定是回回文，即当时的伊斯兰世界东部通行的书面语波斯文（《文物》1981年第1期）。而邵循正《蒙哥汗纪》残稿多年前已明确指出："元代称回教文字为'亦思替非'文字，其对音应作 istafá，训'选择'；质言之，即'被选择者'（Mustafá 指谟罕默德）之文字。"（同上第12页）而且还阐明了这词的波斯语源和本意。释 aīmmeh 为波斯语 i-mam 的复数，即伊斯兰教长，音译为"伊满"（同上，第47页，今译"伊玛目"）。伊斯兰教习俗，如 namāz, rōzeh, sunnatkart，皆用《元典章》所见旧译，译作"纳麻思""禁食""做速纳"，并略加解释，既可使译文与元代文献一致，又可使这类外来词找到词源和词意。

《集史》中常有用波斯文难以释读之处，他能运用多种语言的知识正确解读。如 ūlağ，在伊兰语中直译为驴，但不好理解。他断定是借自蒙古语的 ulaa，即"铺马"（同上，第68页）。有一个普通名词 tāišmīšī，他解释是突厥语 tāišmağ（面争）之受事分词 tāišmiš 加伊兰语尾-ī 变成了名词。译为"对质"(同上，第 57 页)。还有前述的 Samgeh，他认出是汉语三哥的译音。

上世纪 50 年代初，他中断了元史的研究。1956 年中苏蒙三国发起合编蒙古史，他代表中国出席了乌兰巴托的会议，次年又出席莫斯科的会议，定出了三国分工编写的计划和全书提纲。他又重拾元史旧业，开设有关选修课程。1962 年为纪念成吉思汗诞辰八百周年，他撰写论文并在呼和浩特讨论会上做学术报告。1967 和 1972 年他应邀参加了点校《元史》的工作，1973 年 4 月抱病住进中华书局上班，于 27 日猝然病逝，享年六十四岁。

(原名《邵循正遗稿剌失德丁〈集史·铁木耳合罕纪〉(译注)附记》，载《蒙古学资料与情报》1983 年第 1 期，后有增改)

拉施特哀丁和他的历史著作
——《史集》俄译本导言[1]

13世纪后半期至14世纪前半期,是中古波斯语历史著作[2]繁荣昌盛的时代,这类著作的一些最杰出的文献都是当时创作的。此时期的波斯语历史作品中,哈马丹人法兹勒乌拉赫·拉施特哀丁的《史集》(札米—阿特—塔瓦力赫,《Джами-ат-таварих》)[3]就其意图和成就而言,均为同类著作中所仅见。尽管这部著作,作为一种史料,对于

---

1 作者:〔苏联〕彼得鲁舍夫斯基。周建奇、周清澍合译自《史集》俄译本第1卷第1分册(Рашид-ад-дин, Сборник Летописей, Том I, Книга 1),7~38页。苏联科学院出版,莫斯科—列宁格勒,1952年。
2 我们此处所指,并非中古晚期(11世纪以后)中西亚各国(小亚、阿塞拜疆、中亚诸国、阿富汗、印度各伊斯兰国家)所创造的全部庞多的波斯语历史著作。在上列诸国中,近代波斯语(法儿思语)为统治阶级所用的一种文语,但使用这种语言的作品是在各地方文化发展中创造出来的。因而谈不上有统一的波斯语历史学,所以我们此处所谈的实质上只是伊朗的历史著作。
3 《纪年汇编》是我国历史著作中对该书通用的译名。译为《史集》,则更为正确,因为拉施特哀丁的这部书,较之其以前已有的传统纪年著作体裁,乃一重大进步。

伊朗、阿塞拜疆、中亚各国、蒙古的历史,以及其他国家民族一部分历史的重大意义早已为学者们所公认。然而迄今为止,我们既没有经过科学校勘的《史集》的完善波斯文本,又没有全文的翻译和注释,也没有全面地对拉施特哀丁的这部著作在古文献学和历史语言学方面做过概括性的研究。

百余年来,在俄国和国外,对拉施特哀丁的这部巨著都只进行了个别部分的刊布工作:1836年的法国人卡特麦尔本(《旭烈兀汗史》,波斯原文,法文译文,详尽的语言学和专门名词的注释,和一篇作为导言的拉施特哀丁生平概述),[1] 1858—1888年的俄国东方学家贝列津本(《蒙古史》和《成吉思汗史》,波斯原文,俄文译文和注释),[2] 1911年的法国人布洛舍本(《在蒙古和中国的成吉思汗继承者之历史》,波斯原文及注释,现已甚为陈旧)。[3] 早在1905年,英国的东方学者布朗就已宣布他打算刊行《史集》的一种全文本,不仅包括此书的第一部(《〔敕修〕合赞汗史》),而且包括连摘要也从未发表过,并且未为科学研究所注意的《史集》第二部(世界史)。[4]

布朗的这项诺言,一如他所承担的另一项责任[5]——刊布拉施特

---

[1] *Histoire des Mongols de la Perse*, écrite en Persan par Raschid-Eldin, publiée, traduite en français, accompagnée de notes et d'un mémoire sur la vie et les ouvrages de l'auteur par M. Quatremère, t. I, Paris, 1836. 已提议发表的第二卷并未问世。卡特麦尔(M. Quatremère)的刊行本现已成为目录学中的珍本。

[2] 《俄国考古学会东方部著作集》(TBOPAO)第5、7、8、15卷,圣彼得堡,1858、1861、1868、1888年。

[3] *Djami el-tévarikh…Tarikh-i moubarek-i Ghazani*, éditée par E. Blochet, t.II, Conténant l'histoire des l'émpereurs Mongols successeurs de Tchinkiz-Khagan, London, 1911. (Gibb Memorial Series—GMS, vol. XVIII/2)

[4] JRAS, January 1908, pp.17~37; id., *History of Persian Literature under Tartar Dominion* (A. D. 1265—1502) by E. G. Browne, Cambridge, 1920, p.74.

[5] *History of Persian Literature under Tartar Dominion*, p.86.

哀丁书信集(《Мукатабат-и Рашиди》)[1]一样从未实现。这部书信集对于伊朗以及毗邻诸国社会经济史研究者具有极大价值,并且包含着有关拉施特哀丁政治思想及其封建产业的资料。[2]

准备刊印《〔敕修〕合赞汗史》全文本的艰巨而又光荣的任务,首先为苏联的东方学家所完成。综合性波斯原文本和俄译本的准备工作,于1936年,由苏联科学院东方学研究所科学工作人员着手进行,最受重视的当然是《〔敕修〕合赞汗史》从未刊行过的部分(第三卷),其中包括迄于合赞汗和他的改革为止,统治伊朗、阿塞拜疆和毗邻诸国的旭烈兀朝伊利诸汗的历史,以及此汗四十道牌剳的原件抄录或摘要,这些都是13与14世纪之交伊朗和阿塞拜疆社会经济史方面极其珍贵的史料。[3] 第三卷经过汇校的原文抄本和译文早已完竣;但付印之前,在外国已有卡尔·扬的刊印本于1940年问世,它包括《〔敕

---

[1] 此书信集的三个著名抄本之一存于苏联——科学院东方学研究所抄本№B-938(属卢梭藏书),回历1088年(公元1677年)本,纳斯塔利克字体,共七十四个双页,有缺陷(有几页显然还在抄本进行誊录和编页之前即已被撕掉)。不久以前,在印度出版了一个完整的波斯原文校勘本:《拉施特书信集》,罕巴哈都尔·穆罕默德·萨费版,拉合尔,1947年。

[2] 东方学家们并不怀疑此项史料的真实性。不久之前,外国学者列维(Reuben Levy,"The Letters of Raschid-ad-Din Fadl-Allah", *Bulletin of the School of Oriental and African Studies*, University of London, part.1-2, pp.74~78.)发表一种主张,认为拉施特哀丁的书信集是在印度伪造出来的,并不得早于15世纪。我们不承认列维这项论断具有说服力,而且认为这部书信集是真实的,虽然我们推想其中有并不太多的补入文字,但不是15世纪时在印度(列维的这个结论没有事实根据),而是在伊朗,在恢复了拉施特哀丁家族政治权力和拉施特哀丁的名誉之后,很可能是在其子吉雅思哀丁·穆罕默德·拉施特宰相任期内(1327—1336)所添加进去的,关于这个问题,详见彼特鲁舍夫斯基《论拉施特哀丁书信集真实性问题》,《列宁格勒大学通报》,1948年第9期。

[3] 这个波斯原文汇校本,根据七种最老的手抄本或其摄影本(其中最老而且最好的抄本为塔什干本和伊斯坦布尔本)。

修]合赞汗史》的部分原文,亦即从阿八哈汗至合赞汗的这一时期,[1] 其所依据的钞本数量(4种)较苏联东方学研究所人员所完成的汇校本为少。直到1946年,早已准备好的《〔敕修〕合赞汗史》第三卷俄译本才出版。[2] 现在(1951年),苏联科学院东方学研究所已完成了准备刊行这部著作的波斯原文和俄译本的工作。[3]

自从卡特麦尔首次刊行《史集》之一部分,即《〔敕修〕合赞汗史》之一部分原文(此书连同其中的一大篇拉施特哀丁传和评注,在今天都还有价值)以来,百多年已过去了。[4] 然而,百余年来,这样一部重要的史料,一直没有全文刊行过,并且在这期间,除了布洛舍的一部很不成功的《拉施特哀丁蒙古史导论》[5]和已故俄国东方学者 B.B.巴托尔德院士对此书所作的一篇详尽无遗的评论外,[6]既没有出现过对

1　Geschichte des Gazan-hans aus dem Tarih-i mubarek-i Gazani des Rashid-al-din⋯herausgegeben⋯von Karl Jahn(收于 GMS 丛书,New series, vol.VIV, 1940). 又,Rashid-al-din Fadl Allah⋯Geschichte der Khane Abaga bis Gaihatu, Kritische Ausgabe⋯von Karl-Jahn, Prag, 1941.

2　拉施特哀丁《史集》,第3卷,俄文本,译自波斯文,译者 A.K.阿伦德斯,编者 A.A.罗马什凯维奇、E.Э.别尔特勒斯和 A.Ю.雅库博夫斯基,科学院东方学研究所出版,莫斯科—列宁格勒,1946年。

3　波斯原文汇校本第1卷,校勘者:A.A.阿利扎迭、Ю.П.维尔霍夫斯基、E.M.彼谢列娃、O.И.斯米尔诺娃。原文汇校本第2卷,校勘者:A.A.阿利扎迭、Ю.П.维尔霍夫斯基。俄译本第1卷,译者:Л.A.赫塔古诺夫、A.A.谢麦诺夫、O.N.斯米尔诺娃。第1卷,注释编撰者:Б.И.潘克拉托夫、A.A.谢麦诺夫、O.И.斯米尔诺娃。第2卷,注释编撰者:Ю.П.维尔霍夫斯基。A.A.谢麦诺夫和苏联科学院通讯院士 A.Ю.雅库博夫斯基参加了编辑工作。

4　Vie de Raschid-Eldin, Histoire des Mongols de la Perse⋯par M.Quatremère, t.I, Paris, 1836.

5　E. Blochet, *Introduction à l'histoire des Mongols de Raschid-ed-din*, Leyden-London, 1910.

6　《伊斯兰世界》,第1卷,圣彼得堡,56~107页(评 E. Blochet, *Introduction à l'histoire des Mongols de Raschid-ed-din*)。

《史集》古文献学的全面研究，[1] 也没有出现过专题著作。上述巴托尔德院士的那篇书评，在本质上给了布洛舍的书以体无完肤的批判，指出了他的语言学修养之不足，以及由此而产生的很多乃至有时是极其草率的错误。布洛舍整理的刊行本和他的研究性著作，所根据的是巴黎的一种不完善的《史集》抄本，这就使得缺点更为加深了。

巴托尔德对布洛舍的书做了尖刻而又公正批判的那篇评论，虽然仍有很大价值，但这篇书评，也和卡特麦尔所写的拉施特哀丁传记一样，今天已经有些陈旧了，因为无论是卡特麦尔或是巴托尔德，都不知道有拉施特哀丁的书信集（《Мукатабат-и Рашиди》），出版界最早报导此书是在1917年。由此可见，百余年之间，国外和革命前俄国，专门研究《史集》的著述仍然相当贫乏，并且没有对这部卓越的历史文献做出充分的评价。甚至于连已刊行的《史集》部分，更不用提未刊部分了，都只在不大的程度上为研究者们所利用。

这种现象决不能看作是偶然的。它只能部分地以语文方面的困难作为解释。为了校勘拉施特哀丁著作的原文，尤其是为了确定一些专有名词和术语的正确读法，为了研究它的词汇、语言和文体，除了要有波斯语、阿拉伯语的知识外，还必须通晓蒙古语和突厥语。最后，对于各蒙古国家历史的研究者说来，除了需用波斯、阿拉伯、蒙古、汉文史料而外，也还需要引用俄罗斯、阿尔明尼亚、格鲁吉亚、叙利亚、拜占庭和西欧各国的史料。简而言之，研究者如非通晓多种语言之人，就难免要感到自己能力有限。例如巴托尔德就已经指出过在多种多

---

1 各种抄本介绍，参看 B.B.罗真院士的著作（*Collections Scientifiques de l'Institut des Langues Orientales du Ministère des Affaires Langues Étrangères*, III, Manuscrits Persans, SPb., 1886）。并请参看介绍各种抄本之书目：Storey, *Persian Literature*, section II, facs.1. London, 1935；A.A.罗马什凯维奇给《史集》第3卷俄译本所写的序言，9~13页。

样原文引语掩盖下的布洛舍语文修养之不足:"在布洛舍的著作中,书中连篇累牍,都是形形色色的学术引文;又是拉丁字母,又是俄文字母,又是阿拉伯文字母,又是汉文方块字和蒙古字母文字。"[1] 但问题远不止此而已。西欧资产阶级历史家,在不同的程度上,已习惯于以轻蔑的态度对待"落后的东方"。他们的观点大致可以归结为:"东方民族从未有过欧洲人所谓的历史,因此,欧洲历史学者所制定的历史研究方法,不适用于东方的历史。"[2] 西欧资产阶级史学中,对此观点有所修正之处,也不过在于承认上古、希腊化时代,也许还有中古早期(哈里发帝国时代)这些时代近东的高度文化水平而已。但在中古晚期和近代东方各国的历史中,受到阶级局限的帝国主义国家历史学者的思想和从前一样,除了一片文化逐渐衰退的景象外,再也不愿更有所见,并且认定单调和亘古不变的陈腐习气,是这些国家社会制度固有的特点。对中古晚期历史研究的轻蔑态度也可由此得到说明。

正因为如此,在19世纪30年代,亦即资产阶级史学犹处于上升时期,卡特麦尔为他所刊行的《史集》部分原文写下了至今仍未丧失学术价值的珍贵注释遗留给我们之后,在西方历史学家中就再也没有找到后继者。到了帝国主义时代,民族主义、种族主义和其他反动思想占统治地位的时代,这种后继者就更无法找到,这个时代资产阶级史学的大多数代表人物,或多或少都秉承了这些思想。就我们感兴趣的问题领域而言,从现代德国伊朗学家什普勒的一部著作中就可以看出国外东方史学的没落,[3] 它甚至远不如百余年前出现的多桑

---

[1] B.B.巴托尔德,前引书评,《伊斯兰世界》,第1卷,62页。
[2] 关于此点,参看B.B.巴托尔德《欧洲和俄国的东方学史》,圣彼得堡,1911年,23页。
[3] Spuler, *Mongolengeschichte Irans*, 1936.

关于蒙古史的著作;[1] 在什普勒的这一部以及其他著作中,研究史料的技巧,无论如何也比不上卡特麦尔的研究方法,并且掺杂着对所研究之时代历史的种族主义捏造。

帝国主义时代资产阶级史学退化的显著标志是,多桑的著作无可比拟地高出于后来霍渥尔斯[2]、列昂·卡恩[3]等人充满种族主义,备受泛突厥主义者称赞的蒙古史著作,而且更具有学术良心;泛突厥主义者竭力美化突厥和蒙古游牧人的国家,尤其是成吉思汗的帝国,硬说游牧人具有神话般的"种族新血液""治国雄才"之类,重复着卡恩的"见解"。

俄国革命前的东方史学,虽然 B.P.罗真、B.B.巴托尔德等学者的著作在个别部门取得了重大成就,并且一般达到高度研究水平,但是仍然不能克服资产阶级历史学思想所固有的局限性、形式主义和方法论上的弱点。以最先进的马克思列宁主义的科学方法论武装起来的苏联东方学者,不仅能够完成《史集》全部原文的校勘、刊行和翻译的任务,同时也能完成对这部无与伦比的史料进行全面研究的任务。

作为蒙古伊利汗国旭烈兀朝官方史家的拉施特哀丁,很难与作为政治家出仕伊利汗的拉施特哀丁分别开来,这种分别,纯粹是人为的;因为无论在《史集》或拉施特哀丁的书信集中,都贯穿着渗透于合赞汗全部改革的那种政治倾向。因此,只有与当时居于统治地位的政治思想联系起来,才能充分明了《史集》作者的历史观点。

1　C. d'Ohsson, *Histoire des Mongols depuis Tchinguiz-Khan jusqu' à Timour-bey*, tt.I-IV, La Haye,1834—1835.
2　Howorth, *History of the Mongols*, vol.I-IV, London,1876—1888.
3　Léon Cahun, *Introduction à l' Histoire de l' Asie*;*Turcs et Mongols*,*des Origines à* 1405, Paris,1896.

伊朗以及列入旭烈兀朝(1256—1353)版图之毗邻各国(美索波达米亚、阿塞拜疆、阿尔明尼亚)历史上的13至14世纪时期,直到不久以前,虽然有B.B.巴托尔德院士和革命前其他作者们内容丰富的一些著作,仍然很少被研究过。根据斯大林所下的深刻定义,旭烈兀朝国家,也是那种"奴隶时代和中世纪时代的帝国"之一,"不曾有自己的经济基础,而是暂时的不巩固的军事行政的联合";[1] 它"是偶然凑合起来的,内部缺少联系的集团的混合物,其分合是依某一征服者的胜败为转移的"。[2]

曾经一度列入蒙古国家版图之今日苏联东方(南高加索、中亚)各国中,直到20世纪初以前,都还有(带着宗法结构的)封建主义存在,这首先在科学中为斯大林精确地肯定下来,[3] 而且这一结论,对于上述国家历史的科学研究工作有着巨大的指导意义。这个结论完全可以推广到中古时代的伊朗。苏联东方史学家的著作,在研究13至14世纪时期中近东各国社会经济史和政治史方面做出了很多新贡献,如:探讨这些国家封建主义发展的一般问题,研究这些国家的军事采邑制度,农民的贡赋,城市的内部结构,阶级斗争的形式,建立这些国家历史的科学分期,等等。

在13世纪,一定程度上,也包括稍晚一些的时期在内,从旭烈兀兀鲁思和察合台兀鲁思的蒙古征服者上层中可以看出有两种如B.B.巴托尔德院士已经指出过的基本倾向;不过他是从非常一般的特征

---

[1] 斯大林《马克思主义与语言学问题》,人民出版社,1953年,9页。
[2] 斯大林《马克思主义和民族问题》,《斯大林全集》第2卷,人民出版社,1953年,292页。
[3] 参看斯大林著作《戴着社会主义假面具的南高加索反革命分子》,全集第4卷,人民出版社,1956年;《党在民族问题方面的当前任务》,全集第5卷,人民出版社,1957年;以及《马克思主义与民族殖民地问题》文集,俄文版,1937年,78、80页。

着眼,并且只是片面地从风俗文化倾向的斗争背景上去理解的。[1] 巴托尔德并不明了这些倾向的社会性质。苏联的东方史学者 A.Ю.雅库博夫斯基,在阐明察合台兀鲁思(中亚)中这两种倾向的斗争方面,向前迈进了一大步。[2] С.П.托尔斯托夫也在这个问题上做出过一些有趣的结论。[3]

大部分蒙古和部分突厥军事游牧贵族支持第一种倾向。这些半封建半家长制度下的蒙古旧习和游牧传统的崇拜者,用 С.П.托尔斯托夫恰当的话来说,这个"草原封建部落的贵族阶级,亦即最落后的经济政治关系形态的体现者"之成员们,[4] 他们敌视定居生活、农业和城市,拥护无限制地残酷剥削定居农民和城市下层。他们将自己看作是在敌国中的一座军营,对于屈服和不屈服的定居民族不太区别:无论是谁,这些征服者们都要劫掠,只不过方式不同而已,对屈服者施以重税压榨,对不屈服者以军事掠夺。这种政策的拥护者并不介意定居农民阶级是否终于会被毁灭,他们对于保存农民阶级没有兴趣。这条路线最鲜明地表现于中国北部被征服之时,当时游牧贵族曾要求成吉思汗下令杀尽定居人民,变土地为牧场以供游牧(但他未敢采取这种极端措施)。[5] 在谢米列契(七河)地方,根据巴托尔德的考证,

---

1　B.B.巴托尔德《突厥斯坦史》,39~41 页;《突厥斯坦文化生活史》,89~92 页。
2　А.Ю.雅库博夫斯基《试略论帖木儿》,《历史问题》,1946 年第 8—9 期,48~52 页;同作者:《中亚封建社会》(乌兹别克、塔吉克、土库曼苏维埃社会主义共和国历史资料),第 1 卷,52、53 页。
3　С.П.托尔斯托夫《古代花剌子模》,莫斯科—列宁格勒,1948 年,344、345 页;同作者:《古代花剌子模文化遗迹》,莫斯科—列宁格勒,1948 年,290 页及其后。
4　С.П.托尔斯托夫《古代花剌子模文化遗迹》,319 页。
5　《成吉思家族最初四汗史》,教长雅金夫·俾丘林俄译本,圣彼得堡,1829 年,153 页。(《元史》卷一四六《耶律楚材传》:近臣别迭等言:"汉人无补于国,可悉空其人以为牧地。"——译者注)

大批蒙古和突厥游牧人的迁入，实际上已使得这块地方的城市生活与定居农业村落在13世纪中几乎完全消失。[1] 在旭烈兀兀鲁思中，蒙古军事游牧贵族要求肆无忌惮，无情掠夺定居农民的这种倾向，在一篇言论中有着很好的描述，有几种波斯文史料将这篇言论归之于合赞汗名下。在这篇言论中，第一种倾向，受到了从第二种倾向代表人物立场上发出的谴责。对于这篇言论，我们后面再作详论。成吉思汗本人以及他后裔之中的大汗贵由和兀鲁思汗察合台，都是第一种倾向的代表人物。旭烈兀朝最初的几位伊利汗（帖古迭儿·阿合马除外）尽管政策摇摆不定，基本上是倒在第一种倾向这面，虽然并不首尾一贯，而且形式上也较为温和。

第二种倾向的目标是要建立一个强大汗权统治下的巩固的中央集权国家，因此，就要抑制蒙古和突厥的封建化军事游牧贵族的离心倾向。为了达到这个目标，显然需要汗政权与被征服国家的封建上层相接近，需要保护城市生活、商人和贸易，需要恢复被蒙古入侵所破坏的生产力，尤其是被征服国家的农业，并且需要固定农民和市民的赋税徭役。[2] 因为生产力不恢复到足以保证中央（汗）政府的府库有正规税入的水平，即使在个别的兀鲁思中，也不可能存在强有力的汗政权。

上述的第二种倾向，依靠一群为数不多，与汗室家族有紧密联系，供职于汗廷和汗室家族专有领地（因住，инджу）上的大游牧贵族，而主要还是依靠于一部分仕奉于汗的波斯、塔吉克、阿塞拜疆的文职官员，和一部分伊斯兰教教会人员。这种倾向所依靠的被征服国家

1　B.B.巴托尔德《谢米列契史概要》，第2版，伏龙芝市，1941年，58~60页。
2　这种倾向反映在试图限制农民和市民徭役及赋税数目的大汗蒙哥合罕的一道著名法令中。参看《拉施特哀丁书》，布洛舍编，波斯原文本，308~314页。

内封建主阶级中那些集团,他们关心旭烈兀兀鲁思和察合台兀鲁思境内的中央集权政策,中央国家机构和国家财政的保持和增强;这种倾向,也依靠于大部分商人阶级。第一种倾向的拥护者,上面已经谈过,包括大部分蒙古突厥军事游牧贵族,离心倾向和封建割据倾向的体现者。依附于他们的,有波斯及其他地方行政官员中极端自私自利、毫无原则的代表人物,以及从这些官吏,当地外省的(定居)封建主和享有特权的斡脱商人中出身的国税承包人,他们见到在第一种倾向拥护者所支持的普遍掠夺定居纳税居民剌亦牙惕(即农民和城市中的下层人民)的这种制度下,个人可以大发横财。这两种倾向之间暗中进行着斗争。据尤兹札尼的记载,成吉思汗的长子尤赤曾经责备过他父亲大肆屠戮和蹂躏被征服国家的这种政策。[1] 蒙古军事游牧贵族反对恢复被破坏的城市,反对向定居人口,特别是在窝阔台合罕时期,反对向塔吉克人做任何让步。[2] 窝阔台合罕(1227—1242)和蒙哥合罕(1251—1259),这两位大汗都是第二种倾向的拥护者。

第二种倾向先在合赞汗时的旭烈兀国家中,接着又在怯伯汗时的(1318—1326)察合台国家中占了上风。但这并不是最后的胜利,封建主阶级内部这两种倾向和两个集团之间的斗争还继续到以后的14和15世纪,也就是说,直到伊朗和中亚的蒙古人国家已经崩溃之后,因为代之而起的国家,是由军事游牧贵族所领导的,并且承继了成吉思族国家的政治传统。后来,上述两种倾向发生了演变,此演变经过,我们在这里将不去谈它,因为它已越出我们所考察的时期范围。

---

[1] Джузджани, Табакат-и Насири, Nassau Lees 编,波斯原文本,379 页。
[2] Исфизари, Раузат ал-дженнат. 乌兹别克苏维埃社会主义共和国东方抄本研究所(塔什干)抄本№787,叶 220a 至 221。Сейф ал-Хереви, Тарихнамэ-и херат,波斯原文版,加尔各答,1944 年,94~109 页。

上述两种倾向之间斗争的结果，绝不是像巴托尔德所想象那样，成为无法解决的疑案：蒙古人会继续游牧呢，或是过渡到定居呢。有时候，并未放弃游牧生活方式的军事贵族的代表人物，也归附到了第二种政治倾向之下。两种倾向之间争论的实质乃在于剥削定居农民的方法问题（此点在前面已谈过），以及连带而来的如何对待被征服国家封建主上层，如何对待他们的政治文化传统的态度问题。

我们所指的两种倾向的斗争，同时也是两大封建主集团在上述的兀鲁思中争夺权力和领导地位的斗争。[1] 在 14 世纪初以前，有时是在宗教思想意识的外衣掩盖下进行的。成吉思汗以及最初几个大汗时代的蒙古人，基本上（除少数聂斯托里派基督徒和佛教徒外）都是原始的多神教的珊蛮教徒，所处的文化阶段，尚不知宗教的排他性为何物，但这种状况不会继续太久。正在逐渐封建化的蒙古游牧贵族难免要接受封建社会的某种宗教。第一种政治倾向拥护者对定居穆斯林居民的仇视，演发而为对伊斯兰教，对穆斯林法、"穆斯林"国家制度和文化的仇视。这种对伊斯兰教的仇视，特别明显地表现在察合台和贵由等汗的活动上。[2] 然而，第一种倾向的拥护者却自愿接受了半游牧的畏吾儿人的文化，以及流行于他们之中的佛教和聂斯托里派基督教；其实，还在 11 世纪之初，景教即已在蒙古族的克烈部中生了根。在旭烈兀朝时，一部分克烈人移居到了南阿塞拜疆。还在 14 世纪初期，他们的王公，例如亦邻真，已经成了反对伊斯兰教的

---

[1] 参看 С.П.托尔斯托夫关于十四世纪中亚封建主阶级两个类似集团的结论（С.П.托尔斯托夫《古代花剌子模文化遗迹》，莫斯科—列宁格勒，1948，318、319 页）。
[2] 可参看尤兹扎尼书，Nassau Lees 编，波斯原文版，397~405 页。

基督教热诚卫士。[1] 佛教和基督教,两者内容如此不同,但都适应了蒙古和畏吾儿人的文化风俗环境。

在最初几位伊利汗时期,尽管在对内政策上,特别是在赋税政策方面有些摇摆不定,第一条政治路线,亦即蒙古游牧古风拥护者的路线,仍然占有优势。这种优势,也在最初几个伊利汗——旭烈兀汗(1256—1265)和阿八哈汗(1265—1282)保护佛教,尤其是基督教的这件思想意识外衣下透露出来。[2] 经过伊利汗帖古迭儿·阿合马时期(1282—1284)伊斯兰教与第二种政治倾向的短暂统治之后,阿鲁浑汗时候(1284—1291),采取反穆斯林运动形式的第一种倾向又大获全胜。阿鲁浑汗对佛教徒、基督徒和犹太人都同时加以保护。阿鲁浑汗通过自己的首席丞相犹太商人撒都倒剌,制定了一个消灭穆斯林影响,亦即伊朗和突厥文职官员影响的计划。[3] 伊斯兰官僚阶级察觉到自己的势力和影响受到威胁,竭力煽动起城市伊斯兰居民的宗教狂热以反对撒都倒剌,说他制定了一个远征麦加的侵略计划,目的是要把天房(Ka'бy)变成"偶象崇拜的庙堂"。在惊恐万状的穆斯林市民脑海里,出现了一幕犹太人、基督徒和"偶象崇拜者"(佛教徒)的大阴谋,似乎伊斯兰宗教的存在都已受到威胁。[4] 撒都倒剌显然无力与强大的伊斯兰官僚阶级进行斗争,何况他的财政改革方案又触

---

[1] *Histoire de Mar-Jabalaha III*, traduite du Syriaque par J. B. Chabot, Paris, 1895, pp.148, 178, 179.
[2] 参看阿尔明尼亚历史家所记之详情:《马加基亚僧正书》,К.П.帕特卡诺夫译本,33~40页;《大瓦尔丹书》,К.П.帕特卡诺夫译本,17~22页。
[3] 《瓦撒夫书》,孟买石印版,波斯原文本,238~243页。
[4] 基督教(阿尔明尼亚的,也许还有格鲁吉亚的)封建主支持撒都倒剌之事,可以根据斯帖潘诺斯·奥尔别利安对他的好评加以判断(《修尼亚史》,M.布罗斯法文译本,圣彼得堡,1864年,259页)。译者 M.布罗斯院士将"Джхут"("犹太人")理解成了专有名词。

犯了蒙古军事贵族的利益。撒都倒剌的垮台,在一些城市里引起了一场伊斯兰官吏和宗教贵族所策划的屠杀犹太人的浪潮(1291)。[1] 后来,伊斯兰教在合赞汗治下获得最后胜利之时,又引起了两次屠杀基督徒和犹太人的新浪潮(1295 和 1297),[2] 佛教则被认为非法。[3]

13 世纪 80 至 90 年代,伊利汗国经历了一次大规模的经济危机,拉施特哀丁曾颇为生动细致地描绘了这次危机的全貌。[4] 蒙古入侵时期(1220—1258)进行破坏的后果,人口(换言之即纳税人)的普遍锐减、耕地面积的缩小,在有些地方达到十分之九。[5] 游牧部落的抢劫,尤其是伊利汗政府的征税制度,再加上曾经带来过丰富战利品的对外侵略的停止(在叙利亚与埃及王的战争以及在高加索与尤赤系各金帐汗的斗争均失败),所有这些因素加在一起,使得 80 年代中央国家机关的收入急剧降低了。中央国家机关收入的降低,又刺激了 13 世纪中对农民封建剥削的大肆增加,在 80 年代,格外加强了对农民的封建剥削。农民已处于赤贫的境地,他们的处境已不可忍耐,农业区到处是农民起义的队伍。[6]

从这场严重经济危机中寻找出路的要求,促使合赞汗(1295—1304)去接近伊斯兰教的(伊朗和阿塞拜疆的)官教两界贵族,定伊斯兰教为国教,实行一系列大致相当于我们所称之为第二条政治路线

---

1 《瓦撒夫书》,前引版本,274 页及其后文。
2 《马尔亚巴拉赫三世史》,前引沙博译本,106~114、119~121 页;斯帖潘诺斯·奥尔别利安书,前引布罗斯译本,260~263 页。
3 《史集》,伊斯坦布尔抄本,551、553 页;A.K.阿伦德斯俄译本第 3 卷,163、165 页。
4 《史集》,伊斯坦布尔抄本,621~628、673~678 页;A.K.阿伦德斯俄译本第 3 卷,247~256、308、309 页。并请参看 A.A.阿利扎迭《试论十三至十四世纪阿塞拜疆封建关系史》,《阿塞拜疆历史论文集》(第 1 分册),巴库,1949 年。
5 《史集》,伊斯坦布尔抄本,673 页;A.K.阿伦德斯俄译本第 3 卷,309 页。
6 同上,639、644 页;A.K.阿伦德斯俄译本第 3 卷,268、270 页。

的改革。拉施特哀丁之被邀请出任副丞相,亦与此有关;他实际上成了主要大臣,合赞汗改革的发起人和鼓吹者。这些改革——废止包税,废止凭向地方钱粮司签发增加农民额外负担的拨款单支付国家现金税的制度,[1] 废止文武官吏住宿民(剌亦牙惕)家。[2] 农民税赋负担的某些减轻,使用硬银币的正常货币流通之恢复,——使部分灌溉系统得以重建,农村经济有了一定的提高(但远未达到蒙古入侵之前的水平)。这种复兴的景象,不仅有拉施特哀丁的证明,他作为合赞汗改革的推行人,可能有所偏向;但也还有另外的史料——哈姆杜耳拉赫·卡兹维尼,[3] 哈菲兹伊·阿勃鲁,[4] 穆罕默德·伊本·欣杜沙赫·纳赫切瓦尼[5] 的地理著作以及其他一些史料[6] 可以证明。合赞汗的改革是以严格规定租税数量这个原则为其基础的,是为封建主的利益,而不是为农民的利益而进行的。但是,较之于旧制度下肆无忌惮的掠夺来说,新制度对于农民的危害毕竟要小一些。

如上所述,合赞汗的改革,将拉施特哀丁推上了国家的领导职位,给了这位历史家以展示自己政治抱负的机会。关于他在 1298 年

---

[1] 《史集》,伊斯坦布尔抄本,626、623 页;阿伦德斯译本第 3 卷,249~251 页。

[2] 同上,681、677 页;阿伦德斯译本第 3 卷,312~314 页。

[3] 《努兹哈特·阿耳库布卢勃》,吉布丛书版,波斯原文本,各页;特别参看所记下列诸地之农业地区:亦思法杭(50、51 页)、可疾云(59 页)、哈马丹(71、72 页)、帖卜利司(79、80 页),以及忽希斯坦(109~112 页)和呼罗珊(147~159 页)两州。

[4] 《哈菲兹伊·阿勃鲁》,乌兹别克苏维埃社会主义共和国科学院东方抄本研究所(塔什干)抄本,No5361(波斯文),叶 222b 至 251a(记呼罗珊),叶 125b(记法儿思)。

[5] 《达斯士尔·阿耳卡提布》,苏联科学院东方学研究所抄本,无 No,原属蒂森豪森藏书(维也纳抄本照相复制 F-185),叶 34a 至 35a。

[6] 《马尔亚巴拉赫三世史》(前引译本,145 页)书中说,合赞汗之死,使全体臣民,无分宗教信仰,均深感哀痛。并请参看《马哈辛伊·亦思法杭》,波斯原文本,德黑兰版,回历 1328 年(公元 1949 年),47、49、50、55、64、65 页。关于合赞汗的改革,参看前引阿利扎迭之论文。

被任命为丞相以前的经历,我们知道得极少。就我们所知,拉施特哀丁·法兹勒乌拉赫·伊本·阿布勒海尔·阿利·哈马达尼,于1247年诞生于哈马丹城,并且出身于一个不著名的学者家庭。传统的意见认为拉施特哀丁出身于犹太,这个意见受到卡特麦尔的反对,但为巴托尔德[1]和布洛舍[2]所接受,它所根据的全是拉施特哀丁敌人阵营中的说法。撒都倒刺垮台以后,指控为出身犹太,几乎已成为打倒乃至葬送一个政治活动家的有效手段。因此,拉施特哀丁的出身问题,仍然不够清楚。从拉施特哀丁的书信集中可以看出,[3]我们的这位历史家曾经是,或者曾经表示过自己是热诚的沙斐派的逊尼教徒穆斯林。出仕蒙古汗的高级伊斯兰教官员通常多半采取这种立场,因为沙斐派的伊斯兰教是当地文职官僚阶级思想意识的统治形态。所以拉施特哀丁表示自己是这种思想意识的信徒,不是偶然的。这是发自本人的信仰,抑或别有政治打算,其实并不重要。应当注意的是,拉施特哀丁所代表的这条政治路线,无论在他之前,或在他之后,都是与当地官教两界贵族阶级的利益联系在一起的,自然也是与其伊斯兰教思想意识外衣联系在一起的。

《史集》中含含糊糊地谈到,从回历654年(公元1256年)以后,拉施特哀丁的祖父、父亲,以及他自己,不断出仕蒙古伊利汗。[4] 因此,拉施特哀丁大概经历过一条漫长的仕途,很可能还是在财政部门,但是,如同对于当时的许多其他文职官员一样,这并不妨碍他做一个

---

[1] 巴托尔德,前引之书评,《伊斯兰世界》,第1卷,78~81页。
[2] 布洛舍,前引书,29~30页。
[3] 《拉施特哀丁书信集》,前引抄本,特别是叶22a至26b(No16,此据布朗的编号,参看《鞑靼统治时期的波斯文学史》,剑桥版,1920年,80~86页);拉合尔版,43~52页。
[4] 《史集》,伊斯坦布尔抄本,452页;阿伦德斯译本第3卷,31页。

学者和御医；否则倒很难想象，他是怎样取得为担任丞相所必需之职务经验的。《史集》中所载合赞汗之前财政部门活动的详细情形，不禁使我们想到拉施特哀丁当时已经供职于这个部门，并且对其活动的细节及内幕方面均知之甚稔。

1912年，拉施特哀丁书信集犹未为学者们所知之时，巴托尔德曾写道："我们从拉施特的著作中还很难找到对以下这个问题的答案：他讲得如此详细的合赞汗在位时期所进行的财政以及其他改革，究竟有多少是由这位历史家亲手做的事情"[1]。现在，我们已经能够见到拉施特哀丁的书信集，我们就可以满有把握地说，合赞汗改革的全盘计划及其执行，都是出自于这位拉施特哀丁之手。的确，在《史集》中，作者将自己和其他文武官员，都描写成不过是那位青年蒙古君主英明策划的被动执行者，这不外乎是官场中的一种奉承，它是渴慕权势、冀图保持自己在伊利汗宫廷中地位和影响的官员所完全不可少的。从拉施特哀丁的书信集中，会使我们相信，正是这位历史家的下述政治思想构成了合赞汗改革的基础：蒙古人的统治必须与波斯人和阿塞拜疆人的封建上层相接近并接受"伊朗"的政治传统，必须复兴为先前的赋税制度所破坏的农业，并为此目的，减轻农民的纳税负担，保护他们免受蒙古突厥军事游牧贵族的迫害，健全财政官吏机构；[2]我们的这位作者写道："必须从殷实富裕之人中挑选'阿米利'（财政官吏），俾使他们不致侵犯剌亦牙惕的财产；[3]阿米利就是支撑国家大帐（黑迈哀达乌列特）的绳钉，如果钉子结实，大帐就能在地上

---

[1] 巴托尔德，前引书评，《伊斯兰世界》，第1卷，86页。
[2] 《拉施特哀丁书信集》，前引抄本，叶49b至50a；拉合尔版本，118页（№22）。
[3] 同上（此注所引之一句波斯原文从略——译者）；拉合尔版本，12、13、17、83、84、114、119页。

支撑住,如果钉子不结实,就支撑不住。"

书信作者认为必须在一定水平上维持主要纳税者农民[1]康宁生活的这种思想,已不禁使我们想起合赞汗指示蒙古军事游牧贵族的那篇言论来:掠夺农民刺亦牙惕是可以的,只要遵守开明中庸之道,不要弄到农民铤而走险。[2] 如果我们承认书信的作者与合赞汗改革的鼓吹者兼执行者是同一个人,那么,这种吻合就是理所当然了。

很可能合赞汗的这篇言论是拉施特哀丁授意于他的,如果不是由他直接编写了归诸其主君的话。形式上略有不同的同一篇言论,被收在14世纪中叶的一部官方文献集《达斯土尔·阿勒卡提布》中,[3]同时,我们在16世纪初的一篇论农业的波斯语匿名论文《伊尔沙德阿兹扎腊阿特》中,[4]也发现了这同一篇言论,形式又稍有变化,而且被归诸合赞汗之弟兼继承人完者都汗名下。

由于《史集》第三卷俄译本已经问世,像拉施特哀丁录载的那篇所谓合赞汗的言论,广大的读者已经能够见到了,因此,我们不在此引录它的原文。但为了表明拉施德哀丁的政治思想究竟比他多活了多久,我们在这里,从那篇犹未刊行过的关于农业的论文《伊尔沙德阿兹扎腊阿特》中,转引一下被归诸完者都汗名下同一篇言论的另一种(较晚的一种)记载:"相传在穆罕默德·胡代本得算端(完者都汗)时

---

[1] 《拉施特哀丁书信集》,前引抄本,7a至7b(№5)、10a(№7)、35a至35b(№21)、48a、50b(№22)页。
[2] 《史集》,伊斯坦布尔抄本,638页;阿伦德斯译本,第3卷,263页;参照合赞汗类似的陈述,伊斯坦布尔抄本581、625页;前引译本,第3卷,213、253页。
[3] 前引抄本,叶34a。
[4] E.M.彼舍烈娃的未刊抄本28页;彼舍烈娃正在进行刊、抄本的准备工作。引用此抄本时,曾得彼舍烈娃的同意。

代,异密(王公)¹和军人(列什克里扬)对剌亦牙惕做得太过分了,以没收(木萨达叨)的方式夺走了他们的财产。有一次,算端对王公们说道:'在此以前,我保护剌亦牙惕,今后我不再对此操心了。如果真是那样,你们就去抢光他们的一切,丝毫也不要给他们留下吧,但有一个条件,你们再也不要来索取草秣(乌卢费)和俸饷(马苏姆)。并且在此之后,如果有人向我提出这种要求,我就要立即惩罚他。'王公和军人们说道:'我们没有草秣(乌卢费)怎么办呢,怎么履行职责呢?'于是,算端表示赞许地说:'秩序,收〔入〕以及我们和你们的全部事业乃至幸福,都来自剌亦牙惕的辛勤劳动、农业和商业。如果我们抢劫了他们(剌亦牙惕),那时,能够去向谁要呢?你们不妨想一想,如果我们拿走了剌亦牙惕的耕牛,吃光了他们的种子和粮食,他们就被迫不得不抛弃〔经营〕农业,他们不再经营农业之后,就不会有收成,那时,你们又怎么办呢?'"²

同样的一种思想,也表现在拉施特哀丁书信集内给他的儿子忽希斯坦地方长官失哈不哀丁的一封信中:"衣食之仓被称为国家的支出库(哈集纳伊·哈尔兹),而国家的收入库(哈集纳伊·达赫勒)〔实质上〕就是剌亦牙惕,因为这座〔收入〕国库,是以他们(剌亦牙惕)的勤俭美德来填满的。如果他们被摧残了,国王就丝毫得不到收入……。据说国君的收入来自军队(即战利品,——彼特鲁舍夫斯基按语),除来自军队外,算端国家别无收入,然而军队之能征集,乃因有税赋(马勒),无税赋即无军队,而税赋又来自剌亦牙惕,除征自剌亦

---

1 即那颜,军事游牧贵族中上层人物。
2 上引抄本,28页。

牙惕外,税赋更无从出。"[1]

拉施特哀丁所推行的合赞汗改革,反映了仇视蒙古军事游牧贵族的当地政教两界贵族的政治思想,其目的是要改善农民的处境,然仅以达到为复兴农村经济、增加国税收入和防止农民起义所必需的程度而止。[2] 正是为了这种目的,拉施特哀丁才在给他儿子,起儿漫地方的长官,王公马赫穆德的信中斥责他将巴木地区的农民压榨得破产,并且命令分发给他们以种子、牛、一千哈尔瓦尔(驴驮)的谷物和一千哈尔瓦尔的枣子。[3]

尽管如此,合赞汗的法律仍然保留并且肯定了13世纪已经存在的农民所受的土地束缚,禁止他们迁移,强迫农民返还原籍。[4] 赋税虽经严格规定并有所减轻,但仍然相当重。根据拉施特哀丁的证明,此时国有土地上的税赋总额仍高于或相当总收成的百分之六十,而剌亦牙惕所得为百分之四十。[5] 拉施特哀丁认为平定农民起义运动是合赞汗的一件特殊功绩。[6]

拉施特哀丁拥护中央集权和强大的汗权,并且依靠当地政教两界贵族的支持,对倾向于封建割据和变汗政权为军事封建寡头统治

---

[1] 《拉施特哀丁书信集》,前引抄本,叶50b,No22(此处之一段波斯原文,从略),拉合尔版本,119页。
[2] 合赞汗的言辞中特地提到此点(参看《史集》,伊斯坦布尔抄本,638页;阿伦德斯译本第3卷,263页)。
[3] 《拉施特哀丁书信集》,前引抄本叶7a至8b(No5),11b至12b(No9),拉合尔版本,12~14页。
[4] 《史集》,伊斯坦布尔抄本,653、656、681页;阿伦德斯译本,第3卷,283~284、312页;《拉施特哀丁书信集》,叶6b(No5)、58b(No27);拉合尔版本,12、146页;参照《达斯土尔·阿勒卡提布》,前引抄本,叶119b、167a、182a至183b、198a至199b、200a、229a、232b至233a。
[5] 《拉施特哀丁书信集》,叶51a(No22);拉合尔版本,121页。
[6] 《史集》,伊斯坦布尔抄本,639~644页;阿伦德斯译本,第3卷,268~270页。

工具的蒙古突厥军事游牧贵族势力进行了斗争。无论是《史集》的叙述或是拉施特哀丁的书信集,都贯穿着这个意图。这种中央集权政策,在封建社会发展的趋势中没有找到坚强的支柱,而且遇到来自蒙古突厥军事游牧贵族方面,以及来自于中央政权机关没有联系的部分各省地方贵族方面的顽强抗拒,因此也就不能贯彻(例如不得不大肆增加分配军事采邑——亦克塔),而且终于难免失败。

与拉施特哀丁的政治路线有连带关系的,还有他对蒙古统治之前"伊朗"国情的偏爱,和他的地方爱国主义(仅就封建社会中的那种爱国主义而言)。在他为蒙古伊利汗所编写的官方史学著作《史集》中,这种倾向只在某些地方有所显露,而且甚为隐蔽。然而,在他的半官方性质的书信中,拉施德哀丁就比较坦率了。他在其中露骨地将"突厥人"(即蒙古人)说成俨如压迫者和暴君。[1] 他经常称旭烈兀朝的国家为"伊朗帝国"(马马利克伊·伊朗)。[2] 他在一封给小亚细亚恺撒里亚地方教会人士的信中,称蒙古伊利汗为"陛下,哈里发之福荫,伊朗之王(霍斯罗弗),诸众王之王国家的继承者"。[3]

拉施特哀丁的社会面貌不会引起疑问。他是封建主阶级集团之一的当地文官阶层代表人物。他与伊斯兰宗教界和教会首脑人士("得尔维什·舍伊赫")有着多方面的紧密联系。[4] 跟许多大封建主

---

[1] 《拉施特哀丁书信集》,叶9b(No7)、19a(No13);拉合尔版本,17、33页。
[2] 同上,叶57b至58a(No26);拉合尔版本,144页。
[3] 同上,叶56a,No26(此处所引波斯原文,从略);拉合尔版本,141页。
[4] 参看,同上,叶4b(No2)、4b至5a(No3)、15b至16b(No11)、16b至19a(No12)、22a至26b(No16)、51b至53b(No23)、53b至55b(No24)等。关于此点,还可参看卡特麦尔书中的拉施德哀丁传(*Histoire des Mongols de la Perse*, t.I, Introduction, pp.CXI-CXII.)

一样，他也与国外的批发商业有联系。[1]

拉施特哀丁不像旭烈兀汗和阿八哈汗的那位曾经显赫一时的丞相苦思丁·穆罕默德·朮外尼那样毫无原则，一味追求势力和财富；他有明确的政治路线。但他谋取庄园和财富的热心也并不比旭烈兀朝伊利汗的其他丞相更差一些。他在担任丞相职务的年代里（1298—1317）所积累的财富也不下于苦思丁·朮外尼。[2] 拉施特哀丁的财富之取得，首先要归因于他曾经一度掌握了旭烈兀国家的全部行政和财务机构。他的十四个儿子中有十个儿子是巴格达、肯涅思林、东部小亚细亚（罗姆）、格鲁吉亚、阿尔答比勒、亦思法杭、法儿思、忽希斯坦、起儿漫和达木干的长官；在某些州里有他的侄子（在拉赫布和哈底斯）和释奴（在巴士拉）当权。拉施特哀丁的财富首先在于他的地产。他的书信中没有开列出他的全部地产，但提到了他在巴士拉、摩苏尔、起儿漫、巴木、帖卜利司、忽希斯坦、小亚细亚等地区用自己的钱购置的地产（木勒基）。[3] 在狄雅倍克地方，拉施特哀丁开凿了一条名为拉施德的河渠，灌溉他在此创设并移去居民的十二个村落；这些村落都以拉施德哀丁儿子之名为名。[4]

在帖卜利司，整个一条"拉施特坊"，或者更确切些说，四分之一座城（鲁勃伊·拉施底）都属于拉施特哀丁个人所有，其中，根据拉施特哀丁给他儿子萨德哀丁的信，共计约有三万户（即达十三万五千居民）、二

1　《拉施特哀丁书信集》，拉合尔版，183~207页，No34（前苏联科学院东方学研究所抄本中无此信）。

2　此点详见 Н.П.彼特鲁舍夫斯基《拉施德哀丁的封建产业》，《历史问题》，No4，1951年，87~104页。

3　《拉施特哀丁书信集》，前引抄本，叶 6b（No5）、8a（No6）、12b（No9）、15a（No10）；拉合尔版本，12、14、21、26页。

4　同上，拉合尔版本，244~246页，No38；苏联科学院东方学研究所抄本中无此文件。

十四家队商旅馆、一千五百家店铺、很多造纸之类的手工作坊、磨坊、果园。[1] 在算端城,也有一条五百户人家的拉施特坊为他所有。

在拉施特哀丁私人的产业内部,也和那个时代其他一些封建主的产业内部一样,对农奴的剥削是和剥削园圃、手工业及商业中奴隶的劳动交织在一起的。[2] 我们知道,在帖卜利司附近,拉施特哀丁重建了五个荒废的村子,每个村子中安置了二十名年轻的男奴和二十名女奴,各出身于下列民族:格鲁吉亚人(谷儿只伊扬)、曲儿忒人(曲儿忒伊扬?)、阿比西尼亚人(哈别山)、黑人(桑给伊扬)和希腊人(鲁米伊扬);托付他们照料他所经营的大园圃。同时,这些希腊奴隶,还是按照拉施特哀丁的要求,由他的儿子,小亚细亚(东部小亚)地方长官哲剌勒哀丁买了送到他这里来的。这些村子都被称以居于其中的奴隶所属族籍之名,谷儿只亚、曲儿忒亚、哈别山、桑给亚和鲁米亚。[3] 在给其释奴巴士拉长官升豁儿·巴味儿乞的信中,拉施特哀丁托他向商人购买阿比西尼亚、曲儿忒、印度或其他族籍的二百个男奴和二百个女奴,送到他这里来。[4] 拉施特哀丁的奴隶中有二百个,大概是从事于商业活动的,每人每年带给他一秃满,即一万第纳尔的收入。[5]

和近东所有的大官员一样,拉施特哀丁仕途的腾达和他本人财

---

1 《拉施特哀丁书信集》,拉合尔版本,315~322页,No51;苏联科学院东方学研究所抄本该信中无此部分;"三万"户这个数字,可能为"三千"之误写。
2 此点参看托尔斯托夫《古代花剌子模文化遗迹》,莫斯科—列宁格勒,1948年,259、260页。
3 《拉施特哀丁书信集》,前引抄本,叶27a;拉合尔版本,53页(No17),阿利扎迭使我注意到此处,著作中不常见的一种〔波斯文〕复数形"曲儿忒伊扬",代替了常用的阿拉伯化形"阿克拉德",引起了对读法正确性的怀疑。
4 同上,前引抄本,叶8a;拉合尔版本,14页(No6)。
5 根据阿布杜勒拉赫·卡沙尼的《完者都汗史》(巴黎抄本);参看布洛舍书的大段插文(波斯原文)(前引书,37页,注;法文译文,44、45页)。

富的增加是相益并进的。[1] 担任蒙古伊利汗宫廷的高级文官职务,不仅艰难而且危险;必须经常不断与各封建主派系的阴谋,与职位竞争者的嫉妒和告密进行斗争,必须运用许多手腕,使自己的敌人无所施其诡计,并保持主君伊利汗对自己的宠信,然而,所有的伊利汗,连贤明而又有文化教养的合赞汗都算在内,他们的性格,都是以脾气暴躁、喜怒不定、变化无常、疑心重重著名的。蒙古伊利汗的所有枢要丞相都死于刑场,只有塔只哀丁·阿利沙赫·吉利亚尼一个人除外,而他之能逃脱这种命运也仅以暴卒,这并不是偶然的。拉施特哀丁本人能够维持十九年首辅职位而不坠,只因为他在与敌人和竞争者的斗争中不惜一切手段。他总是先发制人,排挤甚至干掉竞争者,而不等他们坐大之后打击到他头上来。他就是这样从宫廷中除掉了火者喜别秃勒剌赫;罗织罪名杀害了他的前任丞相撒德儿哀丁·哈利,和他的同事正丞相撒德哀丁·撒味只,当后者正要以阴谋对付他的时候。[2]

最后,拉施特哀丁本人也终于难免成为这种宫廷倾轧的牺牲品,这是很自然的。拉施特哀丁经历了伊利汗国合赞汗与完者都汗两朝,在年幼的阿布撒伊德把阿秃儿汗治下,拉施特哀丁先获得辞职(1317年),接着,因为他曾担任主治御医,治疗过完者都的病,于是被他的敌人控以毒死完者都的罪名,服罪后,于回历718年,祝马达第一月十八日(公元1318年7月18日),连同他的一个儿子一起被处死

---

[1] 读者能在卡特麦尔所撰写的传记看到的拉施特哀丁生平的一些详情,此处不再转录(*Histoire des Mongols de la Perse*, I, Introduction);并请参看前引巴托尔德和布洛舍的著作。

[2] 此事详见前引巴托尔德对布洛舍书的评论(《伊斯兰世界》,第1卷,62~85、101~113页);布洛舍,前引书,8~17页。

(用剑挥为两段);享年七十一岁(回历太阴年七十三岁)。他的财产被没收和掠夺一空,但在1327年王公却班失宠处死之后,他的庄园,包括鲁布伊·拉施底在内,被发还于他的儿子,他的名誉也被恢复了。

拉施特哀丁的悲惨结局并不是一个偶然事件。他的失宠和处死,是由一群联合反对他的无耻官员集团的阴谋所造成的。这个集团的首脑是拉施特哀丁丞相任内的同事塔只哀丁·阿利沙赫·吉里亚尼,他们还把炙手可热的宠臣王公却班,这位蒙古游牧部落速勒都思部的世袭首领,突厥蒙古军事游牧贵族集团中最有势力的领袖也拉了过去。这个强大的封建主阶级集团对拉施特哀丁及其政治路线的仇恨,曾在他的悲剧性结局中起了自己的作用,恐怕是不能怀疑的。

拉施特哀丁是他那个时代中杰出的多方面的学者。不严格划定专业,倾向于无所不知,是中古时代中近东地区学术活动中一种司空见惯的现象。他的主要特长是医学,然医学在那个时代并未与其他自然科学相分离。我们知道,他曾编过一部百科全书式的著作《乞塔布阿勒阿喜牙·瓦勒阿撒尔》。自然科学和数学,连同炼金术和占星术,都深为漠视穆斯林神学和波斯阿拉伯诗篇的最初几位蒙古伊利汗所珍重。一位博学医生和植物学者的令誉,不会无助于提高拉施特哀丁的威信。根据他对炼金术的轻蔑评论看来,显然,我们的这位作家在这个领域内,对于自己时代的先进思想并非格格不入的。[1] 拉施特哀丁还写过一部《古兰经》注释《米福塔赫·阿特塔法喜尔》和另外三部译成阿拉伯语,并以《马只穆阿伊·拉施底伊亚》(《拉施特著

---

[1] 《史集》,伊斯坦布尔抄本,叶478;阿伦德斯译本,第3卷,61页。

作集》）之总名著闻于世的关于沙斐派的神学著作。[1]

但带给拉施特哀丁以真正荣誉的，还是他所经营的这部历史巨著《史集》。这种荣誉完全是应得的。这部著作十分独特的设计和它作为历史资料的巨大价值已经用不着说了，它是中古时代全部波斯散文著作的优秀典范之一。它是用一种漂亮的波斯语言写出来的，大体上朴实无华，而且生动如绘，虽然并非全书各部分都是如此，但绝无瓦撒夫等人那种铺张扬厉的色彩。我们这位作家的同时代人瓦撒夫以及更晚一些的大多数波斯语历史作品的作者们，他们追求一种骈体文式的精雅语言，极尽能事地玩弄譬喻、稀奇古怪的花样、文字游戏、诗谜以及形形色色的语言伎俩，将历史事件和事实的叙述摆到无足轻重的地位。这些作家们的书里，内容服从于文学的形式，在这种华丽的风格中，生动具体的讲述为公式化的描绘所代替，最后变成一种刻板文章。在《史集》中，富有诗意的形象和譬喻运用得很恰当，形式服从于内容，任何一处的行文都无损于具体事实，都没有变成关于战争、君王嘉言懿行等公式化的刻板叙述。虽然《史集》中也常常照抄这部著作所据原始资料的记载，整个说来，《史集》仍然是典雅的近代波斯文语的优秀楷范之一。

已如上述，《史集》在中古波斯语史料中占有一个十分特殊的地位。以往中古时代穆斯林史家中，只有拉施特哀丁一人克服了他们思想上传统的狭隘性。伊斯兰教以前时代从亚当到穆罕默德的世界历史，仅仅被看作伊斯兰教的前史，即伊斯兰教之前的国王和伊斯兰

---

[1] 不久前，苏联科学院东方学研究所科学工作人员 Д.М.穆吉诺夫，在研究所的抄本部中发现了一部署年回历715年（公元1315—1316年）的波斯原文拉施特哀丁文集抄本。该抄本几乎是与著名的巴黎所藏回历710年（公元1310—1311年）的阿拉伯文抄本《马只穆阿》同时。这个抄本的发现，有很大的学术意义。

教之前的先知,穆罕默德的先行者(亚伯拉罕、摩西、耶稣等人)的历史;伊斯兰教纪元后世界的历史则仅仅被看作伊斯兰世界各国的历史,非穆斯林民族的历史被忽略了。[1] 同时,伊斯兰教以前的世界历史,也是完全按照穆斯林的传统来加以解释。在哈里发统治时期,曾经主动地将哲学、逻辑、数学和自然科学方面希腊、叙利亚及其他语言的著作译成阿拉伯语,但无论在当时或以后,都看不到有翻译这些语言历史著作的愿望,更不用说当作史料来加以研究和利用了。拉施特哀丁也打破了穆斯林史学的这个因循守旧传统。

《史集》编写计划的指导思想所根据的是这样一条原则:伊斯兰教各族人民——阿拉伯人、波斯人和突厥人的历史,只不过是注入全世界历史海洋的一条河流;世界史应当是全世界的历史,包括当时已知的各族人民,从极西的"富浪人"(即西欧各族人)到极东的中国人的历史在内。作为史学革新者的拉施特哀丁,也表现于他承认必须研究非穆斯林各族人民的历史,并且要根据他们的史料和按照他们的传统。准此原则,《史集》的计划由两个主要部分组成;其中第一部包括蒙古人以及由蒙古人所建立的各个国家(从成吉思汗帝国分离出来的各个国家)的历史;第二部则为世界史,即包括伊斯兰教以前的世界史(按照伊斯兰教传统)、哈里发时代及其以后直至蒙古入侵前伊斯兰各国(哥疾宁朝、塞尔柱朝、花剌子模沙朝、撒勒古儿朝、阿剌木特的亦思马因朝等各个国家)的历史、非穆斯林各族人民和国家(中国、古犹太人、富浪人、罗后教皇、"罗马"——日耳曼诸帝以及印度)的历史(按其各自的传统)。除此而外,还拟编此书第三部,其中

---

[1] 就个别非伊斯兰国家而言,还可以举出少数例外,例如 11 世纪操阿拉伯语的花剌子模的大学者比鲁尼关于印度的著作,其中有一些历史插话,但就世界史方面著作而言,我们找不出例外。

当包括世界"七大洲"的地志。此部分或者未写成,或者毁于拉施特哀丁 1318 年被处死后其藏书遭受洗劫之时。

编写这样一部历史巨著的计划,以前从来也未有过,也只能出现于 13 至 14 世纪初这个时代。当时,由于十字军的远征、大蒙古帝国的建立、地中海亚细亚水陆贸易的巨大增长(在西南亚,外高加索和伊朗的城市中出现了热那亚和威尼斯的商人和领事以及天主教传道团体),伊利汗与十字军分子以及西欧各国的来往,扩大了伊朗、阿塞拜疆、中亚等地与中国、蒙古、印度、地中海各国乃至于俄罗斯[1]的联系。伊朗,[2] 阿塞拜疆、阿尔明尼亚[3]的封建贵族和官吏研究了蒙古语和畏吾儿语;在伊利汗的宫廷中,有些人除通晓波斯、阿拉伯、阿塞拜疆语外,更兼通汉、藏、印(梵文)、喀什米尔、古犹太、叙利亚、法兰克(古法语)诸种语言。同时宫廷中也有这些民族中的代表人士;在城市商人中也找得到擅长这些语言的人。已经进行过将阿拉伯和波斯文学作品译为畏吾儿语和蒙古语的工作。[4] 除此之外,还有一个因素也应当估计在内:从 11 世纪起,突厥族诸王朝已经鼓励历史著作,只要其中是根据他们的传统来考虑突厥各部历史的。这一切条件,都使得有可能出现类似《史集》这样的著作。但即便是在这些条件之下,也还需要有具有广阔眼界的大学者,不仅敢于在史学领域中提出这样一个革新计划,而且敢于实现它。

---

1 在公元 1225 年之下,提到在帖卜利司有俄罗斯人(商人?)(参看《伊本·阿勒·阿西尔》,托恩贝格本,12 卷,272 页)。14 世纪中叶,俄罗斯麻织品,大概经过花剌子模和金帐汗国商人,传入伊朗(《达斯土尔·阿勒卡提布》,前引抄本,叶 108a 至 109a)。
2 此点参看尤外尼《世界征服者史》,吉布丛书,波斯原文本,第 1 卷,4 页。
3 斯帖潘诺斯·奥尔别利安《修尼亚史》,前引法文译本,228 页。
4 哈穆杜勒拉赫·卡兹维尼《塔里赫伊·哥即代》(《选史》),吉布丛书版,波斯文影印本,844 页。

当然，编纂这么浩瀚的一部著作，不是一人之力所能济事，加之在撰写非伊斯兰国家民族历史之时，拉施特哀丁又希望根据它们本身的史料，而这又无阿拉伯和波斯文译本。拉施特哀丁必须要有通晓各国家各民族历史的助手。于是，他不得不想到成立一个在他领导之下工作的集体。其中，根据诗人苦思哀丁·卡沙尼的记载，首先有拉施特哀丁的两位秘书。[1] 其中一个是著名的历史家阿布杜勒拉赫·卡沙尼，曾写过自己单独的著作(《完者都汗史》)；另外一个大概是阿赫默德·布哈里，关于他的参加编写《史集》，我们是有证据的。[2] 这两个人，很可能是初稿的撰写人，至少是第一部《〔敕修〕合赞汗史》第三卷即旭烈兀朝伊利汗国史的撰写人。但是，正如布洛舍所承认，阿布杜勒拉赫·卡沙尼《完者都史》中的文字与《史集》中文字不相似。[3] 根据这点看来，显然，他们的作品后来是经过拉施特哀丁重加编纂的。

拉施特哀丁亲自撰写第一部的第一卷，即成吉思汗以前突厥蒙古各部落的历史。在此之前，中近东还没有突厥蒙古史的一般性著作，因此，我们这位历史家对待本卷的写作极其谨慎。他利用的文献史料有喀什喀尔人穆罕默德的书、尤外尼的书(《塔里赫伊·哲罕·古赛伊》，即《世界征服者史》，写成于公元 1260 年左右)，保存于伊利汗档案中的一部分《阿勒坛·德卜帖儿》(《金册》)，亦即以蒙古语写的成吉思汗及其祖先和继承者的官方历史。这部历史并不完全与流传迄今的另一部蒙古最初二汗的官方历史即《元朝秘史》相同。这还不够。拉施特哀丁还利用了孛罗丞相，这位来自中国(1286 年)，无比

---

[1] 布洛舍所利用过的一个抄本，前引书，103 页及某后。
[2] 此点请参看巴托尔德，前引书评，《伊斯兰世界》，第 1 卷，91、94 页。
[3] 布洛舍，前引书，154 页；参照巴托尔德，《伊斯兰世界》，第 1 卷，93 页。

通晓蒙古古代风俗和传说的王公暂留于伊朗的这个机会。孛罗丞相为拉施特哀丁补充了文字材料。据苦思哀丁·卡沙尼说，他们二人有如师生，日复一日，连绵相处一起，"祥蔼的王公讲述，好学的丞相将他的话记录下来"。[1] 拉施特哀丁又从在通晓蒙古古风方面被认为仅次于孛罗丞相的合赞汗以及其他蒙古人话语中，记录了很多必需的资料。为整理材料，拉施特哀丁设置了两名"书记"（大概指的是阿布杜勒拉赫·卡沙尼和阿赫默德·布哈里），他们后来都获得优厚的酬劳。

为了搜集材料和编写其他非穆斯林民族的历史，拉施特哀丁还有蒙古人之外的其他助手；中国史方面是两名中国的学者，印度史方面是来自喀什米尔的一位佛僧。正如巴托尔德所指出，《史集》中西欧历史知识的性质表明，法国天主教僧侣曾经对该书这几章做过工作；[2] 这类人在当时伊朗西部的城市中已经有了。

由此可见，《史集》是拉施特哀丁领导之下产生的一部集体著作。他在这方面显然也是一位革新家，类似的集体著作在他之前的伊朗还未曾有过。拉施特哀丁被处死以后，阿布杜勒拉赫·卡沙尼曾声明他对《合赞汗史》有著作权。布洛舍认为这项声明是有充分根据的，以此不承认拉施特哀丁的著作权。[3] 巴托尔德反对布洛舍的这种意见。[4] 我们不必停留在上列两位学者已详加讨论过的这段插曲上，我们认为，承认拉施特哀丁为该书的主要作者和全书的主编比以上二种意见较为恰当些。这种承认，不致缩小拉施特哀丁的功绩；这部

---

[1] 布洛舍，前引书，103 页及其后。
[2] 巴托尔德《欧洲和俄国的东方学史》，第 1 版，圣彼得堡，1911 年，58，59 页。
[3] 布洛舍，前引书，151 页及其后。
[4] 巴托尔德，前引书评，《伊斯兰世界》，第 1 卷，91 页及其后。

著作及其各部分的总思想、计划和结构,以及编校工作,均甚为谨严,无可争辩地属于他。他的助手,我们应当承认为合著者,但只是这部集体著作的次要合著者。没有拉施特哀丁的总领导和编辑,《史集》就不可能作为一部完整著作出现,这也是无可争辩的。拉施特哀丁的编辑工作,不仅显示于给全书各部分以划一的风格这样一种意图上,此点我们已经提到过,同时也显示于《合赞汗史》贯穿着拉施特哀丁的政治思想。除此而外,拉施特哀丁的编辑工作,在其直接撰写者可能为阿布杜勒拉赫·卡沙尼的那一部分中,也可以看得出来,其中许多事件的叙述,根据巴托尔德可靠的推断,"只有洞悉全部国家行政详情的事件参加者",才能够讲得出来。[1]

《史集》的编写工作,是在合赞汗之时,并且是按他在回历七百年(1300—1301)所发的一道敕令开始进行的,这部著作的主要部分《〔敕修〕合赞汗史》曾于回历七〇六年(1307)进呈完者都汗,全书完成于回历七百一十年(1310—1311)。

《史集》各部分的价值并不一致。第一部《〔敕修〕合赞汗史》,关于初期诸汗时的蒙古帝国史和旭烈兀兀鲁思史极为完备丰赡的史料,至今仍有重大意义。专讲突厥蒙古诸部历史和蒙古地方在成吉思汗政权下统一之前他本人历史的几章,其特殊重要性在于汇集了有关中亚游牧部落历史上前封建时期的资料。游牧人的族源关系、社会生活、风尚、习惯法和传说,拉施特哀丁讲述得如此之充分和精确,是我们在有关问题的任何其他史料中都找不到的;蒙古和中国方面的史料亦不例外。类似的突厥蒙古民族史著作,在拉施特哀丁之前还未出现过。拉施德哀丁根据今已失传的《阿勒坛·德卜帖儿》而

---

1 巴托尔德,前引书评,《伊斯兰世界》,第1卷,93页。

作的叙述,有时,对成吉思汗时代事件提出了与《秘史》不同的说法,这是很可珍贵的,它使我们得以校勘《秘史》中的记载。

拉施特哀丁这部历史著作对于突厥蒙古各部族历史的重要性,当代人已有很高的评价。完者都汗见到拉施特哀丁的书后,曾指出,迄今以前,还未有过真正全世界的历史,然而对这种通史性著作的需要又是很大的。这位汗对拉施特哀丁说道:"凡〔蒙古族〕事迹及其〔起源之〕解释,从成吉思汗时代口头流传迄于今日者,均为此〔书〕之目标……。诸如此类,既未为任何他人笔之于书,亦未载入史乘……。较此史书所记更正确、更翔实、更明晰者,〔犹〕未有也。"[1]

拉施特哀丁所著录的乌古思(突厥蛮)部族区分表(24 部族),其说法不是根据流传于今之 11 世纪阿拉伯语作家喀什喀尔人马赫穆德的类似之表(22 部族)。[2] 喀什喀尔人马赫穆德书中 21 部之名称与拉施特哀丁之书相符,只在拼写上微有出入,大概由于各种突厥语的发音特点所致。喀什喀尔人马赫穆德著录的一个部落的名称(札鲁克卢格 Джарукруг),在拉施特哀丁的书中没有,但是,拉施特哀丁所著录的乌古思人三个部落的名称(Яйырлы、Карык 和 Каркын),他们在喀什喀尔人马赫穆德的时代还不存在。除此之外,拉施特哀丁还记载了一些关于突厥其他部族畏吾儿、钦察、康里、哈剌鲁、哈剌赤(哈剌扎赫)和阿格扯里的资料,它们对于苏联的少数民族史颇为重要。拉施特哀丁按照当时流传最广的神话,认为钦察人、哈剌鲁人以及其

---

[1] 参看《史集》,A.A.赫塔古罗夫俄译本,第 1 卷第 1 分册,45、46 页。
[2] 《迪万·卢加特·阿特突克》,伊斯坦布尔版,回历 1335 年(公元 1917 年),第 1 部,56~58 页。巴托尔德曾对喀什喀尔人马赫穆德和拉施特哀丁二人的两份乌古思部族表做过比较分析(《土库曼民族史概要》,《土库曼志》文集,苏联科学院版,列宁格勒,1929年,27 页及其后)。

他的突厥人均发源于二十四个乌古思部,而且将乌古思人神话传说中的祖先乌古思汗的世系上溯至圣经中挪亚之子雅弗。

拉施特哀丁和他的大多数同时代人一样,将亚洲以游牧为生的部族,无论属突厥语系抑蒙古系,统称之为突厥人,而且有些部族,他又时而称为突厥,时而称为蒙古;唐古惕(西夏)人,即东北部的藏人,也被归入了突厥。换句话说,我们这位作者书中的突厥一词,与其说是人种学上的名词,毋宁说是社会习惯上的用语。拉施特哀丁给突厥和蒙古种族做的分类,所遵照的也是中古时代东方通行的世系原则,其根据是部族(更确切些说,部族的领袖、汗和王公)起源于一个共同英雄祖先的无稽传说,他也引录了这些传说。作为官方史学代表人物的拉施特哀丁,也不可能采取另外的原则。但作为一个语文学者,各"突厥"部族在语言上的近似,引起了他的兴趣。因此,他将二十四部乌古思人和被认为起源于乌古思人的突厥人(畏吾儿人、钦察人等)区分为两类,同时,又按世系的标志将蒙古各部落归并为两类:答儿鲁斤("一般蒙古人")和尼伦(其王公起源于传说中的成吉思族始祖阿兰豁阿)。[1] 除此而外,有一些游牧部落,如拉施特哀丁所说,早先未列为蒙古人,但在这位作者的那个时代,已被称为蒙古人了,他将这些部落合并为下列两类,早先曾经有过单独政治生活和独立领袖的一类部落(扎剌亦儿、塔塔儿、斡亦剌惕等部),和当时本身曾领导着国家性质的联合体或部落联盟的一类部落;[2] 后面这一类部落的领袖都是些强有势力的部长(克烈亦惕、乃蛮、哈剌鲁等部)。关于后面这两类部落,拉施特哀丁指出:他们"在外貌和语言方面",近

---

[1] 根据官定蒙古诸汗的世系。
[2] 这是在我们看来拉施特哀丁合并一些部落为此两类的根据;在他的原书中,这两类的划分原则是说得不明显的。

似于蒙古人；¹ 这个意见，对于研究突厥蒙古部族族源问题的学者是很珍贵的。拉施特哀丁关于斡亦剌惕人语言的意见也同样可贵，他说："他们的语言是一种蒙古语，〔但〕与其他蒙古部落的语言略有差异。"（举有例子。）

拉施特哀丁的著作没有阐明迄今学者们犹未解决的一些复杂问题：蒙古人名称的起源问题，塔塔儿人与蒙古人彼此间处于什么关系的问题，² 以及 13 世纪初游牧于蒙古地方的部落中，哪些是说蒙古语的部落，哪些是说突厥语的部落的问题。³ 但是，拉施特哀丁书中的大量资料，与汉文及其他文献的记载相参照比较，提供了解决这些问题的材料。拉施特哀丁及当时其他作者书中的一些含混不清的用语，被外国的种族主义伪学者利用来建立一套大国主义的泛突厥主义"理论"。对拉施特哀丁的记载认真地进行科学分析，将会得出相反的结论。可以有更大的把握对塔塔儿、克烈亦惕、乃蛮、扎剌亦儿、速勒都思、巴鲁剌思、蔑儿乞惕、斡亦剌惕这些部下一断言，在 13 世纪时，他们说的是蒙古语而非突厥语，拉施特哀丁书中关于蒙古部落的

---

1 但是，这个意见应当谨慎对待，无论如何，它不适用于唐古惕人，唐古惕人的语言乃属于藏缅语系。
2 关于此问题，请参看 В.П. 瓦西里耶夫《中亚东部的历史与古迹》，TBOPAO，第 4 卷，圣彼得堡，1857 年；帕拉迪教长（卡法罗夫）《蒙古人关于成吉思汗的古老传说》，《北京俄国传道团员著作集》，第 4 卷，圣彼得堡，1866 年；Г.Е. 格鲁姆格尔日迈洛《西蒙古和乌梁海地区》，第 2 卷，列宁格勒，1926 年；А.Ю. 雅库博夫斯基《十一至十三世纪的蒙古》。〔在苏联科学院集体编写的《蒙古史》一书中（准备付印）〕亦请参看 Schott, *Älteste Nachrichten von Mongolen und Tataren*, 1846.
3 此问题请参看 Н.А. 阿里斯托夫《略论突厥部落和部族的人种成分问题》，"生动的古代"，第 3 至 4 分册，圣彼得堡，1896 年，303 页及其后（并请参看其中参考书目）；巴托尔德《蒙古入侵时代的突厥斯坦》，第 2 部分，圣彼得堡，1900 年，61 页及其后；帕拉迪教长（卡法罗夫）《马可波罗行记注释》，《俄国地理学会通报》，第 28 卷第 1 分册，1902 年，各页；Б.Я. 符拉基米尔佐夫《蒙古社会制度》，列宁格勒，1934 年，2、3 页。

社会制度，它们的风尚（关于帐幕、衣饰、食物、风俗的记载），他们的信仰，关于各部落政治历史的资料，特别重要。拉施特哀丁的记载，不容有对游牧人的氏族生活，例如像某些土耳其资产阶级泛突厥主义者"历史家"所心向往之那样，加以理想化。根据拉施特哀丁的记载，显然如符拉基米尔佐夫所指出：11 至 13 世纪初的蒙古氏族部落社会，已经远离了原始氏族生活状态，氏族和部落均已解体分化了。[1]

拉施特哀丁书中也记载有随其王公一同移居旭烈兀兀鲁思的蒙古部落各分支（斡亦剌惕、速勒都思、巴牙兀惕、扎剌亦儿、克烈亦惕、别客里惕等部）。这些资料使学者们可以得出有大量蒙古人移居伊朗及其邻近国家的结论，而且这一点，旁的作家也提到过。[2] 我们知道，在阿富汗的领土上形成了一大片蒙古人（赫扎列人）居住的地带，在 19 世纪，他们都还部分地保留着自己的语言；[3] 在凯塔格（西部达格斯坦）也有另一片蒙古语居民地带，在 17 世纪都还保存着。[4] 因此，应当有保留地对待，巴托尔德曾不止一次地表示的那种见解：[5] "蒙古的侵略不像日耳曼人侵入罗马人的地区那样与民族迁徙结合在一起。"[6] 巴托尔德根据的是拉施特哀丁所举的一件事，成吉思汗在总数十二万九千个蒙古战士中，遗留给其幼子拖雷汗（在蒙古本土）

1　符拉基米尔佐夫，前引书，59~70 页。
2　哈木杜勒拉赫·卡兹维尼《努兹哈特·阿勒·库卢布》，前引版本，波斯文，64（关于谢扎思和苏赫拉味尔德两地区）、66（关于被称之为"莫卧里伊亚"的卡加兹库楠地区）、83（关于达拉味尔德地区）、85（关于霍伊地区）页。
3　参看 K.里特尔《伊朗》，H.B.哈内科夫增补俄译本，圣彼得堡，1874 年，227~235、260~312 页；J. F. Ramstedt, "Mogholica, Beiträge zur Kenntnis der Moghol-Sprache in Afghanistan", Journal de la Société Finno-Ougr., XXIII, 4.
4　欧利伊亚·切列比《西伊亚赫特纳美》，伊斯坦布尔版，第 2 卷，291 页及其后；关于拜布尔特区的"哲特"蒙古人，参看《拉施德哀丁书信集》№46，拉合尔版，273 页及其后。
5　最后一次是在 1927 年（参看下注）。
6　巴托尔德《突厥斯坦文化生活史》，列宁格勒，1927 年，86 页。

十万零一千人,而西方两个兀鲁思之汗,年长的儿子尤赤与察合台,每人总共各得四千人。[1] 但这里没有注意到拉施特哀丁所说的,后来,在13世纪50年代,根据大汗蒙哥合罕的敕令,各兀鲁思汗以及他们的封臣均应从自己的亲兵中每十人挑出二人(按蒙古人的习惯,无疑是连同家属一起)供旭烈兀汗出征伊朗并"将他们转入旭烈兀汗的封地('因住'),俾便他们随他出征并就地服役"。[2] 这些蒙古亲兵的大部分都在伊朗和邻近地区留了下来,这是从后文拉施特哀丁关于各部落的记载里看得出来的。

对于成吉思汗帝国的创立和蒙古民族形成的历史说来,[3] 因为《史集》依据于我们前已提及的一些原始资料(《金册》及通晓蒙古古风和中国历史者之口述),所以它成了一种基本的历史文献,较之《秘史》,远为珍贵。让我们引用一下《秘史》俄译者兼注释者帕拉迪·卡法罗夫的意见:"毫无疑问,我们著名的东方学家贝烈津译成俄文的拉施特哀丁的这部编年史,结束了早先的一切记载和史书,将它们远远抛在后面。我以为蒙古实录(《秘史》)对于理解这位波斯史家记载中某些细节不无用处,至少可以从其中借鉴和验证,另外我就再也找不出值得注意的参考资料了。"[4] 拉施特哀丁的著作使我们得以揭露《秘史》的倾向性,其中对成吉思汗血腥行为的粉饰和对他的掠夺性远征的颂扬。

对于成吉思汗继承者窝阔台合罕、贵由合罕、蒙哥合罕、忽必烈合罕、铁穆耳合罕等大汗,以及尤赤、察合台、拖雷等兀鲁思汗和他们

---

1 《史集》,伊斯坦布尔抄本,叶258及其后;俄译本,第1卷第2分册,279页及其后。
2 同上,叶443、444;阿伦德斯俄译本,第3卷,23页。
3 参看斯大林《马克思主义与语言学问题》,中文本,人民出版社,1953年,44页。
4 《蒙古人关于成吉思汗的古老传说》,《北京俄国传道团员著作集》,第4卷,15页。

继承者统治时期的历史说来,《史集》也是很珍贵的史料。尤外尼的历史著作只讲到公元 1257 年为止,拉施特哀丁的这部书却包含着蒙哥合罕与忽必烈合罕统治时期非常详细的记载。拉施特哀丁部分地引用了属于成吉思汗继承者的某些官方文件的内容,例如蒙哥合罕关于减轻庶民特别是农民(答哈臣)捐税负担以及关于贡赋数量的敕令。[1] 拉施特哀丁关于忽必烈合罕的营建活动,关于大汗兀鲁思(元帝国)中行政制度,官衔品级和政府机构的记载也饶有趣味。[2] 在《史集》专讲成吉思汗继承者这一卷内的许多地方,都穿插着关于与其同时中近东一些国家统治者的记载。在《史集》的这一部分里,还包含着关于成吉思族各分支世系以及他们驻营地的详尽资料。

至于《史集》中讲非穆斯林民族——"富浪"及其他民族历史的几章,对今天已经掌握了有关上述国家历史第一手史料的学者们说来,当然不会有特殊的史料价值。但这几章也能引起我们的兴趣,因为从其中我们可以了解,例如,拉施特哀丁这些人,通过西欧出生者的途径究竟能够对西欧各国的历史获得些什么知识。应当指出,《史集》中关于西欧各国和拜占庭历史,特别是 12 至 13 世纪历史的记载,是相当确切的。

蒙古人征服中亚和伊朗的历史,主要是根据尤外尼、伊本阿勒阿昔儿等人的史料加以讲述的。但这并不排除《合赞汗史》对于合赞汗之前旭烈兀国家之历史所具有的头等史料意义,并且是最有价值最丰富的史料。讲合赞汗统治的一章,不仅是叙述性的史料,而且还收入了一批官方正式文件(合赞汗的牌剳,有的是原件抄录,有的

---

[1] *Djami el-tévarikh…Tarikh-moubarek-i Ghazani-Histoire des Mongols*, éditée par E. Blochet, t. II, Gibb Memorial Series, Leyden-London, 1911, pp.308~314.(波斯文)
[2] 同上,454~498 页。

是摘要）。

　　拉施特哀丁与尤外尼、瓦撒夫、哈木杜勒拉赫·卡兹维尼一起，通常被列为蒙古伊利汗国官方史学的代表人物。但对于这种看法，需要有一定程度的保留。蒙古伊利汗的宫廷史家尤外尼和拉施特哀丁，应当遵照自己主子的命令，在自己的著作中赞颂成吉思汗和他的继承者，而其主子也正是把自己廷臣的著作看成颂扬本朝的手段而加以重视的。上列几位史家，当然要完成授予他们的任务，要知道，不如此，他们的著作就不会得到官方的承认。但在这些赞颂中，他们并没有将自己的灵魂投入进去。举例来说，尤外尼和拉施特哀丁在讲到成吉思汗和他的敌人末代花剌子模沙扎兰丁时，语调就有多么的不同：在前一种场合下，是华丽的官样文章，虽然风格高雅，而且色彩缤纷的讲述"浩浩荡荡前进的君临万邦之主成吉思汗的旌旗"和他的"神勇军队"。[1] 但是，这两位作家自己对成吉思汗的个人感情却看不出来，而且也没有讲到他本人的雄武。反之，上列史家在讲述到勇敢而不幸的扎兰丁的绝望斗争时，他们用了温馨的言辞、生动的形象（例如将扎兰丁比作伊兰史诗中受爱戴的英雄鲁思坦，而将成吉思汗比作传说中伊朗人的敌人阿福拉西阿布）、同情和尊敬的语调。[2] 值得注意的是，将作为蒙古侵略者敌人的突厥蛮人扎兰丁这样一位人物加以美化，偏偏在伊朗地方编造出来，乃是对蒙古统治的一种抗议。这位末代花剌子模沙的形象被赋予了偶像化的色彩，而且甚至于像尤外尼和拉施特哀丁这样身为蒙古伊利汗宫廷史官的当地历史家，

---

[1] 赞美成吉思汗武功的一些描绘，大半出之于尤外尼的手笔；拉施特哀丁在《史集》中经常只是随着尤外尼亦步亦趋，有时几乎逐字逐句照抄他的讲述。

[2] 参看尤外尼，前引版本，第1卷，107页及其后。拉施特哀丁《成吉思汗史》，贝烈津版本，波斯原文，127页及其后；俄译文，84页及其后。

也是这样描绘他。

尤外尼和拉施特哀丁所处的官方史家地位,并无妨于他们几乎像敌视蒙古侵略者的一些史家(伊本阿勒阿昔儿、奈撒维、尤兹扎尼)所作的那样,露骨地描绘蒙古入侵的恐怖、人烟稠密之城市被毁灭、大规模屠戮、大片地区荒废的景象。在这些记载中,尤外尼和拉施特哀丁都毫不忌讳和隐瞒。

拉施特哀丁的书,另一些史料也一样,大体上真实地描绘了成吉思汗对待沦为成吉思汗军队入侵牺牲品的乌兹别克、塔吉克、波斯、阿塞拜疆、阿尔明尼亚、格鲁吉亚、俄罗斯等民族的政策。成吉思汗及其将领们的远征不同于早先游牧民族的侵入中亚和西南亚文化地区。虽然那时也以残暴加诸和平居民,但那是一种自发行为,在平定了被征服国家之后就停止了;无论如何不能与成吉思汗将领们所采取的有组织地成批消灭和平居民、摧残大片大片地区的残暴方式相比拟。这已经不是一种自发的残酷性,而是自上而下实行的一整套恐怖制度,其目的在于有组织地消灭居民中能够进行抵抗的分子,使和平居民慑服,并在被征服国家中制造一种群众性的惊惶状态。按照成吉思汗命令而实行的这个制度,并未为其周围的一切人员所赞同。我们已经说过,他的长子尤赤汗就被认为是大规模屠戮摧残行为的反对者。[1] 更不用说不能将这种政策归咎于蒙古人民了。

成吉思汗军队围攻任何一个城市之时,只有立即投降才给以宽恕,而且这也远非经常都是如此。投降既未使巴里黑和哥疾宁居民

---

[1] 尤兹扎尼《塔巴卡特伊·纳西里》,前引版本,379页。

免于逐个逐个地被杀,也未使布哈拉居民免于沦为奴隶。[1] 如果一座城市进行了抵抗,在它陷落之后,成吉思汗的将领首先将市民驱至郊外五至十日,以便征服者放手抢劫城市和运走珍贵财物。结束了劫城之后,征服者便来处理被驱至郊外的市民。将他们分为几类。首先分出并且逐个杀掉军人,把他们的家属转变为奴隶。然后分出手工业者和工匠,连同他们的家属一起分配与各蒙古亲王贵族为奴。1221年大城也里第一次陷落之时,优秀丝织工人沦为成吉思汗之妻忽惕鲁黑亦失之奴隶,被迁至蒙古,负责为宫廷制造一定数量的丝织衣物[2]。少女少妇也成为女奴,将她们分配与战士。从被占领的城市,特别是农村中搜括健壮青年男子编为"签军"(哈撒儿),亦即供修筑繁重的围城工事及运输辎重之用,而在作战之时,征服者又将此"签军"置于自己军队之前,使他们成为与蒙古人作战的他们的同胞射杀的目标。有时,被抢得一丝不剩的残余市民,也被允许回到自己残破和焚毁的家园。

但是,成吉思汗的将领们将满城乃至整个地区居民斩尽杀绝是常有的事。例如在讹答剌、兀笼杰赤、你沙不儿、帖儿米失、巴里黑、也里、马鲁、途思、剌夷、马剌合、阿儿答比勒、纳赫出汪、拜勒寒等城都是如此。大屠杀是这样进行的:将居民分给士兵,每个士兵将他分到的一份使其跪下,然后用自己的弯刀砍掉他们的脑袋。

---

[1] 尤外尼《世界征服者史》,波斯文版,Gibb Memorial Series(GMS)吉布丛书,第1卷,82页;《伊本阿勒阿昔儿》,托恩贝尔格拉伯文版,第12卷,236~244页;B.蒂森豪森《金帐汗国史料集》,第1卷,圣彼得堡,1884年,俄译文,8~10页。
[2] 赛义福·伊本·穆罕默德·赛义福·赫烈维《也里州史纪》,穆罕默德祖伯伊儿·西迪基教授的波斯文版本,加尔各答,1944年,107~109页;又,参看巴托尔德《蒙古入侵时代的突厥斯坦》,第1部分,原文,圣彼得堡,1899年,165页;额思菲匝儿人木哇燕丁的《天堂之园或也里州志》引文。

与此性质完全相同的关于成吉思汗士兵行为的记载，我们在俄罗斯、格鲁吉亚和阿尔明尼亚编年史家书中也可以找到。其中，干札教长乞剌可思（13世纪）留给了我们一段关于被征服者掳去做俘虏的人所受苦难的活生生的记载，这位作者本人也在其中。[1] 末代花剌子模沙扎兰丁的书记穆罕默德·奈撒维的记载也是这样的一种"活人文献"，其中描写了经窝阔台合罕将领们1231年摧残后南阿塞拜疆和南阿尔明尼亚的状况。[2]

至于成吉思汗以自己的残暴自豪这件事，可以根据波斯语历史家尤兹札尼所转述，一个目击者戛尔其斯坦伊斯兰教法官瓦希德哀丁·不申扎的一段奇特故事来判断。[3] 这个伊斯兰教法官当也里第一次被蒙古人包围时（1221年）沦为蒙古人的俘虏。成吉思汗用他作自己的侍从，并强迫他通过译人报告他所需要的有关穆斯林各国及突厥诸部的情报。这位伊斯兰教法官的这个新职务似乎是有保障的。但是，有一次，成吉思汗正向一群廷臣得意忘形地说，他，成吉思汗，杀了这么多的人，因此他的荣名将永垂不朽了。这个伊斯兰教法官忍不住了，说道："如果汗赐我以阿曼（宽恕），我就要对此说几句不中听的话。""说吧！"伊斯兰教法官于是说道："如果汗和他的奴仆将所有的人都杀了，他的荣名将在甚么人中间存在呢？"成吉思汗勃然大怒，一筒箭从他手中掉了下来，但抑制了自己的愤怒，仅仅说道：

1　干札教长乞剌可思，前引M.布罗斯法文译本，120~124页。
2　《纳福撒特·阿勒马思杜尔》，石印版，波斯文本，德黑兰，回历阳历纪元1308年（公元1930年），55~100页；并参看彼特鲁舍夫斯基《关于蒙古入侵史的新史料》，《纪念C.E.马洛夫"贝列克"（礼物）论文集》，伏龙芝市，1946年。
3　尤兹扎尼《塔巴卡特伊·纳西里》，前引波斯文版，352~354页。此同一故事在迷儿洪涑之书中有另一种记载（《成吉思汗史》，École des Langues Orientales Vivantes，波斯文，巴黎，1841年，158、160页）；我们在此转述之故事，系根据这两种记载。

"我原来认为你是一个明察秋毫的聪明人,但从这几句话中我明白了,你并没有真正的聪明,而且你的聪明思想很少。世界上有很多国君。凡是乌古思王穆罕默德(花剌子模沙)军队马蹄所到之处我都进行了大屠杀和大破坏。然而其他君主的国家中剩下来的人民将编出故事来赞颂我。"这个伊斯兰教法官从此以后失宠了。

拉施特哀丁的书以及其他史料,给我们描写了成吉思汗军队入侵时期各社会阶层的动态。封建贵族阶级,无论是游牧的或是非游牧的贵族,大部分显然无能力领导和统一人民群众的抵抗行动,即便在孤立的局部地点上也是如此,虽然根据巴托尔德的看法,突厥蛮军事贵族在英勇和刚毅方面,超过了在与花剌子模作战时期毫未表现出个人英雄气概的成吉思汗战士。[1]

拉施特哀丁以及其他史书中的资料使我们相信,在中亚各国、伊朗、阿尔明尼亚以及邻近各国,无论何处,反抗成吉思汗大军最积极主动的是人民群众,特别是城市居民的下层,手工业者和城市贫民。市民们常常不顾自己封建领主和长官的意志,顽强地捍卫城市,抗击侵略者;甚至被征服的城市,市民们也常常掀起暴动。如乌兹别克斯坦的昔格纳黑、沙失、塔什干)[2]等城,呼罗珊的马鲁[3]和也里[4]城,阿塞拜疆的箘剌合、拜勒寒[5]、干扎[6]诸城,阿尔明尼

---

[1] 巴托尔德,《蒙古入侵时代的突厥斯坦》,第 2 部分,451 页。
[2] 尤外尼,前引版本,第 1 卷,67 页;拉施特哀丁,贝烈津本,波斯文,69、70 页;俄译文,45、46 页。
[3] 尤外尼,第 1 卷,119~133 页。并参看 B.茹科夫斯基《马鲁旧城遗址》,52 页。
[4] 尤兹扎尼,前引版本,350、351 页;赛义福,前引版本,72~80 页。
[5] 《伊本阿勒阿昔儿》,托恩贝格本,阿拉伯文,第 12 卷,224、225 页及其后;俄译文,蒂森豪森,39、40 页;迷儿洪的《成吉思汗史》,前引版本,波斯文,171 页。
[6] 干扎教长乞剌可思,前引布罗斯法文译本,116、117 页。

亚的阿尼城[1]以及其他地方的城市,这些城镇市民在抗蒙保城中的作用是众所周知的。这并非偶然。我们要解释人民群众特别是市民的这种积极作用,那是很容易的,因为蒙古人的侵入有别于早先一些游牧人的征服运动,它不仅仅是与中亚及西南亚封建当权者的一场战事。蒙古的入侵,以严重的灾难威胁着广大人民群众。等待着他们的或是遭受大规模屠杀和肉体消灭,或者被俘为奴隶,再好一些也不过是被掠夺和受"最残暴反动的半奴隶式封建剥削"。[2] 成吉思汗的继承者蒙古诸汗所规定的苛捐杂税沉重的徭役,全部重担正是落在纳税阶层剌亦牙惕即定居农民和中下层市民身上,然而,封建贵族和大商人阶层,特别是大批发商斡脱商人,他们归降于蒙古征服者,获得了各种优待和特权。

另外还有一个关于拉施特哀丁美化合赞汗这个人物及其改革的问题。当然,在这一部按照合赞汗本人敕令开始编写,并完成于其弟兼继承者完者都统治时期的著作中,这种美化是难以避免的。但是拉施特哀丁本人的向往之情和私人偏爱,在赞颂合赞汗时流露得很多,而在讲述早先蒙古诸汗活动时显示得很少。这也是可以理解的,因为我们这位历史家要在这里捍卫自己的切身事业——合赞汗改革,而且他本人的利益以及政治观点的相近已经把他与合赞汗联结在一起了。当然合赞汗的形象在我们这位史家的笔下要带上偶像化的特色。[3] 当然拉施特哀丁要故意竭力赋予自己的英雄合赞汗以一种理想君主形象的特色。这样理想君主的形象,是与大约还在10世

1　同上,127、128 页。
2　托尔斯托夫《古代花剌子模文化遗迹》,318 页。
3　参看《史集》中专讲合赞汗本人的一章全部(伊斯坦布尔抄本,叶 585~606;阿伦德斯译本,第 3 卷,204~228 页)。

纪布伊朝治下的伊朗士大夫阶级中就已形成的那种观念相适应，而且，反映在一种名为"穆瓦达阿特"的特殊体裁作品中的，后来它更演变为一整套我们在《治道篇》（西伊雅赛特纳麦）中所见到的那种政治理，相传该书为塞尔柱朝名相尼扎姆阿勒穆勒克所著。[1]

这"穆瓦达阿特"的部分特征（君主治国方略的陈述和理想君主的形象），在《合赞汗史》专讲合赞汗统治的一章中也会发现。不能同意巴托尔德的说法不同，拉施特哀丁任何时候也未将他所编的言论加之于蒙古诸汗之口，在转载诸汗的言论和书信时也没有羼入一句自己的话。[2] 我们在前面已经说过，归诸合赞汗名下的一篇言论的内容与拉施特哀丁书信集中他本人见解完全相合的。

毫无疑问，拉施特哀丁描绘合赞汗前任时代经济崩溃，农民和市民破产，赋税制度混乱这些景象时，是在故意渲染，[3] 以便烘托出合赞汗改革的德政，而这位历史家在描绘合赞汗的改革，谈到由改革带来的经济复兴之时，当然又流于夸大。[4] 尽管如此，在这些地方仍未过于歪曲真实；如果抛开细节和琐事中的某些夸张成分，拉施特哀丁大致上对合赞汗改革前后伊朗的社会经济生活做出了正确的估价。这些改革激起了生产力的一定增长，这件事我们在前面已经讲过，还有

---

1 对于"穆瓦达阿特"的评价，参看 B. H. 扎霍迭尔所刊行的《治道篇》译本附录（莫斯科—列宁格勒，1949 年，305~308 页，"文献研究概论"）。

2 巴托尔德，前引书评，《伊斯兰世界》，第 1 卷，92、93 页。

3 很难相信，例如有些地方，长官每年向剌亦牙惕征收一种叫作忽卜赤儿的收入税，不是一年一次，而是一年三十次！（《史集》，伊斯坦布尔抄本，叶 621；阿伦德斯译本，第 3 卷，248 页）每年这样的苛敛，任何地方的农业都不可能受得了。

4 很难想象，经济复兴的速度有如拉施特哀丁在《史集》中所描绘得那么快（伊斯坦布尔抄本，叶 681、677；阿伦德斯译本，第 3 卷，312、314 页）。

其他史料可以证实。应当打一个折扣的,仅在于拉施特哀丁对这种经济增长的速度和限度的论断。最后,不要忘记了,在描绘合赞汗改革时,这位作者是作为封建主阶级中一定集团和一定政治路线能干的代表人物出现的,这一点,我们在前面已经谈过了。

有几章,拉施特哀丁不是作为独立的讲述者、当代人和目击者,而是作为编纂者从事于写作的时候,一般说来是精确地,而且常常不顾他本人的见解,逐字逐句地转述自己所依据的原始资料。他在讲述基督教、犹太教、佛教和珊蛮教的传说时,按照它们各自的传统说法,而不根据敌视这些宗教的穆斯林教传统中的说法。在这一点上,拉施特哀丁类似于另外一个写过一部论宗教和教派著作的穆斯林(阿拉伯语)作家(12世纪的沙赫里思坦尼),相当客观,绝无宗教狂热。在拉施特哀丁的意识里,正统的穆斯林教与真正先进的科学思想结合在一起,这是一个内在矛盾,然而是一个可以用时代历史条件和拉施特哀丁本人的社会立场来加以解释的矛盾。并且在《史集》作者的身上,无所偏袒的学者态度大体上对宗教局限性居于优势。总的说来,凡是当拉施特哀丁毋需乎评价蒙古诸汗的功绩和捍卫他自己的政治路线之时,我们看不出他有特别的偏见,而且在这种场合下,他经常都显出是一个确切的历史家。

较之先前的一些波斯历史家的著作(也许11世纪阿布勒法兹勒·拜哈乞的著作在某些部分上可以除外),《史集》的一个突出的特点在于,虽然就整体而论,这是一部国家和王朝的历史(在那个时代,官方史书就只是这样来理解历史的),但这部著作仍然包含着不少有关各民族的人种、文化以及生活习惯的资料,并且夹杂着一些描写旭烈兀朝经济生活、伊利汗的社会经济政策、下层人民社会运动的插话和零星事实(例如13世纪80至80年代的农民起义运动);对待下层人民运动,虽然作者也记载了有关这个运动的很多珍贵详情,但作者所持的是一种有偏见的阶级敌视的观点。[1] 我们这位历史家对国内和下层人民生活的注意,使《史集》成为苏联历史家所珍视的史料。

拉施特哀丁的这部巨著,搜集了大量有关历史地理、有关蒙古和突厥民族、伊朗及其四邻国家、以及中亚和高加索各民族历史的资料。拉施特哀丁的著作,对苏联各民族的历史说来,是公认的头等史料。研究这部珍贵的头等史料,迫切需要各种专业方面苏联历史学家的共同努力。

以上所说的这一切,已足以说明苏联科学院东方学研究所为准备头一次出版《史集》全部原文和译本所付出的劳动的重大意义了。

拉施特哀丁《史集》的全部译为俄文,是进一步研究这部著作的史料、内容和原文所必需的前提。在翻译中,也正由于对11至14世纪蒙古和突厥游牧人社会经济关系研究不足以及对这个时代特有的很多社会用语和概念不够清楚而产生了困难。

拉施特哀丁《史集》俄译本的出版,无疑会加速对这部史料进行更为全面的研究,同时它也为苏联历史家在苏联民族史方面提供出大量的新材料。

(译自《史集》俄译本第1卷第1分册,第7—38页。Рашид-ад-дин:Сборник Летописей,Том1,книга1,莫斯科—列宁格勒,1952年。原载《内蒙古大学学报》,1961年第1期)

---

[1] 《史集》,伊斯坦布尔抄本,叶639、642、644;阿伦德斯译本,第3卷,268、270页。

《蒙古源流》初探

在蒙古民族的文化发展史上，17世纪可以说是一个相当繁荣的时代，而以历史学的发展来说，这一点表现得尤为明显。今天我们所知道的几部名著：如罗卜藏丹津的《黄金史》，无名氏的《黄金史纲》《大黄史》，善巴的《阿萨拉格其书》和《蒙古源流》等书，都是在这一个世纪内写成的。这几部书虽然在内容详略、史料根据等方面有某些差别，但总的来看，它们之间的共同点却非常明显。它们共同采用编年史的体裁，内容都是包括从远古至成书时蒙古族的通史，以成吉思汗汗统的由来及其发展为中心，或多或少地都带有喇嘛教的影响等。这些史书与13世纪的《元朝秘史》和《阿勒坛迭卜帖儿》（即直接或间接地转为现存的《圣武亲征录》《剌失德丁史集》和《元史·太祖本记》的汗廷秘册）比较起来，虽然也有继承关系，但它们已完全形成另一种新的风格了。何以在17世纪会产生这么一批具有同一风格的编年史，这是一个值得研究的问题。

在这批书中，《蒙古源流》是作者和成书年月都确切可据的一部，它在国内外已有了约二百年刊行、翻译和研究的历史，而且从内容的详审和编者的水平来看，它也不愧为一部代表作。所以，我们想对这部书进行若干探讨,作为对 17 世纪蒙古编年史研究的尝试。

本书的历史背景和作者

除了善巴的《阿萨拉格其书》以外,上述的几部蒙古编年史都是在漠南蒙古——更具体地说,是在鄂尔多斯——写成的。这一现象,是同 16 世纪以来漠南蒙古和鄂尔多斯地区政治、经济形势的发展有紧密联系的。

元朝亡后,蒙古统治者被逐回漠北地区,以后蒙古地区就长期陷于封建割据的局面。15 世纪末,元室嫡裔达延汗逐渐恢复了蒙古大汗的权力,1510 年(庚午,明正德五年),他击败了漠南蒙古西部的地方封建主,任命其第三子巴尔斯博罗特(1484—1531)为管右翼三万人的济农,这就是明末及以后西部蒙古封建主的祖先。巴尔斯博罗特的长子衮必里克墨尔根济农(1506—1550? 年,[1] 明代史籍作吉囊)就是后来鄂尔多斯封建主的祖先,势力极为强盛,辖有人众七万。他的次子就是著名的阿勒坦汗(1507—1582,明代史籍作俺答),他据有十二土默特地方,拥兵十余万骑,雄长蒙古诸部,他曾强求蒙古大汗赐予锡都汗之号,成为漠南许多分散的封建主的首领。

明初以来,蒙古与中原地区陷于对峙的局面,阻隔了经营牧业或农业的两个不同经济地区之间的传统联系,这对于经营牧业的蒙古族人民来说,失去农业区产品的调剂,在生产和生活上尤其感到困难。到了 16 世纪,上述蒙古封建主在漠南蒙古崛起以后,牧地与中原仅有

---

[1] 《蒙古源流》所载这一年代不甚可靠,据汉籍史料核对,他大约死于嘉靖二十一年(1542)。参见和田清《关于达延汗》,《东亚史研究·蒙古篇》,437、516 页,注 17。

一道长城之隔,因而更加强了与明朝扩大经济联系的需求,每当以和平的手段不能解决时,封建主便不断地发动战争进行掠夺和要挟。一直到1570年,明朝在一些较有远见的大臣高拱、张居正和王崇古等人极力主张之下,终于答应了与阿勒坦汗建立和平经济联系的要求,封他为顺义王,恢复了蒙古封建主对明帝奉贡称臣和扩大经济交换的和平关系,久罹战祸的蒙汉各族人民都因此获得了一个和平发展的安定政治局面。

还在达成和议以前,土默特和鄂尔多斯地区的经济已有了相当发展。他们的主要游牧地呼和浩特平原和河套一带,是水草极为丰美的地方,从历次通贡互市的牲畜头数来看,畜牧业有了一定的发展。另外还有一些汉族农民逃出或被掳至塞外,开始在这些地区经营农业,蒙古族人民也有附带种植庄稼的,随后在呼和浩特平原上也出现了一些定居的农业居民点(板升)。较专业的手工业者也增多了,锻冶业和铸造业也有一定水平。萧大亨说:"彼中少铁,故贵铁,贵铁故精于铁。非若我之多而滥恶也。""甲胄以铁为之,或明或暗,制与中国同,最为坚固,矢不能入。"[1] 似乎当时这些地区铁器制造的技术并不亚于内地。达成和议时,阿勒坦汗的贡品中,就有"银鞍辔全副"[2] "錽银秋辔马鞍"[3]"镀金鞍辔""镀金撒袋"[4]等物,以土产上献,这些都可以反映当时这些地区手工业已有了一定的发展。

达成和议之后,通过进贡、互市等各种交换手段不只可以获得生产上和生活上迫需的许多农业和手工业产品,而且也刺激了牧业生

---

1 萧大亨《夷俗记》,《宝颜堂秘笈》本。
2 《北狄顺义王俺答谢表》,隆庆五年(1571)进,《玄览堂丛书》。
3 瞿九思《万历武功录》,中华书局影印明万历刊本,1962年,卷一四《切尽黄台吉传》,30页下。
4 《顺义王俺答贡马表》,万历八年(1580)进。

产进一步的发展。政治上和平局面的形成,更促进了这种良好趋势的发展。呼和浩特(归化)城兴建起来了。工程浩大的喇嘛教寺院也陆续兴建起来,如阿勒坦汗于1577年在青海察卜齐雅勒地方修建仰华寺,又于1579年在呼和浩特兴建供奉"用宝石、金银装严"的释迦牟尼像之银佛寺。16—17世纪之交,著名的麦达召也建成了。1609年,鄂尔多斯博硕克图·济农又修建了现在达拉特旗的王爱召。这些城镇、村舍和佛寺的建成,充分说明了当时生产力的发展。此外,封建主呈献给达赖喇嘛的物品也可反映当时一般的经济状况。如1578年阿勒坦汗会见达赖喇嘛时,即"以五百两银所造七珍八宝,三十两金碗内满盛宝石,上好缎各十端,五色缎百端,各色宝石镶嵌金鞍白马十匹,币帛五千疋,马匹、牲畜五千匹,共万件呈献为赞"。甚至鄂尔多斯一部分人的领主库图克台·彻辰·洪·台吉也能"以各色缎、绢、锦蟒、驼只、金鞍、马匹、牲畜等物共万件为赞"。诸如此类的记载,说明当时封建主能够搜刮到的各种牲畜数量已相当可观,某些工业品可能就是当地手工匠的作品;丝织品等虽然当时不是蒙古地区所能生产的,但要能交换到这么多的物资,畜牧业生产如果不能提供出相当规模的剩余产品也是办不到的。

政治上实现了和平的局面后,更便利了经济上的进一步发展,同时也必然促进文化方面的繁荣。14世纪与16世纪初期的蒙古,长期处于同明朝及内部封建主相互之间混战的状态中,生产力遭到破坏,与中原农业区的经济联系也受到严重阻碍,因而在文化上也很难有所建树。到了16世纪末叶以后,蒙古族的文化面貌有了很大的改变,就巨帙佛经的抄、译为例,也可看出当时文化上的发展。据《蒙古源流》记载,仅鄂尔多斯一部,1578年博硕克图·济农就许愿将一百八函《甘珠尔经》用宝石金银装修;1623年,交阿哩克·达赖·绰尔济录完《甘珠尔经》；接着又许愿往西藏敦请《丹珠尔经》，1626 年缮写完毕由其子图巴台吉送回。后来，在林丹汗的主持下，《甘珠尔经》正式被译成蒙古文。这种卷帙浩繁的经典的抄、译，反映了当时蒙古族能阅读和翻译佛经的人不在少数。接着，也就有进行学习经典的宗教教育的必要，自然也会培养出一批具备畅读蒙、藏文典籍能力的知识分子，客观上为编纂历史创造了条件。

从上述 16 世纪末叶以来的形势看，鄂尔多斯、土默特地区虽然不是蒙古大汗驻牧的直属领地，但是在政治上他们却最为活跃，经济上也最发展，尤其这一地区处于蒙、藏、汉三族人民相互接触的交叉点上，所以在经济上的联系方面，他们有近便之利；在文化和思想上的交流方面，他们往往又能得风气之先；这种历史背景，足以充分说明 17 世纪的蒙古编年史何以大多是在漠南蒙古，更具体地说是在鄂尔多斯地区写成的原因。[1]

黄帽派喇嘛教是在 16 世纪中叶以后逐步传入蒙古的，经阿勒坦汗等封建主的极力提倡，很快就成为漠南西部普遍信奉的宗教，随后又传到东蒙古和喀尔喀等地区。17 世纪出现了一个编写蒙古编年史的高潮，这些书在思想体系上与喇嘛教有很大的关系。因为从 13 世纪以来，萨迦派喇嘛和其他藏籍中，保留了许多蒙古历史的记载，这种历史记载是和宗教结合为一体的。它们记载着喇嘛教在元朝如何受尊崇的情况，颂扬成吉思汗等蒙古大汗的功德并加以神话化。这些

---

[1] 有不少史料可以反映当时整个蒙古地区经济、文化发展不平衡的情况。如管葛山人（彭孙贻）的《山中闻见录》（卷八）说："卜酋（即阿勒坦汗之裔博硕克图）久絷于缯絮麴蘖，其部落亦稍效板升，有诛茅构土室以居。……插部（即居于漠南东部林丹汗之察哈尔部）久处荒落，忍嗜欲，恶衣食。"（《玉简斋丛书》本）喀尔喀蒙古则更加落后，如喀尔喀的绰克图台吉为了要读藏文的《米拉日巴传》，还是托呼和浩特地区的固实·绰尔吉翻译的（见内蒙古图书馆藏经卷式竹笔抄本《米拉日巴传》，176 页上）。

书籍,是西藏喇嘛所乐于传播而又为蒙古封建主所乐于接受的。所以,一部分僧俗封建主对编写历史发生了兴趣,他们采用了西藏史籍的记载并与蒙古族原有的史籍和传说结合起来,终于在17世纪酝酿出一批新型的编年史。

促使17世纪产生从事编年史纂述热潮的另一个重要原因是当时政治形势的变化。1636年,满洲人建立的后金汗国征服了南蒙古,1644年完成了全中国的统一,从此,各自雄长一方的蒙古封建主皆匍匐于清朝皇帝的脚下,分散的封建领地被划为四十九旗,某些较大的封建主取得了旗札萨克的官职和爵秩,而大部分小领主却完全丧失了独立的领地,这些自称为成吉思汗子孙的失意封建主对于这种受制于他人的处境自然是不甘心的。加上满洲军队在清初几十年的征战期中对蒙古族人民的蹂躏、杀伐以及对人、畜的征调,更激起了蒙古人民普遍的反抗。而在清朝统治已经巩固以后,许多不甘屈服而又无力反抗的封建主,往往就以怀恋往昔的心情从事纂述历史了。同时他们希望借此教育自己的后代,如撰写《黄金史》的罗卜藏丹津就在书中表示希望说:"望广大人士继续阅读。"[1] 善巴引用达赖五世的《少年宴》谈到了研究自己祖先的必要性,并因此说明自己写作意图:"让迄今未晓者务知,愿后者继此再纂。"[2] 这就是说,在此蒙古民族遭到另一个民族统治之际,他们纷纷编纂历史是有一番深意的。当然,对封建主来说,大肆张扬他们祖先各个大汗的丰功伟绩并加以神话化,也是符合他们的阶级利益的,它可以加强其代表人物的威信并在

---

[1] 罗卜藏丹津《黄金史》,乌兰巴托版,1937年,下册,193页。
[2] 《阿萨拉格齐的历史》,乌兰巴托版,1960年,7~8页。其引用原文是:"如果常人不知道自己的出身,就好像在森林中迷路的猴子;如果不知道自己的姓氏,就好像碧玉雕成的龙;如果不读记叙自己祖先的书籍,就好像被抛弃了的操守不良的女儿。"这类话是以正文前的警语出现的。《大黄史》中也引用了类似的话。

思想意识上论证他们对牧民的统治权力。

《蒙古源流》正是在这样的一种历史背景下产生的。

《蒙古源流》的作者汉译本作萨囊·彻辰或萨纳囊·彻辰（Sanang 或 Sananang Sečen），其实他的名字应读作 Saγang 或 Saqang，[1] 为了适应读者的习惯，本文行文中仍用萨囊。

萨囊·彻辰是鄂尔多斯济农衮必里克·墨尔根的后裔。衮必里克的长子系统继承了鄂尔多斯济农的位置，他的四子诺木塔尔尼·郭斡·台吉（1524—？年）就是作者的高祖父。诺木塔尔尼的长子库图克台·彻辰·洪·台吉（1540—1586年）是作者的曾祖父，作者曾累次提到他。库图克台曾参加过很多次战役，也曾劝谏其叔祖阿勒坦汗与明朝和好和崇尚喇嘛教，这对以后历史的发展起了不小的作用。他虽不是济农嫡长子一系，但在 1576 年（丙子、明万历四年），却曾被图们·札萨克图汗指定和另二人共同参与"右翼三万人内"的"执政理事"，论其实际地位是一个不亚于济农的重要政治人物。作者的祖父鄂勒哲·伊勒都齐（1556—1589年）和父亲巴图·台吉（1580—？年）[2] 都曾经在战争中建立过功勋，得到了"达尔罕""巴

---

1 成衮札布本（即汉译本和施密特本的祖本）的错误是札木萨拉诺（Ц. Ж. Жамцарано：Монгольские Летописи XVII века. Труды Института Востоковетдения XVI，изд. АН СССР，1936）和海涅士（*Monggo Han Sai da Sekiyen*：*die Mandschufassung von Sečen Sagang's Mongolischer Geschichte*，1933 年序）从库伦本发现的，以后各种抄本的发表者都注意到了这点，我们最近检查了十来个抄本，都不是萨囊（Sanang），而我们从鄂尔多斯熟悉地方掌故的人了解也是如此，看来名字问题可做结论了。问题是上述各研究者把作者的名字念成 Saγang，事实上，γ 是字母之上加二点以示与 n 区别，《蒙古源流》中 q 字母之上带二点之例甚多，所以作者的名字应读 Saqang，鄂尔多斯人是这样呼他的。
2 巴图台吉是鄂勒哲之子，《蒙古源流》有几处记载甚明。惟满汉文译本一处说："库图克台彻辰洪台吉之长侄巴图洪台吉之子萨纳囊台吉甲辰年生。"据各蒙古文本校之，长侄乃曾孙之误，应读为"库图克台彻辰洪台吉之曾孙，巴图洪台吉之子，萨纳囊台吉，甲辰年生"。陈寅恪曾对此加以阐明（《〈蒙古源流〉作者世系考》，"国立中研院"《历史语言研究所集刊》第 2 本第 3 分册）。

图尔""彻辰""洪台吉"等荣誉称号,年轻时就由济农"令其执政"。作者祖先的这种政治地位,必然为他从事历史编纂准备了较好的条件,既可以看到一些别人看不到的秘籍和家谱之类,也可以从前辈那里听到一些他们亲历的政闻。

值得注意的是,他的家庭在蒙古社会还特别以斯文见长,现在我们只能得到有关他曾祖父库图克台的材料,目前还存在的《白史》就是他写的。[1] 据汉籍的报导,认为他"为人明敏,而娴于文辞,尤博通内典"。1571年阿勒坦汗、诺延达喇等六十五人所上明朝的表文,就是由他执笔,明廷还因他"迎敕撰表,多积功劳",按明成祖时代的惯例,赏给他"采缎三表里,阔生绢一匹,织金纻丝衣一袭,木绵布四匹"。他还给明抚臣廖逢节写过三次信,一次明说是汉将犒劳他时当即亲自"援笔为书",可见他是一个才思敏捷的人。他还向明朝要求赐给他《护法坛场经》《密济坛场经》《普觉坛场经》三部,也许他还能读这种汉文经。[2] 关于作者的父、祖,我们没有这方面的材料,但从有这样一位曾祖父看,作者的家庭很有利于培养他从事著述的文化修养。

作者在书中用第三人称的写法谈到了自己的业绩。他生于1604年(甲辰,明万历三十二年)。十一岁时,他即以祖荫由博硕克图·济农授予"彻辰·洪台吉"的称号。十七岁时,即"位列大臣之职,任以政事,大加宠眷"。1622年,在一次与明朝的冲突之后,他曾经充任土默特和鄂尔多斯派出的三人代表团成员之一前往谈判并取得成功。

---

1 现内蒙古语言研究所收藏有两个抄本。
2 《万历武功录》卷一四,1229页下。

1627年,额琳沁·额叶齐·岱青继济农位时,他获得了宣颂[1]新济农封号的荣誉。

这年以后,内蒙古又陷入混战的局面。据汉籍记载,1628年,林丹汗曾在呼和浩特地区发动了一次与喀喇沁和土默特的战争。[2] 随后,永谢布、土默特等部均被他打败,"更遣精骑入套,吉囊子孙皆俯首属之,……威行河套以西"。[3] 然而,林丹汗一时得逞并不能挽回长期以来汗权旁落、分崩离析的局面,他的武力统一行动,反而激起封建主的怨恨,东部的科尔沁和喀喇沁等部纷纷降清,被剥夺了济农位的额琳沁避而不与林丹汗合作。[4] 1632年,满洲人向察哈尔部发动进攻,林丹汗不战而溃,结果败窜至大草滩发痘而死。这时期的历史,《蒙古源流》谈得非常含混,汉译本更错误百出,现据蒙古文原文看,作者和额琳沁可能在察哈尔部"入套"时,一同参加了林丹汗的队伍。后林丹汗大溃时,他与额琳沁在1634年回到家乡,并奉额琳沁复济农位。接着,就以"措天下于太平,一如前日焉"结束了蒙古的历史,而这位年方三十的济农心腹之友也不再在书中出现了。

本文的任务并非想解决萨囊·彻辰生平的琐碎细节问题,问题在于作者对1627—1634年这段历史记述晦涩难明和1634年后不提蒙古和他个人的事情,正好能说明许多问题。

---

1 这一句汉译为"谓系有根基人之子,遂上萨囊·彻辰·洪台吉之号",完全变成另一含义。宣颂,蒙古文为daγudaγulba,即以诗歌形式赞颂,可见作者颇善作诗,这是一个过去使动式词,应译为"让……宣颂了",而汉文译成自动式"遂上……"。
2 《清太宗实录》天聪二年二月癸巳朔条(《皇朝藩部要略》卷一、《钦定外藩蒙古回部王公表传》卷四三等书所载均出此);《明史·三卫传》和《明史·鞑靼传》《山中闻见录》均提到此事。前二条云林丹败,并说有鄂尔多斯济农参与对林丹作战。后二书云林丹胜,鄂尔多斯部后来才被征服。合《蒙古源流》所载判断,似以后者可信。
3 《山中闻见录》卷八。
4 《钦定外藩蒙古回部王公表传》卷四三,《札萨克多罗郡王额璘臣列传》,叶8下。

1635年,额琳沁携鄂尔多斯部投降清朝,清朝承认他为济农。1649年正式被封为多罗郡王。[1] 这是改朝换代的变化,而作者偏偏将额琳沁投降前一年复位济农的一件没有意义的事说成是"措天下于太平,一如前日焉",这不是有意不承认新的历史现实吗?

　　此后,鄂尔多斯被划为七旗,1649—1652年爆发了札穆苏等对清朝的反抗,[2]这些大事他一件也没有提到。显然这是作者有意的回避,因为他不能公开在这书中写出自己对这些事件的真实观点,这会触犯清廷的;反之,他更不愿赞扬这些投降和失败的痛心事实,所以只好以沉默来表示反抗。萨囊·彻辰是衮必里克九子中诺木·塔尔尼的嫡裔,而他这一支是济农手下最当权的一系,1634年额琳沁复济农位时,《蒙古源流》提到两个居功最高而受赏的人之中就有萨囊·彻辰。可是《清实录》中所载因"举国投降"而受爵的许多鄂尔多斯封建主名字中没有他。

　　《钦定蒙古回部王公表传》中说明了鄂尔多斯六旗设置的原因是,当大札穆苏叛乱时,额琳沁偕其余六人"携属自额济内河、阿喇克·鄂拉徙牧博罗陀海",清廷"嘉其不助逆"而封以爵位和旗札萨克之职。[3] 这几人中萨囊·彻辰不在内,很可能他是参与了大札穆苏的起义。据民间传说,也说他曾参加过抗清事件。这样看来,促使萨囊·彻辰编写《蒙古源流》的直接动机是由于民族情感而激发的,他想通过回顾和宣传祖先的光辉史迹,激起蒙古民族的自豪感。

---

[1] 《清世祖实录》,顺治六年九月甲子。
[2] 参见《清世祖实录》顺治六年五月丙戌以下至顺治七年十一月癸酉。
[3] 《钦定外藩蒙古回部王公表传》,卷四三。

书名、各部分内容及其史学文学价值

谈到《蒙古源流》的内容,首先得为这部书正名。在这部书的各种刊本和抄本中,书的抄、刊者在书面上题了各式各样的书名。如汉译本各卷前题名为《额讷特珂克(印度)、土伯特(西藏)、蒙古汗等源流》,书眉题为简称《蒙古源流》,因为它是由乾隆敕译的,又冠以"钦定"二字。而据各种蒙古文本仔细查考,作者是将自己的书称为 Qad-un Ündünsün-ü Erdeniyin Tobči[Tobčiy-a](《汗等根源宝史纲》),一般通用其简称 Erdeniyin Tobči,即《宝史纲》。汉译本各卷前的题名大概是据书的内容另定的,它能较确切地反映本书内容的价值。

作者写书时没分章节,国内外研究者为了方便起见,根据各人的理由把它分成三、八、十等不同的章、卷。[1] 现在为了便于介绍,我们按此书中实际内容分类如下:

一、宇宙的发生、结构和人类的起源(1 页至 4 页上,页码据内蒙古语言研究所藏阿拉黑·苏勒德抄本)

二、印度诸王和印度佛教史(4 页上至 8 页下)

三、西藏诸王和西藏佛教史(8 页下至 27 页上)

四、蒙古诸汗与佛教关系史(27 页上至 89 页上)

    1. 布尔特齐诺至伊苏凯(27 页上至 29 页上)

    2. 青吉斯汗降生至死(29 页上至 45 页上)[2]

    3. 谔格德依至托欢特穆尔汗(45 页上至 52 页上)

    4. 托欢特穆尔汗被逐回蒙古至额琳沁·额叶齐·岱青复济

---

1 朴尔赖《论革命前蒙古历史编纂学的问题》(乌兰巴托出版,1958 年)将全书分成印度史、西藏史和蒙古史 3 部分;施密特和田清波分成 10 章;汉译本分成 8 卷。

2 在写到灭金时,有一段自汉高宗(高祖?)以降中原历代王朝的世系,因这是汉人熟知之事,而《源流》中又弄不太清楚,所以汉译本略去。

农位(1634年,52页上至89页上)

　　五、清太祖至甲申(1644年)顺治承明统(89页上至91页上)

　　六、追溯明洪武至崇祯之世系(91页上至92页下)

　　七、顺治统一中国至康熙即位(92页下至94页下)

　　八、后记(94页下至95页上)

　　九、书后题诗316行(95页上至99页下)

　　从以上的内容不难看出,萨囊·彻辰想写一部关于他的家族从宇宙形成直到他本人当时最完备的历史,它不仅和《元朝秘史》一样,在《元史·太祖本纪》记载的始祖孛端叉儿之上加了十余代,而且还把《元朝秘史》的始祖孛儿帖赤那与西藏的王统联系起来,再上而追溯到印度的王统。当然,这是荒诞不经的,陈寅恪曾经根据东西方各种史籍加以研究,指出这种牵强附会现象的普遍性。他指出:"考东西文字之蒙古旧史,其世界创造及民族起源之观念,凡有四类。最初者为与夫余、鲜卑诸民族相似之感生说。稍后乃取之于高车、突厥等民族之神话。迨受阿剌伯、波斯诸国之文化,则附益以天方教之言。而蒙古民族之皈依佛教者,以间接受之于西藏之故,其史书则掇采天竺、吐蕃二国之旧载,与其本来近于夫余、鲜卑等民族之感生说,及其所受于高车、突厥诸民族之神话,追加而混合之。"他接着列举若干史料加以对比后得出结论说:"据此,可知《蒙古源流》于《秘史》所追加之史层上,更增建天竺、吐蕃二重新建筑。采取并行独立之材料,列为直贯一系之事迹,换言之,即揉合数民族之神话,以为一民族之历史。故时代以愈推而愈久,事迹亦因愈演而愈繁。吾人今日治史者之职责,在逐层削除此种后加之虚伪材料,庶几可略得一近似之真。"[1]

　　陈寅恪的论断,给我们找出了蒙古史中一些神话的来源,并辨明

1　陈寅恪《〈彰所知论〉与〈蒙古源流〉》,《历史语言研究所集刊》第2本第3分册,302、307页。

必须"逐层削除此种后加之虚伪材料"。但是,他还没有从本质上阐明这些作者为什么要采取这种做法。我们认为,这种写作方式决定于作者的社会现实情况,他企图将自己的著作适应这种情况从而达到为他本身阶级利益服务的目的。

16 世纪喇嘛教传入蒙古以后,逐渐在蒙古社会中取得思想意识方面的支配地位,正如恩格斯分析中世纪欧洲的教会一样,它已取得了"当时封建制度里万流归宗的地位",其"必然结果"就会使"神学在知识活动的整个领域中"具有"无上权威"。[1] 如果封建主的权力和地位能够从当时人人信赖的喇嘛教教义中得到论证,那对于他们在意识上麻醉人民是最有利不过的了。何况从前元朝皇帝的确和西藏喇嘛僧有过一段关系,所以他们很自然地采取了写作宗教化历史的形式来贯彻自己的阶级意图。至于作者在书中如何运用具体事实来达到这种目的,我们将在下面介绍各部分内容时谈到。

第一部分可以说是纯粹宗教意义上对佛教世界观的介绍,没有史事的叙述,也没有作者的发挥,基本上是佛经的抄录。

第二、三两部分如前面所述,谈不到有什么史实根据,但从思想史的角度去考察却很有意义。17 世纪的编年史普遍采取了这种印度—西藏—蒙古王系一脉相传的说法。因为佛教创始于印度,在佛经中,释迦牟尼及其继承者以及许多倡导佛教的诸王已经被渲染成为神话化的人物,所以传入西藏后,西藏的经籍就把西藏王系与印度联系起来,从而赋予西藏诸王神圣不可侵犯的色彩。本书这两部分就是这样写的:在宇宙形成并出现"生灵"之后,有一"端庄、正直、聪睿、大量之生灵,……群以主称之",这就是印度的玛哈萨玛迭兰咱汗,到这时生灵才"始称为人"。接着他叙述了佛经中对世界历史演

---

[1] 《德国农民战争》,《马克思恩格斯全集》第 7 卷,400 页。

递过程的学说,释迦牟尼佛的生平,印度护持佛法诸王的统系。接着,谈到有一个印度名王乌迪雅纳汗的后裔鲁巴迪及其家族"与十八万仇众战斗被击创",因而"败走至雪山地方,遂为土伯特之雅尔隆氏",这样就转到了西藏王统的历史,一直写到扎实德汗"翻译经卷,尊崇禅教"为止。

除了一些故意牵强附会的事件和神话外,也不能说这两部分毫无根据,不过现在还留存着源于印度、西藏同类的原始资料,所以没有必要依靠《蒙古源流》来研究他们的历史了。

往下就正式转入蒙古史部分。作者说:"古土伯特地方,尼雅持赞博汗之七世孙色尔持赞博汗,为其臣隆纳木篡夺汗位,……季子布尔特齐诺出之恭博,即娶恭博地方之女郭斡玛喇勒为妻,……东行至……布尔干·噶勒图纳山(《元朝秘史》——不儿罕·哈勒敦)下,……"以后的情节,除了有个别地方有所变动和世系略有不符之处外,大体上与《元朝秘史》相同。但《源流》在《秘史》之前加上了这一神奇的族源,明显地反映出两书作者的时代意识已发生了巨大的变化。对于17世纪的蒙古封建史家来说,他们最值得骄傲的就是他们高贵的血统,当然不愿承认《元朝秘史》以苍狼、白鹿为祖先的图腾制传说了。在这里,布尔特齐诺和郭斡玛喇勒是人,而且不是凡人,还是当时蒙古人最崇拜的佛教来源地西藏的王裔。从他们身上再也看不出原始氏族公社的痕迹,而被这样描写着:"必塔地方人众议云:'此子有根基,我等无主,应立伊为君。'遂尊为君长,诸惟遵旨行事。"也就是说,博尔济锦氏的祖先从洪荒开辟以来就是君王,这种地位是不能动摇的。

自成吉思汗出生至死这一部分,关于他青少年时代的事迹,基本上与13、14世纪所写的史籍相符,但在二十八岁称索多·博克达·青吉斯汗以后,就以编年史的体裁叙述,每事注上年代和他的年岁,完全换成另一种写法,这里出现了不少时间上的颠倒,事实上的张冠李戴,甚至还羼杂着许多虚妄的神话故事在内。当然,这一段就很难把它当信史看待了。但是,我们也不应完全抛弃。给《蒙古源流》作注释的张尔田有一个颇为中肯的见解。他在对若干史实做了考察之后说:"知其书取材非不见于脱卜察颜者,但多为野言累之耳。"[1] 按我们的理解,书中的记载并非作者凿空之说,而是很早以前留下来的传闻,经过几百年的流传,根据每个重述者个人的知识、好恶和想象力,层层相因地在原有史实上增加了许多新内容。特别是在喇嘛教的熏染下,往往不惜把旧有传说和史实改编,以便和藏籍取得一致。韩儒林先生曾经指出,蒙古编年史中的"12强汗",就是仿西藏传说惯用"12"这个数目而硬凑起来的。[2]

不过,其中谈到的某些事实在13—14世纪的史料可以得到印证。如"哈萨尔、伯勒格德依二人夸云:'汗禁止不轨,征伐不义,恃哈萨尔之射,伯勒格德依之强……'"一段,与《元史·别勒古台传》所载有相合之处。[3] 成吉思汗对"为国效力,著有勋劳"的人,赐以"美号、显爵、重赏、厚禄以施恩,……皆作诺延"时,而单独"弗及博郭尔济(《元史》作博尔朮,《秘史》作孛斡儿出)诺延"这段记载,剌失德丁的《史集》

---

1 《〈蒙古源流〉笺证》卷三,叶19下。
2 《读〈蒙古世系谱〉》,《中国文化研究汇刊》第1卷,246~247页:"补敦(Bu-ston Rin-chen Grub)书《吐蕃佛教史》(Bod Chos hbyung)引 Devaticayastotra 注疏,谓五班达巴(Pandavas)与 Kauravàs 之十二军战斗时,国王嚕巴迪(Rupati)率战士千人,微服逃雪山地方,是为吐蕃人之祖先。又记呀乞哩赞普时,吐蕃为十二魔首所虐害。《嘉喇卜经》亦言吐蕃第一君主之前,其地有小王十二。然则此书(《蒙古世系谱》)称'是时肆虐其民者十二国',非无故也。"不过,《蒙古世系谱》的十二国尚在13世纪的蒙古史籍中可考,而《蒙古源流》所引的"国家"有些就离事实过远了。
3 《元史》卷一一七《别里古台传》:"帝(成吉思汗)尝曰:'有别里古台之力,哈撒儿之射,此朕之所以取天下也。'"

也有类似的说法。[1] 甚至某些神话式的说法,也是从当时传下来的。如成吉思汗征额讷特珂克(印度)时遇见一只独角兽后即"振旅而还"的故事,在元朝的汉籍中就普遍有这种记载。[2] 所以,我们在读到这一部分时,既要采取慎重的态度,纠正某些著述将书中某些没根据的说法当成史实转用的错误,也要反对不屑一顾的虚无主义态度,合理地从此书中订定某些人名、地名、年代以及某些可以反映当时真实情况和社会现象的史实,用来补充其他史籍不完备之处。

但从文学的角度来看,正好相反,我们完全可以把后来增添的部分看成是全书中精彩之处。正如汉族的文学卓著《三国演义》一样,它是一种文学上的创作。因为成吉思汗的故事,在蒙古族人民中其脍炙人口的程度并不下于汉族文学中的三国故事,它在几百年来经过许多佚名文学家的润色和再创造,融合了大家的智慧,经过时代的考验,已经变成一部演义式的作品了。

在后添的内容中,一部分显然贯彻了封建主的阶级意图,为了证明成吉思汗的地位是上天命定的,甚至不惜增添一些荒诞不经的神话。如写到铁穆津称青吉思汗时,就有石头忽然开裂,内有背为龟纽盘龙和镌有篆字的宝印。后来又有天降甘露给成吉思汗等说法。甚至成吉思汗本人也被描写成半神半人的人物,他能摇身变化,等等。

---

[1] Рашид-ад-дин: Сборник Летописей, том I, Книга 1, 苏联科学院出版,1952 年,170 页。"当他(成吉思汗)做了君主之时,所有的异密(相当蒙语那颜、诺延)都给了牌札,然未给字斡儿出和字罗忽勒。〔他们〕曾跪下说:'这是怎么回事……?'成吉思汗降旨道:'你们地位之高,已毋需我给你们什么牌札。'"不过《蒙古源流》等替"黄金家族"代言的著作更愿意把他写成一个矢忠于大汗、不计酬赏的臣仆。

[2] 《元史》卷一《太祖纪》,十九年下;《元史》卷一四六《耶律楚材传》;《元文类》卷五七,宋子贞《中书令耶律公神道碑》;《南村辍耕录》卷五。汉籍解释见到此兽时"是恶杀之象",而《蒙古源流》则解析为印度"乃古昔降生佛菩萨大圣人之地,……借此以示禁……"。可见写书者根据同一传闻,但在为了贯彻自己的意图时,就各自立意加以发挥了。

除此以外,也有许多在蒙古族文学中值得珍惜的精华。如成吉思汗变一老人上街卖弓训诫哈萨尔、伯勒格德依的故事;成吉思汗围攻旺楚克汗,[1] 用万燕千猫,拴结火绳,点火撒放,引起房舍起火,围城遂陷的故事。这里所指的"街市""屋""城"都不是 12 世纪蒙古游牧社会所有的东西,而西藏和印度却有不少类似的童话,这类故事对研究蒙古翻译文学颇有参考价值。但其中绝大部分,还是蒙古族固有的民间创作。如成吉思汗娶和兰·郭斡后不想回家时,布尔德·哈屯派人送一首寓言诗去说动他,其中比喻之优美和感情之深刻,完全体现了蒙古人民的智慧,不愧为一首杰出的佳作。尤其突出的是,书中记载了成吉思汗灭西夏之后,强占夏主的古尔伯勒津·郭斡·哈屯,她坚贞不屈,就寝时使汗受伤,自己"乘便逃出,投哈喇江(意译黑河,即黄河)而死,从而称为哈屯·额克江"。这个故事,迄今仍在蒙古人民中广泛流传,在鄂尔多斯还有更多的传闻和谚谣。这个故事,反映了蒙古阿拉特们的真实感情,他们歌颂这位坚贞、善良和美丽的女性,用她的事实,表达了他们对强权霸道的抗议,尽管作者站在维护其祖先成吉思汗的立场上,在另一首诗里称她为"怀蓄恶念之古尔伯勒津·郭斡·哈屯",但在此处不能不按照民间固有的传说,用正面歌颂的方式来写她。

从写作体裁看,这书也别具风格,多处是用诗歌写的。如苏尼特人吉鲁根·巴图尔的成吉思汗挽歌,尤为蒙古族文学中的杰作。因此,《蒙古源流》也是许多经过历史考验的蒙古民间歌谣的汇集。所以,如果能认真研究这部作品,剔除其封建性的糟粕,其中还有大量富有人民性的精华可作为珍贵遗产继承的。

自元太宗(汉译本作谔格德依)至元顺帝一段,除了记录了各帝

---

1 即〔金〕"章宗"二字之讹写。

出生、即位、卒年和世系外,都加上了他们和喇嘛教僧侣的关系,除了个别年代的错误外,大体上与《元史》相符。[1] 作者侧重写了库腾汗、忽必赉汗和托欢特穆尔·乌哈噶图汗三个人物。库腾汗即阔端,是太宗次子,自 1235 年以后连年用兵今甘、陕、川一带,后出镇西凉,[2] 和西藏喇嘛教发生关系,因而为藏人所熟知,误认为他是大汗,因而在贵由之后凭空增加了这一位皇帝。沈曾植等由于这说法"无稽可笑"而将这段史实忽略了,实际上这一段库腾汗与喇嘛教发生关系的记载与 13—17 世纪的藏文史料完全符合。[3] 从这里我们对《蒙古源流》可以得出两点看法:一、不能将它的记载随便否定。二、元太宗以后至明朝以前的记载基本上是参考了藏籍。

关于忽必赉,则着重写他和帕克巴(即八思巴)喇嘛的关系,并给他加上一个"转千金法轮之咱噶喇斡第·彻辰汗"的称号。托欢·特穆尔(即顺帝)时期,则着重写朱葛其人,说他出生时"见五色红光",大臣认为这是异人,劝顺帝杀死。顺帝不惟不杀,反而倍加信用,后又听信谗言,杀掉进忠言的托克托噶(即托托)太师,赶阿难达玛第喇嘛回西藏,导致亡国。朱葛即指朱元璋,从历史事实看当然很可笑,但这个故事在 17 世纪的蒙古史籍中都有记载,可见已流传甚久,这传说很像汉族演义小说的写法,可能当时蒙古人也受到汉族的天命观念的

---

[1] 除因添库腾汗使太宗、定宗时代的记载完全混乱外,忽必烈的卒年晚了两年,明宗、文宗即位年都误为天历二年。
[2] 见《元史·太宗纪》《高智耀传》。
[3] 关于萨斯嘉恭噶嘉勒灿(Sa-Skya Kun-dga' Rgyal-mtshan)和阔端发生关系的史实,在五个萨迦派首领自己写的文集萨迦噶奔(Sa-Skya bka-hbum,全书五卷,德格出版)和 1346 年元末公哥·朵儿只(Kun-dga' rdo-rje)所写的红册(Hulan Debther——The Red Annals, Part I, The Tibetan Text, Gangtok, 1961)中都有记载。以后写到元代蒙藏关系的藏籍更多。这段史实很重要,它说明当阔端镇西凉时,已在 1239 年派军队将西藏正式并入我国版图,而不是通常所说的 1253 年。关于这个问题,可参见周清澍《库腾汗——蒙藏关系最早的沟通者》,《内蒙古大学学报》1963 年蒙古史专号。

影响,因而他们也仿效构思出这么一个故事。

元顺帝被逐出后,也以一首哀婉的诗歌作为结束。

明代蒙古史部分是作者用力最勤的一章,篇幅几占全书之半,其中作者熟悉的漠南蒙古特别是鄂尔多斯部又占了一多半。这一部分纪年非常明确,世系特别清楚。写到后来,基本上是他曾祖父、祖父、父亲和作者本人以第三人称在书中出现,所以这些材料不像前段时期那样鲁鱼不分了,它给我们提供了15—16世纪蒙古诸汗和他们的源流,蒙古诸大汗与其他各汗、各封建主之间的相互关系以及内外战争等等最系统的材料。《四库全书总目提要》的作者早在二百年前就对此书做出了恰当的评价:"盖内地之事,作书者仅据传闻录之,故不能尽归确核。至于塞外立国传授源流,以逮人地诸名、语言音韵,皆其所亲知灼见,自不同历代史官撼拾影响附会之词,妄加纂载,以致鲁鱼谬戾,不可复凭,得此以定正舛讹,实为有裨史学。"[1] 苏联蒙古学家符拉基米尔佐夫也高度评价说:由于作者"属于成吉思汗一族,而且他本人又是个当权王公,所以能够从老前辈,即从'黄金家族'古老传说的保存者那里,从其他封建氏族的代表者那里听到许多事情。也因为这个原因,他在利用系谱、祖传记载及其他文学史料方面有很多方便条件。所有这些原因,足以说明为什么萨囊·彻辰的著作恰恰能对15—16世纪的历史叙述得最为精辟的原因……"[2]

关于明代蒙古的史实,固然汉籍中保留着数量很多的记载,但诚如上引所说,有一些是"撼拾影响附会之词",所以许多地方只有利用《蒙古源流》等蒙古史学家自编的书才能疏通确证,甚至某些事实仅有《蒙古源流》记载下来,如张穆所说:"今据此书表出,而后明史言蒙

---

1 《四库全书总目提要》(万有文库本),1140 页,《〈蒙古源流〉笺证》卷首亦附此提要。
2 《蒙古社会制度》,苏联科学院出版,1934 年,16 页。

古事者,乃略皆可读。"[1]

举例来说,明初百余年间,除了明成祖几次北征和也先掳走英宗几件大事外,明人还很少注意蒙古的情况,所以留下的史料较少,如果要了解这一时期蒙古内部的情况,就非依赖《蒙古源流》等蒙古史料不可。如《明史·太祖本纪》、《鞑靼传》洪武十一年下,皆称爱猷识理达腊卒,子脱古思帖木儿嗣。据考证,实应以《蒙古源流》称其二人为兄弟可信。脱古思帖木儿之后的两位继承者,明代的史料皆称"不知名""不可考"。《蒙古源流》则记载着是他的二子恩克·卓里克图和额勒伯克·尼古垿苏克齐相继登汗位,再传至额勒伯克之长子琨特穆尔,即明人所谓坤帖木儿。以后的汗系,大体上皆可依《蒙古源流》纠正明代史籍的错误和疏证其不明确之处。[2]

关于达延汗的事业,作者划出了相当的篇幅。他在这里塑造了一个有政治眼光、有魄力的妇女形象——满都海·彻辰·哈屯(夫人),他自愿嫁给幼龄的巴图·蒙克——达延汗。她巩固了元室嫡裔的政治权力,并亲率军队征讨,帮助达延汗完成统一蒙古的事业。关于达延汗的事迹,明代载籍极不清楚,固然《蒙古源流》所称达延汗在位时代和是否一人尚待研究,但达延汗统一蒙古的事实过程,则仅有《蒙古源流》及其他蒙古文著作有较详细的记载。

关于达延汗的继承者,仅有萧大亨的《北房风俗》(即《夷俗记》)所附《北房世系》有较详记载,其他如茅元仪的《武备志》(206卷)、叶向高的《四夷考》等书只知道他有十一个儿子,但《蒙古源流》不仅记录这十一子的名号,而且还详细举出了他们的封地,这对于以后各蒙

---

[1]《〈蒙古源流〉书后》,《屑斋文集》,咸丰八年刊本。又见《〈蒙古源流〉笺证》卷末。
[2] 参见和田清《兀良哈三卫之研究》《北元帝系》,《东亚史研究·蒙古篇》,东京出版,1959年。

古封建领地发展历史的研究具有非常重要的意义。

达延汗之后,作者先叙述了继承其大汗位的长子系统,直至林丹汗死为止。接着,作者以近全书三分之一的篇幅写他的祖先——达延汗三子巴尔斯·博罗特一系的历史,其中尤以其所在的鄂尔多斯部着墨最多。关于西蒙古封建主之间的关系、封建领地的分布情况、封建主所发动的各次战役等都有较详细的记载。这部分特别注意写喇嘛教传入蒙古的过程和封建主崇尚的盛况,对蒙古喇嘛教史的研究者来说,《蒙古源流》是必不可缺的史料。

当然,这个时期的蒙古编年史,其缺点也是无可讳言的。它所记的内容,大多是喇嘛的事迹和汗的世系,甚至神话和史实混杂不分,相反,往往忽略了记载重大的政治和经济史实,更谈不上以社会生产和劳动人民为中心写历史了。可是,如果从侧面去透视,这部史著仍然对社会史的研究有重要价值。符拉基米尔佐夫指出,这些著述"事实材料于所研究的主题常只起很小的作用;草原作者零星撰写的数量相当多的个别笔录和记述,对此主题的研究却更为重要"。[1] 他本人就是用这种方法在研究明代蒙古史上取得了独到的成就。例如,我们要了解明代蒙古社会是如何从前一阶段发展下来的,而在这一阶段又有什么变化,过去的千户和现在的兀鲁思、土绵及鄂托克、和硕有什么关系,氏族结构进一步解体并结成新的地缘关系的过程等,都可以从此看出许多线索。书中记录的各种人物的言论,无意透露出当时人们的观念和封建关系,如"上天日、月二也,下土汗、济农二也"。"圣喇嘛与施主汗二人如日月并照于天"之类的话,完全反映了当时封建主当中汗和济农的政治地位和后期僧俗封建主联合统治的情况。"众庶无主,难以行事",反映封建主竭力证明其统治是天经地义

---

[1] 《蒙古社会制度》,15~17页。

的道理;"我等之上,何用管主",又反映了小封建主力图独霸一方的野心。因为 17 世纪的蒙古编年史,是目前能大量看到的最古的蒙文书籍,我们根据这些原文材料,从语言学上分析某些术语,封建主的头衔等,也可以弄清许多历史事实,这都是汉文资料不具备的特点,所以,我们不能因《蒙古源流》编写上的某些缺点而因噎废食,将它的价值贬低。

明代蒙古史写到鄂尔多斯降清前的 1634 年就没有交代地结束了,接着作者就谈满洲太祖和太宗的事迹,简略地谈到他们和明朝的战争、林丹汗的"运败"、他们如何尊崇喇嘛教,一直写到清帝进北京、"逐出李闯""承明统"为止。

接着,作者又追溯了明朝的帝系,并夹杂了一段洪武纳顺帝之洪吉喇特氏为妃生成祖的故事,这是 17 世纪蒙古编年史普遍的说法,企图以此证明蒙古汗统仍在明朝世袭不断。

接着作者叙述顺治统一天下,封赐蒙古王公各种爵位和尊崇喇嘛教的事实。

全书的历史写至此即告结束,作者写了一段后记,说明自己写这书的动机和引用的史料。并注明了成书年月,其时他已五十九岁,从二月十一日起至六月初一日告成。[1] 按他前文自称生于甲辰年(1604),那么五十九岁时就是 1662 年,到 1962 年已有整三百周年了。

最后,作者用三百一十六行诗结束了全书,诗中谈到了自己写书的原因,因为有些年轻兄弟,要写一些有教育的事,因此写了这首诗。

---

[1] 折算阳历是 3 月 31 日至 7 月 15 日。书后长诗中又提到他的诗是九月二十二日写成的,所以应该说他最后完成此书是阳历 11 月 2 日。满汉文译本将作者称自己"出生后的第 59 年"完成此书一句原文错误地理解为藏历的第 11 甲子(1627—1686)的第 59 年,因而误译成是乙丑年(1685)成书。

这首诗充满作者的宗教思想,他希望以佛教的观念来教育后代。[1]

以上我们已将《蒙古源流》全书分段将各部分的内容、观点、史料价值等问题做了评述。不过,我们要说明的,这本书的内容与 17 世纪其他蒙古编年史是大体相同的,评述时不可能将每段、每句说明其与何书相同或仅载于《蒙古源流》,我们的意图只是想通过对《蒙古源流》的剖析来观察 17 世纪蒙古编年史的一般特点而已。

综观《蒙古源流》一书,它有如下几个特点:

它特别强调成吉思汗后裔的正统思想,一方面,作者是想为封建主的统治抹上神圣不可侵犯的色彩;另一方面,处于清王朝统治之下,唤起人们注意祖先光辉的历史,也就赋有强烈的民族意识了。

全书充满了宗教的意识,它处处留意将汗统及其权力与神、佛联系起来,而喇嘛又是历代汗所尊崇的。书中这种相辅相成的关系,正是当时僧俗封建主联合统治牧民的反映。

《蒙古源流》不同于其他蒙古编年史之处在于它的完整性。它不像罗卜藏丹津的《黄金史》之类的书仅仅做一些抄辑工作,而是经作者组织成一部自成一格的作品,材料决不自相矛盾,某些年代是作者按史料推算出来的。所以《蒙古源流》一书是做了一番选材、修饰和统一工作的,它是 17 世纪蒙古编年史中一部最完整的代表作。因此,18 世纪以后的蒙古史籍大多是仿效《蒙古源流》的体裁并援引它的资料写成的。如 1779 年墨尔根·格根所写的《黄金史》,1819 年无畏空等人写的《蒙古喇嘛教史》,1834—1837 年间金巴·道尔吉写的《宝罗托利》(水晶鉴),1840 年噶尔丹等人写的《宝贝念珠》等书,都曾利用过《蒙古源流》。后来,合喜格巴图在 1905—1909 年间所写的史书中,不仅史料出于《蒙古源流》,而且连书名也沿用了《古今宝史纲》

---

[1] 长诗汉译本缺。

(Erteki ba Edügeki-yin Erdeni-yin Tobči)。由此可见,《蒙古源流》在蒙古史学发展史中是一部极为重要的著作。

史料来源之蠡测

萨囊·彻辰的著作不仅比17世纪其他蒙古编年史内容较为完整和丰富,而且他还郑重地列举出他曾经参考过的七种基本史料:

1.《本义必用经》。
2.《显异花蕾篇》。
3.《阐释因果本原丹书》。
4.沙尔巴·胡土克图编《汗统纪》。
5.《发明诸贤心识之华萃》汉籍。
6.崇高至上转轮圣王敕修《法门白史》。
7.《古蒙古汗统大黄史》。

我们试图对这七种史料的内容和性质略事探讨,也许对了解17世纪以来蒙古编年史学发展的特点不无裨益。据我们了解,这七种史料肯定现存于世的有如下几种。

第一种即《本义必用经》(Udγ-a-dučiqula Kereglegči Kemekü Sudur),汉译本《蒙古源流》将它漏译了。经过我们查对,它肯定就是内蒙古图书馆所藏的《必用全义篇》(Čiqula Kereglegči Tegüs Udγ-a-tu Šastir),仅在书名上略有出入。

《必用全义篇》是一部纯宗教性的著作,它从宇宙的结构,世界上的大海、山脉、河流的结构及其名称谈起,介绍了佛教的天文学和地理概念、人类的起源,接着就转入叙述印度、西藏和蒙古的王统。与《蒙古源流》加以对比,可以看出,《源流》摘用了它有关佛教世界观部分,印度、西藏和蒙古王系相承的说法也是从这里引出的,不过《源流》又根据其他的史料扩充了历史部分的内容。《必用全义篇》是在八思巴所述的《彰所知论》[1]基础上写成的,在教义部分比《彰所知论》增加了另一些经书中的内容,元朝帝系也续至元顺帝为止。《必用全义篇》可能原来是 16 世纪喇嘛教传入蒙古以前的作品,这书中提到,妥欢帖睦尔"以来教法渐衰,所以没有把诸汗的名字加载史册"。[2] 由于元朝的喇嘛回到西藏后,对蒙古的帝系也不清楚了。

陈寅恪最先找出了《彰所知论》和《蒙古源流》的关系,认为后者之"基本观念及编制体裁,实取之于《彰所知论》"。[3]《彰所知论》是从佛教世界观——印度王统——西藏王统再以"北蒙古国,先福果熟生王名曰成吉思"写到了蒙古的。后来经过更多的增添和附会,正式形成各王系血统相承的四段历史编写程序。

在具体内容上,《必用全义篇》比《彰所知论》有所增添。《蒙古源流》用《必用全义篇》时,教义部分又有精简,而历史资料又再从其他书中大量取材,所以《彰所知论》和《蒙古源流》并不全部雷同,不过,经过各种史料的比较,从《彰所知论》到形成《蒙古源流》的过程仍可看得很明显。

其次是《崇高至上转轮圣王敕修法门白史》(Erkin Degedü Čakrawar-t Qaγan-u Bayilγaγsan Nom-un Čaγan Teüke,以下简称《白史》)。此书汉译本作《杂噶拉斡尔第汗所编之经卷源流》。杂噶拉斡尔第汗即忽必烈汗,据前述库图克台之《白史》中说,它是根据忽必烈

---

[1] 《大藏经》(频伽精舍本)小乘论,藏帙四;又传记部,致帙十。《佛祖历代通载》亦列此文于卷首。
[2] 《必用全义篇》(内蒙古图书馆藏抄本),54 页。
[3] 《〈彰所知论〉与〈蒙古源流〉》,《历史语言研究所集刊》第 2 本第 3 分册。

时代的《白史》和畏兀儿人必兰纳识里·卫征国师的旧作校勘写成的。必兰纳识里确有其人,《元史》中有他的传,称他"初名只剌瓦弥的理,北庭感木鲁国(Hamili,哈密)人。幼熟畏兀儿及西天书,长能贯通三藏暨诸国语。大德六年(1302),奉旨从帝师授戒于广寒殿,代帝出家,更赐今名。……是时诸番朝贡,表笺文字无能识者,皆令必兰纳识里译进。……其所译经,汉字则有《楞严经》,西天字则有《大乘庄严宝度经》《乾陀般若经》《大涅槃经》《称赞大乘功德经》,西番字则有《不思议禅观经》,通若干卷"。其人人品极坏,至顺三年(1332)因"谋为不轨坐诛","有司籍之,得其人、畜、土田、金、银、货贝、钱币、邸舍、书画、器玩以及妇人七宝装具价值万万"。[1] 但从译述工作来说,他在当时是有所贡献的。

现存的《白史》是作者的曾祖父据原抄本校订续成的,所以它的内容也延长到明代。《白史》中关于元代的史迹特别是喇嘛教的教规有较多记载,《蒙古源流》并未完全采用,只有忽必烈建立四大都城一事可以明显看出是源于《白史》。16世纪的西部蒙古,特别是喇嘛教传入的历史,库图克台曾把它补写到《白史》中去了,因而萨囊·彻辰曾利用了这部分的第一手史料。

再次就是《古蒙古汗统大黄史》(Erten-ü Mongγol-un Qad-un Ündüsün-ü Yeke Šira Tuγuǰi),汉译本称《古昔蒙古汗等根源大黄册》,这书就是苏联科学院1957年出版的《莎拉·图吉》一书。[2]《莎拉·图吉》写到1634年林丹死为止,后来又有喀尔喀人续写了内外蒙

---

[1] 《元史》卷二○二《释老传》。
[2] Шара Туджи-Монгольская Летопись XVII Века,莎斯金娜(Н. П. Шастина)导言、原文校勘、俄译、注释本,1957年。

和瓦剌封建主的世系等内容,[1]其中特别详细记录了达延汗幼子格呼森扎的诸子和后裔,一直写到18世纪初。[2]

《莎拉·图吉》的内容较简单,《蒙古源流》几乎逐句将它抄录下来。至于多出的部分,则是编者根据其他史料补充的。铁木真二十八岁称成吉思汗及此后的一系列记载与《元朝秘史》等书完全不同,这种写法已经在《莎拉·图吉》中采用了。忽必烈提倡佛法的事两书也基本相同,《莎拉·图吉》说忽必烈是丙申年(1296)八十二岁殁,《源流》也就承袭了这种错误。由此可见,《莎拉·图吉》和《蒙古源流》有密切的关系,不过它和罗卜藏丹津的《黄金史》完全不是一类书,后者在前一部分照录了《元朝秘史》,其中相同者有二百余节。关于元代的世系和年次,也较符合史实。《黄金史》虽然也掺杂了一些荒诞的神话,但编者并未将互相矛盾之处加以调和弥合,而只是将几种抄本一并转录过来,所以还有保存原始史料的作用。看来萨囊·彻辰没有直接参考过《黄金史》或属于《元朝秘史》和《元史》这一系统的著作,所以在他的书里形成另一套有系统的历史记载。

以上三书是原书现存,可判断即《蒙古源流》所提到的史料。此外,沙尔巴胡土克图编纂的《汗统纪》(Sarba Quturtu-yin Joqiyarsan Qad-un Ündüsün-ü Turuǰi,汉译本只存作者,漏掉书名),从书名揣测,是七书中一部重要的历史作品,《大黄史》没有记载的史实,《蒙古源流》可能取材于此。我们设想,这书和它下面的第五种史料,在蒙古

---

[1] 莎斯金娜在导言中根据这点认为全书是喀尔喀人写的(7页)。如果是这样的话,作者就应该把喀尔喀格呼森扎及其后裔作为重点在林丹汗以前写。但他却在林丹汗死后才以独立的风格着重写远在林丹汗之前的格呼森扎并一直写到其六世孙善巴(1707年)等喀尔喀封建主的事迹,可证这部分是喀尔喀人所增。
[2] 日人江实译注的《蒙古源流》认为《古昔蒙古汗等根源大黄册》就是无名氏的《黄金史纲》,有误。

文中是应该联读的,即沙尔巴编纂了这两部书。因为第五种书《发明诸贤心识之华萃》汉籍(Erdemten-ü Sedkil-i Geyigülegči Sečeglig Kemekü Qitadun Šastir〔汉译本作《发明贤哲心意之蓬花汉史》〕),也可意译为《汉文写的彰所知论》,而《彰所知论》的汉译者正好名沙罗巴(1259—1314),许多佛教载籍都有他的传记。[1] 他是八思巴的弟子,并专任其讲经的翻译工作。除《彰所知论》以外,在《大藏经》里还保存了他另五种译著。后来,又曾历任江浙、福建等处释教总统的职务。至大中,召至京师,授光禄大夫司徒,位列三公。像他这样谙熟各种文字、出入宫廷、历居高位的人物,完全有可能写过《汗统纪》这样的历史著作。此外,还有另一种说法,即认为此沙喇巴胡土克图就是曾被林丹汗邀请去建庙传教的同名喇嘛。[2] 由于目前还没有确实的根据判断哪种猜测确实,我们只能暂时把问题提出来留待进一步研究。但是,这书是喇嘛写的已无可怀疑,而17世纪许多蒙古史籍摒弃《元朝秘史》的固有记载和体裁,而改成一套佛教世界观—印度—西藏—蒙古四段式的写法,渗透了宗教的气氛,显然始作俑者一定是西藏喇嘛,所以我们必须对沙喇巴的作品予以一定的重视。

《显异花蕾篇》(Γayiqamšiγ-a Üǰegdeküi Sečeg-ün Čomorliγ Neretü Šastir)一书,汉译本作《珍异奇葩之卷》,此书即汉译本卷一提到的阿克沙巴达所编之《灵验花史》,由于汉译者没有统一的译法,看起来似是两种书,对照蒙古文原文,只不过一处增加说明了是何人所编(mergen-e bütügsen amurliγsan Akša Bada-yin ǰoqiyaγsan),而书名 Γayiqamšiγ-a Üǰegdeküi Sečeg-ün Čomorliγ Kemekü Tuγuǰi 与前者基本

---

[1] 《佛祖历代通载》第三六,甲寅年下(《大藏经》传记部);《补续高僧传》卷一;《大明高僧传》卷一(均见《续藏经》本壹辑第贰编乙七套)。
[2] 《〈蒙古源流〉笺证》卷六,叶14上。田清波即持这种说法,见 Scripta Mongolica II, *Erdeni-yin Tobči*, Part I.

相同，只不过另称为"篇"Kemekü Tuγuǰi，而前者称"史"Neretü Šastir 而已。

《阐释因果本原丹书》(Šinar Šiltaγan Ündüsün-i Uqaγuluγči Ulaγan Debter)汉译本作《讲解精妙意旨红册》，上述汉译本第一卷同一地方也提到了一部同名的书，汉译作"大智慧僧格·锡哩·巴达所编之《丹书》"，蒙古文作 Yeke Mergen-e Bütügsen Sangka (sengge?) Širi Bada-yin ǰoqiyaγsan Ulaγan Debter，可能《丹书》和《红册》(都作 Ulaγan Debter)就是一种书。

这两部书是在写"释迦牟尼佛教及额讷特珂克国汗等之缘由"和另两书同时提到的，同时他还说明，这"四史文义相仿"，可见都是一些宗教性著作。因此，尽管目前尚不能断定这两书是否存在，至少对它们的性质和作者已清楚了。

由上所述，我们可以对《蒙古源流》所依据的七种史料获得大致的认识。列举书名时作者是按写书时引用的顺序排列的，前三种是第一、二部分的主要根据，西藏、蒙古的历史则取材于后四种。

《蒙古源流》一书的形成，从目前能找到的书中也可以看出发展的轮廓。《彰所知论》在阐明佛法时谈到了佛教从印度、西藏到蒙古的传递过程，从而为四段式的体裁打下了基础。《白史》增添了忽必烈尚佛及元代的其他史实。《本义必用经》将《彰所知论》所列蒙古诸汗续至元末。后来有人索性把蒙古的祖先与西藏诸王从血统上联系起来。《大黄史》之类的书已开始具备《蒙古源流》及其他编年史写作格式的雏形，以一些实在的人物和事件为中心，将西藏流传的历史记载、喇嘛的渲染、附会之说，民间的神话故事和蒙古固有记载结合起来，终于形成了以《蒙古源流》为代表的新型编年史。

除了上述七种基本史料外，萨囊·彻辰在碰到说法矛盾时偶尔也列举他曾经参考过的书籍,如关于释迦牟尼佛降生和涅槃的年代,他就举出了萨嘉·班迪达·班辰·沙克嘉锡所纂的《时轮法数史》《金光明经》[1]和昭·阿迪沙·萨嘉·班迪达等不同的说法,然后才表示自己倾向于《金光明经》的说法:"佛之寿原谁能揣测,其显然之虚质虽灭,而湛然真纯之法身,则何由而灭乎?"如上所述,关于"释迦牟尼佛教,及额纳特珂克国汗等之缘由",他说明是综合了《时轮法数史》、吉哩迪·多咱之《宣示引导无垢女子旧史》《灵验花史》和《丹书》四史写成的。可以说,《蒙古源流》是一部既列有主要参考书,又在具体问题上举出了论据的历史书,与当时蒙古史比较起来,的确高出一筹。

在其他地方,作者也说明引用了《十二种善言》和《苏布喜地》。《苏布喜地》是八思巴之叔萨思迦·班第达的一部文学作品,现在已有大量发行的蒙文本。

萨囊·彻辰的著作基本上是有文献可征的,即使书中已羼入许多近似文学说部的奇谈,但作者却是严肃地当作史料运用的。当然,在取舍之间,难免不受作者的历史和阶级观点的影响。

但是,《蒙古源流》并不是完全靠文献写成的,前面谈到,他详细描述西蒙古和鄂尔多斯的历史事件、贵族世系等,就有许多是作者亲身的见闻。

本书的流传和译注

在17世纪的蒙古编年史中,《蒙古源流》可以说是流传最广、刊

1　内蒙古大学图书馆藏有顺治十六年(1659)的蒙古文刊本。

译最多、声誉最著的作品。这和它写成一百年之后就引起了乾隆皇帝的重视有关。事情的经过是这样的,一次乾隆对"元代奇渥温得姓所自"产生疑问,询之喀尔喀亲王成衮扎布,成衮扎布把这本书介绍给他。[1] 这书最先被译成满文,后又从满文译成汉文。[2] 蒙、满、汉文本除有原文、译文抄本外,也都有殿本刊行于世。特别重要的是,因为这是一部钦定的书,并被正式收入《四库全书》史部杂史类(《元朝秘史》不仅四库未收,甚至未列入存目),总纂官还给它写了一篇千余字的提要,从此这部书为全国蒙古史学者所熟知。

《蒙古源流》除了上述几种殿本和各种抄本外,20世纪又继续出版了三种汉文本。一种是1927年蒙古人汪睿昌(Temegetü)交北京蒙文书社出版的《译注〈蒙古源流〉》,[3] 另一种是1933年木刻的沈曾植、张尔田注释的《〈蒙古源流〉笺证》。接着北京文殿阁书庄又将文津阁《四库全书》本收入《国学文库》第二七编中铅印出版。

在以上几种刊本中,值得介绍的是满汉文译本和笺证本。满汉文译者对此书的传播起了不可磨灭的作用,迄至现在,不能通读蒙文的人仍得利用汉文译本。汉译本是从满文译本转译而成的,汉译者有相当水平,如某些佛教用语的翻译,基本上能利用汉籍中相应的传统译法,足见他们有一定的佛学知识。译文的文笔很流畅,与元明间译蒙古文书者的译文迥然不同。造句和用词也不乏精彩之处,足见

---

1 《清实录》对此事也有记载。《高宗实录》乾隆三十一年(1766)三月辛未:"……传谕成衮扎布,该处既有清吉斯汗世系记载档案,著录一分进呈,以便史书汉文。"可见乾隆知道此书正在《蒙古源流》成书一百年后。
2 《四库全书总目提要》称此书是"乾隆四十二年奉敕译进"。因此可知汉译是1777年译成的。《蒙古源流》转译自满文是陈寅恪先生最先提出的,见《吐蕃彝泰赞普名号年代考》,《历史语言研究所集刊》第2本第1分册。
3 前有喀喇沁亲王贡桑诺尔布所作之序。所谓"译注"就是将一些人、地、部落名旁注满、蒙、藏文,汪氏可能没有直接看到蒙文本,因此许多译注并不符合蒙文原本。

译者曾用过一番心思。除了因从满文转译造成的语音距离,译音用字一般是相当准确的。但是,汉译本译错的地方也不少,特别是译者理解上的错误,给读者造成很大的麻烦。某些普通的名词和动词被译成专有名词,如"流寇"(Oγorčaγ)被译成"斡郭尔察克"族,[1] "流动人群"(Ködelekü ulus,指明代流亡土默特的白莲教徒)译作"库德勒库"族。[2] 也有相反的情形,如"斡罗出·少师"(Oroču Šigüši)本来是人名,竟译作"同赍口粮"。[3] 也有因疏忽误译的,如妾译"原配",女误译为妻。[4] 如此等等,不一而足。所以,尽管汉译本曾起过它的历史作用,但为了科学研究的精确性起见,现在很有必要着手整理蒙古文的校勘本和出版新的汉译本了。

《笺证》本可以作为"五四"前后我国蒙古史研究者对《蒙古源流》研究的代表。此书最先由沈曾植注释,后由张尔田整理出版。在整理过程中,张尔田将个人的心得和王国维在自己书上的批注也补充了进去,因此此书应是他们三人的成果。沈、王在蒙古史研究中素负盛名,从这书的注释中充分反映了他们的博览多识,经过他们的旁证疏通之后,许多不明白的地方得到了解析,许多史事得到证实,没有根据的传闻也被辨明,这为研究者使用这部著作时提供了方便。当然,《笺证》中问题也不少,最主要的问题是由于他们不懂蒙古文而产生的。他们的校勘工作,不是据原文校对,而只是据各种汉译本凭主观择善而从。某些费解之处,也就只能加以揣测,当然难免发生错误。特别是汉译有错之处,往往因差之毫厘,结果笺释时就谬之千里了。

除他们以外,少数史学家对这书也做了一些零碎的研究,如陈寅

---

1 《〈蒙古源流〉笺证》本卷三,叶4下;阿拉黑·苏勒德抄本,叶28下。
2 《笺证》卷七,叶5下;同上抄本,叶74下。
3 同上,卷五,叶25下;同上抄本,叶62下。
4 同上,卷三,叶7上;同上抄本,叶29。

恪就曾经发表过四篇关于《蒙古源流》的研究文章。中国史学家的研究成果得到了欧美和日本学者的重视,他们利用中国学者的成果或根据他们提供的线索扩大自己的研究,也取得了一些新的成就。然而他们的工作还仅仅限于致力于文字的校勘,个别事实、人名和本书若干问题的琐碎考证方面。

《蒙古源流》传到西方已有近两个世纪。1795—1807年间,俄人诺沃塞罗夫(Новоселов)在北京得到一部《蒙古源流》的蒙古文抄本,携回国后,首先由俄国科学院通讯院士施密特在1820年10月的《东方富源》杂志中介绍于世。1829年,施密特所整理的原文、德译、注释本正式出版。[1] 从此这部书也被西方多桑、霍渥尔斯等人的蒙古史著作经常引用。

继沈曾植、王国维、张尔田笺证《蒙古源流》和陈寅恪连续发表研究报告之后,欧美和日本等资本主义国家也有人对《蒙古源流》进行研究,以下主要介绍出版和翻译的情况。

1933年,德人海涅士将从北京故宫图书馆摄制的一部《蒙古源流》满文刊本转为罗马字拼写,附以序言和注释出版。[2]

日本人对《蒙古源流》已写了不少研究文章。1940年正式出版了一部江实译成日文的《蒙古源流》,前有长序介绍本书的研究情况,正文译自满文本,由作者做了注释。[3] 同年,藤冈胜二也翻译了一部《罗

---

[1] S. J. Schmidt, *Geschichte der Ost-Mongolen und ihres Fürstenhauses* (《东蒙古人及其王家史》), St. Petersbourg, 1829. 抗战时北京文殿阁书庄曾出版了该书的影印本。从20世纪对《蒙古源流》研究的进展看,这部书现在已经过时了。

[2] E. Haenisch, *Monggo Han Sai da Sekiyen：die Mandschufassung von Sečen Sagang's Mongolischer Geschichte*, Leipzig：Verlag Asia Major, CMBN.124, 1933.

[3] 江实译注《蒙古源流》,弘文堂出版,1940年。

马字转写日本语对译喀喇沁本蒙古源流》。[1]

1955年,海涅士又将蒙古人民共和国科学委员会所藏的库伦本影印出版。[2]

1956年,曾在伊克昭盟传教的田清波神甫,根据他从鄂尔多斯获得的三个抄本,交由美国哈佛燕京学社出版。此书分四本,第一本有柯立夫的短序,作者的长篇导言和附录的研究。后三本是抄本原文,其中以B本较完整。[3]

苏联由于从沙俄时代就有施密特开拓了《蒙古源流》研究的先声,以后波慈德念夫曾把《蒙古源流》部分章节编入其《蒙古文学选》中。《蒙古社会制度》一书反映出作者对《蒙古源流》研究的水平。

蒙古人民共和国的学者们也注意《蒙古源流》的研究,1961年已正式把史学家那逊巴勒珠尔整理的库伦本出版。书前有史学家什·纳楚克多尔吉写的序言。正文是以库伦本作底本,用其他三种抄本合校,所以它的价值不仅可以使研究者读到这部书古老的写本之一,而且还可从校注中看出蒙古人民共和国所藏各种抄本的全貌,

---

[1] 1940年,文求堂出版。所谓《喀喇沁本〈蒙古源流〉》实际上是《蒙古源流》上半部和《简要〈黄金史〉》下半部的合抄本。

[2] *Eine Urga-Handschrift des Mongolischen Geschichtswerks von Sačen Sagang*, Berlin, 1955.

[3] A. Mostaert, *Erdeni-yin Tobči*, *Mongolian Chronicle by Sayang Sečen*, Harvard-Yenching Institute Scripta Mongolica II, 1956. 这三本皆非原抄本,A、B本是由田清波请人转抄的,C本是田本人手抄的。B本题名为 *Ejen Boyda Činggis Qayan-u Šara Teüke Orošiba*(圣成吉思汗黄史),现内蒙古图书馆藏有从鄂尔多斯收到的一部经卷式钞本,书号00002,题目为 *Boyda Činggis Qayan Ejen-ü Šara Teüke Orošiba* 与田清波的B本同义。内容完全一样,抄写字体都带有满文影响;谈佛教的卷首部分二书具有同一特点,与内蒙古图书馆之02218本、02233本,内蒙古语言研究所的阿拉黑苏勒德本、吉尔嘎朗图庙本、旺楚克拉布坦本和库伦本不同(00002本,叶1下,23~27行;叶2上,1~3行;B本叶3,1~6行)。00002本与上述古本比较,缺漏不少,而所缺者与B本完全一样,可见二者是一个类型的本子。可见,00002本并非善本,而它可能是B本的祖本。

为使用者提供了很大的便利。[1]

结　语

《蒙古源流》在蒙古族人民中一向备受尊敬,抄本流传到各个地区,据田清波亲历的报导说:"拥有手稿的蒙古人轻易不肯出手。有一句蒙古谚语说,蒙古人是吝惜自己书籍的人。我算领教了,我只买得很少几部有价值的抄本,而且也不是经常得到允许。"他所发表的三个抄本,都是"抄自那些拒绝出售抄本原件的人"。[2] 他在另一处还谈到,1910 年,"都嘎尔·扎布·台吉把自己的抄本交我抄写时,他叮嘱我要尊敬它"。正因为蒙古族人民对祖先流传下来的文化遗产的珍视,所以今天我们在内蒙古各个图书馆内仍有可能读到《蒙古源流》的各种抄本。

中华人民共和国成立以后,蒙古族人民的文化遗产得到了应有的重视,《〈蒙古源流〉笺证》1962 年又重印发行,为研究者提供了方便条件。由于人民群众觉悟的提高,为使蒙古族的文化遗产发挥更大的作用,藏书者纷纷将各种抄本捐献,现在内蒙古各研究单位和图

---

[1] 库伦本是国外目前最佳的抄本,据我们校对的结果,其中有缺漏和错误的地方仍不下一百五十处。那逊巴勒珠尔的合校本的优点就在于弥补了库伦本大部分缺憾。但以内蒙古所藏本校勘,仍有那逊四本合校后尚无法弥补者。如那逊合校本 137 页 2 行之"未年",漏去天干,合内蒙古语文研究所藏阿拉黑苏勒德钞本,内蒙古图书馆藏 02218 号钞本,02233 号钞本等校之,应为乙未(1235 年),否则上下一差即去 12 年,这是缺点最明显的一个例证。可惜,那逊巴勒珠尔合校本没有将主本影印,因而排印中发生了不少错误,除勘误表已列者外,尚不下几百处,如作者的名字,原本都作 Saɣang,而排印本 306 页却少植一划,出现了一个 Sanang。

[2] *Erdeni-yin Tobči*, Part I, p.56.

书馆已搜集到大量《蒙古源流》的蒙文抄本,它们已不再是个人的私藏秘籍,而是供广大研究者参考了。

我们的见闻有限,没有做过长期的研究,这篇谫陋的介绍之所以敢于提出来,其目的仅在于向这方面的专家求教,争取大家的宝贵的批评。同时我们也希望起一点抛砖引玉的作用,如果我们的工作对这部书的研究能引起小小的推动,那正是我们所期望的。

后　记

本文是1962年为纪念《蒙古源流》成书三百周年而作。作者之一额尔德尼巴雅尔有志于研究蒙古文献,几乎读遍了内蒙古各家所藏明清之际的蒙文历史书籍的各种抄本,比较异同,积累了大量的资料,本文就是在这一基础上写成的。可惜这文尚未公开发表,额尔德尼巴雅尔同志已经去世,现在能发表《初探》一文,也算是我们对他的纪念。近十几年来,国外对《蒙古源流》的研究又有了新的进展,这文没能包括进去,非常遗憾。

在《初探》的写作过程中,亦邻真同志曾参与讨论、审稿、翻译蒙古原文、注音等工作,有几段就是他写的,所以他也是我们的合作者之一,特此说明。

(原载《民族史论丛》,社会科学战线丛书,
吉林人民出版社,1980年)

藏文古史 ——《红册》

元顺帝时写成的藏文史书《红册》，是现存最古老的藏文历史著作。在明代，几种较早的藏文史籍，常有声称取材于《红册》的引文，因此，这部长久未被人亲睹原貌的名著引起了外国学者的注意。20世纪60年代，国外先后出版了藏文排印本和日译本，《红册》才得以流传于世。然而，我国是《红册》的故乡，藏有更好的抄本，理应由我国学者整理出版一本更接近原貌的精校本。最近，民族出版社出版了藏族学者东嘎·洛桑赤列先生校注的《红册》，给多民族的中国历史提供了富有价值的史料和新的知识，对民族史研究者来说是大好喜讯。

民族出版社校注本题名为 Deb-ther dmar-po rnams-kyi daṅ-po Hu-lan deb-ther ḥdi bzhugs so，可直译为 Deb-ther dmar-po 中之首 Hu-lan deb-ther 在此。《忽兰·迭卜帖儿》——Hu-lan deb-ther 是本书作者行文中常用的书名，应该是原来的书名，乃现代蒙古语 Ulaγan debter

的古典形式。[1] 明代藏族学者已不熟悉蒙古文，故以藏语称引此书为《迭卜帖儿·麻儿卜》(Deb-ther dmar-po)。其实这两种名称都是"红色书册"的意思。由于许多藏文史籍都被称为"迭卜帖儿"，所以校注本出版说明译为《红史》。

《红册》的作者名公哥朵儿只(Kun-dgaḥ rdo-rje，1309—1365)，[2] 出身于搽里八(Tshal-pa)的世袭贵族。搽里八是元代乌思藏(Dbus-gshaṅ，今前后藏)的教派和万户之一。唐末，土蕃王权崩溃，形成世家大族割据的局面。11—12 世纪，萨思迦(Sa-skya)等寺院相继建立，形成萨思迦、迦举(Bkaḥ-brgyud)等教派。其中迦举又分衍为搽里八、必力公(Ḥbri-khuṅ)、思答笼(Stag-luṅ)、伯木古鲁(Phag-mo-gru)等派别。搽里八派乃迦举传人答儿麻乞剌思(Dar-ma-grags，1122—1193)所创。他于1175 年建寺于搽里，后经发展，自成一派。地方世族噶氏是土蕃王朝松赞干布的名相噶禄东赞的后裔，其首领噶监八冲纳思(Mgar-rgyal-baḥbyuṅ-gnas)成了搽里寺的施主，因而此派成为噶氏支配下的政教合一体。噶监八冲纳思之孙辇真监藏(Rin-chen-rgyal-mt-shan)曾到内地朝觐，元世祖封他为万户长，并赐予封地和牌印。其次子迦德衮卜(Dgaḥ-bde-mgon-po)袭万户长，曾七次赴内地，回藏时带回汉族巧匠，兴建佛堂，雕塑佛像，还创建刻书坊，将内地的印刷术传播到乌思藏。迦德衮卜的次子思满蓝朵儿只(Smon-lam-rdo-rje)于大德七年(1303，癸卯)任万户长，当时搽里八政教势力和领地皆发展至极盛，属于最强的万户长之一。

---

[1] 《元朝秘史》，第146、203 节，"忽剌安"释为红。"迭卜帖儿"释为册，忽剌安(Hula'an)口语读为忽兰(Hulan)。现代蒙古语已无词首辅音 h-。
[2] 校注本出版说明将此名译作贡嘎多吉。为便于同汉籍对照，本文译名一律按元朝译音译出，无元译音则按元朝译音用字译出。

公哥朵儿只是思满蓝朵儿只的长子,五岁时就开始读写经书,享有精通搽里八迦举派经典和显、密宗教义的声誉。英宗至治三年(1323,癸亥)被委任为万户长。泰定二年(1325,乙丑),他曾到中原朝觐,泰定帝赐给他银印和金银锦缎等物,并授权统领搽里八人众。公哥朵儿只担任万户长近三十年之久。在此期间,他先后修缮了所辖搽里贡塘寺和拉萨的寺院以及布达拉宫。当时,朗氏家族统治下的伯木古鲁万户崛起,与牙里不藏思(Gyar-bzaṅs)万户争讼,搽里八支持后者发兵侵伯木古鲁,萨思迦长官本禅也偏袒搽里八一方。伯木古鲁万户长赏竺监藏(Byan-cub-rgyal-mtshan)战胜了所有的敌手。当时元朝处于农民起义的风暴中,不但无力干涉,而且承认了赏竺监藏造成的既成事实,赐给万户银印和牌札,许其世袭。搽里八等反对者遭到惨败,公哥朵儿只丧失了祖、父两辈扩充的土地,于顺帝至正十二年(1352,壬辰)失位,将万户长让予其弟后出家,取法名杰八罗古罗思(Dge-baḥi-blo-gros)。因他曾被元朝封为司徒,故在乌思藏地区被誉为知一切的大司徒。

公哥朵儿只的成就主要在宗教和学术方面,他曾迎请卜思端(Bu-ston,1290—1364),对当时在乌思藏流传的各种经卷进行校勘、修订,编出了藏族学者认为是权威的二百六十卷金银书写的甘珠尔,即"搽里八甘珠尔"。卜思端是迦举派学识渊博的学者,著作甚多,因常驻后藏沙鲁寺,嗣法弟子衍成沙鲁派。他对公哥朵儿只甚为推崇。当他被请去为甘珠尔开光时,随身带了很多经卷以备途中检阅,说:搽里八万户长必将问法,若无准备,则难以应付。公哥朵儿只著有《搽里八甘珠尔目录白册》、《王统记花册》、其父《思满蓝朵儿只传》等。搽里八万户曾按藏族习俗编纂过一部法典,也可能出自他之手。但他最杰出的作品首推《红册》。

《红册》于至正六年(1346,丙戌)开始编写,成书于至正二十三年(1363,癸卯),即作者出家以后,去世前二年,距今已有六百多年,可以说是现存最早的藏文世俗历史著作。校注本将《红册》分为二十六章,日译本则分为八章。《红册》的中心内容是写作者本民族和地区的历史,但开首却用相当篇幅写了四邻各族的历史。这是由于吐蕃与四邻各族有着极为密切的关系,只有先交代清楚邻族的有关史实,才能更好地理解对吐蕃的政治和宗教生活发生重大影响的各种历史背景。

　　在元代的乌思藏,佛教已取得至高无上的地位,文化由寺院的喇嘛垄断,他们编写史籍也寓有发扬宗教的目的。因此,《红册》是从佛教的发源地印度开始写起,包括佛教关于宇宙和人类发生和发展的传说,释迦牟尼的事迹,印度的王统等。元世祖时,帝师八思巴曾为太子真金编讲过《彰所知论》,卜思端在 1322 年曾写出一部《善逝教法史》(Bde-gsegs bstan-paḥi Chos-ḥbyuṅ),这是现存早于《红册》的两种涉及历史的宗教著作,从中已可看出这种修史的格式。公哥朵儿只在撰写这部世俗史书时,乌思藏在政治上处于各教派的统治之下,仿效上述两书的体裁,从佛教的源流和传播来描述吐蕃的历史,宣扬各教派僧俗首领的家世、师传和业绩,给他们冠以宗教的神圣光环,以论证他们统治地位的合理性。对于身兼地方和寺院首领的作者来说,采取这种写法是很自然的事。

　　由于吐蕃与中原王朝的关系密切,当时乌思藏又处在元王朝的直接统治之下,已是元王朝的一部分,所以作者继而写了中原王朝的历史。作者以"周朝第四代昭王"为叙述的起点,理由是佛祖释迦牟尼诞生于此时。以后只记载有关朝代的更迭,帝王世系和在位年代等事,穿插一些佛教的史事,如汉明帝时则附带记叙竺法兰等以白马驮经至洛阳,开始传播佛教;后秦时则写鸠摩罗什译经的事迹等。唐朝部分,除帝系和玄奘取经的内容外,着重增添了唐和吐蕃的关系,特别是文成、金城公主与吐蕃赞普和亲的情况。结尾还说明:"这部分汉地与吐蕃的历史是依据宋太宗时(应为仁宗)宋祁所著之书,后来由范祖禹搜集、编纂的。汉人罗赞瓦巴胡坚居(Lo tsā ba Hu gyaṅ ju)于乙酉年在临洮翻译,喇嘛辇真乞剌思国师于乙丑年以藏文付印。"宋祁的书无疑是指《新唐书·吐蕃传》,由于按《新唐书》编写分工,列传是宋祁所作。而范祖禹的书则应为《资治通鉴·唐纪》,因范分工编写唐代部分。编写《红册》前的乙酉和乙丑年,只能是元至元二十二年(1285)和泰定二年(1325)。可见在当时全国统一的局面下,有可能将汉文史籍译成藏文并刻版印行,使作者在固有的传说和记载之外,还能参考汉文的史学名著,更精确地写出本民族的历史。上引文之后,作者声言只引用了其中一部分,并得出结论说:"唐朝、吐蕃虽一再开战,但有时和亲,并于〔皇帝或赞普〕诞辰或葬祭时互赠礼品或供物,详见《唐书·吐蕃传》。"这也是符合史料记载的客观论断。

《红册》接着记叙五代至宋的帝系,至南宋灭亡为止。有趣的是,关于宋末帝有如下记载:"薛禅皇帝(世祖)登极之至元十三年,蛮子南宋幼主登位三年,伯颜丞相尽取其国土。幼主皇帝被发遣至萨思迦地方,出家为僧(原文作合尊)。以后,至格坚皇帝(英宗)之时杀之。"这是汉文史籍中从未有过的关于宋末帝最终结局的明确记载。[1]

11至13世纪,西夏崛起于吐蕃之北,与吐蕃关系密切,一些吐蕃部甚至附属于西夏,所以《红册》第三部分写弥雅(西夏)的王统。第四部分则是蒙古的王统,因为作者是元朝蒙古皇帝的臣民,所以在转

---

[1] 参看王尧《南宋少帝赵㬎遗事考辨》,《西藏研究》1981年创刊号。

入本民族的历史之前,有必要交代蒙古的兴起和元朝的灭亡。

《红册》写蒙古人的祖先是从孛儿帖赤(sBor-ta-che)开始,这就不同于《圣武亲征录》《辍耕录》和据《实录》修的《元史·太祖纪》,而与译自蒙古文的《元朝秘史》和波斯文的《史集》相合。也就是说,《红册》是以宫廷秘籍《忙豁仑·纽察·脱卜察安》和《阿勒坦·迭卜帖儿》(《金册》)为依据的。关于成吉思汗的生卒年,《红册》所记是生于壬寅(1182),死于丙寅(1206),这可能是错推干支致误,但所记死于秋初月十二日是准确的。《红册》纪日不用干支,与晚出的蒙古文史籍《蒙古源流》等书相同,可见此处《红册》也是另有所据。[1]《红册》说成吉思汗享年六十一岁,此说虽不能成立,但同元代史籍《圣武亲征录》和《佛祖历代通载》一致。[2]《佛祖历代通载》是元僧念常所著,成书于至正元年(1341)。此书第四卷也是从周昭王时"世尊示降生""出家"开始,[3] 以王朝、帝系为纲,夹记佛教史事。关于宋末帝往河西为僧,于英宗至治三年(1323)被赐死事,都与《红册》暗合。为何两书从体裁到史实(包括误记)如此雷同,从史源的角度看很值得研究。

元代帝系记载至元亡为止,其中也颇有令人深思之处。如《元史·宗室世系表》记忽必烈之子为十人,但未说明各自为哪个皇后所出。《红册》所记为十一人,指明朵儿只、真金、忙哥剌、那木海是察必

1　《元史》《南村辍耕录》所记是七月己丑,按朔闰表推算正是十二日。《红册》和《蒙古源流》当另有所本。

2　二书皆在丙戌年下云"上年六十矣",因成吉思汗死于次年丁亥,《红册》当据此云享年六十一。《亲征录》癸亥年下称"上春秋四十一",故丙戌年之"六十矣"当为"六十五"之误,《通载》乃袭《亲征录》而误。

3　凡例云:"吾佛世尊末世以前时代,本不与书,欲便初学故自太古始。"故第三卷亦列盘古氏至唐王。

皇后所生，其余六子为沙恭玛（Shwa-gon-ma）所生，南必皇后生一子早卒。《元史·南必皇后传》云"有子一人，名铁蔑赤"，未列入表中十子之内，故相加也是十一人，与《红册》合。而波斯剌失笃丁所记忽必烈诸子，也说朵儿只等四子是察必所生，可证《红册》所说可信；其余六子则分别为朵鲁别氏、许慎氏、伯岳吾氏诸妃所生，与《红册》不符，但均未指出诸妃之名，[1] 至少可相信其中一妃名沙恭玛。此外，本书记阔端之子名只必帖木儿，合失之子名海都，都同《元史》相符，并说明取材于也可·脱卜赤颜。"也可"义为"大"，"脱卜赤颜"即元代的蒙古文秘密史书。元代帝师、国师自由出入宫禁，不难看到这些秘籍，因而《红册》中包括了汉籍中找不到的内容。

《红册》对藏族本身的历史，分别从吐蕃王统，萨思迦、迦当、迦举、加麻瓦、伯木古鲁、必力公、搽里八各教派的源流、世系和有关历史等方面加以记述。12、13世纪的事，大多是作者耳闻亲历，故具有第一手史料的价值。其中萨思迦派在乌思藏甚至全国都有举足轻重的影响，所以这部分史实更值得重视。

例如，蒙古何时征服西藏，并入元朝，也就是西藏何时加入祖国这一大事，以往史学界一直模糊不清。《蒙古源流》已据藏文史籍，记述了库腾（《元史》译阔端）汗迎请萨思迦·班第达，通过他招服吐蕃的事，但笺证者仅以"阔端未尝即帝位，此之无稽可笑"而忽略过去。1959年，《历史研究》《民族研究》《北大史学论丛》就此发表了三篇专文也没提到这件大事，只有韩儒林先生在同年《历史研究》第七期《元朝中央政府是怎样管理西藏地方的》一文中，根据较晚的藏籍指出了这段史实。可惜，当时国内外还没有任何一种《红册》出版，也就不能

1　*The Successors of Genghis-khan*, pp.241~245.

依据这段最早的记载把西藏纳入祖国版图的时间和过程肯定下来。

再如八思巴会见忽必烈一事,《元史·释老传》和王磐写的《帝师行状》只说癸丑年(1253)"谒世祖于潜邸","诣王府"。汉文史料中只有《胆巴传》记载了事实的过程:"初,世祖居潜邸,闻西国有绰理哲瓦(Chos-rje-bo,即萨思迦·班第达)道德,愿见之,遂往西凉,遣使请于廓丹大王。王谓使者曰:'师已入灭,有侄发思巴(八思巴),此云圣寿,年方十六,深通佛法,请以应命。'"这说明忽必烈久仰廓丹(阔端)处萨思迦·班第达的大名,由于"师已入灭",才以侄八思巴"应命"。这就同上文阔端请来的萨思迦·班第达之事联系起来了。现在出版的《红册》,则清楚地记载了这段史实:

> 其后,忽必烈皇帝巡幸到 Lu Paḥi Shan,闻北方的 Moṅ go du 太子将偕喇嘛八思巴来谒,甚喜,给北方 Moṅ go du 太子一百名骑兵去迎接萨思迦巴(即八思巴)。(校注本第 48 页,日译本,第 119 页)

Lu Paḥi Shan 日译本注为"不明",将 Moṅ go du 读作蒙哥(Moṅgor)。据《元史·世祖纪》:壬子(1252)夏六月,忽必烈奉命帅师征云南。秋七月丙午,祃牙西行。岁癸丑(1253)秋八月,师次临洮。然后进兵大理。可见这时忽必烈正在行军途中,不可能在漠北王府接待八思巴。程钜夫《平云南碑》所载忽必烈行军日程更详:癸丑"春,历盐(今陕西定边县)、夏(横山县西北)","夏四月,出萧关,驻六盘。八月绝洮……"。显然这个六盘〔山〕就是《红册》中的 Lu Paḥi Shan,并可推定忽必烈在六月至八月内驻扎此地时会见了八思巴。这里离阔端分地凉州较近,故有往请萨思迦大师之举。可是据《红册》和《蒙古源流》等所载,萨思迦·班第达和阔端都死于辛亥年(1251)。《宪宗纪》载:壬子年(1252)分迁蒙哥都"于扩端所居地之西"。蒙哥都是扩端(阔端)次子,可见他这时已继父位,正与 Moṅ go du 读音相合。据《红册》所载,事实是蒙哥都偕八思巴同来,可补正《胆巴传》的记载。[1]

此外,诸如元朝通过帝师和萨思迦僧俗首领以及各教派势力统治乌思藏的情况,各教派的由来和发展,地方世族和寺院住持相结合的政教合一制度的形成,各教派的矛盾和斗争,萨思迦派的逐渐衰弱和伯木古鲁派代之而起等,这些历史事实的记载,使我们更清楚地认识元以前西藏的历史面貌,同时也加深了对此后藏族历史发展的理解。

国外学者很早就从明代的《青册》等书引文中,得知有一部叫《迭卜帖儿·麻儿卜》的古史书,但此书在西藏只有抄本传世,非常珍贵。意大利藏学家杜齐(G.Tucci)曾多次到西藏,搜罗了许多书籍和文物,但始终未见此书。一次,当有人声明"这就是《迭卜帖儿·麻儿卜》",并将这部书送给他时,他承认自己当时浑身都颤抖了。可是他所得到的却是16世纪另一部同名的书。[2] 可见《红册》早已闻名,但并没有一个国外学者看到过。

1961年,锡金甘托克的喃监藏学研究所(Namgyal Institute of Tibetology)首次排印了《红册》,书名《迭卜帖儿·麻儿卜——红史》(Deb-ther dmar-po——The Red Annals,Part.I)。1958年,日本藏学家稻叶正就访问锡金,当时任秘书主任的邓萨巴将所藏《红册》抄本

---

1 以上可参考《库腾汗——蒙藏关系最早的沟通者》,《内蒙古大学学报》1963年第1期。
2 琐南乞剌思八(Bsod-nams Grags-pa)著、G.Tucci 译,*Deb-ter dmar-po gsar-ma*,罗马,1971年。此书成于1538年,故又称《新红史》。

借给他照相。回国后,他同佐藤长合作,根据照片和锡金出版的排印本合校译成日文,于 1964 年由京都法藏馆出版。题名为《フゥラン・テプテル——チベット年代记》,或署拉丁音标作 *HU LAN DEB THER*。

民族出版社出版的校注本,出版说明译作《红史》,1981 年 10 月第一版。校注者东嘎·洛桑赤列在序言中说明,此书曾根据国内外七种版本先后校订过十一次,可是并未列出七种版本的来历,只提到西藏自治区档案局的两个抄本和民族文化宫的抄本,序中还说在西藏自治区档案局的两个抄本中,从萨思迦末期至搽里八迦举派的史实,总计有四十多页为其他版本所缺。因此可以说民族出版社本是目前国内外最完整的版本。至于对校注的全面评价,由于本人不懂藏文,全靠友人转述,只好有待于专家们去做。

日译本的译者是专攻藏族史的专家,他们所做的注解和考释为读者提供了方便。但其中也难免有疏漏之处。如前面提到的六盘山就没能译出,蒙哥都在他们依据的排印本和照相本中注明原作 Moṅ go daṅ 或 Mo go du,而它却在正文中采用了 Maṅ gor 的写法,以致被误认为是蒙哥。又如萨思迦派一章提到,八思巴异母弟亦摄思朮纳思(Ye çes ḥbyuṅ gnas,1238—1274),因归附 Hu dkar che 王子到 Ljaṅ yul 去了。日译只照音直译,也未注出是汉文史料中的何人何地。实际上 Hu dkar che 王子即忽必烈之子云南王忽哥赤;"Ljaṅ"即哈剌章、察罕章之"章","yul"乃藏语地区之意,"章域"即指云南。这些例子说明:一种古籍的出版,并不是对它的研究结束,许多难题还有待后人不断地探讨和发现。

民族出版社和东嘎·洛桑赤列先生为《红册》的出版做出了贡

献,筚路蓝缕之功是不可埋没的。我们仍想进一步提出希望:一,今后能有更多的珍贵藏文史籍出版;二,《红册》一书不能停留在原文的排印上,为了供专家深入研究和广大读者参考,应该出版具有原文(影印最佳抄本)、校订本(藏文排印或拉丁拼音,附校勘记)、汉译文、注释、索引等一系列内容的科学整理本,最好附有全面研究此历史文献的导论。这样,既可以将我国民族文字古文献整理工作推向更高的水平,也可发扬我国各民族灿烂的文化,加强各民族之间的相互了解,使他们具体地认识到,的确是各民族共同创造了祖国数千年的历史和文明。同时,这也将为多民族的中国历史提供更全面、更丰富、更新鲜的内容。

(原载《中国社会科学》1983 年第 4 期)

钱 大 昕

清朝乾隆嘉庆时代是我国封建社会学术研究达于鼎盛的时期。在此期间,钱大昕是最杰出的学者之一,是学识最渊博的史学家和若干学科的倡导人。

钱大昕字晓征,又字及之,号辛楣,又号竹汀居士,雍正六年(1728)生于江苏嘉定县望仙桥镇。祖父名王炯,县学生。父名桂发,县学附生,年四十才入学。大昕家中清贫,祖父以开馆授徒为业,还要靠祖母当妆奁补家计。父亲桂发成年后也出外授徒,薪水也不够全家生活,就由母亲从事纺织补贴。

钱大昕五岁时,开始进私塾上学。十岁以后,先后随祖父和父亲在就聘的私塾学习。十五岁时,进城到塾师曹桂芳的家馆就学,并考取县学生。由于家境贫寒,取得秀才的身份后,他也在十八岁时像祖、父一样,走上了应聘授徒的生涯。他素有神童之称,又刻苦善学,在士子中颇有声名。乾隆十四年(1749),由江苏巡抚指名本县具文送苏州紫阳书院肄业,深得院长王峻赏识,被誉为"天下才"。他结识了苏州宿儒李果、沈彤、惠栋等人,又同后来的大学者王鸣盛、王昶、褚寅亮、曹仁虎等人同学,互相"以古学相策励"。有名师可以问学,有学友可以切磋,这就大大开拓了他的眼界,增长了学识。

两年以后,乾隆皇帝首次南巡,江浙士子皆进赋献诗,大昕进赋一篇,选入一等。奉诏赴江宁行在再试,特赐举人,授内阁中书学习行走。次年,至北京。乾隆十九年(1754),于二十七岁时考中进士,授翰林院庶吉士,以后历升编修、右春坊右赞善、翰林院侍读、侍讲学士、侍读学士、詹事府少詹事。他先后奉旨参加修《热河志》《续文献通考》《一统志》《续通志》等书,又累次出任山东、湖南、浙江、河南主考官。乾隆三十九年(1774),典试河南之后,奉命提督广东学政。次年夏,父桂发去世,他星夜归家,从此就不再入京供职。由于他在学术上已名望卓著,所以在退休以后,又先后应两江总督、松太巡道和江苏巡抚的聘请,出任江宁钟山、大仓州娄东和苏州紫阳书院的院长,直至嘉庆九年(1804)七十七岁时卒于紫阳书院。

钱大昕供职翰林院二十余年,归里后主持书院三十年,一直从事修书、主考和书院之类的工作,毕生覃研和倡导经史之学。他从年轻时起就有志于著述,积数十年的功夫,几乎在当时的各个学术领域中都取得了卓越的成就。

一

钱大昕的学术成就是多方面的,诚如段玉裁所说:"于儒者应有之艺无弗习,无弗精",是"自古儒林"中一位很难有的"合众艺而精之"的学者。[1] 他在学术上多方面的成就,除了一些专著以外,主要体

---

[1] 段玉裁《潜研堂文集序》。

现在长年积累的笔记、序跋、书信、答问及其他文字中,最后集结为两部综合性的著作《十驾斋养新录》和《潜研堂文集》。"十驾斋"是钱大昕的书斋名,"养新"是他祖父书房上的题匾,寓有温故而知新的意思。为了表示不忘祖训,所以他把平生研习的心得,汇集为《十驾斋养新录》(以下简称《养新录》)一书(二十卷)。他从二十岁开始,读书有得,就写成札记,其内容包括经史子集各个方面,时间积累达五十年,最后将他们分门别类,编成一书,《养新录》编成后又有所得,再编成《养新余录》三卷。

钱大昕很赞赏笔记体形式的学术著作,曾经说:"自宋沈存中(括,著《梦溪笔谈》)、吴虎臣(曾,著《能改斋漫录》)、洪景卢(迈,著《容斋随笔》)、程泰之(大昌,著《考古篇》《演繁露》)、孙季昭(奕,著《履斋示儿篇》)、王伯厚(应麟,著《困学纪闻》)诸公穿穴经史,实事求是,虽议论不必尽同,要皆从读书中出,异于游谈无根之士,故能卓然成一家言,而不得以稗官小说目之焉。"[1] 他曾为洪迈和王应麟编撰了年谱。说明他对洪、王二人的著作不仅是赞赏,而且还对他俩的生平和著述曾做过深入的研究。

据钱大昕的曾孙庆曾说:《养新录》是"仿顾氏《日知录》条例"编成的。可见顾炎武的《日知录》对他的著述产生过直接的影响。虽然《养新录》概不涉及经世时务,为学术而学术,不无逊色;然而,当时在学术上能全面继承顾炎武,在精深方面甚至可说超过他的,恐怕也只有钱大昕。这两书虽然是读书札记的汇编,但并非信手抄书之作。梁启超说:"钱大昕发明古无轻唇音,试读《十驾斋养新录》本条,即知其必先有百数十条之初稿札记乃能产出。故顾氏(炎武)谓一年仅能

---

[1] 《潜研堂文集》卷二五《严久能娱亲雅言序》。

得十余条,非虚言也。……欲知清儒治学次第及其得力处,固当于此求之。"[1] 后代学者常将《日知录》和《养新录》并提,实际上是承认这两书为最杰出的综合性学术著作。学者钱仪吉也盛赞钱大昕是"继亭林后此一人"。[2]

钱大昕的另一部综合性学术著作是《潜研堂文集》(以下简称《文集》)。他在乾隆三十二年(1767)告假回家时,买到了嘉定城内孩儿桥弄的住宅,名其堂为"潜研",所以他的诗、文集都冠以"潜研堂"三字。文集一般多是古人的应酬文字,其中杰出的可以看成是散文佳作,因此常将文集纳入文学的范围。钱大昕却认为,"夫道之显者谓之文,六经子史皆至文也。后世传文苑,徒取工于词翰者列之",失去了文以传道的作用。[3] 在他五十卷的文集中,除个别应酬文字外,其余论、说、答问、辨、考、杂著、记、序、记事、题跋、书信、传、碑、墓志铭等,无不贯穿经史,避免空泛浮词,力求字字有据,将文集也变成纯学术性的论著,"中有所见,随意抒写,而皆经史之精液"。[4]

以《文集》中答问十二卷、书信四卷为例,对象具名的多是当时知名学者,所提的问题方面很广,要一一做出答复,必须有高出一筹的学识。在答疑的论述中,他都能精确地援引资料,进行透彻的分析,做出精辟的结论。

《养新录》和《文集》的具体内容很难一一列举,只能在下文涉及的各个学科时分别举例评述。

1　梁启超《清代学术概论》,45页。
2　《竹汀钱先生象赞》,《衍石斋纪事稿》卷九。
3　《潜研堂文集》卷二六《味经窝类稿序》。
4　段玉裁《潜研堂文集序》。

二

经学方面。乾隆初期,惠栋、沈彤等人在苏州倡导经术,钱大昕肄业于紫阳书院时,也接受了惠栋等人的影响。后来入京,供职翰林,见识更宽,学问大进,在前人的基础上,将经学研究又推进了一步,成为乾嘉经学大师之一。由于他把精力分散到史学及其他各个学术领域,因此,他生前没有出过一部专攻经书的著作。他的《唐石经考异》(十三卷)和《经典文字考异》(三卷,钱侗增订)两书,主要是经文的校订。有关经学的精辟论述,散见于《养新录》和《文集》之中。江藩的《汉学师承记》具体地列举了他对诸经的突出见解,范围非常广泛,称他"不专治一经,而无经不通"。王昶也认为这些见解"皆说经家所未尝发者"。[1]

钱大昕推崇顾炎武、阎若璩、惠士奇等人"研覃经训,由文字、声音、训诂得义理之真";认为"诂训必依汉儒,以其去古未远"。[2] 这种观点在清代已形成一代学风,被称为"汉学",而与专重义理的"宋学"相对立,惠栋等机械地标榜以汉儒为师,声称"汉经师之说……与经并行","古字古言非经师不能辨,……是故古训不可改也",[3] 墨守许慎《说文解字》和郑玄等人的注疏。如王引之所说:"见异于今者则从之,大都不论是非。"[4] 钱大昕则不然,提出:"以古为师,师其是而已

---

[1] 王昶《春融堂集》卷五五《詹事府少詹事钱君墓志铭》。
[2] 《文集》卷二四《臧玉林经义杂识序》。
[3] 《皇清经解》卷三五九《九经古义述首》。
[4] 《焦氏丛书》卷首《王伯申手札》;王引之《与焦理堂书》,《王文简公集》卷四。

矣,岂陋今荣古异趣以相高哉?"[1] 相反,他不专守汉儒家法,不主张墨守注疏,还历史地肯定了宋儒的义理之学,指出"当宋盛时,谈经者墨守注疏,有记诵而无心得。有志之士,若欧阳氏、二苏氏、王氏、二程氏,各出新意解经",具有力图矫正"学究专己守残之陋"的意义。他所反对的,只是"元明以来,学者空谈名理,不复从事训诂、制度、象数,张口茫如"的敷衍附会之说。[2] 因此,他治经侧重于经部的小学方面,对文字、音韵、训诂学做出了贡献。

经书在古代被尊为垂型万世的圣经。唐宋以来,儒生熟读经书,可以应科举做官。读经而又能推演经义、著书立说,自诩为接孔孟道统之传,则有可能死后从祀孔子庙庭,修史时列入道学列传。这都是儒生向往的道路。钱大昕通过科举入仕,又生逢经学大盛之时,当然不会忽视读经和治经。不过,他尊崇经书,但反对贬低史学,针对"陋史而荣经"的看法,提出"经与史岂有二学哉"的质问,指出《尚书》《春秋》就是史,而《史记》《汉书》"其文与六经并传而不愧"。他揭穿道学家指责"读史为玩物丧志""令人心粗"等说法,只不过是他们掩盖自己的空疏浅薄的借口;并揭穿这类"元明言经者,非剿袭稗贩,则师心妄作,即幸而厕名甲部(经属甲部,史属乙部),亦徒供后人覆瓿而已,奚足尚哉?"[3]

---

[1] 《文集》卷二四《臧玉林经义杂识序》。
[2] 同上,卷二六《重刻孙明复小集序》。
[3] 《廿二史札记序》。

三

钱大昕将自己毕生的主要精力从事史学，就是他反对"陋史而荣经"的思想的具体表现。而这种思想的形成是与他所处的社会环境和家庭教养分不开的。他刚刚五岁，祖父王炯就一面教他读经，一面趁闲暇时给他讲前代故事，并详悉指点，要求做到记忆不忘，这样一直坚持了十年之久。十八岁时，他应聘到坞城顾氏家塾授徒，利用早晚教学的空闲，读完了主人家藏的《资治通鉴》和不全的"二十一史"，"始有尚论千古之志"。读过李延寿的《南北史钞》，乃摘录故事为《南北史隽》一册，开始学习著书。几年以后，他就学于紫阳书院，院长王峻教以读书当从经史开始，认为他"尚可与道古"。他后来也说："予之从事史学由先生进之也。"[1] 同学后又同官的王鸣盛、王昶皆有同好，他们互相启迪，坚定了毕生潜研史学的志趣。

越出儒家偏重治经的界限，开拓史学研究的新领域，是钱大昕有别于乾嘉其他学者的特点。元明讲经者贬低史学，造成"说经者日多，治史者日少"的现象。乾隆时考据经书的学者蜂起，钱大昕不以为然，曾经说："自惠〔栋〕、戴〔震〕之学盛行于世，天下学者但治古经，略涉三史，三史以下，茫然不知，得谓之通儒乎？"戴震曾对人说："当代学者吾以晓征为第二人"，而以第一人自居。为戴、钱的学术地位排列名次并没有必要，但戴的确不具备钱经史兼通的优点，所以当时学者并不同意戴自己的估价，认为"东原之学，以肆经为宗，不读汉以后书，若先生（钱大昕）学究天人，博综群籍，自开国以来，蔚然一代儒

---

[1] 《文集》卷二四《汉书正误序》。

宗也"。[1]

钱大昕反对经学中的空谈,也反对史学中的空谈,认为写历史应注重记载的全面和真实可靠,没有必要学什么春秋笔法,褒贬人物。他曾经说:"夫良史之职,主于善恶必书,但使纪事悉从其实,则万世之下,是非自不能揜,奚庸别为褒贬之词夹漈之?"[2] 尤其可贵的是,他已认识到了不能脱离历史人物所处的时代和当时的形势对他们提出苛求,批评有的人"空疏措大,辄以褒贬自任,……不叶年代,不撰时势,强人以所难行,责人以所难受,陈义甚高,居心过刻,予尤不敢效也"。[3] 所以他对欧阳修的《新五代史》也有微词,指出"其病正在于学《春秋》"。[4]

本着这种精神,钱大昕无意于效法前人,另起炉灶去写自成系统的著作以为个人的名山大业,而是将毕生大部分精力从事于订正史籍的讹误,补充应有的史实,阐释疑难,沟通史料之间的联系,使之条理贯串,为后来的读者提供方便。他认为应该尊重前人的成果,任何人"千虑容有一失",但"无妨全体之害",不能一笔抹煞。另一方面,又不应掩盖前人的错误,强调"史非一家之书,实千载之书,祛其疑乃能坚其信,指其瑕益以见其美",[5] 又说:"学问乃千秋事,订讹规过,非以訾毁前人,实以嘉惠后学。"[6] 在这种实事求是的思想指导下,钱大昕对历代史籍做了大量"拾遗规过"的工作。

钱大昕关于史学的作品,除了散见于《养新录》和《文集》中的论

---

1 江藩《国朝汉学师承记》卷三。
2 《文集》卷一八《续通志列传总叙》。
3 《廿二史考异序》。
4 《养新录》卷六《五代史》。
5 《廿二史考异序》。
6 《文集》卷三五,《答王西庄书》。

述外，集中汇辑在他的巨著《廿二史考异》（以下简称《考异》）中，这部书的完成，耗费了他毕生的心血。他年轻时就爱读史，做官以后就几乎专攻史学。《史记》以下各个朝代的正史，是保存历代史实最系统最完整的史书。几十年内，不论寒暑病痛，他都没有停止对它们的研究，有了心得，就写成札记。乾隆三十二年（1767），利用请假归家的空闲，将积累近二十年的笔记加以整理。以后每年又有增加，十五年后终于编成《廿二史考异》一百卷。嘉庆二年（1797）七十岁时，手校《金史考异》付刊，全书才得以出版。《考异》编成后，陆续又有所得，乃将有关《史记》《汉书》《后汉书》者编为《三史拾遗》五卷，其余《三国志》至《元史》编为《考史拾遗》五卷，死后由其弟子李赓芸刊行。

所谓二十二史，即在明末南北监本二十一史之外，增加《旧唐书》一种，比乾隆所定的二十四史只缺《旧五代史》和《明史》两种。《旧五代史》被欧阳修著新史所代替，久已失传。乾隆三十七年（1772）开四库馆以后，才从《永乐大典》中辑出，而《考异》已在三十二年（1767）着手编次，故未列入。但《考异》五代史各卷引用了《旧史》，可见后来辑出后他还是研究过的。《明史》是当时皇帝乾隆钦定的书，不能随意指陈其纰缪，故将它排除在《考异》之外。可是在《养新录》卷九及《余录》卷中，还有十三条是讨论《明史》的，其中几条至今仍是国内外史学界重视的课题，说明他对《明史》也是下过功夫的。

《考异》这种通贯全史的鸿篇巨制，可以说是前无古人之作，而是考据学处于极盛的乾嘉时代的历史产物。事非偶然，与《考异》同时，还出现了《十七史商榷》和《廿二史札记》两部通贯古今的著作。《十七史商榷》从书的体裁到研究方法都同《考异》类似。其作者王鸣盛，与大昕是总角交，又是他的妻兄。"幼同学，长同官。及归田，衡宇相望,奇文疑义,质难无虚日"。[1] 说明这两书的产生,是由于二人志趣相同,相互启发和策励的结果。《廿二史札记》的作者赵翼,与大昕同籍江苏,又曾同官翰林,归田后也出长书院,所著《廿二史札记》和《瓯北诗集》都请大昕作序,当然他们的著述有过相互交流和影响。

清人周中孚曾对《十七史商榷》做过这样的评价:"考证舆地典制,颇不减于竹汀,惟其好取事迹,加以议论,仍不免蹈前人史论之辙,且于宋、辽、金、元四史未及商榷,其书究难与竹汀抗衡。"[2] 宋、辽、金、元四史共九百五十七卷,比十七史(一千六百二十卷)的一半还多;《考异》涉及此四史有三十四卷,约占《考异》全书的三分之一。宋代以后,留传的文献汗牛充栋,正史中可考订的问题也相应增多,钱大昕能将其研究深入到如此广阔的领域,当然要付出加倍的劳动,相应地也做出了别人所未做出的贡献。《廿二史札记》善于归纳史料,用札记的形式提出问题,对读史者有很大启发,具有其特殊的价值。但就涉及的史料来说,此书仅限于引用正史本身的记载,而"不能繁征博采以资考订",[3] 就此而论,其难度较《考异》就要略逊一筹了。

除正史而外,钱大昕对编年史《资治通鉴》也做过研究。胡三省的《通鉴注》贡献很大,但疏误处也不少,他摘取其中一百四十余条加以辨正,编成《通鉴注辨正》二卷。

《考异》是按二十二史的先后,各史又按卷次顺序逐条考订的。由于正史纪、志、表、传的内容几乎是无所不包,他也就无所不考。这不仅要通读经史子集各种文献的史料,而且要掌握当时所有的各学科的知识。这些知识有助于他去解决史籍中各方面的难题;而对各

---

[1]　《文集》卷四八《西沚先生墓志铭》。
[2]　《郑堂读书记》卷三五《二十二史考异》条。
[3]　同上。

方面的问题进行深入而系统的探讨,又使他成为各种学科的专门大家。段玉裁介绍他的学术成就时曾具体指出:"凡文字、音韵、训诂之精微,地理之沿革,历代官制之体例,氏族之流派,古人姓字、里居、官爵、事实、年齿之纷繁,古今石刻画篆隶可订六书,故实可裨史传者,以及古《九章算术》,自汉迄今中西历法,无不了如指掌。"[1] 为了评介的方便,以下准备按此说法,分为文献目录、文字、音韵、训诂、地理沿革、典章制度、氏族、年谱、金石、历法天算等学科,评述他在史学上的成就。

四

我国古代典籍极为丰富,除史部以外,经、子、集各部的书,也大多直接或间接可作为史料利用。所以,博览多识是治史的先决条件。钱大昕供职翰林,有机会接触馆阁的图书;又生逢四库开馆之时,天下奇书得以集中,为学者提供了前人所没有的条件。他本人虽不以藏书著称,但也嗜好"聚书"。由于他晚年已成为当代学术泰斗,大藏书家卢文弨、鲍廷博、黄丕烈等,都愿将所藏珍本请他题跋鉴定,供他浏览抄录。从他的著作提到的书名看,今天也很少有几个图书馆收藏齐全,其涉猎之广实在惊人。

要从上下数千年浩如烟海的文献中理出头绪,掌握各类文献史料的特点,并能充分利用,就必须精通目录之学,也就是他所强调的"史学当究流别"。以《文集·答问十》一段概述为例,几百字就清晰

---

[1] 段玉裁《潜研堂文集序》。

地勾划出了古代图籍的分类和发展源流。《汉书·艺文志》和《隋书·经籍志》是古代文献的两次大集结,他在《考异》中都做过研究。以后的《旧唐书·经籍志》,《新唐书》《宋史》的《艺文志》,他也都做过考订。宋明时的《崇文总目》《郡斋读书志》《直斋书录解题》《文渊阁书目》《菉竹堂书目》,他都分别做过评论或写了跋语。说明他不仅读传世的书,而且也谙熟历代曾有过的文献。例如,《三国志》(吴志·吕蒙传、孙峻传)等书提到"三史",经他考订是指《史记》《汉书》和《东观汉记》。理由是:继《汉书》之后,记后汉史虽有十余家,然三国时只能看到东汉末年刘珍等所著的《东观汉记》,因而非此莫属。相形之下,《十七史商榷》有三条涉及"三史",但都是说法游移,考订不实。由此也可看出钱大昕熟悉古文献的程度。

正史中《元史》没有《艺文志》,钱大昕为此补作了一部专著,使后人对元朝一代文献,不论存佚与否,都可以得到全面了解。前人的著作中,如焦竑的《国史经籍志》、黄虞稷的《千顷堂书目》、倪灿的《补辽金元艺文志》、王圻和清官修的《续文献通考经籍考》、朱彝尊的《经义考》也做过类似的工作。他吸取了其中有益的成果,也纠正了他们的错误:有一书两见的,有将同一书的著者和作序者都看成作者分成两书的,有因书名错字将一书分为二的。书的作者,有误宋人为元人,元人为宋人的;作者或有二名,或一处署名一处署字,或译名不同,而误分为两人的。由此可见,他比一般目录学家高明得多。由于他熟悉当代历史,故能将他们的错误一一改正。

仅就元代文献来说,他写过札记、题跋和引用过的书,其范围之广到今天也是很难超过的。在各图书馆的善本中,经他手跋的书常可看到。他读过的《东平王世家》等书,现在已经失传。由于他精熟元代历史文献,所以对史籍的价值往往能做出独具慧眼的鉴定。如

《元朝秘史》是研究元史和蒙古史的头等史料,明初从蒙古文译出后,几百年无人问津。《四库全书总目》只是因介绍孙承泽的《元朝典故编年考》才附带提到它录有此书,但认为"所记大都琐屑细事,……未足尽以为据",因而摒弃于《四库》和存目之外。钱大昕则相反,肯定说:"论次太祖、太宗两朝事迹者,其必于此书折衷。"[1] 再如《长春真人西游记》,前人只在《南村辍耕录》中见过书名,有人误以为就是吴承恩的《西游记》。他从《道藏》中发现此书,即断定它"于西域道里风俗颇足资考证者",于是经他抄出,得以流传。[2]《四库全书》将《元典章》和《圣武亲征录》都摒入存目,评价也很低,认为前书"所载皆案牍之文,兼杂方言俗语,……不足以资考证",认为后者"序述无法,词颇蹇细"。钱大昕则认为《亲征录》"虽不如《秘史》之完善,而元初事迹,亦可稽以考证"。[3] 对于《元典章》,他初到京师时就积极访求,十年后才从友人处得到家藏抄本,自称"如获百朋"。[4] 这几种书都是研究元史最基本的史料,通过钱大昕的发掘和表彰才流传开来。以后一百多年中,吸引了国内外一大批学者相继投身于这几部书的研究、校勘和注释工作。

五

钱大昕说:"六经皆载于文字者也,非声音则经之文不正,非训诂

---

[1] 《文集》卷二八《跋元秘史》。
[2] 同上,卷二九《跋长春真人西游记》。
[3] 《养新录》卷一三《圣武亲征录》。
[4] 《文集》卷二八《跋元圣政典章》。

则经之义不明。"[1] 诸史同样是见于文字,首先也要懂得字义和读音才能理解史文。钱大昕十岁时就随祖父学训诂音韵,受过严格的文字训练,"于四声清浊辨别精审,不为方音所囿",对于"字之偏旁,音之平仄,无少讹混"。他祖父曾说:"此子入许〔慎〕、郑〔玄〕之室无难也。"[2] 入官京师后,曾协助尚书秦蕙田编校《音韵述微》,除兼详字音字义外,又纂入了字书不收的今义今音。他还自编《声类》四卷,收集了以声分类的资料。又取流俗习用的恒言常语,分类编为《恒言录》一书。他的精粹研究成果主要分散在《养新录》《文集》和《考异》诸书中。段玉裁是乾嘉时的古文字学、语言学大师,也盛赞他洞悉"文字、音韵、训诂之精微",说自己曾"时时过从请益",谦称"后学",由此也可知他造诣之深。钱大昕用这些治经的过硬的基本功夫来治史,因而取得了过人的成就。

  文字的考订是《考异》的一大特色,《养新录》卷四也大多是谈文字。他熟悉《说文解字》以下的各种字书,并能用"古今石刻画篆隶"以"订六书",随便举几个例子,就可以看出他是何等的细致和精到。例如,校勘学家卢文弨对《风俗通义·愆礼篇》"徐孺子负笱丼……"一句,不知"笱丼"二字何义,向他请教。他根据《史记》和《说文》的记载,肯定是"算"字之误。因为"算"同"匴",是一种竹器名,误将它上下分开成两字,所以就无法解释了。[3] 又如,《晋书》有郤虑、郤鉴,后刊的《晋书》改为郗。他指出卷五二有《郤诜传》,"郤"从谷,汉隶从谷旁,或变为丞,故郤作郤,读绮戟切(在入声二十陌),姓出济阴、河

---

1 《文集》卷二四《小学考序》。
2 《钱辛楣年谱》;《文集》卷五《先大父家传》。
3 《养新录》卷一四《风俗通义》。

南二望。郤从希,读丑饥切(在上平声六脂),姓出山阳、高平。两字形声皆有别,故不能混而为一。[1] 再如元代大书法家康里人巙巙,《元史》本传及它处皆误作巎。钱大昕读元刊《石田集·寄猱子山诗》,断定此人名应作巙。因猱、猭、巙同音,都是一名不同的译音,子山是他的字。而巙从夒,读葵,从细微差别校正了《元史》的讹误。[2] 一个半世纪以后,美国学者还为此写了专题论文。[3]

钱大昕不只认正规的字,也留心不正规的字,如唐石经俗体字、宋时俗字、地方特用字都很留心。如《元丰九域志》和《宋史·地理志》秦州下有牀穰堡。"牀"字他查遍字书未见,后读唐释玄应《一切经音义》,知《大般若涅槃经》中有此字,读忙皮反(mi),即糜字,乃关西人的叫法。[4]

在音韵学方面,他认识到"声音与时变易"的规律,[5]因而对古音做了深入的探讨,除古韵而外,首先开拓了古纽的研究,提出了"古无轻唇音""古无上舌音"等卓越见解,经过历史的考验,已成为现代语言学公认的理论。他还能根据语音的变化规律,解释史籍中的疑难,如非汉语的专名异译甚多,修史者常闹出一人两传、一地二置的笑话。但他很少为这种现象所迷惑,并能做出科学的解释。如《晋书》中的"秃髪",他根据自己发明的"古无轻唇音"的理论,指出:"即拓跋之转,无二义也。古读轻唇音为重唇,髪从发得声,与跋音正相近。"就是说古音读 f 为 b,故发(fa)读为跋(ba)。同书中的赫连勃勃,在《宋

---

[1] 《养新录》卷一二《郄郤二姓相混》;《考异》卷二一。
[2] 《养新录》卷一四《石田集》。
[3] F. W. Cleaves, "K'uei-K'uei or Nao-Nao?" *Harvard Journal of Asiatic Studies*, Vol.10, 1947, pp.1~2.
[4] 《养新录》卷四《牀》。
[5] 《养新余录》卷上《古今音异》。

书》中则作"佛佛",由于同一道理,佛今天读为 fo,但古读为 bo,故与勃同音。[1] 这种运用语言学考订译名的办法,正是近代资产阶级东方学家所采用的科学考据方法。由于他懂得汉字读音的规律,又熟悉史实,所以在考订元代人名、地名、氏族和制度的专名时,对译名的统一和区别做了不少有益的工作。

史文的训诂对正确理解文义和校勘讹误非常重要。钱大昕不但熟悉字、词的本义,也熟悉历史典故,对于奇文难义,常能数语道破。如元太宗时汉军三万户是一个引人注目的问题,姚燧《牧庵集》中有一段史料常被人引用,其中"顾成则益太尉史忠武公天泽为……万户居中",他解释说:"顾成谓太宗也。盖用《汉书》贾谊语。"[2] 可惜引用者多忽略了他的训释,根本不懂"顾成"是什么意思,几乎标点全错。

所谓训诂,本来只限于解释古籍中汉文词句的意义,钱大昕则连他不懂的少数民族语言也不放过。他从元代文献中搜集了蒙古、畏吾儿语的资料,附有音译和词义的解释,按颜色、数目、珠宝、人体、物类等分类编了一篇小词汇。[3] 由于他平日留意,所以每遇到元代文献中的蒙古语词,都能做出恰当的解释。

六

钱大昕提出:"史家所当讨论者有三端:曰舆地,曰官制,曰氏

---

[1] 《考异》卷二二;《养新录》卷五《古无轻唇音》。
[2] 《养新录》卷九《太宗三万户名不同》;《诸史拾遗》卷五。
[3] 同上,卷九《蒙古语》。

族。"[1] 由于人类历史是在一定地域内演进的,而每个地域又随着历史的发展而发生变化,因此他把"舆地"列为史家所当重视的第一端是有道理的。他认为"读史而不谙舆地,譬犹瞽之无相也",因而毕生"留意方舆之学"。[2] 他虽然没写过关于舆地的专著,但从他所写的札记和跋语看,几乎读遍了当时所能得到的明以前的地理总志和方志。他在翰林院任职时,曾参与过《热河志》和《一统志》的编纂。告老以后,又先后受鄞县、长兴地方官的邀请,担任过两县县志的总纂。

钱大昕在《考异》中对历代《地理志》的考订做了大量的工作。他认为"史之难读",地理沿革的"今昔异名,侨置殊所"也是一大难题,不只是读史的人不易弄清楚,甚至修史的人也经常搞错。尤其是《元史·地理志》,他指出其中有关各地今昔异名的沿革,由于"明初修史诸臣昧于地理",几乎"涉笔便误"。

例如,唐玄宗天宝年间曾一律改州为郡,十余年后又恢复了州名,而《元史》中称"滑州,唐改灵昌郡";"武昌路,唐初为鄂州,又改江夏郡",随意删去了乾元元年(758)以后又改郡为州的事实。宋代的每州之下,又附有郡名,以为王公封爵之用,州仍是实际的地方建置。《元史》将徒有虚衔的郡误认为是一级地方建置,往往写成:"霸州,宋升永清郡";"蓟州,宋为广川郡"。这两种写法,等于一笔勾销了唐、宋两代这些州的存在。

再如,宋朝的州分四等,即节度(三品)、防御、团练(皆四品)、刺史(又称军事,五品)。金仍宋制,无团练。诸州由军事、团练、防御升节度,则要另加军名,如兖州又称泰宁军。这只表示州官品级的提升。

---

1 《文集》卷二四《二十四史同姓名录序》。
2 同上,卷二四《二十四史同姓名录序》《东晋南北朝舆地表序》《东晋疆域志序》。

《元史》却错误地看成是地方建置的改变,如:"冀州,宋升安武军";"解州,金升宝昌军";"滑州,宋改武成军"等,本来是指由刺史、防、团升为节度使军,而《元史》的写法意味着州已不存在了。又如记单州,说"宋升团练州",把"团练"错看成州名,更是可笑。[1]

"侨置殊所"也是地理沿革中的特殊问题。东晋南渡后,侨置徐、兖、青诸州于江淮间。刘裕灭南燕,次第收复青、徐、兖故土,乃立北青、北徐、北兖州治之。刘裕称帝后,又诏除北加南字。《晋书·地理志》记载错误不少,诸如南边诸州何时侨置?何时有南北之分?何时只称北?何时只称南?侨置何地?某郡应属何州?这些问题,他都能一一精确更正。

七

钱大昕以为史家所当讨论的第二端是官制。由于自秦汉以来,我国是一个高度中央集权的封建专制国家,从中央到地方,建立了一整套官僚机构,随着朝代的更迭不断变化和发展,其名目之繁多,组织之严密,实封建时代世界上所仅有。诚如他所说,要弄清这两千年"沿革迭代,冗要逐时"的官制,"良非易事"。与此相应,历代还有一套繁琐、复杂的典章制度,这都是治史者必须注意的。

钱大昕初入翰林院,即应尚书秦蕙田的邀请商订《五礼通考》。此书共二百六十二卷,按《周礼》吉、凶、军、宾、嘉五礼创五门七十五类,取历代典章制度能附会于五礼的一律编入,实际上是一部历代典

---

[1] 《考异》卷八八至八九;《养新录》卷九《元史不谙地理》。

制的专史。以后他又相继任《续文献通考》和三通馆纂修官,曾分修田赋、户口、王礼三考,草拟《续通志》凡例。由于他多年从事这类工作,故能将历代典制上下贯串,阐发自如。

《考异》中有关官制的比重不大,不及《十七史商榷》着重于典章故实。《养新录》卷十和《文集》卷十二、十三大多为官制的研究,考订尤为精审。《考异》只就各史正文加以考据,后者则能将各代官制上下贯串,不论是中央或地方官,都能阐明其源流和变化,说明不同时期的官称、职能和作用,何为实职,何为虚衔,都剖析得清清楚楚。钱大昕推崇袁枚"研精史学",洞悉"古今官制异同之故",袁枚曾有三封信同他讨论官制,涉及唐宋"检校、兼、守、判、知"和"行、守、试"等官称谓,以及汉至元地方官称谓等问题。[1] 金毓黻对他的回答评价说:"援引精确,分析入微,为前人论史书中所罕见。"[2]

元朝是少数民族统治者建立的王朝,有不少特殊的制度,其性质和作用不容易被人了解。钱大昕尽量收集资料,对斡耳朵、中书省宰辅、四怯薛、投下、元初三万户、探马赤五部将、太宗时的"十路征收课税使"、世祖中统元年(1260)所立的"十路宣抚司"、达鲁花赤等重大问题都做过探讨。直至今日,这些问题仍一再被元史学者提出讨论。

八

由于我国长期处于宗法制的封建社会中,每个人都有自己的姓

---

[1] 《文集》卷三四《答袁简斋书》等。
[2] 金毓黻《中国史学史》,257页。

氏,注重家族的渊源,所以钱大昕把氏族也列入史学所当讨论的三端之一,强调谱牒之学也是史学,可以"与国史相表里"。[1] 魏晋六朝取士专看门第;唐朝虽开科举,士子就试已无流品之分,但唐初敕修《氏族志》,欧阳修创《新唐书·宰相世系表》,说明世家大族尚有影响。当时姓分大姓小姓,同姓又分不同郡望,这种差别决定了人们的政治和社会地位,因此读史对此不能忽视。例如他在《养新录》卷十二《郡望》条,列举朱、张、顾、陆、金、汪等姓不同郡望,所祖何人;在《文集》卷二六《棠樾鲍氏宣忠堂支谱序》叙述唐之裴、李、崔、卢、韦、陆等大姓各房各支;都有本有末,历历如数家珍。《考异》运用这种知识考订正史,所获甚多。

钱大昕说:"氏族之当明者,但就一代有名之家,辨其支派昭穆,使不相混而已矣。"他举唐、宋、元史由于不明氏族,出现了不少混乱:"有一人而两传,若唐之杨朝晟,宋之程师孟,元之速不台、完者都、石抹也先、重喜者矣;有非其族而强合之,若《宋纪》以余晦为玠子者矣;有认昆弟为祖孙,若《元史》以李伯温为毂子者矣。至于耶律、移剌本一也,而或二之;回回、回鹘本二也,而或一之。氏族之不讲,触处皆成窒碍。"[2] 他鉴于史籍中同姓名的甚多,容易混淆,乃分别汇集了汉、晋、唐、宋同姓名、同号的人,以供读史时参考。汪辉祖在他的启发下,加以扩大,著《史姓韵编》《九史同姓名略》《三史同名录》等,成为很有用的工具书。

元朝任官,一般以蒙古、色目人为长贰,中书省、御史台、枢密院的长官,必须由功臣世家子弟充任,类似六朝的门第。他们虽然属不

---

[1] 《文集》卷二六《钜野姚氏族谱序》《吴兴闵氏家乘序》。
[2] 同上,卷二四《二十四史同姓名录序》。

同氏族,但平时只称名,不带姓氏,故史籍中的人物同名者甚多,"非以氏族晰之,读者茫乎莫辨"。钱大昕仿《新唐书·宰相世系表》,汇集世系可考的家族作《元史氏族表》。此表从起稿到完成,前后近三十年,取材于正史、杂史以外,兼及文集、题名录、碑刻等各种史料,凡蒙古、色目有族姓可考的,皆顺序胪列。似异而实同的,则加以厘正;同一族姓之下,每支按世系分列成表,使读者一目了然。[1]《元史新编》《新元史》皆袭用此表,成为全书"不可少之子目"。

钱大昕说:"读古人之书,必知其人而论其世,则年谱要矣。"[2] 前面谈到他对洪迈、王应麟的著作甚为敬佩,曾钻研过他们的著作,并从中采摭资料编成《洪文惠公(适)年谱》《洪文敏公(迈)年谱》《深宁先生年谱》。他在紫阳书院肄业时就以作诗著名,与王鸣盛等人有江左七子之称,沈德潜认为不下于嘉靖七子。所以他也给南宋大诗人陆游作《陆放翁年谱》,给嘉靖七子之首王世贞作《弇州山人年谱》。王世贞著作繁富,是明代少有的实学之士,《年谱》是据其巨著《弇州山人四部稿》《续稿》等书采编,是一部学术性的年谱。

洪遵著《翰苑群书》,包括唐宋翰苑遗事共十二种,搜集了唐宋学士题名的丰富资料。钱大昕根据《永乐大典》的佚文、正史、杂史和文集,补写成《唐学士年表》《五代学士年表》《宋学士年表》各一卷。此外,《考异》卷八三《宋奉使诸臣年表》为近人作《交聘表》奠定了基础。《养新录》四川宣抚、四川、沿江、两淮、京湖制置等条,是对研究南宋史很有用的宣抚、制置年表稿。

钱大昕选择古今有功经史的学者,凡生卒年寿可考的,按先后编

1　《元史氏族表》序及后记。
2　《文集》卷二六《郑康成年谱序》。

为四卷,包括郑玄至戴震共三百余人,取《左传》"有与疑年,使之年"的意思,书名《疑年录》。这是他六十周岁时短期内编成的,仅备遗忘时便于检阅,所以比较粗略。但历代名儒生卒年寿,一查就可知,非常方便。继此书之后,不断有人作续、补以及三至六续《疑年录》,进而发展为近人陈垣的《释氏疑年录》和姜亮夫的《历代人物年里碑传综表》。由此可见,他创造《疑年录》这种体裁有多大的用途和影响。此外,《考异》等书对单个人物的姓字、里居、官爵、事实、年齿还做了大量的考订。

九

自从宋朝欧阳修著《集古录跋尾》,赵明诚著《金石录》,洪适著《隶释》,开创了金石之学。以后大体可分为两家:"或考稽史传,证事迹之异同;或研讨书法,辨源流之升降。"明清文人收藏金石拓片,多注重后者。乾嘉考据之风大盛,着眼于证史的渐多。钱大昕说:"金石之学,与经史相表里","欧、赵、洪诸家,涉猎正史,是正尤多。盖以竹帛之文,久而易坏,手抄板刻,展转失真,独金石铭勒出于千百载以前,犹见古人真面目,其文其事,信而有征,故可宝也。"[1] 即把金石文字看成比书本记载更直接、更原始的史料。当时收藏家著录往往至唐而止,但他认为:"欧、赵之视唐、五代,犹今之视宋元明也。……故予于宋元时刻,爱之特甚。"[2] 他扩大金石的收藏是同扩大考史的范围

---

1 《文集》卷二五《郭允伯金石史序》《关中金石记序》。
2 同上,卷二五《金陵石刻记序》。

相结合的,起到了相辅相成的作用。

乾隆二十一年(1756),钱大昕因参加编纂《热河志》,曾以当地所得石刻,充实了志书的内容。次年,他于翰林院公事之暇,常去琉璃厂书市,购得汉唐石刻二三百种,晨夕校勘,证以史事,然后写成跋尾。从此他收罗金石拓片成癖,通过外出任官和自己旅行,或亲自采访椎拓,或托人四处搜罗,前后数十年,共得拓片二千余通,编成《潜研堂金石文字目录》八卷,后又以生平所见碑刻家中未有者三百余种编附录二卷。又陆续刊行《潜研堂金石文跋尾》六卷、二集七卷、三集六卷、四集六卷。他的遗稿有日记六十卷,有人从中摘取所见古书、金石及书院策文编成《竹汀日记钞》三卷。乾隆五十二年他去宁波,登天一阁,观范氏所藏金石刻,编《天一阁碑目》二卷。

顾炎武著《金石文字记》,搜集汉以来碑刻,以时代为次,每条各附以跋,颇能"证据今古,辨证讹误"。《跋尾》与顾书相仿,但是同《考异》同时进行,故能"横纵钩贯,援据出入……以治金石,而考史之精博,遂能超轶前贤"。[1] 金石学也是乾嘉时勃兴的学科,他的同学老友、《金石萃编》的编者王昶,曾一一列举当时各有专著的"海内同好"同钱大昕比较,承认他"最熟知历代官制损益、地理沿革、以及辽金国语、蒙古世系,故其考据精密,多有出数君之外"。[2]

1 　王鸣盛《潜研堂金石文跋尾序》。
2 　王昶《春融堂集》卷五五《詹事府少詹事钱君墓志铭》。

十

年代学是史料学的重要辅助学科,专门研究纪年(包括月、日、时)的方法,而年、月、日、时的确定又与当时的历法有关,历法的制定又必须具备天文、数学等自然科学的知识。钱大昕以特赐举人进京,就开始与吴烺、褚寅亮两同年讲习算术,攻读历算家梅文鼎以及西方传教士利马窦、汤若望等人的著作,钻研御制《数理精蕴》和欧洲测量弧三角诸法,几乎达到废寝忘食的地步。用这些知识再读历代正史的天文律历志,从容布算,进而掌握了古今推步的道理。礼部尚书何国宗领钦天监事,精于推步,也自认为不及大昕,常找他讨论中西各家之学。法国人蒋友仁以《地图说》进献,他曾奉旨与何国宗润色译文,名《天球图》。

阮元称钱大昕的天算之学"实能兼中西之长,通古今之奥。故上自《三统》《四分》,下迄《授时》《大统》诸家之术,并深究本原,各有论说"。[1] 这些论说,散见于《考异》《养新录》及其《文集》中,对于史书中有关岁星和太岁纪年、天干地支、置闰、定朔、计时以及薄蚀凌犯,进退强弱的差别,他都能"指掌立辨,悉为抉摘而考定之"。[2]《汉书·律历志》中的《三统历》是完整地保存于史志中最早的历法,此后行用的历法共有几十家,都是根据它的推步术而不断改进和发展的。钱大昕鉴于它"传本错谬,术文简奥",乃决心从事研究,疏通疑难,阐明大意,刊正脱误,共成《三统术衍》三卷,使"二千年已绝之学,昭然若发蒙"。[3]

---

[1] 《三统术衍序》。
[2] 王昶《春融堂集》卷五五《詹事府少詹事钱君墓志铭》。
[3] 《清史列传》卷六八《钱大昕传》。

旧历闰几月和每月大小并不固定,读史时很不方便。钱大昕取宋、辽、金、元史及当时的各种记载互相参订,解决了哪年闰,闰几月,朔日是何干支等难题,编成《宋辽金元四史朔闰考》二卷,经他族侄钱侗增补后刊行。

十一

乾嘉经学家多不读汉以后书,钱大昕则通贯全史,尤以宋辽金元四史超越同辈。《宋史》多达近五百卷,学者多苦于冗繁难读,而南宋末年事又多缺略。辽、金、元是少数民族统治者建立的王朝,其特有的语言、制度很难理解,人、地等专名佶屈难记。元代的基本史料《元秘史》和《元典章》连文字训诂学家也为之束手,因而更少有人问津。钱大昕曾说:"能为于举世不为之日者,其人必豪杰之士也。"[1] 可能是出于这种想法,"生平于《元史》用功最深"。[2] 他自称在馆阁时,感到《元史》冗杂漏落,潦草尤甚,准备仿效范晔、欧阳修重编《后汉书》《唐书》的例子,重修《元史》。先改定目录,或删或补,已按次序起草,但来不及完成。归田以后,就停止了这项工作。他的弟子黄锺说:"稿已数易,而尚未卒业。"[3] 另一种说法是,由于《元史》已经乾隆钦定为二十四史之一,"恐有违功令,改为《元诗纪事》"。[4] 然而《潜研堂全书》所列已刻未刻书目,都没提到《元史稿》和《元诗纪事》。但到清

1　《文集》卷二六《重刻孙明复小集序》。
2　段玉裁《潜研堂文集序》。
3　以上见《元史艺文志》序及后记。
4　《国朝汉学师承记》卷三。

末，郑文焯的《国朝未刊遗书目》有钱大昕《元史稿》一百卷，日人岛田翰《访余录》也提到钱氏手写《元史稿》残本二十八册，缺卷首至二十五。陈揆《稽瑞楼书目》有《元诗纪事》抄本二册，《新修嘉定县志》有钱侗等增补的《元诗纪事》五卷，说明这两部书稿到清末还存在。

《元史稿》今已失传，但从他对《元史》的评论可看出他已抓住了症结，故其新作定能弥补大部缺陷。钱大昕认为"史为传信之书"，着重从不足以传信指出《元史》两大缺点：其一是"事迹舛误"，其二是"不详不备"。关于"事迹舛误"，《考异》（占十五卷）、《拾遗》已逐条纠正。至于"不详不备"，所补《艺文志》和《氏族表》的确是切实有用，其余则可从他的评论文字中了解其编写意图。

章学诚说："《元史》二百十卷，而纪、志先去其百，不待观书而知其无节度矣。"[1] 这种不观书的形式主义评论实在可笑。钱大昕评价一本书，则着重它的内容。如谈到《宋史》时，曾说"世人读《宋史》者，多病其繁芜，予独病其缺略，……繁者可省，缺者不能补也。"[2] 所以他并不指责《元史》纪、志繁芜，对本纪只提出了"叙事多重复"的意见；对志、表的意见恰恰是"病其缺略"。因为第一次开局时，志、表是根据《经世大典》，故止于文宗朝；第二次开局，历法、礼乐、舆服、选举、兵、刑等志毫无增补，而把乐章附于祭祀，选举附于百官，地理志仅增入两条；"宰相表或有姓无名，诸王表或有封号无人名"。这些疏漏，对任何史籍也是不能容许的。

对于列传的批评，主要是该有传的无传。如"开国功臣首推四杰，而赤老温无传"；"尚主世胄，不过数家，而郓国亦无传，太祖诸弟，

1　章学诚《章氏遗书外编》《信摭》。
2　《文集》卷二九《跋三山志》。

止传其一,诸子亦传其一,太宗以后,皇子无一人立传者"。世祖以后,"丞相见于表者五十有九人,而立传者不及其半"。如"塔察儿、和礼霍孙至元之良臣,旭迈杰、倒剌沙泰定之元辅,而史皆失其传"。因此他曾说:"予尝病《元史》于宰辅多不立传,欲博考它书次第补之。"[1] 此外,他也指出"鲁、昌、赵、高昌诸王及释老、外国诸篇皆阙顺帝一朝之事"。顾炎武、朱彝尊已列举列传有重复的现象,他又举出昂吉儿、重喜、阿尤鲁、谭澄等人。从今天的观点看,为了提供一部完整、系统和准确的史料,改正上述缺点也是必要的。

《四库全书总目》(卷四六)批评《元史》"不合前史遗规",章学诚指责它"无节度",这都是封建史学的教条,实际上无关宏旨。钱大昕反而在个别地方赞赏《元史》破坏了"前史遗规",他曾说:"诸史每传之后,复为论赞,惟《元史》无之。夫良史之职,主于善恶必书,但使纪事悉从其实,则万世之下,是非自不能揜,奚庸别为褒贬之词夹漈之?不载论赞,允为有识。"[2] 由于他研究元史有多年的实际体会,深知编写《元史》应具备必要的学术素养。朱彝尊对《元史》的编者估计过高,认为总裁宋濂、王祎是"一代之名儒",其余"史官类皆宿儒才彦","宜其述作,高于今古"。[3] 钱大昕却深知这些江南儒生,在元朝的特定条件下,既不能参与政治,了解本朝的制度和历史的来龙去脉,也不懂蒙古语言、风习,根本不具备修史的条件。他指出宋濂、王祎只不过是"词华之士","本非史才"。"所选史官,又皆草泽迂生,不谙掌故,于蒙古语言文字素未谙习,开口便错"。[4] 正如他介绍万斯同的观点

---

1 《文集》卷三一《跋雪楼集》。
2 同上,卷一八《续通志列传总叙》。
3 《曝书亭集》卷三二《史馆上总裁第三书》,卷三五《元史类编序》。
4 以上引钱大昕的评论见《考异》卷九、《养新录》卷九《元史》、《文集》卷一三《答问十》。

时所说:"官修之史,仓卒而成于众人,不暇择其材之宜与事之习,是犹招市人而与谋室中之事也。"[1] 为此,他读别人不读的书,克服了语言等方面的窒碍,开辟了元史研究的新天地,使这代无人过问的历史成为学术界的热门,吸引和造就了一大批卓越的学者。

乾嘉时代学术昌盛,人才辈出,其代表人物世称戴〔震〕、段〔玉裁〕、钱〔大昕〕、王〔念孙、引之〕。在当时,经书是读书人必读之书,治经被认为是最高的学问,钱大昕只因为也是经学大师才得以厕身其中。治史则文献特多,史事纷繁,兼之世人妄称"经精而史粗","经正而史杂",把史学贬为次一等的学问,很少有人愿干这种费力不讨好的事。钱大昕不为俗见所累,毅然专心治史。由于他精通经术,将治经的方法用来治史,在史学的广阔领域中取得了多方面的成就,使学术界的风气为之大变。此后,从事史学的队伍越来越大;从断代到专史,分支越来越多。其中许多人就是投入他所开辟的学术领域,运用他的治学方法继续前进的。因此,旧史学家心目中乾嘉学术的代表实际是指钱大昕。

钱大昕由科举出身,一生供职翰林,历任编纂、主考、学政,退休后出长书院,因此与一般的官僚不同,能够专心致力于学术。他在政治上是忠于清王朝,思想上极力维护封建纲常名教的。他在学术上私淑顾炎武,但不谈经世致用,不涉及当世之务。因此,有人在肯定乾嘉学者有所贡献的同时,又批判他们脱离现实,为考据而考据,没有观点和议论。这是离开他们所处的时代和个人的处境,提出不切实际的要求。可以设想,钱大昕如果不是极端鄙视空谈心性的元明学者,

---

[1] 《潜研堂文集》卷三八《万先生斯同传》。

而热衷于发议论,那也只能是留下一大堆封建说教的废话。所谓乾嘉学风,从消极方面评价,就是关在象牙之塔里,从故纸堆里讨学问。但从积极意义上考虑,为了科学地总结我国丰富的历史遗产,就必须有人分头对古文献进行考订和整理。在学术发展史上,这是从空谈转向务实的具有进步意义的新阶段,也是为此后学术发展所必经的准备阶段。

钱大昕博览群书,无学不通,又有"经目而讽于口、过耳而谙于心"的天才,[1] 故能全面地详细占有资料,通过比较、分析,考订出符合史实的结论。他训释史籍的文字音义,能注意文字和语言的历史发展,不以今训古,也不以古训今。他认识到不同的时代、民族和历史条件有不同的特点,不赞成史评家以固定的概念对历史进行褒贬,不问"年代"和"时势"去要求古人。他不盲目推崇正史,凡杂史、小说笔记、诗文集等,都能从它的作者、成书年代、背景源流、版本判断其史料价值,有选择地加以利用。辽、金、蒙古的制度、氏族和语言,向来为汉儒所不齿,他也肯潜心研究。他以金石证史,将史料从书本扩大到实物考古资料。为了读通历代史志,他刻苦学习数学、天文等自然科学,反对儒家对善于数者"辄訾为小技",承认"中法之绌于欧逻巴也,由于儒者之不知数也"。[2] 因此他不拒绝学习西法,故能"兼中西之长"。总的说来,钱大昕无法摆脱封建士大夫的思想体系,这是他保守的一面。由于时代的局限,他只能得出个别史实的正确结论,而不能透过现象认识历史发展的规律和内在本质。可是,他为了弄清历史上的问题,就必须实事求是,力求客观;在治学方法上敢于创新,敢于深入

---

[1] 《国朝汉学师承记》卷三。
[2] 《文集》卷二三《赠谈阶平序》。

别人不屑一顾的领域。因此,他在学术实践中,不自觉地冲破了一些陈规和偏见,掌握了近似资产阶级学者所运用的科学方法,这是他进步的一面。

尽管钱大昕有很大的成就,就今天的理解,只能算是一个史料学家,而不是完全意义上的历史学家。他所掌握的广博知识,都无非是用来对史料进行考订和整理;前面分别介绍的学科,都可以说是史料学的辅助学科。马克思主义的历史决不能停留在钱大昕等人的阶段。但是,这毕竟是研究历史所必经的阶段。他们所做的工作,今天仍是研究历史所应做的基础工作。他考订史料所掌握的辅助学科最多最精,是今天研究历史所应学习的基本技能最全面的模范。他的著作至今天还没有过时,仍有很大的参考意义。

(原载《中国史学家评传》,中州古籍出版社,1985 年)

张穆、李文田手迹考释

1957年内蒙古大学建校，我曾多次去北京等地替图书馆买书，久之养成逛琉璃厂的癖好，因此常请教嗜书而又精于书的先师向觉明（达）先生和故友贾敬颜先生。向先生治中西交通史，因而附带收藏西北史地学者徐松等人的手迹；贾先生治蒙古史，也收藏有屠寄等人书写的扇面之类，由此也勾起我效法之心。

1963年出差北京，在琉璃厂街上看见书画店挂着张穆手书对联一副，惊喜莫名，到店里问起是否还有扇面之类，店主当即从仓库取出一大摞来，看来已多年无人问津。我从书写人中专挑研究蒙古史的，果然从中选出一帧李文田临摹的隶书扇面。我虽然没有收藏之癖和能力，由于景慕前贤，见到这副对联和扇面，实不愿割舍，故决心购回收藏至今。

张穆的对联是楷书，长1.53米，宽0.34米，上联书"翠辟长年县布水"，下联书"青镫彻夜课农书"。上联无题款，下联右署"石州张穆"，下钤阳文篆书"秦原张穆"、阴文篆书"阳泉山庄"二印。

张穆（1805—1849），字诵风，又字硕洲，或作石州，故下联署名为"石州张穆"。山西省平定州人。据《清史稿·地理志》载：平定州"其北甘桃河,……汇……阳泉水,迳城北,又东"。1907 年石太铁路建成后,平定州西北十五里的阳泉镇成为此路的中心枢纽,今为省辖阳泉市。阳泉镇、阳泉市、"阳泉山庄",都是因濒于阳泉水而得名。[1] 张穆出身于书香官宦之家,祖父、父亲都是进士,做过官。从小父母双亡,道光十一年(1831),以优贡生入国子监,次年考取正白旗汉教习,"于书无所不读",当时就以才学知名。不幸在十九年参加顺天府乡试时,误犯场规,遭到取消考试的处罚,从此就无意从科举进取,乃专心著述。长期寓居北京宣武门外,于二十九年卒于北京寓所,享年仅四十五岁。

张穆有志于研究西北、蒙古史地,主要是由于所处时代的推动,如梁启超所说:"自乾隆后边徼多事,嘉、道间学者渐留意西北边新疆、青海、西藏、蒙古诸地理,而徐松、张穆、何秋涛最名家。"[2] 实际上,对张穆产生直接影响的是年长徐松(1781—1848)三十岁的祁韵士(1751—1815)。祁韵士也是平定州寿阳县人,乾隆四十三年(1778)进士,授翰林院编修。五十二年(1787),充国史馆提调兼总纂官,奉旨修成《外藩蒙古回部王公表传》。嘉庆九年(1804)任户部郎中时,坐事遣戍伊犁,帮伊犁将军松筠编成《西陲总统事略》,又从该书摘要自编《西陲要略》《西域释地》二书。所以,祁韵士是清代最先编纂关于蒙古和西北专著的学者,对张穆来说,他还是同乡和姻戚前辈。由于这两层关系,道光十六年(1836),祁韵士之子寯藻(1793—1866)将《西陲要略》和《西域释地》两书请张穆审校,次年刊行。

祁韵士纂《蒙古王公表传》时,曾将史馆积累的资料"底册"数十

---

[1] 现藏故宫博物院的《封龙山碑》轴(初拓本),有张穆"阳泉山人"等印,可见他又自号阳泉山人。见《中国大百科全书·文物博物馆》卷。
[2] 梁启超《清代学术概论》,中华书局,1954 年,十五。

册携回家中,计划另编一书,未成。道光十七年(1837)祁隽藻携"底册"赴任江苏学政,在当地延请毛岳生按编年体编成《外藩蒙古要略》8卷,由宋景昌补编《藩部世系表》4卷。此编祁隽藻似乎不甚满意,几年以后,又请随行的幕僚张穆重新改订,并定名为《皇朝藩部要略》,次年由祁氏筠渌山房家刻刊行。

张穆在复审《藩部要略》的过程中,熟悉了蒙古各部的情况和资料,有志另编一部地志性质的书,如他所说:《藩部要略》是一部编年纪事体的书,"详于事实而略于方域,兹编或可相辅而行"。为了编写这部包括内蒙古、蒙古及套西、青海、科布多、天山北路额鲁特各部在内的蒙古地志,既要广泛搜集当代的各种资料,也要发掘前代的史料,因此他从《永乐大典》中抄出十五卷《元朝秘史》和《元经世大典西北地图》,抄校《圣武亲征录》,并将经过自己校勘过的《元朝秘史》和《长春真人西游记》纳入代人编辑的《连筠簃丛书》中刊行。这些元代史料的传播又推动了一批人去从事考证、注释和重编元史,降及晚清,促使"研究元史,忽成为一时风尚"(梁启超语,同上注,十四)。张穆、祁韵士在蒙古史研究中的贡献,《内蒙古大学学报》1984年第2期、1995年第3期及《蒙古史研究》第4辑,已有余大钧、宝日吉根的专文论述,此不再赘。

张穆所著《延昌地形志》,是一部很有价值的著作,迄今未引起学术界广泛注意,值得一提。《魏书》卷106有《地形志》上、中、下卷,由于作者魏收是北齐人,录东魏末"武定之世(543—550))以为志",只能说是东魏的地理志,下卷雍秦以下诸州,脱漏错误甚多。张穆"于是更事排纂,于沿革所系,废兴所关及西北陂塘堰泽,讨论尤悉"。[1] 因宣武帝延昌间(512—515)魏的版图达到全盛,故以为名。可惜只完成十三卷,稿本从未刊刻,1964年我校在北京雇人抄书,抄书人寄来复抄本《延昌地形志》一部,据说是为武汉大学唐长孺先生所抄,故复写一份寄来。唐先生校勘《魏书》,引用此书甚多。近年他发表整理古籍的意见,也曾建议出版此书。

张穆在蒙古史地研究中的名著《蒙古游牧记》,在他生前并未刊布,而是死后十年,其手稿经过生前好友何秋涛校补后,于咸丰九年(1859)才刊刻传世。其余的书,也大多是代人作嫁或仅留下手稿。他生前被人看重,主要还是传统的汉学。《清史列传》称:他从小"即喜观儒先学案诸书",后来得到前辈学者户部侍郎程恩泽的赏识,认为他已"得汉学渊源"。《山西通志·张穆传》载:他充当祁寯藻的幕僚随从至江苏时,当朝大学士阮元(1764—1849)正告老在仪征老家,看到他的著作,认为"二百年无此作也",称他为硕儒。当代的名流学者俞正燮、何绍基、何秋涛等都同他结交。因此,徐世昌《清儒学案小传》卷17专辟"斋学案",称"斋(张穆室名)初以文章名,后乃精研朴学,兼习经世家言"。张穆生前付刊的精心之作是清初顾炎武、阎若璩两位学者的年谱(《顾亭林先生年谱》《阎潜丘先生年谱》)。这二人钱大昕称为"国朝通儒",其学术特点是"笃志古学,研覃经训,由文字、声音、训诂而得义理之真"。[2] 可见张穆最倾服的是这两位学者,有志于追随汉学家治经的学术道路。他为了表示对顾炎武的崇

---

[1] 《清史列传》,中华书局,1988年,卷七三《文苑·张穆传》;支伟成《清代朴学大师列传、地理学家传》,华东书局,1925年,卷一七;《魏书》,中华书局,1974年,卷一〇六上《地形志》。
[2] 钱大昕《臧玉林经义杂识序》,《潜研堂文集》卷二四,商务印书馆《四部丛刊》本。

拜,因顾在北京时曾寄寓慈仁寺,就同何绍基捐款在寺内为顾炎武建祠祭祀。[1] 张穆也由文字训诂治经,"精训诂篆籀",[2] 有古文字学专著《说文属》。研究文字学,不外乎研究《说文解字》等书和各体金石文字,这就要留意搜罗、研究碑拓石刻,他从而又著《汉石存佚表》《山右碑目》《外藩碑目》等。除文字学外,谈金石刻者,可分为两家:"或考稽史传,证事迹之异同,或研讨书法,辩源流之升降。"[3] 张穆正是治经、治史、工书法三者兼而通之的人物。

张穆书写的这副对联只署本人姓名字号,未署赠予何人,可能是供自己欣赏,联中词句的含义似乎是抒发自己的感情。

上联"翠辟长年县布水"一句,"辟"通"壁",意为"崖壁";"县"通"悬",意为"悬挂";"布水"指"瀑布"。《庄子·达生》篇:"孔子观于吕梁,县水三十仞,流沫四十里。"用了"县水"一词。宋苏轼《答陈季常书》云:"今日游白水佛迹山,山上布水三十仞,雷辊电散,未易名状。"用"布水"指瀑布。所以全句的意思是:翠绿的崖壁上长年不断地悬挂着洁白的瀑布。这是对乡村周围自然景致的赞美。

下联"青镫彻夜课农书"一句。"镫"是古代的照明用具,又称膏镫,青铜制,上有盘,中有柱,下有底座。盘中可盛油膏、灯芯点灯,或盘中树锥可供插烛。明刘基《六幺令》词有"青镫独照暗壁"句,就是指这种镫。"彻夜"意为通宵,"课农书",直译为研习农书,实际是指夜间农事之余读书求学问,这是借用宋朱熹《戏赠胜私老友》的诗句:

---

1 《(光绪)山西通志》,中华书局,1991年,卷一五六《张穆传》。
2 《清史列传》,中华书局,1988年,卷七三《张穆传》。
3 钱大昕《郭允伯金石史序》,《潜研堂文集》卷二五。道光二十七年(1847)直隶元氏县知县刘宝楠访得汉延熹七年(164)立的《封龙山颂》碑,曾请张穆审定。此碑初拓本现藏故宫博物院,有张穆跋文及"阳泉山人""肙斋居士""石州审定"等印。

"乞得山田三百亩,青灯彻夜课农书。"

两句联起来,意思是说:白天面对着翠绿的山峦,长年奔流高悬的瀑布,辛勤耕作;夜晚凭借清淡的灯光,整夜攻读,探讨学问。这反映了当时不求仕进、或失意官场的读书人对隐居田园、超然世外的向往,也是儒家所追求的"耕读传家"的理想生活准则。因此我猜想,张穆在科场失意、仕途无望的情况下,这副对联是他自己表明志趣的作品。

这副对联书法遒美,笔力浑厚,可谓精心之作。张穆的好友何秋涛替他的《斋文集》作序,称他"工于草隶,每书所作,无论识与不识,争宝藏之"。《山西通志·张穆传》评曰:"书法劲逸,冠绝一时,得者宝贵之。"可见他的书法当时已是值得争相收藏的大家。别人对他书法的评论,以及他身后被人宝藏的情况,在清人论书画的专著中也有记载。李玉棻编《瓯钵罗室书画过目考》说:张穆"与祁隽藻、宿藻、何绍基、绍业友善,书法山谷(黄庭坚)。……杨少初太守藏有小行楷诗卷,极古穆趣。"李放的《木叶盦法书记》说:"予收石洲楷书楹帖数事,笔致遒美,出入柳、黄。"[1] 说明张穆的书法渊源于唐朝中的柳公权,尤其是宋代苏、黄、米、蔡四大家中的黄庭坚(号山谷),早就得到很高的评价,并被人争相珍藏和欣赏。

张穆一生科举无名,也没做过官,可谓一介寒儒,却得到官位显赫的阮元、程恩泽、祁隽藻(官至军机大臣、大学士)等人的赞誉,足见他的学识非同一般。同样,他的书法也并非借地位和声望而出名。同他订交的何绍基,就是清代最杰出的书法家之一。读过《老残游记》的人都会记得,老残游览济南大明湖时曾有一段精彩的描写,其

---

[1] 李放《皇清书史》,《辽海丛书》本,辽海书社,1934年,卷一五。

中写到历下亭有一副对联,联曰:"历下此亭古,济南名士多。"上写着"杜工部句",下写着"道州何绍基书"。这位何绍基的字散布全国,可算是天下闻名,就是今天,在书店里还可随时买到他书写的碑帖,供学字人临摹。张穆与何绍基友善,除交流学术外,当然与互相钦慕和交流书法有关。

＊　　＊　　＊　　＊　　＊　　＊

李文田(1834—1895),字仲约,一字若农、芍农。广东顺德县人,咸丰九年(1859)一甲三名进士,不似张穆那样科场失意;年仅二十二岁中举,二十六岁探花及第,可谓一帆风顺。同治三年(1864),由翰林院入值南书房,除一度回乡养亲外,一直在朝中做官,为两宫太后应奉文字,得到太后和皇帝的敬重。官至礼部侍郎,故《清史列传》将李文田列在大臣卷,[1]而张穆传却附于儒林何秋涛传之后,地位相差甚远。然而他们在治学上的成就,三个方面却完全相同。一、致力于蒙古史、元史的研究;二、同是博学通儒;三、都是书法大家。

首先,李文田继张穆、何秋涛之后,致力于元史研究,在同治、光绪之际,同洪钧、沈曾植、文廷式等友好,形成一个研究元史的小集体,并影响到屠寄、柯邵忞等人,推动了我国史学研究中考订和重修元史的高潮,使元史研究成为久盛不衰的显学。

李文田的精心之作首推《元秘史注》。《元秘史》是研究元史最重要的史料,《四库全书》未收,经钱大昕加以表彰,张穆从《永乐大典》抄出并刊于《连筠簃丛书》中,才被学者所知并能广泛利用。但由于该书是从蒙古文直译或节译,很难读懂,因此李文田穷毕生之力,参考

---

1 《清史列传》卷五八《新办大臣传·李文田》。

书六七十种,作注十五卷,在他死后第二年刊入《渐西村舍丛书》中,开《元秘史》研究的先河,影响扩及国内外,使继起从事《元秘史》研究、注释、还原、重译或译成各种文字者,迄今累计达数十家。此外,他还著有《元圣武亲征录校注》一卷,《朔方备乘札记》一卷,《西游录注》,《和林金石录》一卷,《和林诗》一卷,《双溪醉隐集笺》六卷。未刊者有《塞北路程考》一卷,《元史地名考》,《西使记注》等。[1]《元史地名考》稿本五册,今藏北京图书馆。[2]

吴道镕说:李文田"志在经世,尤究心朔方地形"。[3] 汪兆镛也说:他"讲求西北舆地,盖有感于中俄议界纠纷,发愤著书,非徒为矜奇炫博也"。可见李文田并非是脱离实际的考据学家,而是胸怀经世致用志向的学者,他从事蒙元史地考证,是"因怵然于塞外山川形式险要,关系甚巨,而图籍多疏舛,乃萃二十年精力,考古证今,成书十余种"。[4]

其次,李文田"其学自经史、诸子、小学、金石、舆地、历算及诸艺术,旁逮西人政学诸籍,博涉潜研,咸洞指要,翕然称一代通儒",[5] 并非仅以专精元史被人推崇。所以在他死后,光绪帝的上谕称他为"学问渊通"。[6] 在同值南书房的文人学士中,李文田与潘祖荫被公认为"硕学"。[7] 二人"以考订文字相切磋,称莫逆交"。[8] 潘祖荫(1830—

---

1 汪兆镛《李文诚公遗书记略》,孙雄《李文诚公遗事》,均载《碑传集三编》,上海书店影印本,1988年,卷五。
2 《北京图书馆古籍善本书目》,书目文献出版社,1989年。
3 《礼部侍郎李公(文田)神道碑》,《碑传集三编》卷五。
4 《李文诚公遗书记略》。
5 《礼部侍郎李公(文田)神道碑》。
6 《清史列传》卷五八《新办大臣传·李文田》。
7 陈伯陶《李文诚公传》,《碑传集三编》,卷五。
8 汪兆镛编著《岭南画征略》,广东人民出版社,1988年,卷九。

1890),字伯寅,江苏吴县人(今苏州市),大学士潘世恩之孙,咸丰二年探花,官至工部尚书,以学问渊博,工诗词、书法享誉于士林,喜收藏金石文字和图书。李文田也有同好,"金石碑帖书籍版本之源流,皆精研其要,收藏宋元明椠本为多,又得秦泰山石刻、汉华岳庙碑断本,为世所罕有,因名所居曰泰华楼"。[1] 叶昌炽著《藏书纪事诗》,曾记述自己通过潘祖荫介绍结交李文田的经历,并对他的书斋作了描写:"其邸舍在北半截胡同,几榻之外,惟图籍列楶数十,皆启其鐍,手题书签,长至尺许,下垂如帘,甲乙纵横,密于栉比",称颂他是"所见京朝士大夫,耄而好学,奖掖后进"的"乐善"长者。潘祖荫"自任侍郎后,乡试复试阅卷十三次,会试复试、朝考、散馆阅卷各七次,殿试读卷四次",以能识拔人才著称。[2]

李文田曾主持四川、浙江(两次)、江南乡试,提督江西、顺天学政。回乡养母时,应两广总督刘坤一聘请,主持应元书院。后又任会试副考官。"屡典试事,类能识拔绩学,士皆称之"。[3] 由于他能"甄拔才俊,名流宿学,多出门下"。[4] 因此李文田和潘祖荫当时并非以官位,而是以学术为士林所敬服。曾朴以光绪朝为历史背景写的小说《孽海花》,以真实人物为原型,称甲午中日战争前为"旧学时代",先拟出名单,为首就是潘伯寅、翁叔平(1830—1904,同龢字声甫,号叔平,户部尚书,后任军机大臣)和李文田三人。书中化名潘八瀛(伯寅谐音)、龚和甫(名、字各取一字)、黎殿文号石农(李芍农谐音,文田颠

---

[1] 汉《华岳庙碑》李文田所藏拓本,后藏他广东顺德老家,今藏香港中文大学,世称"顺德本"。
[2] 《清史列传》,中华书局,1988年,卷五八《潘祖荫传》。
[3] 《清史稿》,中华书局,1986年,卷四四一《李文田传》。
[4] 《礼部侍郎李公(文田)神道碑》。

倒为殿文)。第11回就以"潘尚书""黎学士"为回目标题,写了当时十来个名流学者祭汉朝为《公羊春秋传》作注的何休的故事,将这三人确实描写成领袖儒林、学术泰斗式的人物。李文田出场时,还特意加以介绍,此人"姓黎号石农,名殿文,词章考据,色色精通,写得一手好北魏版的字体"。[1]

其三,是与本文正题直接有关的书法。叶昌炽介绍李文田的藏书时,特别推崇他的字写得好,说他"书法唐贤,精严似信本(欧阳询,557—641),遒丽似登善(褚遂良,596—659)。一时丰碑巨制,皆出其手"。丰碑多出于御赐,刻石是为了流传千古,有这么多人请他写碑文,也就是承认他是当代一流书法高手。吴道镕称道他:"书自唐贤,上窥北魏,石墨榜题,映照海内。"[2] 陈伯陶评论说:"书由唐碑入北魏,自成一家。同时南斋中称硕学者推潘祖荫与先生(李文田),而先生书法过之。后余直南斋,张百熙(1847—1907,辛丑和约后,曾任管学大臣,主持京师大学堂,后历任礼、户部尚书)为余言:皇太后(慈禧)谓先生书,同直诸臣皆不及。"[3] 潘祖荫也是当时的书法大家,今日故宫中仍可看到公开悬挂着他的手迹(近年清宫电影、电视剧甚多,为了取实景实物,常在故宫中拍摄,曾见这样的场面,龙椅上坐的是雍正或乾隆皇帝,而背景是巨幅中堂,上有光绪朝"臣潘祖荫"的大名,懂历史的人看了,反而弄巧成拙),说明西太后也欣赏他的字,既然有李文田的字超过他的说法,可见李的书法享誉极高。

李文田也擅长草书。沈曾植论如何辨认祝枝山草书真伪时,曾说:"要当从肌理辨之。肌里之美,得之天赋,在宋惟东坡(苏轼)、元

---

[1] 曾朴著《孽海花》;魏绍昌编《孽海花资料》,上海古籍出版社,1982年。
[2] 《礼部侍郎李公(文田)神道碑》。
[3] 陈伯陶《李文诚公传》。

为吴兴(赵孟頫),明为京兆(祝允明,号枝山),本朝独李顺德侍郎(文田)耳。"将李文田推崇为宋、元、明、清四朝草书得肌里之美的代表人物之一。[1]

李文田的书法还有一项特长,即"秦篆汉分,临摹精绝"。[2]《木叶盦法书记》记述了这样一个故事:"〔文田〕善书法,致力北碑,而无剑拔弩张之态。时秦中新出隋《苏孝慈墓志》,字体绝精,王可庄太守(仁堪,？—1893,曾任镇江、苏州知府,故称太守)疑系侍郎(李文田)所伪,即侍郎之书可知矣。"[3] 的确,李文田曾临摹过此碑,叶昌炽称他"精于碑版之学","尝为汪郎亭(汪鸣銮,1839—1907,号郎亭,官至吏部侍郎)师摹《苏孝慈墓志》一通,能乱真",所以王仁堪的怀疑是有来由的。[4]

我收藏的扇面正是李文田临摹汉碑的隶书,扇圆形,共五行十九字:"故特立(一行)庙褒成侯四(二行)时来祠事已(三行)即去庙有礼(四行)器(五行)。""器"字下楷书小字两行:"故相某公所藏百石卒史碑(一行)上有快雪堂印(二行)。"又另起行抬格写:"怪甫仁兄大人察书。"另起行低三格署"弟李文田",下盖白文"文田私印"小朱印。

隶书十九字是李文田摹写汉碑碑文的局部,此碑在山东曲阜孔庙同文门西,原碑自汉迄今竖立未动,东汉永兴元年(153)六月十八日立。碑高约1.83米,宽0.83米,隶书。碑面铭文十八行,行四十字,刻文书三件,并附赞词一篇。文书内容是:一、司徒、司空因鲁相所

---

[1]《海日楼札丛》附《海日楼题跋》,中华书局上海编辑所,1962年,卷三。
[2]《礼部侍郎李公(文田)神道碑》。
[3] 李放编《皇清书史》卷二三。
[4]《藏书记事诗》,上海古籍出版社,1989年,卷七。

请,上奏皇帝,请置百石卒史一人,管理孔庙日常典祀,皇帝批准所请;二、司徒、司空下发鲁相的文书,命选拔明经义通礼仪者一人,担任此职;三、鲁相回报文书,已选拔孔龢任百石卒史。此碑本无名称,后人据其内容,称为《乙瑛(鲁相名)碑》《汉鲁相乙瑛碑》《百石卒史碑》《孔龢碑》《汉鲁相请置百石卒史碑》等,没有统一的名称,李文田这幅摹本称为《百石卒史碑》。"卒"原来写成上"衣"下"十"。《说文》:隶人给事者为卒,古人染衣题识,故从衣一,即卒的古字。

这十九字在碑文第一件文书中。开头是朝中司徒、司空转呈"鲁相国瑛书言:诏书崇圣道"云云,用二十余字表述孔子的伟大贡献,下文即接上此段:"故特立庙"崇奉孔子,由"褒成侯"春、夏、秋、冬"四时来祠"祭,祭祀"事已即去",而"庙"中陈设"有礼器",下文就点出鲁相的请求:"无常人掌领,请置百石卒史一人典主守庙。"洪颐煊《平津读书记》卷一有《孔庙守庙百石卒史碑》一文,正是考释这一段文字的:

> 碑云:"褒成侯四时来祠,事已即去。"史晨祀孔子奏(史晨,鲁相名,灵帝建宁二年(169)上奏,也刻石于孔庙,称《史晨碑》)亦云:"虽有褒成世享之封,四时来祭毕即归国。"《汉书·恩泽侯表》:褒成侯国在瑕丘。《地理志》:瑕丘,属山阳郡(治昌邑,今山东巨野南)。是时孔子袭封子孙不在鲁国,故鲁相乙瑛请置百石卒史典主守庙。

后汉光武帝封孔子十七代孙孔志为褒成侯,子孙世袭,负责孔庙四时的祭祀,但封地不在曲阜,平时不能照料。而曲阜属鲁国,故通过鲁相提出设官专职守庙的请求,这几句正是备述理由的。

《百石卒史碑》的价值,从内容分析,它是研究汉代文书制度的重要史料,在名物、典章制度等方面可订正和补充正史。从书法看,碑文字迹精美,骨肉匀称,沉厚飘动,是传世汉代隶书的代表作。因此,自北宋以后,欧阳修、赵明诚、洪适等不下二十家金石学著作中,或对此碑史实做过考订,或欣赏其书法做过评论。

"故相某公所藏百石卒史碑,上有快雪堂印"是说明他所临摹碑拓的来历。"故相某公"不知指的是谁。"快雪堂"是明秀水(今浙江嘉兴市)冯梦祯(1548—1605)的室名。冯梦祯是万历五年(1577)状元,官至南京国子监祭酒,因家藏晋王羲之书《快雪时晴帖》,乃名其堂曰"快雪"。后此帖为冯铨(1595—1672)所得,也名其室为"快雪堂"。冯铨,涿州人,万历四十一年(1613)进士,天启间,因巴结魏忠贤,仕至内阁大学士。清顺治元年(1644)降清,任弘文院大学士。明末时,冯铨选辑《快雪时晴帖》以下各书法家真迹法帖,请名刻匠临摹刻石,拓本称《快雪堂帖》。乾隆时,《快雪时晴帖》和冯刻帖石都收入内府,王羲之父子、叔侄的《快雪》等三帖,乾隆帝誉为"三希",于紫禁城内筑三希堂珍藏;而冯刻帖石则于北海中建快雪堂嵌壁中收藏(今北海公园松坡图书馆)。

李文田所见的"快雪堂印",其主人不知是冯梦祯或是冯铨,但两人同是明朝人,又酷好收藏碑帖,肯定是当时的珍善拓本。张彦生记今存或所见碑帖,《百石卒史碑》只见过两个明初拓本,其一已佚,其二已残。此外故宫藏有明拓明装精拓本。民国时,古物同欣社影印过明中叶拓本,文明书局影印过明末拓本。没提到经快雪堂和某相国收藏过的拓本。[1]《中国历代石刻拓本汇编》第一册所收北京图书

---

1 《善本碑帖录》,中华书局,1984年。

馆藏《乙瑛碑》，是清嘉庆、道光间的拓本。李文田所见是明人收藏过的善拓，所以他认为是难得一见的珍本，故临摹欣赏。

受赠的"棨甫仁兄大人"，姓姚名礼泰，字棨甫，广东番禺人。同治十三年(1874)进士，授庶吉士，散馆后授编修。[1] 姚、李二人的籍贯番禺和顺德，是广东省毗邻的两个县，所以他们是小同乡，又同官翰林，关系不同一般，可能志趣也相投，李文田得见此汉碑珍贵拓本，于是就摹写这一张扇面赠给他。

张穆和李文田是我国蒙元史研究的开拓者，蒙古学界的朋友一定对他们的手迹感兴趣，故特将照片发表供大家欣赏，并附上对这两人学术的介绍和手迹的初步考释，文中解释有误和遗漏之处，还望诸同好补正。

(原载《内蒙古大学学报》1997年第2期)

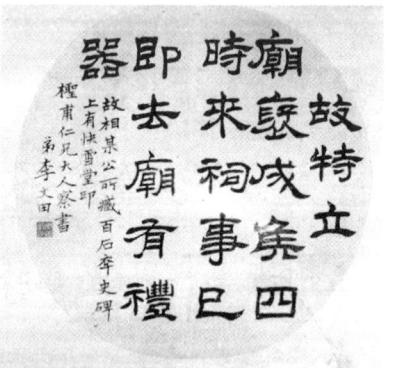

---

[1] 朱汝珍辑《词林辑略》(民国北平中央刻经院铅字排印本)卷八。

蒙古史学者沈曾植及其手迹

沈曾植是一位卓越的蒙古史学者,也是一位学识渊通的大儒。他生逢中外学术交流初通之际,因此成为最早享誉国际的中国学者。他以学者的身份探讨书法,对书法艺术和理论有所创新,是近代书坛的杰出代表。在政治上,他起初是维新派,民国时成为保皇派的成员,在近代史中是一位值得研究的重要人物。

一 沈曾植的生平

沈曾植(1850—1922),字子培,号乙盦,晚年号寐叟,浙江嘉兴人。父名宗涵,于道光二十八年(1848)捐输任京官,以部司务签分刑部,携眷入京,故曾植生长于北京。八岁丧父,家境贫困,学无恒师,然天性好学,于学无所不窥,尤专长史学掌故,学习常废寝忘食。兄弟合穿长衣一件,冬日无棉衣,手指僵裂,仍不释卷。二十四岁(1873)时顺天乡试中举人。三十岁(1880)成进士,任刑部主事,升员外郎、郎中。中日甲午(1894)战争失败后的第二年,他同袁世凯、文廷式、徐世昌、杨锐及弟曾桐等支持康有为开强学会于京师,向户部尚书翁同龢建议开学堂、设银行。1897年,怂恿康有为再上自强变法万言书,是拥护变法维新的重要人物。[1] 次年五月,应湖广总督张之洞的聘请主持武昌两湖书院史学讲习,故未参与当年北京发生的百日维新和政变。1900年春,从武昌回到嘉兴故里,准备北上回京,恰逢爆发义和团运动,乃留在上海,与督办商务大臣盛宣怀及沈瑜庆、汪康年等密商中外互保之策,到南京先同两江总督刘坤一决定大计,再往武昌就议于湖广总督张之洞,又得到两广总督李鸿章的赞成,订东南保护约款九条。

1901年,沈曾植应刘坤一的约请到南京,受委托草拟奏稿,提出"设议政、开书馆、兴学堂、广课吏、设外部、讲武学、删则例、重州县、设警察、整科举"等改革意见十条,凡八九千字。又应张之洞之招,赴武昌商讨国事,回扬州后又连写两信与张之洞议行新政。七月,出任上海南洋公学监督,添设政治科,附设东文(日文)学堂于虹口。这时,沈曾植是地方大员的重要谋士和维新的积极支持者。

次年正月,他辞去南洋公学监督,回刑部供职。总理各国事务衙门改名外务部,又奉命调补外务部和会司员外郎。

1903年正月,沈曾植外放任江西广信府知府。闰五月至南昌,巡抚柯逢时檄调南昌府知府。次年,署督粮道。1906年,署盐法道。四月,简任安徽提学使。八月始赴新任,随即赴日本考察学务。1907年十二月,简署安徽布政使。1908年八月,一度护理安徽巡抚。

宣统二年(1910),请求退休,十月归里,隐居府城南姚家埭新居。

---

[1] 王遽常《沈寐叟年谱》,商务印书馆,1938年。以后引用此书不再出注。

有轩名"东轩",故自号东轩。宣统三年,辛亥革命爆发,浙江独立,沈曾植由嘉兴至上海,终年居于一楼,"若与人世间隔",与侨寓上海的前清遗老成立"超社",觞咏消遣时光。1914年,袁世凯聘请他出任清史馆总纂,谢绝不就。1915年,受聘主持重修《浙江省通志》。1917年,长江巡阅使张勋提兵北上,发动政变,他闻讯立即北上。宣统复辟,出任学部尚书。几天后,复辟失败,他于七月末航海南还上海,卒于1922年十月初三日(11月21日)。

二 在蒙古史和各方面的学术成就

沈曾植的贡献和成就主要是在学术上,可以说,他是涉及多方面学术的一代大儒。关于沈曾植的学术成就和特点,曾向他问过学的王国维在祝贺他七十大寿时做了这样的总结:"先生少年固已尽通国初及乾嘉诸家之说,中年治辽金元史,治四裔地理,又为道咸以降诸家之学。……其于人心世道之污隆,政事之利病,必穷其源委,似国初诸老;其视经史为独立之学而益探其奥窔,拓其区宇,不让乾嘉诸先生;至于综览百家,旁及二氏,一以治经史之法治之,则又为自来学者所未及。……其忧世之深,有过于龚〔自珍〕、魏〔源〕,而择术之慎,不后于戴〔震〕、钱〔大昕〕,学者得其片言,具其一体,犹足以名家,立一说。"这就是说,他的治学分几个阶段,他抱负清初诸老经世致用的思想,将治学与人心世道、政事之利病联系起来;他仿效乾嘉学者治经史之学,既能深入,又能开拓新的学术领域。所以王国维认为,"今……世之学者……莫不推嘉兴沈先生,以为〔顾〕亭林、〔戴〕东原、〔钱〕竹汀者俦也"。[1] 推崇他是一位继往开来的人物。

沈曾植早年用力最勤,刊行著作传世较多的还是关于辽金元史、四裔地理方面的研究。他在所著《圣武亲征录校本跋》曾回忆说:"始为蒙古地理学,在光绪乙亥(1875)、丙子(1876)之间,始得张〔穆〕氏《蒙古游牧记》单本,沈〔垚〕氏《落帆楼文稿》,以校鄂刻《皇舆图》、李〔兆洛〕氏《八排图》(《大清一统舆图》),稍稍识东三省、内外蒙古、新疆、西藏山水脉络。家贫苦无书,无师友请问,独以二先生所述为指南。《秘史》刻在《连筠簃丛书》中,时价十二两,非寒儒所能购读,一日以京蚨四千得单印本于厂肆,挟之归,如得奇珍,严寒挑镫,夜漏尽不觉也。"[2] 从他这段回忆表明,他早年就有志于研究蒙古史地,在以应科举求功名为首务的时代,他能排除家贫、无师等各种困难,专心于这种繁难而无功利的学问,可以看出他早年就有从事学术研究的爱好和藉此经世致用的思想。他在无师请问的情况下,借助于精读前辈学者的著作,在学术上打下了结实的根基。

1880 年他参加会试时,第五策问北徼事,恰恰是他的专长,乃罄其所知回答。分校官王先谦等发榜时对人说:闱中以沈曾植、李慈铭经策是场中之冠。李慈铭比沈大二十一岁,当时已年过半百,是已负盛名的学者,沈曾植还是不知名的年轻人,所以副考官工部尚书翁同龢特别称许他的考卷是学识渊博的"通人"。李慈铭在他的日记中也提到:"沈子培来久谈,……此君读书极细心,又有识见,近日所罕遘也。……第五策言西北徼外诸国,钩贯诸史,参证舆图,辨音定方,具

---

[1] 《沈乙庵先生七十寿序》,《观堂集林》,《王国维遗书》,上海古籍书店,1983 年,卷二三。
[2] 《圣武亲征录校本跋》,《海日楼文集》(民国间王蘧常编印本)卷上。

有心得,视余作为精密矣。"[1]他考中进士后,从1882年起,开始做读书笔记,名《护德瓶斋涉笔》,多半是论西北地理。

　　康有为在他自编的年谱中,回忆起1885年他参加乡试的故事。按照当时的惯例,在京师刑部供职的沈曾植曾预拟策问题赠主持广东乡试者选用。这年康有为乡试落榜,所问策论涉及《宋元学案》和蒙古事,场中无人能答对,在广州传开后,才知是刑部沈曾植出的题目。

　　他的治学方法以研究基本史料为重点,校订史文,参考群书阐释有关人事、地理、名物和制度等,这种工作,无论是对自己或别人从事有关研究,都是极有价值的基础工作。他生前出版的蒙古史著作有《皇元圣武亲征录校注》。《圣武亲征录》早先只有抄本流传,经辗转传抄,错讹甚多。他断定《元史·太祖本纪》就是根据此书增订而成,乃参考《元史》《元朝秘史》互相印证,勤于校勘疏通,记识语于书眉上,收获渐多。1889年,兵部侍郎洪钧出使俄、德、荷、奥等国,利用波斯文史料和俄、德、法文译著研究元史,著《元史译文证补》,托友人袁昶在国内搜访元代史料,袁就将沈的《亲征录》抄本和书眉识语一起借录寄去。1892年,洪钧从欧洲归国,出任总理各国事务衙门大臣,首先就访问他,一起研讨元史中各种疑难和讹误。前人研究不能定论的,就采用他的校语。沈提出疑问:"单文孤证,不会闹凿空的笑话吧?"洪钧答道:"金楷理谓所考皆至确。"[2]由于金楷理是使馆翻译,通地理历史学,曾协助洪钧译述拉施特、多桑、贝勒津等人之书。沈的说

---

[1] 《荀学斋日记》,《越缦堂日记》,1920年商务印书馆影印本,第34册,乙集上,光绪六年庚辰十月十四日。

[2] 《圣武亲征录校本跋》,《海日楼文集》卷上。

法如果与西方史料所载一致,当然可认定为"至确"。[1]

沈曾植研究元史和西北史地的另一位同好是李文田。李比沈早二十一年成进士,同治十三年(1874)开缺回广东家乡养亲,当时已官居翰林院侍读学士。十年后丁忧服阕回京,由于志同道合,也与沈结交。他俩共同研究《圣武亲征录》,李根据的书是何秋涛校本,与沈据抄本同源,书中不能明了处相同,故常以不能校释为憾。他俩的研究成果,以注释的形式附于何校本之后,收入龙凤镳编刊的《知服斋丛书》第三集中。庚子年(1900),八国联军侵京,沈历年搜集的书籍和《亲征录》抄本尽毁于火,从此他中止了元史的研究。十多年后,丁巳(1917)冬,他买到一部号称明抄《云麓漫抄》的伪书,实际上是残本《说郛》的改名,书中附有《圣武亲征录》,与何刻本校,异文甚多,他将可以补正何刻本的,一律列入,已胜过张穆、何秋涛所见之本。

《蒙古源流》一书,是蒙古鄂尔多斯人萨囊彻辰所著,成书于康熙元年(1662),是一部用蒙文写的蒙古史专著。乾隆四十二年(1777)奉敕译进,收入《四库全书》,始为蒙古史地学者所知。沈曾植曾谈到笺校此书的动机和经过:"独此书……未有综其全书而理董其绪者,今略就所知者笺之。癸丑(1913)用王〔国维〕氏抄本校一过,朱笔诸氏本从满、蒙、汉三文合刊本录出,又胜王氏,今多从之。"[2] 张尔田在序中说:"道、咸之交,人尚畴史,魏默深(源)、张石洲(穆)、何愿船(秋涛)诸君始渐有援引及之者。嘉兴沈乙盦先生与洪文卿(钧)、李苟农(文田)二侍郎同治西北舆地之学,而于此书,研核尤勤。……先生

---

[1] 金楷理(Kreyer, Carl T.),美国人。1866 年来华,1870 年任上海江南制造局翻译,后来随驻俄公使许景澄赴俄,任中国驻俄使馆参赞。
[2] 《〈蒙古源流〉笺证》,民国甲戌(1934)嘉兴姚家埭沈氏家刻重校本,卷一首叶。

著述……及身多未写定,……今年(1930),先生哲嗣慈护兄出遗书属编次,因检校移录,定为笺证八卷。"又说:"间有一得之愚,……附载笺中,发正又数十百事。"次年,张氏又从赵万里处借得王国维校本,其"简端签语至精,颇有可与斯笺印合处。今遴其确当及小有意者,都载笺中,称王静安校以别之"。[1] 民国壬申年(1932)嘉兴姚家埭沈宅将此汇集三家的笺注本刊行,甲戌年(1934),重校修版再印。这书主要涉及明代蒙古史事,前人研究很少涉及这一领域,故笺证实有开创明代蒙古史研究的功劳。

1945年,郭则沄为北平古学院搜集名著刊刻,借得沈著《元秘史补注》手稿,由张尔田校订。当年夏,与顾炎武的《菰中随笔》抄本一起刊成《敬跻堂丛书》。《元朝秘史》最早由李文田作注,当时洪钧、沈曾植、文廷式等人是学术上的同好,都在研究此书,文廷式干脆将他的心得附在李注书眉同时刊行。因此沈注称为"补注",意在补李注之缺,当然篇幅较少,但沈注不仅做了补充,而且还更正了李注的错误。如这书影元椠本书名下有忙豁仑纽察、脱察安两行字,李注说:"元和顾广圻跋云:'必是撰书人所署名衔。'是也。"沈注则认为:"《元史语解》'尼古察',秘密也,'尼古察'即'纽察'。"又说:"此书蒙文,凡'蒙古'字皆作'忙豁仑',而'脱察安'三字对音极与'脱必赤颜'近,窃疑'忙豁仑'之言'元','纽察'之言'秘','脱察安'之言'史',七〔八〕字即《元朝秘史》蒙文也。"后来王国维也认定"脱察安"是"脱卜察颜"的对音,所以张尔田感叹说:"岂知先生于二十年前已早发之,前辈通识,自不可及。"[2] 此《补注》之前,还附刻沈的遗著《元秘史蒙语

---

[1] 庚午(1930)张尔田《〈蒙古源流〉笺证序》;序后附辛未(1931)孟劬(尔田)再记。
[2] 《元朝秘史补注》,《敬跻堂丛书》本,第一卷首,卷十五附庚午夏张尔田校记。

原文九十五功臣名》考,20世纪50年代,国外有人利用波斯文《史集》作过相同题目的论文,由于他没有参考沈著,因此他的论文仍有可利用沈著补正的地方。[1]

沈曾植的"著述皆随笔签识,零乱散漫,不自整理,今所传诸书多后人掇拾排比而成"。除上述经后人整理出版的著作外,据其《遗书目》载:他还有《长春真人西游记注》二卷,《黑鞑事略注》一卷,《蒙鞑备录注》一卷(原稿与《西游录》《异域录》《塞北纪程注》合为一册)。新出《中国古籍善本书目·史部》中,浙江博物馆有道光连筠簃丛书本沈曾植注《长春真人西游记》;武汉图书馆有"沈曾植批校"的《蒙鞑备录》,"沈曾植校并跋"的《黑鞑事略》;这些书应当就是《遗书目》中提到的著作。

除蒙古史和元史以外,沈曾植不同于同好的前辈和同辈学者,后来他将其研究"旁及四裔舆地之学,自西伯利亚、……以迄西藏、西域并南洋贸通沿革遂及四国事,世界大势,莫不洞然于胸中"。[2] 关于边疆各族,他最早注意到并研究了唐朝樊绰有关南诏史的著作《蛮书》,作校注十卷。此书明代已失传,编《四库全书》时从《永乐大典》辑出。先师向觉明(达)先生校注《蛮书》,注意到"沈曾植有《蛮书注》,原稿尚在,未曾付刊,可惜没有见到,只从沈氏《海日楼文集》……见到《蛮书注自序》一篇"。[3] 他还有《女直考略注》(有关清入关前的历史,附于明邓廷罗著《兵镜》卷二十后)和《近疆西夷传注》一卷。

他对西域的研究始于1887年读元《经世大典·西北地理图》,

1　本田实信《成吉思汗的千户》,《史学杂志》1953年8月。
2　西本白川《大儒沈子培传》,转引自《沈寐叟年谱》。
3　向达《蛮书校注序言》,中华书局,1962年。

"因条其可考之迹,参稽群书,证以今地方域、城邑,炳然可观"。[1] 1893年春,他在李文田书斋中见到〔英〕兰士德著、莫镇藩译《中亚洲游记》译本,李已在书中作了批注,请他再加详考。他就写成签记夹于书中,对于书中舆地、古事还另做考证。秋后,他兼职译署,总理各国事务衙门大臣张荫桓命他校订此书,由他排比众说,将李文田的批注排在《游记》正文书眉,自己的签记加"按"字作为正文夹注,次年(光绪二十年)由上海时务报馆活字石印,名为《中亚洲俄属游记》。

关于南洋各国的研究,他对元人汪大渊的《岛夷志略》作了开创性的研究,"以新旧各国证之,以考见南洋各岛唐、宋迄今之航路,并考见西洋人所建商埠,亦即古来商贾汇萃之区"。[2] 据《遗书目》,他还有晋、宋释法显《佛国记校注》一卷,宋赵汝适《诸蕃志校注》一卷,《善本书目》载:今浙江博物馆有这两种书的嘉庆刻《学津讨原》丛书单本,注明经"沈曾植校注",应是沈的遗书。

由于沈曾植长期在刑部,"湛精今律……更深究古律令书,由《大明律》《宋刑统》《唐律》以上,治汉、魏律令",刑部尚书薛允升推许他是"律家第一"。他曾和徐同溥帮薛允升辑《汉律辑存》一卷,后又作《晋书刑法志补》一卷。他对金石也有研究,今浙江博物馆有乾隆活字印本《京畿金石考》,经"沈曾植批校",作为他的遗著,列入善本。

沈曾植对传统的经学也有卓识,他死后二十余年,《学海》杂志还发表他的论文《释〈易〉卦反复相配》(一卷二期)。他平日的心得只留下一些笔记,大部已收入钱仲联编辑的《海日楼札丛》中,第一部分就是经学,其中尤以音韵、训诂方面最精彩。第二部分是史地,除前面

---

1 《〈经世大典·西北地理图〉书后》,《海日楼文集》卷上。
2 《古学汇刊》(1912年国粹学报社排印本)第一集书目提要。

介绍的著作外,简短的笔记中常有高见,如《金史宗浩传·北方兵事》条,王国维在《萌古考》一文中的许多论点,他已言之在先;"撒里部陀括里"条,他敏锐地认定"陀括里"就是《元史》中的王罕脱斡璘,《秘史》中的脱斡邻勒。[1] 1915 年春,浙江省聘请他主修《浙江省通志》,作为旧志的续编,自乾隆元年(1736)起,迄宣统三年(1911)。稿本今散藏上海、浙江等处图书馆。这也是他在史部地理类有关省级方志的成果。沈曾植与陈衍结识时,陈就发现,"子培博于佛学"。[2] 1906 年他出游日本,获得《大藏经》全部,乃专心钻研佛学,遗书有《法藏一勺》四卷,乃"掇拾菁华之作"。《札丛》第三部分是哲学、宗教和医学等,宗教除佛教外,还涉及道教、末尼(摩尼)、尤忽(犹太)等。

关于文学和艺术方面的遗书有十六种,《海日楼文集》二卷,由孙德谦校勘,再经王蘧常整理。他的诗,被同光派诗人陈衍、王仁堪(可庄)、郑孝胥(苏堪)等奉为"同光体之魁杰"。[3]《海日楼诗集》由朱祖谋、金兆蕃整理,陈衍作序。《寐叟乙卯稿》一卷,是他乙卯年(1915)六十六岁时所作,次年孙德谦作序刊刻于吴县,后收入《海日楼诗集》第二卷。《曼陀罗寱词》是他自定的四种词集的合编,由朱祖谋删定,1925 年由商务印书馆出版。1933 年,又作为《彊村遗书》中《沧海遗音集》的一种刊行。他所著"杂说之属凡十有四种",其中《海日楼札记》二卷、《东轩温故录》一卷、《潜究室札记》一卷、《护德瓶斋涉笔》一卷,稿本今藏上海图书馆。《寐叟题跋》二集各上下册,1926 年商务影印。他的札记,大部已经整理收入 1962 年出版的《海日楼札丛》,共八卷,除前述三部分外,第四和第五部分是论文学和书法的文章。

---

1 《海日楼札丛》附《海日楼题跋》,中华书局上海编辑所,1962 年,三卷。
2 《石遗室诗话》,商务印书馆,1935 年,卷二六。
3 陈衍《沈乙盦诗叙》,《石遗室文集》,乙巳(1905)武昌刻本,卷九。

后附《题跋》三卷,将《寐叟题跋》重新分类编排,补充二十四篇,内容包括书籍版本、碑帖和书画真迹三方面。

此外,上海图书馆还有"沈曾植藏并撰"《海日楼书画目》一卷,《海日楼书目》一卷。他虽不以藏书著名,却有若干珍本,如元人文集,《四库简明目录标注》载"沈子培藏"元刊虞集撰《翰林珠玉》,影元抄本萧㪺《勤斋集》,明初刊本《丁鹤年集》,明天顺刊刘秉忠《藏春诗集》、倪瓒《清闷阁集》,元刊周权《此山集》。多是不见于《善本书目》的孤本,只有《翰林珠玉》经傅增湘影刊收入《蜀贤遗书》。《清闷阁集》今藏上海图书馆,并有"沈曾植跋"。

三 与国内外学者的交往及其学术影响

王国维论述清朝学术有三变:国初一变,乾嘉一变,道咸一变。道咸以后,能熔铸国初经世之学和乾嘉经史之学,"合精微深博为一身的是沈乙庵"。[1] 沈曾植晚年,已成为我国学术界一代宗师。早年他在北京与洪钧、李文田、文廷式、袁昶等一同探讨元史和西北史地之学。此外他还与其他学者广泛交往,如1885年中秋,沈有与"二李二王盛黄"等名士分咏陶然亭诗,人们比拟为齐稷下,为首的"二李"就是李文田和同榜进士李慈铭。"二王"即名词人王鹏运和诗人王仁堪,"盛"指国子监祭酒盛昱,黄指黄绍箕(后任京师大学堂总办)。小说《孽海花》第十一回"潘尚书提倡公羊学,黎学士狂胪老鞑文",描写

---

[1] 《沈乙庵先生七十寿序》;冈崎文夫《怀念王征君》,陈平原等编《追忆王国维》,中国广播电视出版社,1996年,370页。

了当时京中最负盛名的"旧学"学者一次聚会,其中潘八瀛尚书即礼部尚书潘祖荫(字伯寅)、龚和甫即吏部尚书翁同龢、黎学士就是李文田(化名黎殿文,号石农),还有李慈铭(李治民字纯客)、叶昌炽(易缘常)、盛昱(成伯怡)、袁昶(袁尚秋)、黄绍箕(黄朝杞)、江标(姜表)、费念慈(米继曾)、端方(段扈桥)、荀春植等人,荀春植(字子佩)就是指沈曾植子培。作者曾朴称甲午中日战前为"旧学时代",据他手拟原型人物名单,大多在沈学术上经常交往的圈子中。[1]

向沈曾植问学并有成就的人甚多,其中最突出的是王国维。据王自述:"甲寅岁(1914)暮,国维侨居日本,为……罗叔言(振玉)……作《殷墟书契考释后序》,略述三百年来小学盛衰,嘉兴沈子培方伯见之,以为可与言古音韵之学也。……乙卯(1915)春,归国……谒方伯于上海,以……质之方伯,……维又请业……。丙辰(1916)春,复来上海,所居距方伯寓所颇近,暇辄诣方伯谈。……略推方伯之说,为《〈尔雅〉草木虫鱼鸟兽释例》一篇。"他因此由衷敬佩沈在"音学上之绝识"。[2] 英籍犹太富豪哈同在上海创办仓圣明智大学,王国维通过沈曾植的延誉推荐,被哈同聘请为该校刊物《学术丛编》主编。

王国维不仅向沈请教音韵之学,"每得新碑、新解,必互相磋切推敲"。后来王"从事西北地理研究,就是受他的影响"。[3] 如他在沈曾植寓所,曾见到沈所校《说郛》本《圣武亲征录》,是明弘治间旧抄本,与何秋涛校本异同甚多。沈晚年很少注意元史,但对《说郛》本还郑重手校。王国维受此启发,1925 年在北京从傅增湘处借到《说郛》抄本,次年又借抄陶湘藏明万历抄《说郛》本,江南图书馆汪鱼亭(宪)藏

1　魏绍昌编《孽海花资料》,上海古籍出版社,1982 年,曾朴手拟名单及人物索引表。
2　《〈尔雅〉草木虫鱼鸟兽释例自序》,《观堂别集》,《王国维遗书》第 4 册,卷四。
3　《追忆王国维》,刘蕙孙、周传儒、蒋复璁文,545、290、151 页。

抄本合校，在沈逝世四年之后由清华国学研究院出版《圣武亲征录校注》，是迄今为止较完善的通用本。[1] 与王国维交谊颇深的日本学者铃木虎雄回忆："他甚少推许别人……极推赏沈子培曾植先生，称其学识博大高明。"沈曾植死，王的悼诗有"四海微言绝公日"之句，可见他对沈的推崇。[2]

19世纪末至20世纪初，由于种种原因，欧美和日本的学者纷纷来我国进行考察或从事学术研究，一时蔚为风气。光绪十五年（1889），沈曾植兼任总理各国事务衙门俄国股章京。因他精通西北史地，声名卓著，日本研究蒙古史的开创人那珂通世博士通过侍读学士文廷式的介绍向他请教。当时，那珂博士正从事《元朝秘史》的日译研究，他以中原音切蒙古文之音传授那珂博士。[3] 沈曾植是最早提出以中原音系译读元明之际汉字记录少数民族语词的学者，对后来学术的发展颇有影响。

光绪十九年（1893）秋，俄罗斯使臣喀西尼（Кассини Артур Павлович, 1835—?，俄外交官，1891—1897年任驻华公使）以俄人拉特禄夫《蒙古图志》（Радлов В. В., Атлас Древностей Монгольских, вып.1-4. СПБ, 1892-1899）送总理各国事务衙门，请帮助考释。沈曾植正在译署，因作《唐突厥阙特勤碑》《苾伽可汗碑》《九姓回鹘……可汗碑》三碑跋以复俄使，"俄人译以行世，西人书中屡引其说，所谓《总理衙门书》者也"。[4]

二十七年（1901）七月，沈出任我国最早新式学校南洋公学监督。

1　丙寅（1926）王国维《圣武亲征录校注序》，《王国维遗书》第13册。
2　《追忆王国维》，356、290页。
3　西本白川《大儒沈子培传》，转引自《沈寐叟年谱》。
4　王国维《九姓回鹘……可汗碑跋》，《观堂集林》卷二〇。

十一月,南洋公学附设东文(日文)学堂于虹口,聘罗振玉为监学,日本藤田丰八(字剑峰)博士为教习。1914 年,藤田继沈曾植之后,著《岛夷志略校注》,在罗振玉主编的《雪堂丛刻》第二集中出版,因他与沈结识,应是受到沈研究此书的启发。

三十二年(1906)八月,沈曾植由江西调任安徽提学使,随即被派往日本考察学务。访日期间,日本学术界人士闻讯来请教的甚多,皆满意而去。民国以后,沈曾植寓居上海,由于他"史学深邃,识尤淹博,所居海日楼,中外学人争往质疑问学"。[1] 辜鸿铭说:"中外之研儒术与梵天学者,登门请业,盖踵相接云。"

1913 年,俄罗斯著名哲学家盖沙令伯爵[2] 做环球旅行,途经中国,托辜鸿铭写信介绍见沈曾植于上海寓所,在他的旅行日记中有"沈子培氏为中国大儒"一文,其文如下:"余夙闻儒者沈子培之名,兹得相见之机,余于彼所以期待者甚至。前在北京,日与中国儒者谈论,偶涉欧罗巴事,每多舛讹。余意沈氏亦未必有理解欧罗巴实际之知识,迨一接其言论风采,而宿敝顿祛。沈氏实中国之完人,孔子所谓君子儒也,年逾六十,而精神毅力不异少年,蕴藉淹雅,得未曾有,殆意大利列鄂那德达蒲恩(Leonardo da Vinci,即意大利杰出的艺术家、科学家和哲学家达芬奇)评论古代西欧之文明,所谓意识完全者,诚中国文化之典型也……彼深知中国之情形无论已,即于国外亦洞悉其情伪,所

---

1 汪兆镛撰,高拜石校注《光宣诗坛点将录注》,《清代传记丛刊》,台湾明文书局印,1986 年,第 19 册,51 页。
2 Keyserling, Hermann Alexander, Count, 1880—1946,或译盖沙令、恺士林、凯泽尔,俄国哲学家,爱沙尼亚一位男爵之子,后入德国籍。1911 年作环球旅行,经过中国,推崇孔子。次年发表《哲学家旅行日记》(*Reisetagebuch Cines Philosophen*,英译为 *The Travel Diary of A Philosopher*, 1925)。

谓象形之表里精粗无不到,更能见微知著。……"[1] 谢凤孙为沈曾植写的墓志铭,也说及盖沙令与他见面讨论的事,文中说:"然则先生之学,海内士大夫翕然服之,……固已至矣。而不意见称于东西学者之书,尤有加于是者。德国学者恺士林(即盖沙令)曩谒先生,纵谈甚久,其著述言先生事至悉,至推先生为中国圣人。"[2]

1916年,著名金石学家、史学家叶昌炽在他的日记中写道:收到张菊笙(元济)的来信,说"有法国友人毕利和(Paul Pelliot,伯希和),即在敦煌石室得古书携归其国者,今来中土研究古学,……能操华言",希望会见我国的学者,"六点钟如约往,陪客尚有艺风(缪荃孙)、乙庵、张石铭(钧衡)、蒋孟苹(汝藻)。乙庵与客谈契丹、蒙古、畏兀儿国书及末尼、婆罗门诸教源流,滔滔不绝,坐中亦无可搀言"。[3] 谢凤孙还说:"东瀛(日本)则服从先生者尤夥,至有以先生字号名其书者。其没也,东西学者闻而惜之同于中国。"据铃木虎雄回忆,他曾随王国维"一起拜访过沈先生,……沈先生送我一本新近的诗集《寐叟乙卯稿》"。[4] 1916年,日人西本白川与他结识,以师事之。1920年,他曾给西本讲授过《尚书》。

---

1 西本白川《大儒沈子培传》,转引自《沈寐叟年谱》。
2 《学部尚书沈公墓志铭》,《碑传集三编》,《清代碑传全集》本,上海古籍出版社,1988年,卷八。
3 叶昌炽《缘督庐日记抄》,癸酉(1933)上海蟫隐庐印,卷一六,丙辰年(1916)六月二十二日。
4 《追忆王国维》,356页。

四　近代杰出的书法艺术家和书法理论家

　　1965 年,我去杭州文澜阁浙江图书馆访书,有暇就去杭州旧书店买书,久之与店主熟悉。他告我楼上还有不少书画,因沈曾植是浙江人,我顺便问起是否有他的手迹。店主即领我上楼,展示对联一副,下联右侧署名"寐叟"。当时,我刚读过沈著《元秘史注》《九十五功臣考》《〈蒙古源流〉笺证》及新整理出版的《海日楼札丛》,深感他确是我国治元史、蒙古史的杰出学者,可惜他的著作生前未整理出版,学界对他的成就缺乏认识。我因心仪其人而思睹其手迹,果然如愿以偿,故欣然购回。

　　这幅楹联上联左侧题"乐山仁兄雅属",上下联题:"检点诗盟理觞政,诹稽地志立天元。""乐山"尚未查出是何人字号,但从联中文意可揣测他的身份。"检点"意为整饬,"觞政"原意指酒令,也可引申为宴会,意指乐山是一位喜宴宾客善饮的诗坛盟主。下联"诹"意为咨询,"稽"意为查考,"天元"意指岁时运行的原理或指一种算法,此句是称许他潜心钻研地理和天文数学。

　　下联右侧仅署其号"寐叟",可以判断此联是他晚年所书。"寐叟"下盖阳文篆书"曾植印记"和阴刻篆文"海日楼"二印。据其《海日楼诗集》卷一所载:癸丑(1913)九月,题自寓楼曰"海日楼",可见此联书于这年以后。接着他又"属吴缶翁大令画楼图"(《缶翁诗序》)。吴缶翁就是著名书画家和篆刻家吴昌硕(1844—1929),又名俊卿,有缶庐、老缶、缶道人等字号,曾任江苏安东县令,故敬称他为大令。吴昌硕也写了《海日楼图为乙盦沈先生画》诗一首,与沈的说法相符,诗云:"望京楼上日迟迟,手挽天河定几时,花药四阑云一衲,参禅无偈只攒眉。"¹ "海日楼"一印正是吴昌硕所刻,而且还是他的代表作,新出版的有关篆刻、美术书籍,大多收录此刻,形状大小、白文左"海日"右"楼"排列式,与联中所钤完全相同。各书附有印侧款识:"己未秋为寐叟刻于海上",署名"老缶,年七十六"。² 己未是民国八年(1919),由此更可将此联的书写时间缩小到1919年秋以后。上联"觞"字右上方还有阳文篆书"延恩世泽"一印,此印和"曾植印记"两印我尚未在他处见到,估计也可能出自高手。不过,吴昌硕还有另一代表作"延恩堂三世藏书印",印侧款识为"乙庵先生正刻","七十六叟吴昌硕,时己未冬仲",即同年旧历十一月他又给沈刻了这个藏书印。这个印可帮助我们理解"延恩世泽"的含义,原来沈曾植的祖父名维鐈,官至工部左侍郎,著《补读书斋遗稿》十卷,曾当过林则徐、曾国藩的座师,《遗稿》卷首有门下士曾国藩所作《行状》说:"〔维鐈〕独喜藏书籍,多方购访,必致而后已。"³ 沈曾植说:其祖"延恩堂中藏书五万卷",虽在太平天国战争中大多被损毁,⁴ 他仍将其祖父、父、叔及自己所藏的书沿用"延恩堂"之名,称为"三世藏书"。由此可见,"延恩世泽"的含义就是承袭"延恩堂"祖荫的嘉兴沈氏,是家族的堂号印。下联"曾植印记"是本名的印章,署名"寐叟"是号,"海日楼"印是室名,这样姓、名、室、号全备,印章又是篆刻名作,更增加了此联的欣赏价值。

　　沈曾植晚年蛰居上海,替人写字是生活一大来源,1921年至临终

1　陈衍编《近代诗抄》,上海商务印书馆,1935年,中。
2　《吴昌硕作品集——书法篆刻》,上海人民美术出版社,1984年;方去疾《明清篆刻流派印谱》,上海人民美术出版社,1980年。
3　《补读书斋遗稿》,光绪元年(1875)广州刻本,卷首。
4　《王禹卿秋日登文游台诗卷跋》,《海日楼题跋》卷三,《海日楼札丛》,123页。

前两年内,只能以"粥书自给",这也说明他的书法已享盛名。王蘧常形容说:"辇金求书者穿户焉。"书法界对他的字评价也很高,近年有人评论说:"诸体皆精,故谈中国五十年来书法者,巍然为一代宗师。"[1]金蓉镜《东轩先生沈公传》中说:"论者谓三百年来,殆难与辈。"《中国大百科全书·美术卷》称:"近代的书法,吴昌硕、沈曾植最为大家,功力之深,境界之高,远远超过前代。"[2]

沈曾植具有博综诸家书法的雄厚功底。他早年精于碑帖文字,得笔于包世臣;中年喜爱张裕钊(字廉卿,1823—1894)的字;民国以后,他取法黄道周(1585—1646)、倪元璐(1593—1646),兼两家之长,而且上溯钟繇、史游、索靖诸体,由帖转入临碑,融南北书流为一冶。自漆书、竹简、石经、石室(文字),无不进行探索和临摹。所以金蓉镜描述他的书法:"造从变化以发其胸中之奇,几忘纸笔,心行而已。"所以他的字"古奥遒丽,自成风格。亦喜作草、篆,多参钟鼎文,不袭寒山(赵宦光,约1559—1625,隐居苏州寒山,号寒山馆,工草、篆)窠臼,意在独树一帜,真书中豪杰也"。[3]

沈曾植的书法具有鲜明的特有风格,书法评论家曾熙曾当面评他的字:"工处在拙,妙处在生,胜人处在不稳。"他又就"不稳"发挥说:"翁覃溪(方纲,1733—1818)一生稳字误,石庵(刘墉,1720—1805,即近映电视剧之宰相刘罗锅)八十后能到不稳,蝯叟(何绍基,1799—1873)七十后更不稳,惜下笔时有犯险之心,故不稳,愈不稳则愈妙。"[4]这副楹联确有"拙""生"和"不稳"之妙。沙孟海对他的书法有

---

1 《中国艺海》,上海辞书出版社,1994年,295页。
2 《中国大百科全书·美术卷》,"中国现代书法篆刻"条。
3 李放《皇清书史》,《辽海丛书》排印本,卷二六引《郁栖书话》。
4 马宗霍《书林藻鉴》,文物出版社,1984年,卷一二《沈曾植》条。

精辟的论述:"等到清之季年,有位大家出来了——就是沈曾植。他……像释子悟道般的,把书学的秘奥'一旦豁然贯通'了",他晚年的字,"变态更多,专用方笔,翻复盘旋,如游龙舞凤,奇趣横生。他死后,墨迹流传,售价更昂"。[1] 这联与他的说法吻合,可以说是提供了一个很好的实例。

沈曾植晚年写的行草书最有自家风格,运用篆隶笔法,综合碑帖之美,浑融洒脱,富有诗意。这副对联正是他写的行书。他又擅长章草,糅合魏碑笔法,宽绰雍容,气韵古雅。[2] 朱关田评论他"用章草法写行书,气格高古,有人誉之为张芝(?—约192,东汉书法家,人称为草圣)复生"。[3] 向燊说他的"草书尤工,纵横驰骤,有杨少师(凝式,873—954,历仕梁、唐、晋、汉、周五代,工行草书,官至太子少师)之妙。自碑学盛行,书家皆究心篆隶,草书鲜有名家者,自公出而草法复明"。[4] 近人马宗霍说:"寐叟……中〔年〕拟太傅(钟繇),渐有入处;暮年作草,遂尔抑扬尽致,委曲得宜,真如索征西(靖)所谓'和风吹林,偃草扇树',极缤纷离披之美。有清一代草书,尤推后进。"[5] 这些评论,或赞誉他的草书为"张芝复生",或称"有杨少师之妙",甚至认为他对草书的贡献能使"草法复明"。

沈曾植不只精于各体书法,而且对书法的理论、源流也深有研究。他中年喜好张裕钊的书法,打算著文说明书法源流和张裕钊书法的优点。据贺涛说:"嘉兴沈子培嗜先生书……欲著文以明其旨

1　沙孟海《近三百年的书学》,《东方杂志》27 卷第 2 号。
2　《中国艺海》,上海辞书出版社,1994 年,295 页。
3　《中国大百科全书·美术卷》,"中国现代书法篆刻"条。
4　马宗霍《书林藻鉴》卷一二,"沈曾植"条。
5　《武昌张先生七十寿序》,《贺先生文集》,1914 年徐氏刊本,卷二。

趣",认为"古之论书者,多俪词韵语,言其形似,后人无由悟入。……寐叟欲取〔李〕斯、〔蔡〕邕以至欧〔阳询〕、褚〔遂良〕诸家递相传授之法,后人所以失,而先生(张裕钊)所以得者,以退之(韩愈)论文之法论之。"[1] 王蕴章感叹说:"伟哉此举! 非第艺林不朽之盛业,抑亦书家不刊之鸿宝也。惜……岁月侵寻,迄未成书。"不过,《海日楼札丛》及所附《海日楼题跋》中还保留不少关于书法、碑帖和书画真迹的论述。他用治学的方法论艺术,深入精微,特别是叙述书画融通之理,书体递变之迹,辨析"六代清华"与"三唐奇峻"的分野,石刻和墨迹的差异,擘肌分理,十分透彻,可以说是发前人之未发,代表了近代书学研究的高度与深度。例如他在评论苏轼、赵孟頫、祝枝山、李文田等人的草书时,能把握当从肌理之美分辨的美学真谛,[2] 从而在实践中使自己的草书也达到了高峰。

沈曾植直至临终前一天还在写字,可见仰慕他书法的人之多。据《年谱》所载:1922 年旧历十月初二日,"中午,起书对联两副,步履运腕安详,一如平日"。至晚病忽变,至初三日(11 月 21 日)丑时去世。

(原载《内蒙古大学学报》1999 年第 4 期)

---

1 《中国大百科全书·美术卷》,"中国现代书法篆刻"条。
2 《明祝枝山草书秋声赋卷跋》,《海日楼札丛》,118 页。

六

边疆史地研究的求实与求效

我在边疆地区工作三十余年,试图结合内蒙古的实际情况,想就发挥边疆史地研究的爱国主义教育和促进国内各民族团结的作用问题发表一些粗浅的体会。

谈到我国的北方疆界,就会使人想到万里长城。长城与古代的疆界既有联系又有区别,是边疆史中一个重要课题。过去帝国主义者为了侵略中国,借长城作了不少文章,胡说中国自古是以长城为界,长城以北不是中国的领土,长城以外的汉人只是晚近才从内地移植过去等等。有些同志出于维护国家主权的愿望,却反其道而行之,不仅否认长城曾是古代中国有些封建王朝的边界,而且否认它是为防御外族入侵而建,竟说长城是民族团结的纽带。这种说法很难令人信服。长城本身就有一部丰富的历史,不是一两句话可说清楚的。更不能到八达岭旅游一次,就以为是见到了两千多年前秦始皇修建的长城,从而得出千年古都北京离边界线只有几十公里的结论。

由此可见,为了批驳帝国主义者的谰言和消除某些人的糊涂观念,应该普及些边疆史和长城史的知识,使人们知道:(一)长城并非地图上惟一的一条线。今天我们所看到的长城是明代的长城,当时八达岭外,张家口北还有一道长城。因此不能一见长城就说它是边界。(二)从战国时燕、赵、秦到秦朝大统一,历经汉、北魏、北齐、隋都修筑过长城,金代修过界壕,遗迹遍布内蒙古各地,或南或北,最北有的已延伸到今天的境外地区。所以,长城并非几千年不变的。如果分别就各个王朝讨论,当时的长城的确是保护其有效统治区的屏障,由此可以推测它的边界范围。(三)唐、元、清朝,长城南北皆处在统一的国家之中,这时的长城就失去军事防御工程的意义。因此,为了澄清北方边疆长城问题上理解的混乱,开展对历代长城的研究和实地调查就很有必要。

在边界沿革史研究中还有一种倾向,有的人为了强调祖国的统一,总愿意把古代的边界画得越远越好,进而否认少数民族曾建立过独立国家,只能称地方政权,甚至连辽、金、夏王朝也不能称为国。有朝贡关系则称为统一,发生对抗则简单斥之为分裂。我认为这是背离历史事实的,只能激起少数民族的反感,而不利于民族团结。由于我国各民族先实现了本民族的统一,才可能形成今天多民族国家的大统一,因此,在边疆史地研究中,不仅要承认边疆民族在经济和文化方面的创造,也应承认他们在政治上促成统一多民族国家形成的贡献。

开展边疆开发史的研究可以促进各民族的团结。如内蒙古地区人类的活动就有悠久的历史。在呼和浩特市郊,已发现了五十万年前与北京猿人同时的旧石器文化遗迹。旧石器晚期、中石器时期的遗迹也多有发现。新石器各个时期的文化遗存几乎遍及内蒙古各个地区。战国以后,文献史料就具体地记载着北方民族的活动,其中较著名的有:匈奴、东胡、乌桓、鲜卑、柔然、突厥、回鹘、室韦、党项、契丹等。同时,中原的燕、赵、秦、汉、北朝、隋、唐、辽、金、元及明初皆曾在今内蒙古设置过地方政府,有华夏人在此生活。并非从清朝才有汉人移民。我们反对某些西方学者的中国文化西来说,但也不能否定北方民族有自己独特的历史,或者一概视为黄帝的子孙、"夏后氏之苗裔",或者将边疆各族经济和文化的成就看成是中原文明向边疆的扩散,这显然背离了历史事实。上述考古发现证明,内蒙古的人类文明史是和中原同时开始的。历史记载也证明,绝大多数年代里都同时有北方民族和汉族在内蒙古地区居住和生活。这些事实生动地揭示了各族人民共同开发内蒙古的历史。

总之,我认为要通过阐述边疆的历史,发挥教育人民的作用,就应该加强边疆史地研究中每个课题的深入研究,用具体的史实和科学的结论揭示历史的本来面目,这才能起到真正有效的教育作用。由于有关边疆的记载缺乏,民族、语言和文字的不同,实地调查的困难等,更增加了边疆史地研究的复杂性和艰巨性,这既需要各界有识之士的倡导,更需要老中青学者们的共同努力。

(原载《中国边疆史地研究》1991年第1期创刊号笔谈)

加强民族研究、发扬中华文明之光

《民族研究》复刊二十年来,无论是对民族和民族问题的发展规律进行理论探讨,还是对某一民族某一方面进行具体研究都做出了卓越的贡献。现在,丰硕的成果应该认真总结,光辉的成就值得我们热烈庆贺。民族研究的主要目的不外乎两点:首先是对民族问题进行理论研究,促进各民族的团结和友好,保障各民族人民的权益,为各民族经济、文化的发展献计献策;其次是弘扬各民族的历史和文化,加强各民族的自信心和自豪感。就我从事的专业出发,我只想对后者发表一些粗浅的看法。

我国是一个文明古国,中华人民共和国的疆域是各民族共同开拓的,土地和资源是各民族共同开发的,古老的文明是各民族共同创造的,各民族都曾经有过自己光辉的历史,产生过各种杰出历史人物,而且很早就见于文字的记载。

我国出现文字最早的汉族,远在两三千年前,对周边民族已有了认识和了解,积累了丰富的知识和资料。最早的甲骨文就有少数民族的零星记载,司马迁著《史记》,开创了史书为周边民族立传的先例,从而奠定了以后两千年各朝正史都有外族传记的史学体裁。相应在其他汉文文献中,也留下了大量有关各民族的记录。

我国大多兄弟民族仍保留自己的语言,有十多个民族早就创制了本民族的文字并行用至今,还有十多种已停止使用的古代民族文字,有拼音文字,有图画象形文字(纳西族东巴文),有仿汉字笔划制作的文字。在世界各大洲和各多民族国家中,有这么多古老民族文字和文化遗产是罕见的。如蒙古族和满族曾建立统治全国的王朝,蒙古文和满文曾充当记录国家大事的"国书"。蒙古人除创制以畏兀儿字母拼写的文字外,又创制了借用藏文字母拼写一切文字的八思巴字。满文又是借用蒙文的字母。藏文初创于 7 世纪,不久就有碑铭、历史文书和佛经等文献传世,14 世纪编成的《大藏经》,收书四千五百多种,此后的文献更是汗牛充栋。维吾尔族从先人回纥起,曾先后借用不同民族字母创制了五种文字。各民族文字的创制反映了民族间的文化交流,也呈现出多姿多彩的不同特色。

各民族运用本民族的语言文字创作了许多优秀作品,积累了大量文献。如文学作品中,藏族的《格萨尔王传》、蒙古族的《江格尔》和柯尔克孜族的《玛纳斯》,已列入世界英雄史诗名著之林,而《格萨尔王传》则是世界上最长的英雄史诗。维吾尔作家创作的叙事长诗《福乐智慧》,彝族和傣族的民间叙事长诗《阿诗玛》和《召树屯》等,都是兄弟民族的优秀作品。蒙古族的《蒙古秘史》,用汉字音写蒙古语原文,逐词旁注汉译并分段节译。这部形式奇特的史书,不仅有很高的历史和文学价值,而且还吸引了全世界的学者参与研究,百多年来,它已成为国际上公认的经典著作。布思端的《佛教史》、公哥朵儿只的《红册》和《西藏王统记》都是用藏文写的历史名著。此外诸如医药、天文、历算等各民族皆有创造。

最近电视台有"中华文明之光"的节目,教育意义很大,但缺少兄弟民族的介绍。以上是我随便列举人所熟知的事实,《民族研究》多年来在这方面做了大量的发掘和研究工作,祝愿贵刊今后仍能团结广大民族研究工作者,在这方面发挥更大的作用。

(原载《民族研究》1999 年第 4 期复刊 20 周年"专家笔谈")

《建国前内蒙古方志考述》序

忒莫勒先生新著《建国前内蒙古方志考述》一书,交由内蒙古大学出版社出版,出版社委托我就其清样稿加以介绍。我认为这部书首先是选题得当,当前全区普遍修志和开展学术研究,迫切需要这种具有实用价值的参考书。所以我乐于接受此任务,以便先睹为快。

初一展阅,此书正文就有二百五十一页,加上七个非常有用的附录(也就是作者有关同一题材的研究成果)共有二百九十九页,略计达二十五万字以上。《中国地方志联合目录》所列内蒙古自治区方志不到五页,作者居然写成如此洋洋巨制,实令人惊讶不已,及展读正文,深感这是一部言之有物,凝结作者多年心血的佳作。

一

《方志考述》属于历史文献学范畴,首要任务是应选定一个完备而又精确的书目。就地方志而言,1958年商务印书馆出版了方志学家朱士嘉新编《中国地方志综录》增订本。1985年,中华书局又出版了中国科学院北京天文台主编的《中国地方志联合目录》,著录了全国一百九十个大图书馆收藏的历代旧志八千二百余种。按常理而言,《联合目录》是在全国各馆协助下十多位专家数年搜集的集体成果,《考述》完全可以相信它已网罗无遗,只要按目寻书,按书解题就行了。可是,作者并没有抱着一部《联合目录》享受现成成果,而是从头开始,拟定自己的考述对象。

《联合目录》著录内蒙古自治区有地方志五十种。该书虽出版于1985年,但仍沿用1979年5月以前的行政区划,致使十三种内蒙古地方志分见于黑龙江、吉林、辽宁、甘肃等省,合计共六十三种。《考述》作者从事图书馆工作以来,即勤于内蒙古方志的搜访和研究,积累有年。1989年撰成《〈中国地方志联合目录〉内蒙古部分订误》一文,指出其收录不当、缺漏、著录错误多处,其结果使收录内容变动之大,几乎有面目全非之感。

《考述》科学地探讨了方志的定义。在本书凡例中明确说:"凡符合以地命名,分类记述该地一定时期的自然与社会状况者,概为方志,无论其名'志'还是名为'调查报告'或'概况'等。"《中国大百科全书·中国历史》卷《方志》条说:"以地区为主,综合记录该地自然和社会方面有关历史与现状的著述。"

两者的含义完全相同。严格遵循这一收录标准,将《联合目录》著录各志逐一衡量,认为不符合标准之书删去十种。如《小方壶斋舆地丛钞》所收储大文著〔光绪〕《河套略》,实际是为乾隆七年陈履中纂《河套志》写的序文片断,仅八百字左右;丁君匋著《今日之绥远》,是当时记者采访绥远的新闻报道;何健民著《蒙古概观》,实际是日人所著,何健民汉译,乃外国人著作。《漠河县志》(今呼玛县)附于呼伦贝尔盟,今属黑龙江大兴安岭地区。同书异名和误分等原因合并者五种,如:1937年的《内蒙古地理》与1947年的《漠南蒙古地理》实为一书;吉林省部分《西科后旗志》下又有《科尔沁右翼后旗志》,科尔沁右翼当时简称"西科",实为同书;〔光绪〕《归绥厅志稿》乃《归化城厅志稿》之讹,与下文之《归化城厅志》应合并。此外,《联合目录》将《绥远通志稿》之稿本、采访要点分为三书,实际稿本不止此数,《考述》并成一条,分述纂辑经过,既纠正了《联合目录》著录之误,又增加了新的内容并一以贯之地说明了各种稿本的由来。省并的结果,《考述》实际采用了《联合目录》已著录的方志四十七种。

《考述》各章以黑体字标出书名并为之解题者共九十四种,附录5《建国前内蒙古方志一览表》列出现存部分共计八十七种,与《联合目录》比较,前者正好翻了一番,附表所列也将近增倍。《联合目录》是聚举世的收藏,集全国图书工作者发掘整理之功所共同编成,较朱士嘉编《中国地方志综录》仅增七百余种,不及十分之一。在此基础上,如能在某省区再发现一两种新志也殊非易事,而《考述》居然能成倍增加,根本改变了《联合目录》的原貌,仅此一项就足以令人惊叹和佩服。作者新的开拓,固然得力于近十余年各地普遍修志的形势下众多史志工作者的搜访和研究成果,但也必须承认作者在方志研究领域的专深和思路开拓有过人之处。

编制联合书目,一般是据各馆原有书目或卡片汇编,大多没细检原书,一则是因为限期紧迫,时间和精力不允许;二则馆藏散处各地,各种客观条件限制,甚至连产生疑问时也难以核查,这就难免产生上述误收和同书数出的毛病。《考述》作者潜心于内蒙古方志研究多年,从书中的内容可以看出,他阅读过大量的有关内蒙古史地的书刊,并逐一按"收录标准"衡量,因而既能纠正《联合目录》的错误,也就能发掘出符合标准的新志书。《考述》所增方志如此之多,其具体原因当是鉴于《联合目录》主要着眼于图书馆,作者乃扩大搜罗的范围,取得意想不到的佳绩。

其一是档案馆的收藏,作者共访得十三种。其中南京中国第二历史档案馆有八种,内蒙古各市、旗、县有五种。旗县一级,中华人民共和国成立之初,大多没有管理完善的图书馆,但普遍设有档案馆或档案室,旧政府所藏的当地方志、修志机构所修未刊稿本,就由档案馆视同历史档案和机密文件一起珍藏。如作者介绍的《包头市志》和《鹿野纪闻》,藏于包头市档案馆,《经棚县志》藏于克什克腾旗档案馆,《呼伦贝尔副都统衙门册报志稿》藏于呼伦贝尔盟陈巴尔虎旗档案馆,《开鲁县志》未成稿抄本藏于开鲁县地方志编纂委员会,都是20世纪80年代前从未刊印过的稿本或抄本。《联合目录》著录的《和林格尔县志草》,注明仅有一部抄本,"在日本东京大学人文科学研究所"。《考述》披露,和林格尔县档案馆就藏有此书。我估计是原稿抄本,东京大学本可能是"伪蒙疆政府"时有人从稿本转抄携回日本的。

其二是从报刊访录地方志。方志是图书的一种,而近百年来,出现了报纸和期刊,有些小型方志,因故未能出版,却全文或摘要发表在报刊上。《考述》利用过的期刊有《东方杂志》《地学杂志》《建设月刊》《蒙藏月报》《新蒙古月刊》《西北刍议》《西北论衡》《西北论坛》《新西北月刊》《绥远建设季刊》等,从中访得《绥远集宁县志略》等内蒙古地方志十种;利用过的报纸有《绥远民国日报》《包头日报》,从中搜访到《清水河县概略》《沃野调查记》《临河风土记》等三种。1987年,忒莫勒先生本着"总想实实在在地做些什么来方便学界与社会"的良好意愿,编成《建国前内蒙古地方报刊考录》一书出版,著录了建国前内蒙古地方刊物共二百五十九种(现存一百三十八种),地方报纸共一百四十六种(现存四十八种),分属蒙、汉、日、俄四种文字。由于他对内蒙古报刊曾做过深入研究,利用起来得心应手,所以在撰写《考述》时,首先"方便"了自己,共从中搜寻到地方志十三种。

此外,作者从北京大学、民族文化宫、上海、大连、沈阳、辽宁、黑龙江、内蒙古等图书馆又访得《联合目录》失收的《热河省宁城县志》等方志十二种,从台湾再版书中访得大陆已佚的《伊克昭盟志》一种,共十三种。

《考述》把握方志的基本定义,仔细检阅了各书内容,删除了《联合目录》所收不符方志标准的书籍,又增收了符合方志标准的书三种。如周晋熙所著《鄂托克富源调查记》,书名是调查富源,不似方志,由于其"内容实则是鄂旗的一般情况概略";周氏又著《绥远河套治要》,作者就职于绥远垦务总局,书名也似治理河套的主张,然此书"内容丰富切要"、"简要介绍了地方一般状况"、"可目为五原县志";故《考述》将此两书按方志处理。再如《今日之绥远》,名似方志,实为新闻报道,故予删除。而叶秋所著《国防前线的绥远》,书名似新闻报道,而内容却是"杂俎群籍","记载较为全面"的方志类型书,故反而将它增入。《考述》凡例四:"一志多修,倘内容变动较大,则按不同种数单独立目。"如《古丰识略》与《归绥识略》,《联合目录》误以为是咸丰和光绪年间分别修的两种书,故已分列。卓宏谋所著《最新蒙古鉴》初版于1919年,而1935年四版增订的《蒙古鉴》,内容和体例都有较大增改,字数由约十七万字增至三十余万,故《考述》将它分为两种,以上共增方志四种,这些更动,体现出作者具有相当水平的方志学修养。

二

《考述》全书共分十五章。第一章为"概述",着重讨论了五个问题:一、内蒙古方志的产生甚晚的历史原因;二、清代内蒙古方志的编纂;三、民国内蒙古方志的编纂;四、内蒙古方志编纂评述;五、内蒙古旧志研究概况。全文共二十四页,近两万字,前三部分实际上是一部内蒙古地区综合的方志编纂史,以历史唯物主义为指导,联系到当时社会生产力发展的水平,社会发展阶段,政治、经济形势等历史背景,再具体联系到发起修志的官员、机构和修志者的背景,系统地介绍内蒙古的方志(包括已佚和有关的书)。

第四是对各志的评述,这部分尤见功力,使《考述》不只是提供读者一部书目,而且还指出哪些是可以吸收的精华,哪些是应扬弃的糟粕,哪些要事因纂修者功力不足而忽略或有意回避,哪些篇什过于繁复而应删削,如此种种,对今后修志者也是必备的参考书。以上几项,在以下各章对各书还有更具体、详尽的评述,拟一并置于下文介绍。第五则可称为内蒙古方志研究史,主要介绍20世纪80年代以来研究的情况,既指出研究中的不足,也推荐一些较好的论文,顺便也交代了本书所借鉴和吸取的成果。

第二章题为"全蒙古或内蒙古的志书",包括总述内蒙古的方志,也"包括记载范围超出现今内蒙古自治区的内蒙古志书和与其他地区的合志"。第三章以后,按地域分述各地方志。第三、四、五、六、七、八、九、十章,分别为"清代归绥道志""民国绥远志""呼和浩特市""包头市""土默特旗""乌兰察布盟""伊克昭盟""巴彦淖尔盟"。由于内蒙古历史上的行政隶属关系变动甚繁,与现今行政区划差异太大,故采取"新旧结合,以新为主的原则",在以现今盟市为单位的基础上,又增设归绥道、绥远省、土默特旗等旧的行政建置。《考述》这种"新旧结合"的编排,实因历史沿革的复杂性,不得不采取这种貌似杂乱的变通处理。清朝在今呼和浩特市设绥远城将军,节制并监督归化城土默特都统旗及乌兰察布盟(包括今巴盟北部)、伊克昭盟(包括今巴盟南部)。由于农业的开发,汉族农民增多,清廷又将内地制度推广到内蒙古,于乾隆六年(1741)设归绥道,辖在土默特旗境新设的归化城、萨拉齐、托克托、和林格尔、清水河五厅,道和旗分理蒙汉事务。光绪年间,又增设丰镇、宁远(今凉城)、兴和、陶林(今察右中、后旗各一部分)、武川、五原、东胜七厅。以上十二厅辖境也包括今呼、包二市和乌、伊、巴三盟地。民国时的绥远省即沿袭这种建置。故《考述》将此二市、三盟附于绥远省之后,也就是在内蒙古和盟市二级之间,将曾辖此三盟二市并修有志书的旧制道、省,按实际情况增加一层类目。清归绥道初设于土默特境,辖区重叠。因清代的土默特旗今分属呼、包二市和乌兰察布盟,当时所修专志,不宜附于任何盟市,也因此在包头市之后另辟专章。此后八至十章,按今区划自东而起,分述乌、伊、巴盟。再西只有阿拉善盟,乃置于十一章。然后转向自治区最东北,十二章由呼伦贝尔盟开始。再由东向西,兴安盟和哲里木盟本由清哲里木盟演变而来,志书较少,并为十三章。以下十四章为赤峰市,十五章为锡林郭勒盟。

　　正文有附录七件。其中1、2是有关《河套志》和《蒙旗志》的两篇作者的旧文,此二书《联合目录》著录,作者认为非内蒙古方志,故以此二文补充申述《考述》正文简略之不足。3、4两项是作者对《联合目录》的订误和张守和主编《内蒙古方志概考》的书评,在此基础之上订讹补正,从而相应产生了作者新编的"5、建国前内蒙古方志一览表"。此表可说是《考述》《概述》2、3项及以下各章关于建国前旧志论说的浓缩成果。附录3、4又可说是《考述》所难畅言之处的有益补充。我认为，今后如欲选择内蒙古方志的标准书目，其书名、作者、成书时间、版本皆确切可靠者，必须仰赖此表。因内蒙古图书馆藏方志最全，故此表还注出该馆馆藏，是原书还是转抄本、复印本、缩微本等，以便于读者查阅。附录6是"内蒙古旧志研究论文资料索引"，为了解内蒙古方志研究提供了资料线索，最后附录7是"志名汉语拼音索引"，如欲专查《考述》对某志的论述，可据索引页码检索。

三

　　《考述》每章的内容，并非罗列有关志书，写成类似书目提要若干互不相干的解题，而是将方志按时代先后，不同类型，联系当时的历史背景，写成各自互有联系，成系统的内蒙古或各盟市地方志的编纂史。
　　每章开头有前言，说明本章盟、市所在，所辖之市、旗、县。因修志始于清，则先述清代行政建置，再述民国及日伪时期的建置。建置和辖区有变动，则说明今制的辖区相当于当时哪些旗县及行政隶属关系等。
　　前言之后，为反映各地志书的编纂源流，从本章的第一部志书开始，根据具体情况，如按清末、民国北洋政府、国民党政府、日本占领和解放战争时期分成几个单元，联系当时的历史背景，特别是当地的修志意图或举措，如上级修志，"札饬府厅州县一律修志，以资采择"，"檄取志书"，或"上宪饬查"，或"为保存地方文献"，主动设馆编纂等。从现存志书的序文、参考书目、引文及报刊、档案，广泛搜罗当地拟修、已修方志的情况。修成今佚之志，据现有资料加以介绍。掌握资料较多的,如《土默特志略》《归化纪略丛语》《托克托厅采志录》《和林格尔厅志》照现存志书例,列出专条。图书馆书目著录尚未寓目者,如《呼伦贝尔志书稿》《兴安南省地方情形》《扎鲁特旗概况》,也于相应处存目,便于读者访查。日本为了侵略我国做准备及占领内蒙古时期,曾组织人力编写了一些用日文写的方志或类似方志的调查报告,在凡例中说明,因"史料价值甚高,可补国人著述之阙",所以在有关章、节,"亦适当列目,供阅者参考"。《考述》增添了上述内容,可以揭示每部方志产生的背景及其与其他志书的关系,而不只是罗列若干孤立的解题,使读者利用每部方志时,便于相互参照。

每单元前言之后,就是评价现存方志的专条,内容大致可分修纂人、成书背景和经过、成书时间、出版年月、版本与收藏处及内容评述等几项。

修纂人:有的是署某机构或集体,大多是署个人。按旧志惯例,当地主持修志的长官名列在前,称为"修",而实际执笔、主编者署名在后,称为"纂",故《考述》着重确定谁是实际编纂人,凡例中确定:官修用"纂",其余私修用"撰",以抄撮辑录为主者用"编撰"。然后广泛搜集资料,介绍修、纂、撰、编撰人的生平、简历和修书的经过,他书中有传者指出在何书何卷,以便于读者查考。经过作者精心考订,对《联合目录》颇有更正。(见附录3:《中国地方志联合书目》内蒙古部分订误,271页)此外,《集宁县志》署杨葆初修纂,而据知情人透露,实际执笔人是张呈藻。《伊克昭盟志》署边疆通讯社修纂,《考述》从当时的报刊发表过的一部分署名考定作者是谢再善。一般地方志目录中作者只署监修和主纂人,《考述》则据有关资料,尽量搜集参与修志人员名单。

成书的时间:除附录3指出的以外,某些考订颇为精彩。如《鄂托克富源调查记》作于何年?《考述》据《绥远通志稿》,结合作者周晋熙绪言中的说明及其他有关作者生平的资料,断定是著者1923年"亲往实地调查,费时五阅月",回来之后"撰成"。《突泉县乡土志》据书中提到"县署"和"洮昌道",考定"成书当在1914年6月至1915年11月间"北路道复称洮昌道之后,突泉县改设治公署之前。《赤峰州调查记》,据该书事止于光绪三十四年,"称赤峰县丞设于大庙",则成书在当年十二月赤峰县丞升直隶州判并移驻乌丹以前。日本学者内藤虎次郎推测金志章《口北三厅志》原稿纂于雍正九年(1731)或稍后,《考述》认为只能是金氏出任口北道之乾隆四至七年所修,而卷十一纪事恰止于乾隆七年(1742),故可断言原稿成于是年,以后记事当系黄可润增续。《联合目录》仅署"黄可润纂修"有误。

出版年代和版本:《联合目录》因系据各图书馆目录汇编,无法核对所有原书,因而有将同书异名误作两书处理的,有误记出版年代,从而又有将同一版本分成不同年代版本的,有误铅印、誊印为石印,抄本、铅印为刻本的,皆一一指正,并集中揭示于附录3《订误》一文。

除《订误》已揭示之外,《考述》还补充了《联合目录》失收的版本。如台湾有1968年成文出版社影印的《中国方志丛书》,文海出版社影印的《中国省志汇编》,收方志较多。各大馆多购进新藏,有必要在各志版本项说明。某些方志,全部或部分在报刊上发表过,则说明发表在何报刊、何年月日或卷期。近年因备修志参考,某些方志曾由某些单位转抄、复制、缩微、誊印、重印或公开出版。或收入某些史志资料书中。补充了这些信息,使某些以前不易看到的珍本,可以据《考述》提供的线索查阅。

某些志书不同版本内容不同,《考述》也有所介绍。如《五原厅志略》,以前流传皆出自大连图书馆藏抄本,《考述》补充台湾影印的《中国方志丛书》本和 1982 年江苏广陵古籍刻印社影印本,并将此三本进行比较,说明其异同、优劣和完缺的情况,并推荐有关的校勘专文和发表的刊物、时间,供读者参考。《呼伦贝尔志略》,《联合目录》只著录有 1923 年铅印本和上海图书馆藏抄本,《考述》据《稀见地方志提要》所载,又补充伪满康德六年(1939)兴安局调查科限定"极密"的重印本,并说明上海图书馆藏是誊清稿本,舆图均为彩绘。《联合目录》往往只著录某志为石印本、铅印本,常不具印刷厂或出版社名,《考述》皆据原书补上,从中也可得知该志印于何处,是自印还是正式出版。《联合目录》未著录之书,《考述》对其版本描述更细。如《呼伦贝尔副都统衙门册报志稿》乃近年发现的方志,原稿用满文纂写,修于清光绪间,颇有价值,故特别介绍两个满文抄本,三个蒙文译本和一个汉译本,说明各抄本(包括转抄)的收藏处所(机关或个人)和内容异同,并介绍 1983 年和 1986 年已有蒙、汉文译本出版,收入何书,由什么机构编印等等。

《考述》对《绥远省通志稿》的版本鉴定卓有贡献。该书原有四个稿本,除 20 世纪 60 年代经内蒙古文史馆修订后之缮清本外,尚有三部稿本,三者之关系众说纷纭,经作者精细核对、考订,分别确定为原稿本(六十七册)、第一次重纂缮清本(一百一十三册)、重纂草稿本(七十八册)。

四

《考述》的重点当然是各方志的评论。作者首先注意每部方志的指导思想,有的书中有明文交代,有的可以从所拟体例进行分析。方志的体例五花八门,或分卷,或分章,或称门,或称类,只要细看各门类标题及以下子目,于详略取舍之间,即可了解撰者的修志思想和志趣所在。用今日的观点衡量,当地应记之事是否齐全,详略比例是否得当,具体到某项是否有缺略。或过于冗滥,大类之下子目安排是否合理,归类是否科学等等。文字之外,附有若干地图、照片、表格、附录等,对正文的理解或补充有何作用,《考述》皆一一评价,此志的价值也就可大约评估。

有些书开宗明义说明了其著述的意图,《考述》即引用其说进行分析。例如,清末姚明辉认为:"《游牧记》独详区分沿革,而于山川大势、气候寒燠、物产丰啬,凡天然人事之关系人生者阙如也。"因此据日本《蒙古地志》可以弥补我国旧体地志的缺陷,所以借用日本人著作增加"凡天然人事之关系人生者"另编新书《蒙古志》。

郑裕孚纂《归绥县志》,因他"殚心方志有年",故能比较旧修方志的优劣,借鉴其中佳作,避免庸劣之弊,做到"体例谨严"。所以在《凡例》中声明:"滥构八景,徒供吟料"者"概从删削";志艺文,一扫陈规陋习,不录杂诗浮文。"归绥五族杂居,生聚日庶",乃专设民族志;志赋役,以其关系民瘼而加详;设神教志,既载庙宇,又述各教概况。利用现代方法,绘制历代沿革和今省、县、城郊图,编制各种表格,省略篇幅,阅读更感眉目清爽。

此志印出后,1941年所修的《萨拉齐县志》即引为"观摩标准"。张树培纂写《萨拉齐县志》,接受李泰棻《方志学》的主张,在《例言》中说:"州书郡乘,古只详地理,今必及民族、生活;古只辨风土,今必兼政治、宗教、法团,与社会分载,民众之理智寓焉;产业同经济并提,民生之利病存焉;……"他参证了李泰棻新订方志目录,因而使类目设置全面切要。以上两志说明,如果能接受先进的修志思想,端正取舍标准,改善体例,自然会在原有条件之上提高质量。

《林西县志》则与此相反,奉到修志的命令时,"群懵然不知何谓",干脆不懂得修志是怎么一回事,后来到省里买来《承德府志》一部,"以为模型",照猫画虎,花了近两年才成书,结果还是"质量甚为低劣"。

某些方志指导思想陈腐,也必然影响到志书的质量。如高赓恩纂《归绥道志》,赞同康熙间理学家陆陇其(1630—1693)的主张,"不载寺观以崇正教",使对地方影响甚巨的各种宗教及其他民间信仰失载。刘汉鼎纂《和林格尔县志草》,当时中华民国已建二十三年,还抱着怀恋帝制的心情,将"帝纪数则列于卷首",感叹"圣教陵夷,邪说横行",尊奉"齐民莫大乎礼"的封建信条,广采旧籍,或借内地县志,抄录与本县无关的礼俗、坛庙、祭典、祭文等等。《清水河厅志》以"志节孝以彰苦节"为宗旨,"将有卷可查考及访闻确切有据者,悉著于编",以"发潜德之幽光"。《考述》将此类陈腐思想和内容一一检出进行批判,同时也揭示出因此造成浪费篇幅并遗漏必要内容的缺陷。

同时,《考述》也特别留意每书中各处有关指陈时政得失、暴露社会黑暗的记述。大体说来,地方当局官修的方志,虽然财力、物力和取材条件远胜于个人,但往往讳言地方弊政和恶习。而热心地方情事的本地知识分子,或外来从事调查的人员,则顾忌较少,往往敢于秉笔直书。

旧社会的黑暗来自各个方面,首先是官吏军警为害百姓,赋税繁重。还在清末,《赤峰州调查记》即指出:由于新政繁兴,警察、学堂、自治各种费用,使百姓负担日日增加,以致有人连丰年也入不敷出,灾年则可想而知了。《绥远河套治要》揭露20世纪20年代有摊派严重、土匪为患、吏治不良、保卫不力四大弊政。指名揭露前绥远都统蔡成勋指使属下统包河套八大干渠永租地,贪财肥己,不投资兴修,渠道废坏无遗,积欠租款十余万元。所谓"保卫不力",例如临河县的地方武装"游兵无赖兼收并蓄,鱼肉乡民,苛案勒扰"(《临河县志》)。《绥远考察纪略》也指出:"负治安之责者苛征暴敛,使人民终年勤劳,不得一饱,强者以生活逼迫,铤而走险",致使土匪越来越多。并且说:苛捐杂税太重,农民不胜负担,以致"五原地荒约9/10"。《临河风土志》直接指斥临河历年执政人员,"胥以赚钱为事"。《清水河县概略》作者乔纪延,怀着对民众疾苦的同情,生动地描述当地人民负担的沉重:"田赋焉,印花焉,军事摊派焉,税捐繁兴,官差层出,此款未清,彼捐又至,粮役甫去,官警踵门",以致人民生活之低下,连狗彘都不如。

其二是地主对农民的剥削和压迫。《临河风土志》生动地描述:地主"筑有小堡,养有家兵,自备枪弹,……威严十足"。而佃户"形同奴婢",备受欺凌。驻军"屯庄供应繁重,出自佃户,地主、村间邻长多从中渔利,村成废土,民多流亡"。

其三是汉商对农民的掠夺和对蒙古族人民的欺压。清末的赤峰,粮商每当青黄不接时,"操奇计赢,谋人土地,霸人房产"。《伊克昭盟志》以两节篇幅详细描述蒙古族土地丧失的过程。由于蒙人的淳厚,对于不合理的高利欺诈漫不经意,因积欠太多,便放租土地给商人以抵偿债务。商人获得土地,便招募垦民耕种,于是变成地主,甚至富埒王公,能与之分庭抗礼,造成蒙汉民族关系的紧张。

其四是蒙古封建王公的腐朽。《乌兰察布盟乌拉特中公旗调查报告》详细记述了王府、旗署的各项收支和差徭,指出蒙古上层的现代消费欲是各种摊派加重的原因。《伊克昭盟志》形象地描述:"有些王公因羡慕近代都市的繁华生活,常流连于都市,坐汽车,住洋楼,吃西餐,玩跳舞,摩登化起来。这样他们的开销越来越大,贫困化便急速的开展了。"它不仅揭露了蒙古王公的堕落,与政府或汉商的勾结,还深刻分析和揭露了蒙旗所遭受的民族压迫。

其五是教会势力的危害。《绥远河套治要》指出:"河套一带教堂完全以传教之虚名,实行强占田亩之实。……甚至勾通土匪,要挟政府,包揽词讼,鱼肉非教之民。""所驻军队仅有驻防之名,彼所注意者不过是保卫教堂及机关而已……是故一般农民相率徙于教堂所在之地,以免摊派之累,且土匪之扰。教堂遂得从中居奇,种种挟制。不亟图补救,非使河套尽成为租界不已也。"

《考述》披露上述内容,足见作者的评述不仅注意到方志的资料价值,而且也注意到其中的思想性。这些记载,实在是最佳的乡土教材。

五

《考述》付出篇幅和用力最勤的部分是对各志具体内容的评述。方志的资料来源大抵不外乎两种,一是文献,二是调查。文献方面,《考述》就要评论它取材范围是否广泛。所引之书属于罕见或已佚,或是当地的档案和调查统计资料,其价值就高;如完全抄袭常见书籍,甚至因袭它的错误,或滥抄与本志无关的内容,其价值就低。《考述》认为,调查往往比文献更重要。内蒙古许多地方本无方志,也无多少其他文献可征,只能靠实地调查。凡有"实地调查的真切记述""熟悉情况者的采访"的方志,都是《考述》评定为较好的志书。

作者评介一部方志,不同于一般的提要或辞典性质的书,举出作者、卷数、版本、出版年月地点,随意浏览,偶然举几个例子就够了,而是对该书全部内容分项详述,指出它的价值和缺陷何在。同时将该书与其他方志或有关书籍对比,辨别优劣。查考每项记载的出处,判断某段是撰者引自何书,或是该志调查研究所得,本源既清,有无价值自然就清楚了。《考述》最见功夫之处,是作者具体评述某志遗漏了哪些内容,某处过略,某处有误等等,这比评述书中已载内容要难得多。如果说,《考述》根据方志的指导思想和体例,评论它该写什么,不必写什么,从中可看出作者具有较高的方志学素养;那么他能对每部方志随意指点,言必有据,而句句切中要害,则可看出,他对内蒙古的方志和有关文献是何等的熟悉。

《考述》对各志的具体评论,已见于概述章和评各志正文,充分显示出作者的博学和卓识,读者自可查阅。以下想举两类例子,大体可看出作者评论的一般原则和方式。

作者总结出:旧方志往往重政教,轻民事,缺少经济生活等记载。所以他很注意各志有关经济生活的记载。归化城商贸繁盛,居塞外之首,自应详加记载,不妨以此为例比较各志的记载。咸丰时修的《古丰识略》,在市集卷记载了归化城商贾的活动范围,商行的组织,牲畜交易市场及各厅流通的货币等……。税课卷载有各种货税的沿革、征收额等。但总体上较空泛,不仅无商号数量、资本、经营种类、物价、销路等,连声名赫赫的旅蒙商号大盛魁等都未提及,根本无法反映地方商业的全貌。这反映出19世纪中叶的修志水平。

1934年印的《绥远省分县调查概要》有了根本的改变,记载归绥工商业多达十九页,近两万言,不仅详尽,而且也更为科学。同时编写的《和林格尔县志草》土产项仅开列名目,既不详产地、产量,更不及销售状况。营业项虽简述了和林商业渐衰落的情况与原因,却不载当时商号数量、资本、经营项目及销售盈绌。这些最能反映和林经济状况的内容全赖与该志同时的《绥远省分县调查概要》等文献保存。用这种对比的办法,两志的优劣就显而易见,而《和林格尔县志草》的缺略也可从《概要》等书中发现了。

《绥远通志稿》卷帙浩繁,内容丰富,商业卷不仅记述了省县及蒙旗的商业沿革、现状,还根据著名旅蒙商号大盛魁二百年的账簿制作了《清代商货价格变动表》《清季及民国商货价格变动表》,开列清雍正七年(1729)至民国十六年各类货物的价格。这项工作的艰巨性可以想象得到,更重要的是懂得采用新的科学方法,这远非旧志可比。

第二类举一些关于气候、物产记载的例子。

《古丰识略》以星野、占候、象纬、节气四项开头。前三项本荒诞无稽,不过方志中历来就陈陈相因。节气项只记录了各节气的气候寒暑特征。撰者在《归绥识略》同卷增加了一些内容,如归化城地区在北极出地平41度,太阳出入时刻等,这是它的优点。土产卷虽有增加,但撰者只对考证名物有兴趣,大量征引了《尔雅》《农书》《本草纲目》等书,对了解当地产物的特征、产量等毫无帮助。《丰镇厅志》气候仅三十余字,只有"土高地瘠,天寒霜早"之类空话。物产项也是泛列名目,同样是注重名物辨证。这反映了清代方志的共同特征。

民国初年的《绥乘》已懂得列温度,记录了民国4—8年绥远城观测所测量的温度。20世纪20年代的《鄂托克富源调查记》"气候的观测"项,附有温度表、雨量表。"矿苗的性质"与"物产的种类"两项,介绍了鄂旗煤炭、药材、牲畜、盐碱等的产量、质量与销售状况等,有的列有详细的表格(161页)。开始将新的科学知识引入了方志。

20世纪40年代的《居延海(额济纳旗)》,撰者具有自然科学知识,亲身做过大量调查,因而对当地自然概况的描述比旧志有了根本的改观。如自然环境一章分地形、气候、土壤三节,详细记述了额旗西南高、东北低的地势,额济纳河的源尾情况,水量、河床水深与流速,全年雨量,平均温度、温差、霜期、风、日照、戈壁、沙漠、碱滩的种类、特征、成因、土质、水位、分布区域及所生植物、经济价值等。游牧项记载了家畜的种类、数量及管理、畜产品种类和乳产品制法、牧场的面积与分布等。附录中载有当地植物三十余科八十五种,既有俗名、学名,又有生长习性、产地及经济价值。

通过以上《考述》中的例证,很容易辨别出各方志的优劣,也可看出产生于封建时代的地方志书怎样逐渐走向完善和科学的过程,对今日修志者颇有参考价值。

六

内蒙古的地方志,我不过偶尔查阅过几种,前面所说,只不过是自己的学习心得,读后认为以上几个方面对读者特别有益,故予表示肯定。《考述》难免还有缺点,以我的知识尚无力指证,只能提出两点想法与作者商榷。

首先是《考述》能否再扩大范围及内蒙古若干方志的分类问题。《凡例》说:"因行政区划关系,记载以它处为主,兼及今内蒙古地区者,概不收录,如《山西通志》、《察哈尔省通志》之类。"《山西通志》"兼及"面甚小,姑当别论。《察哈尔省通志》则同《口北三厅志》性质相近,察哈尔省命名即沿袭清代的察哈尔蒙古八旗,管辖察哈尔左翼四旗、各牧群和锡林郭勒盟。口北道不管蒙旗,只能处理察哈尔左翼四旗蒙汉民交涉事务,今多已划归河北省口外诸县,为何舍《察哈尔省通志》而取《口北三厅志》,似乎标准不统一。《联合目录》将此两志都归入河北省张家口地区,是符合今行政区划的。

尽管如此,我仍支持《考述》将《口北三厅志》当作内蒙古方志处理,因为我们既要承认现实,也要照顾到历史的渊源。为了理清内蒙古方志的源流和继承关系,写成一部系统的内蒙古方志编纂史,将《口北三厅志》做专题介绍,非常必要。如此类推,三厅以东的《热河志》和《承德府志》,西边的《河套志》,皆可视为内蒙古的方志。而山西的雍正《朔平府志》和乾隆《大同府志》,是最早记载所辖归绥、丰镇等厅内蒙古地方情事的创始之作,同样可与最早的内蒙古方志并列加以评述。

康熙四十二年(1703),在热河建避暑山庄。雍正二年(1724)设热河总管,后改设副都统、都统,监督卓索图盟五旗和昭乌达盟八旗。雍正元年设热河直隶厅,管理以上两盟部分蒙旗的蒙汉交涉事务。乾隆四十三年(1778)升承德府,所辖平泉州、建昌、朝阳、赤峰县辖地皆原属此两盟。四十六年(1781)刊行奉敕修成的《热河志》,其建置沿革及藩卫等门皆以承德府、一州五县及所理卓、昭两盟为记述对象。道光十一年(1831)修成《承德府志》,更是以记述所辖州县及有关盟旗事为主。所以1927年5月热河道尹公署训令,要求所属内蒙古各县修纂志书,应"参照《承德府志》为拟具县志条例"。

雍正元年(1723),清廷在归化城置理事同知,隶山西大同府。七年(1729),改属朔平府。十二年(1747),朔平府修成府志,对所辖归化城厅(后升为道)广大地面进行过实地调查,修入府志。后修志时,往往是据《朔平府志》转录(如《古丰识略》等)。《考述》多次提及某志忽略或误抄《朔平府志》之事,说明此志对后志影响很大。乾隆十五年(1750),察哈尔左翼设丰镇厅,隶山西大同府。四十一年(1776)大同修成府志,所载涉及管下的丰镇(包括后来从丰镇分出的兴和和集宁)。所以《丰镇厅志》等书,皆以《大同府志》为修志根据。

《考述》附录1转载作者《〈河套志〉非内蒙古志书考》一文,认为从此书"编写动机、目的与内容"考察,并非内蒙古志书。该书乃陈履中所撰,他于雍正三年(1725)出任分巡宁夏兵备道,于乾隆四年(1739)前辑撰成《河套志》,七年刊行。所谓河套,是指贺兰山以东,狼山大青山以南黄河流经地区(《汉语大辞典》),撰者述宁夏事较多,乃因职守所在,较为熟悉。"唯富一套"这句古话,正是指河北的后套和河西的宁夏,并未越出范围。古人写书,不能要求它完全合乎规范。此书以河套命名,不能说与编写动机和目的无关,何况确有关于内蒙古的内容。虽然漫无边际,但总不能归入陕西或宁夏的方志,也不能视为议论边防的书,还是归入内蒙古方志较妥。后修之《河套新编》等书,就曾因袭此志,考述方志源流,也似宜在相应部分提及。

其次是有几种内蒙古方志的分类献疑于作者。作者在《〈蒙旗志〉探源》一文(264页)考定,该书:"不是独立的一部志书",而是《奉天通志》初稿的一部分。《通志》刊行时,科尔沁六旗早已脱离奉天省,故予删除。考证可谓精绝。然而这并不能说《蒙旗志》不是方志。古人常从巨帙书中抄录可独立成篇者,使成独立之书,如杜环《经行记》出自《通典》,王延德《使高昌记》出自《宋史·外国传》,或以单本流传,或收入丛书,今人编目时,没有必要按其原书分类,称为某书一部分,而应按独立后之性质分类。何况今《奉天通志》已不含《蒙旗志》,有人将此稿视为一方文献珍藏,故图书馆和《联合目录》只能将它另命名《蒙旗志》,视为科尔沁六旗的方志归入哲里木盟。

《绥蒙辑要》一书,《考述》认为是"资料汇编,并未分卷,亦无目录,不能算方志"。我看此书前一部分有大小类目,眉目尚清楚,与方志无异。中间插入许多会议报导、文件和讲话,有点杂乱。但后一部分是"历年实地调查"的《绥境乌伊两盟十三旗调查事实等概况》和《绥境土默特及东四旗调查事实概况》两部调查概况。前部分似为作者辑撰的绥蒙志稿,后附文件、调查概况等,故以"辑要"为名付印。符合《联合目录》"具有方志初稿性质的志料……均予收录"的标准。此书多为后编之书引用,还有价值,不必删去。

《考述》补充《联合目录》的方志中,《蒙古山脉志》按四库分类法应归入山川之属,《清史稿艺文志补编》就将龚自珍的《蒙古水道略》分入山川河渠之属。《公主府志》是府第志,应分入古迹之属。《考述》说:《绥远城驻防志》"实为档案资料汇编,不能视作方志",但"是内蒙古地方人士编纂方志的最早尝试",故列为呼和浩特市首部方志。其实,驻防志按四部分类,不属于史部地理类,更不能算方志(都会郡邑之属),而应归入史部政书类,故需裒集档案、文件作为驻防军遵循奉行的依据。《清史稿艺文志补编》收有《福州驻防志》《京口八旗志》,性质相同,分在政书类军政之属。清代驻防志尚多,各馆目录皆未列入方志。《突泉县乡土志》,朱士嘉《中国地方志综录》已著录,据《考述》介绍,此书篇幅甚小,仅七叶,约两千字,简略殊甚,《联合目录》可能因此删去。作为一部考述内蒙古方志的著作,凡类似方志的书,不管质量好坏,都要一一评述,供读者了解,完全是必要的。书目则自有收录标准,《联合目录》不收以上四书,似不宜苛责它"收录有缺"。

《考述》附录中关于《联合目录》订误一文,在"编排错误"一项,指责它将《绥远志》因书名而跻身于省志之列,故《考述》将《绥远城驻防志》《绥远志》皆列入呼和浩特市方志。我看《绥远志》不只因书名,而且就其实也应列入省级。绥远城将军的职责是,统管绥远城驻防事务,节制并监督归化城土默特都统旗及乌兰察布和伊克昭两盟,所辖与民国的绥远省相当,省名也因此沿袭下来。将军贻谷发起同时修纂三志,《绥远志》是记述综理满蒙汉军民事务的将军本人的职责范围,《归绥道志》是为山西省所辖,由他节制的归绥道所修,《土默特旗志》则为他属下专管蒙古的都统旗所修。将军的辖区和职权在道尹和旗都统之上。归绥道虽所辖甚广,《道志》可升格按省级处理,但不能反而置于《绥远志》之上。

七

第二个疑问是:《考述》对内蒙古方志的评价是不是偏低。《概论》中说:"内蒙古地区的政治、经济、文化远逊内地,其方志编纂水平普遍不高,志书质量较差也是自然的。"的确,内蒙古地区较落后,方志出现甚晚,后修者无所依凭。清末以来,开始修志,仍数量不多,而多数旗县并无志书,故谈不上与人比较。但就我的印象而言,内蒙古已修诸志与同时内地志书相比,不一定质量皆差。

清雍正、乾隆朝,号称盛世,内蒙古的方志创修于此时,依我之见,不只是一部,而是一批,这些奠基之作,其中有的堪称方志名著。

乾隆初年修成的《口北三厅志》,撰者钱塘(今杭州市)人金志章,其学术本有渊源。他曾教馆于"藏书甲浙右"的龚翔麟家,尽读其父子两代所积玉玲珑阁藏书。诗与厉鹗、杭世骏齐名。这两人是文史大家,又以分治辽、金史著名,金志章官口北时,有志续明尹耕《两镇三关志》,可见志趣相投。这批杭州学者,实开以后乾嘉及道咸间治元史和西北地理学之先声。他所交除杭(道古堂)、厉(樊榭)外,汪沆(小眠斋)、赵昱、赵信(小山堂)等,都是学者和大藏书家,所以杭世骏称他"于学无所不窥"(《词科余话》),《清史列传》称其书以"援引赅博"见长。保存《口北三厅志》抄本的汪康年,是戊戌维新时《时务报》主笔,振绮堂汪宪的后人,是由乾隆至光绪杭州仅存的藏书大家,估计《口北三厅志》当时藏书家皆曾传抄。此书价值,除《考述》指出以外,所引文献,当时多属罕见,周伯琦《近光集》迄今不见刊本;《宣镇图说》今已失传,记有明末蒙古部落情况和驻地,学者只能从此书转引;考定口北古迹,今已大多破坏。记当代事,转录有关文献及多伦诺尔为章嘉活佛敕修寺庙的记载,都很有价值。故内藤虎次郎将它编入《满蒙丛书》,作为内蒙古的重要史料。

《热河志》署名和珅、梁国治纂修,乾隆四十六年(1781)刻。实际上二十一年(1756)已诏尚书汪由敦、侍郎裘修、董邦达等修纂,汪等召翰林院庶吉士钱大昕、纪晓岚"任编纂之役"扈从热河,就近采访排纂,"馆中有南钱北纪之目"(见《钱辛楣先生年谱》)。《热河志》是敕修书,由翰林院饱学之士参与编纂,一般方志无法与之比较。《四库全书》"都会郡邑之属"清代只收省志,《热河志》是省志以外四种书之一。有了《热河志》,卓索图、昭乌达盟各旗及所设州县的概况才得以首次见于方志中。《元一统志》今已失传,翰林院臣能检阅天厨秘籍,曾引用原书,今赤峰市修志,反而有幸成为全国少数能参考《元一统志》佚文的地区之一。此外如考订古迹,搜罗辽金元石刻(如著名的翁牛特旗蒙汉文《竹温台碑》),都有贡献。此后,道光间修《承德府志》,有《热河志》在先,编纂较为容易。书中扩充了有关地方的内容,成为以后昭乌达盟旗县修志的必备参考书。

陈履中的《河套志》,虽有泛滥之弊,但四库存目都会郡邑之属仅收清代方志十七种,由于它"征引颇为繁富",仍厕列存目,留有提要介绍。

热河、口北两志,就当时的水平衡量,可称为方志典范。其价值已超出某地区一方文献的意义,而是学术研究中常用的史料。是否可以说,内蒙古方志在其萌发期,起始就水平不低,这就为内蒙古有关旗县修志奠定了基础。《朔平府志》《大同府志》虽不是出于大手笔之手,同样为有关旗县修志作了开创工作。如《朔平府志》最先访到托克托县北古城白塔下石香亭柱刻有"大金云内州录事司"字样,为金云内州城定点起了决定作用。

内蒙古的修志有一个特点,往往不仅是当地人热心,而是举国的关心。梁启超说:"自乾隆后边徼多事,嘉道间学者渐留意西北边新疆、青海、西藏、蒙古诸地理",张穆的《蒙古游牧记》就是其中的代表作(《清代学术概论》十五)。如《考述》所介绍,该书价值甚高。后修的内蒙古方志,有关内容多靠此书充实。梁启超还说:"今文学之健者,必推龚、魏",龚自珍、魏源"皆好作经济谈,而最注意边事",龚自珍著《蒙古图志》(同上,二十二)。魏源著《圣武记》,其中,《国朝绥服蒙古记》多为内蒙古方志采用;又著《元史新编》,专研蒙元史事。

同时山西五台人徐继畲(1795—1873)出任福建巡抚、署闽浙总督时,著《瀛环志略》,与魏源的《海国图志》同为近代中国人最早放眼看世界的名著。他也关心内蒙古方志,曾为张曾《归绥识略》作序。

光绪间,江苏江都人张心泰,历任丰镇厅、归化城厅同知,颇热心于修志。所著《宦海浮沉录》,多记其任职时所留意的地方掌故,搜罗地方石刻,旧志中常引用这书中的资料。如《归化城厅志》所录乌兰板升古城元净州大德十一年加封孔子制碑,乃张心泰派人寻获,录入其书。《归绥县志》礼俗也采自此书。

光绪十六年(1890),张心泰出任丰镇同知时,曾请叶昌炽主持重修《丰镇厅志》,并请叶氏拟定采访事宜十条。叶昌炽(1849—1917),

江苏长州人。年二十,就从其师纂修《苏州府志》。光绪十五年成进士,授翰林院庶吉士,次年散馆授编修,兼国史馆、会典馆两职。这时他已年过四十,学问早已成名,故张心泰前往北京邀请。叶昌炽是清末藏书、金石和史学大家。民国初设清史馆,曾延聘他为名誉总纂不就。他所拟采访事宜十条,对《丰镇厅志》的看法,载于《宦海浮沉录》,后修志者可以参考,对门类调整、内容取舍,提高志书质量是有帮助的。

光绪十八年(1892),张心泰改任归化城厅同知,又在太原和学者吴廷燮商讨修志体例。吴廷燮(1865—?),江苏江宁人,光绪举人。除著有《历代方镇年表》《方舆纪要补编》《山右石刻丛编》外,可以说是一个修志专家。曾应张学良之邀,任奉天通志馆总纂。后又主持纂修《新疆大记补编》(1935)、《北京市志稿》(1940)、《江苏备志稿》(1942),都是省级方志。他对内蒙古早就留意,在光绪间就草成《拟修归化七厅志商例》。民国时参与撰写《清史稿·藩部传》,又有《蒙古备志》稿本藏于北大图书馆,说明他熟悉蒙古史地,并有意为蒙古地区修志。1937年春,曾应傅增湘之聘参与修《绥远省通志》。

可见,自雍乾之际开始,就有海内大学者关心蒙古情事,对内蒙古修志,或有间接影响,或有直接贡献。

雍乾以后,事隔百来年,咸丰末内蒙古才有本地的方志,以后同治、光绪,不过寥寥数种,总算不绝如缕。直至清末,修成的志书才多起来。其中《绥远志》《归绥道志》和《土默特旗志》由蒙旗垦务大臣兼绥远城将军贻谷倡修,他所能动员的人力物力,远非内地一般府县可比。纂者高赓恩,进士出身,供职翰林院,官至太常寺少卿。他虽恪守道学,反对维新,思想古旧,但"所著思怡斋书近百种",后又主纂《陕西通志》,也算当时勤于著述的学者,比地方上的三家村学究修志毕竟要高明得多，所以贻谷不惜"宾礼优厚"聘请。由于三志同修，仅7月完稿，不能称尽善，但《道志》全书达四十卷，约三十万字，内容甚丰富，保存地方史料较多（1959年编《蒙古族简史》，我曾参考利用过大连图书馆藏抄本）。《土默特旗志》我认为很有价值，优点是内容集中记述本旗，无他志泛滥无用之弊，本旗史事，许多全靠此书保存。故不宜评为"窳劣"。荣祥将木板尽行焚毁，"以杜谬种流传"，这是以20世纪30年代的眼光衡量清代的著述。同时又抬高其父都格尔扎布的《土默特志略》稿。此稿既称为《志略》，内容就不会多，高赓恩"嫌其文繁，尽删元明两朝事实"，修成《土默特旗志》两册。内蒙古元明史事本无前志可凭，往往是抄凑旧籍，常挂一漏万，张冠李戴，删去是对的。高赓恩不熟悉地方情形，既有《志略》现成书稿在，以此为底本要省事得多。他本是词华之士，去芜取精，调整体例，润色文字是他的擅长，大概有用的都留下了（包括《道志》利用的一部分）。我认为，《土默特旗志》是一部篇幅小而保留土默特史料较多的好书，当然应肯定都格尔扎布的草创之功。如果《旗志》"窳劣"，《志略》也相应不值一提了。

《呼伦贝尔副都统衙门册报志稿》也是别具特色的方志，成书在《绥远志》等书之前，由当地人士编写，不仅具有很高的史料价值，而且是少数民族知识分子用民族文字编写的，是全国旧方志中罕见的珍贵文献。

20世纪30年代纂修的《绥远通志稿》，是一部卷帙浩繁的巨著，与一般旗县志或概况等书不能相提并论，当时省政府有决心发起这一工程应予肯定。1931年初修时，所聘总纂李泰棻对方志有专门研究，他写的书是大学普遍采用的教科书（尤其是世界史，当时著、译的书都缺乏），名气甚大。编纂王森然是学界公认的学识渊博的学者。

历经五年完成初稿后,绥远省于 1936 年又改聘傅增湘"重纂定稿"。傅氏是前清进士,民国时任教育总长。后来任故宫博物院管理委员兼图书馆长,授课清华研究院,不仅是知名学者和大藏书家,而且其资望和社会地位甚高。傅氏所聘助手,如吴廷燮、瞿宣颖、张星烺、孙楷第、谢国桢、吴丰培,有的已是方志名家、学者教授,有的虽还年轻,但都受过新式教育,学业有成,后皆成为知名学者。《通志稿》能罗致这样的编纂队伍,当然不同凡响,如《考述》所云:"搜采较富,记载较全面系统,……堪称一方全史,资料宝库。"

《通志稿》不仅是参考文献之广,无与伦比,而且还四处采访,所记《采访录》价值较高,1965 年,我曾据《志稿》引文所记古城中的碑文,为古代州县定点四处,供《中国历史地图集》采纳。我认为其主要优点是接受了新的科学观念和方法,分析它的类目安排和记事内容,虽未完全摆脱传统方志的窠臼,总的说来,已是一部新型的省志。民国间全国共修成并出版省志四种(奉天、河南、贵州、云南),虽已付印仍称稿者五种(江苏、河北、黑龙江、陕西、安徽),修成稿本九种:甘肃、浙江两种、广西、江苏、江西、湖南、四川、绥远。前三种铅印过少部分或有油印本。事实上,《绥远省志》已定稿付印,若不是毁于战火,其成熟程度,不仅胜过其他稿本,而且可与少数已刊诸志并行而不愧。我没读过各个省志,就主修人或部分编纂体例、类目比较,浙江、江苏、河北、甘肃等志,虽有沈曾植、缪荃孙、吴廷燮、王树枏、张维等当地名儒硕彦主持,名望与傅增湘等相当,但大多是清朝遗老,有的修于民国初年,观念较旧。所以《绥远省志》是延揽新式学者较多,观念和内容比较新的省志。

《归绥县志》除前述的优点外,篇幅不大,叙事简明,用仿宋体铅字排印,纸张雪白,图版用现代技术印制,蓝色封皮线装,布面函套,装帧之精良,令人赏心悦目。内地县志,多由当地刻版刷印,一般纸质低劣,刻工粗糙,油墨污渍。据我所见,《归绥县志》的印装也罕有其匹,值得一提。

清末国势日颓,列强环伺,内蒙古地处边陲,为国人所关注,政府因所谓蒙政之类需要,也较为重视,编写出若干一般概况或调查报告,如《考述》所说:"旨在反映现状,以应时需的简体志书,远超过清代。"在国内横向比较,这类简体志书数量反而较内地多,论质量实用性也较强。这也是一个不容忽略的现象。

一种类型是编译。随着留日学生的增多,如《考述》所说:有识之士乃"借助日俄方面关于蒙古调查著述来编纂志书,向国人介绍蒙古"。译编出《蒙古山脉志》《蒙古志》《内蒙古纪要》《蒙古通览》等书。不管日俄这些著述的真实意图何在,但毕竟提供旧方志所忽略的事实,使国人懂得如何进行科学调查、整理和编写有关地方的文献。

与此相应,国人也开始进行自己的调查。1910年,东三省蒙务局派员完成《哲里木盟十旗调查报告书》。1908和1912年,有个人所作的《赤峰州调查记》和《多伦诺尔厅调查记》,发表在著名期刊《地学杂志》和《东方杂志》上,开实地调查的先声。20年代,周晋熙对鄂托克旗(1923)和河套(1924)进行调查,所著如《考述》评论:"多来自实地调查""内容丰富切要""识见不凡"。随着五四新思想的传播,时代的进步,他的调查和述作也自然胜过旧志。

1928年以后,国民党政府开始对内蒙古进行有组织的调查,由蒙藏委员会具体负责。除委员会官员所编《蒙藏状况》和《蒙藏新志》外,其下属的调查室及其派出机构:驻归绥调查组、驻宁夏调查组、察哈尔蒙旗特派员公署、驻额济纳旗调查员,抗战胜利后的西蒙调查组(组之下还有旗联络站,如百灵庙),都曾派员到旗调查,先后编写出乌兰察布、伊克昭盟及所属各旗，额济纳旗、察哈尔蒙旗及各县、"土默特特别旗"的调查报告和概况。此外，中央政府的建设委员会、教育部、农林部派出人员曾编写考察调查报告。国民党中央党部下属的边疆通讯社，军事委员会（抗战胜利后改国防部）派驻额济纳、阿拉善旗的军事专员办事处，因工作之便，就地调查编纂了当地简志或报告。

在地方上，绥远省政府和省民众教育馆，也曾配合纂修省志，编写了很有分量的著作。

尽管当时的中央和地方政府，在文化建设上付出的力量有限，但与以往比较，出书数量已成倍增加，某些旗县从无到有地出现了志书，加上日本占领时期用日汉文编的简志，多数旗县已有了自己的方志。翻阅《联合目录》，内地府县的方志虽源远流长，但有许多地方民国时代却一志未修，或只有稿本、乡土志，所以这时边疆的方志反而超出内地。

就编纂人员的素质而言，新书也胜于旧体志书。他们接受了新式教育，有的还受过专门训练。如蒙藏委员会特设政治训练班蒙文班，边疆通讯社设有蒙藏语文训练班，专门培养懂蒙古文、蒙古语的"边政"工作人员，专职在内蒙古各旗县做调查和采访工作。他们既有进行社会和民族调查的知识，又能运用蒙语文深入当地进行访问调查。旧体志的编纂者看重爬梳故纸，以炫耀学问，常以本地有关民生的大事是常识而不屑一提，又受陈腐的体例所约束。新体书与之比较，自然会有令人耳目一新之感，其识见和价值已远胜传统方志。以禹贡学会成员许辑五所编《绥远集宁县志略》为例，虽简至七千字，"质量却远胜于《集宁县志》"，青年学生胜老儒，应归功于时代发展和新科学知识所赐，新体志书中，有几种可评为优秀的代表作。

首先是 1933 年绥远省政府编印的《绥远概况》和 1934 年绥远省民众教育馆编印的《绥远省分县调查概要》，作者参考通志馆提供的资料，查阅省、县档案和调查资料及各种书刊，编成两部各五十万字以上的新式著作，内容丰富，配以各种表格、地图。前者记全省，下分篇、章、目。后者以旗、县为单位，再分项记述，互不雷同又能相互补充。前者实际上是一部新型省志。后者则相当绥远各旗县的合志，绥远省十八县局和乌伊两盟十三旗全部包括在内，平均每旗县有近两万字，与前修单行的县志篇幅也大体相当，等于同时为所有旗县修了一部方志。而记述当地情况之全面可靠，质量远胜于旧体方志。

再就是 1939 年边疆通讯社编写的《伊克昭盟志》，书名"盟志"，作者也自信是成熟之作，自称"就采访时间言，计历两年，就编辑时间言，亦匪 6 月，始成定稿"，"所采访之资料盖近千万言"，经"提要勾玄"，成书共约十三万余字。可见此书并非短期内匆匆抄凑、道听途说的急就章。参加的采访记者和撰稿人共八人，"多系通晓蒙文蒙语，经常出入伊盟各旗，熟悉地方情况的知识分子"，素质也较高。故《考述》评价说："该志内容丰富实用，记载准确可靠"，"堪称佳作"。

1945 年成书的《居延海（额济纳旗）》，作者董正钧是农林部川康宁农业调查团成员，"是具有自然科学知识并注重调查实践的学者"，以专业学者的眼光注重于自然条件、经济与社会状况，因而"记载准确、科学、实用，具有很强的学术性"。虽然是 1945 年的旧作，1952 年之后中华书局仍作为学术著作接受它出版。这类志书，置于全国范围评价，也堪称为旧志中的佳品。

我必须声明，我对地方志没做过认真研究，以上的浅见，大多是抄录、归纳《考述》的意见，表示同意作者的看法。但我仿佛有一种感觉，作者常将用新观点写的书与旧体志比较，用今天的学术成果与当时的认识比较,用后志的优点与前志的缺陷比较,以至有的被评为"窳劣""错误百出"等,似乎有点脱离当时的历史客观条件而强求于古人。评论前人著作的得失,我很赞赏钱大昕《答王西庄书》的一段话:"愚以为学问乃千秋事,订讹规过,非以訾毁前人,实以嘉惠后学。但议论须平允,词气须谦和。一事之失,无妨全体之善。"地方修志,由于客观条件的限制,缺点错误在所难免,甚至荒谬可笑。《考述》在评述时,能分门别类,一一指出,大有助于今日修志和读者。但在作总的结论时,大多数仍应评为佳品或有价值之作,不值一观者是极少数。就以《热河志》为例,全书一百二十卷,天章十二卷是记皇帝的话,行宫、围场、山、水、寺庙、物产等门很少实际内容,而是泛载所谓御制诗,全书一半以上可说没用处。我认为只能就当时水平和认识比较,它有哪些进步。如前所说,地方志逐渐走向完善和科学,是一个历史过程。《考述》的贡献,正在于发掘出一大批地方志,作为一宗重要文化遗产呈现在学术界和地方干部面前,肯定其对当前学术研究和实际工作的参考价值,不宜妄自菲薄。

(原载忒莫勒撰《建国前内蒙古方志考述》,内蒙古大学出版社,1998年)

《〈蒙古源流〉研究》序

乌兰博士的大作——《〈蒙古源流〉研究》就要出版了,这是一部对《蒙古源流》进行全面研究和科学整理的学术著作,它的出版具有学术上的价值和意义。

由于17世纪蒙古地区社会的稳定和经济、文化的发展,涌现出一批现存最早的蒙古文史籍,《蒙古源流》是其中最有价值的史籍之一。因乾隆皇帝偶然对此书发生兴趣,由朝廷译成满文、汉文,连同原文交武英殿刊行,后又编入《四库全书》,是其中唯一汉译民族文字的历史著作。它有蒙、满、汉各种抄本、刻本流传;在国内,还有沈曾植等的笺证或译注本;在国外,从1829年起,也出版了德、日、英、朝鲜文各种译本、注释本、拉丁还原本,以及各种抄本、刻本的影印本;因此《蒙古源流》已成为我国民族文字史籍中传世最广、闻名遐迩的代表作。

1978年,乌兰博士在内蒙古大学蒙古史研究所工作时,开始攻读研究生课程,随后又选定《蒙古源流》的明代部分为硕士论文研究对象并通过了论文答辩。1982至于1983年,她分三篇发表了其中达延汗部分的汉译和注释。1986年,她在日本进修期间,与日本老一辈学者江实共同研讨此书并合作完成蒙古原文的拉丁音写。1990年,澳大利亚国立大学出版了她和江实、罗依果（Igor de Rachewiltz）、克鲁格（J. R. Krueger）合作完成的校勘音写本。1991 至 1997 年,她以在职副教授攻读博士学位,完成了《〈蒙古源流〉研究》的博士论文,除前言外,包括三至八卷的原文校勘、音写、汉译文和注释。此次出版前的近一年来,她又经过认真的修订,增补了一至二卷,使全书得以展现在读者面前。因此,乌兰博士这部近七十万字的新著,可以说是她积二十年心血的精审之作。

1984 年 4 月,她在《古籍整理出版情况简报》发表了《关于整理蒙文史籍的意见》,根据自己的研究心得,提出蒙古文史籍的整理,应当包括原文校勘、拉丁音写、译文、注释等各项内容。她的意见得到蒙古史学会理事长翁独健先生的首肯,认为是对整理蒙古文古籍的科学态度和做法,并推荐给《蒙古学资料与情报》同年第三期转载。她的硕士、博士论文和此书就是按照这一原则进行科学整理的。

首先是校勘。《蒙古源流》入藏宫廷,译成满、汉文和刊行,已距成书百余年,此前全靠辗转传抄,讹舛衍脱愈晚愈多,加上抄写整理者的主观增删篡改,已失原貌,出版和转译前有必要先进行校勘。校勘时就有选择底本和参校本的问题,国内外图书馆收藏的《蒙古源流》版本甚多,作者首先进行了认真的版本鉴定。她查阅了北京、呼和浩特各图书馆所藏各种抄本、刻本,搜集了蒙古、俄、德、美、日铅印、影印的各种《蒙古源流》版本,逐一审查,理清它们之间相互的传承关系,认定此书在长期的流传过程中形成了两大系统,一类以库伦本为代表,另一类以殿本为代表。通过比较,认定库伦本较殿本系统更接近于作者的原书,具有内容完整、用字古老、字迹工整清晰、保存完好等优点,是国内外学界公认的最佳版本,故选定它为校勘的底本。她从大量传本中筛选十余种有版本特色和有价值的版本作为参校本,进行各版本的对校和本书前后文的本校；又选《阿勒坦汗传》《黄金史》等17世纪的史籍进行他校。校勘的范围涉及语词、文句、专名等，改正删补原书中的讹舛衍脱，力求最完整、最正确地恢复底本的原貌，又根据文意和史实对校勘过的原文添加现代标点符号并进行分段，这就保证了译文的准确性，也为研究者参考引用或译成其他文字提供了一部文字通畅、可以信赖的标准本。

畏兀儿体蒙古文由于书写形式的特点，古今蒙文正字法的变化，常导致识读的困难和错误，因此，本书将经过校勘的原文转为拉丁字音写，这是国际学术界整理各民族拼音文字文献通常采用的办法，有助于读者正确掌握原文的书面语读音。这种音写，是音形兼顾的，既可复原原文的书面形式，也可掌握它的正确读音。如本书作者的名字，殿本系统原抄本因抄写者看漏了一个齿形符号，又由于古蒙古文中辅音 γ 识点常被省略，清代汉译本误译为"萨囊"或"萨纳囊"，其他蒙文本可读为 Saqang 或 Saqan，作者根据《清太宗实录》出现的"萨甘"或"萨干"及前辈学者和本人耳闻当地人的读音，确定应音写为 Saγang。又如根据明代汉文史籍中蒙古人的译音，纠正了中外译本的一些误读，改 Alčubolod 为 Nalčubolod（纳力不剌），改 Amudai 为 Namudai（脑毛大）。

作者用现代汉语将全书译成汉文，译文按原著内容分段、标点，较清译本更明白易懂。书中的专有名词和术语，尽量与当时的汉文记载取得一致，使蒙汉史料得以相互照应，互相补充，既便于专业研究者参考利用，也便于各族人民对蒙古族文化遗产的了解。为忠实于原文，译文尽量保持原文原貌。蒙文中有若干段押头韵的诗，皆用汉文新诗体裁译出，并按原韵分行，有助于读者对蒙古文学的研究和欣赏。作者在大学本科就读于蒙古语文专业，二十年来沉浸于蒙文古籍之中，蒙古文(特别是古蒙文)造诣甚深，又能勤检各种辞书，搜集多种论著、译著的成果，原文涉及来源于梵文、藏文、突厥语、满语等的借词，多能解释清楚，正确译出。清译本是间接从满译本译出，由于作者通晓满文，不仅能参考满译本进行校勘，而且在译注中揭示出因满译本误译所导致汉译本的错误。

译文的注释超过全书篇幅之半。一部分是语文训诂，包括译音勘同，阐明语音变化规律，疑难词语的解读释义，词源探讨，分辨出外来词并指明借自哪种外来语，以及正字法的比较等。其次是史实的考订，包括对历史年代、事件、人物活动和世系、地理、部落沿革等的考证和阐释，至为透彻；前人说法有分歧，能通过辨析采用正确的说法；尚未得解的，时有个人创见。由于作者能广泛涉猎有关史料，又不同程度地掌握日、英、德、俄文，故能广泛吸取国内外的研究成果，这也是她胜任这项工作并取得如此触目成就的原因。全书共有六百二十六个注，可以说是六百二十六篇论文，其中部分是个人心得，部分可称为有关史料和前人研究成果的汇编，今后蒙古史的研究和蒙文古籍的整理，皆可藉此书为线索，获得有关的知识并得到合理的解释。

本书的开头是约五万字的"导言"，是一篇全面的、详尽的关于《蒙古源流》的长篇研究论文，从历史背景、作者、书名、内容结构、成书年代、史源文献、史学价值、特点和缺陷、版本流传及研究等多方面进行讨论，其中对各个问题的论述，或有进展和深入，或有独到的创见。如讨论作者的身世、家世、本名和全部称号，成书年代的藏历换算，史源文献的分析，反映出作者的研究深入和知识全面；版本的流传及研究部分之详备，从正文和参考文献中，可看出作者为此项研究过目的版本和前人论著之多，几乎是做了竭泽而渔的基础工作；归纳蒙文版本为两个系统，符合实际，令人信服。

《〈蒙古源流〉研究》即将出版了,这是我国蒙文古籍首次得到全面、科学的整理。此书除汉译外,附以全面研究的导言,详赡的注释,经过校定的原文拉丁转写,丰富的参考文献目录,以及便于读者检阅的专名索引,它的出版在学术上的意义不可低估:首先,《蒙古源流》有了一个可以信赖的定本和译本;其次,它的出版对我国蒙文古籍以至其他民族古籍的研究将发挥示范性的作用,必将推进我国整理民族古文献的科学水平;第三,将民族文献的研究与国际惯例接轨,可以预期,它将在国际蒙古学界产生一定的影响。

乌兰博士在亡友亦邻真教授的指导下从事《蒙古源流》的研究,完成了硕士和博士论文,这篇本应由他来写的序,可惜天不假年,他已不可能执笔。今责序于我,我不通蒙古文,没资格承此重任。因二十年前,我曾建议她以研究此书作为硕士论文课题,二十年来她所取得的成就和经历,其中甘苦都是我所亲眼所见,我也曾亲聆翁独健教授、亦邻真教授及其他学者对这项研究的评论和赞许,故敢于掇拾诸位先生的说法,夹以亲身的见闻和体会,粗略地介绍她这项杰出的工作。

(《〈蒙古源流〉研究》,辽宁民族出版社,2000 年)

《金元之际的儒士与汉文化》序

本书作者赵琦是2001年获得博士学位的,她的博士论文能够在人民出版社出版,我也感到高兴。看到她的书稿清样,我脑海中就浮现出几年前她在学习中不断成长的情景。特别值得我赞赏和值得她珍重的是,几年来,她的治学态度和学风已渐趋淳正,这些看不见的东西,可能比眼前看得见的这本书还重要。得芝兄的序已对全书做出高屋建瓴的评说,毋庸我再赘,现在我想谈的,就是这些零散闪现在我眼前的片段。

回想她开始博士课程时,首先是跟我读《元史》,时间是一年到一年半,按纪、志、表、传次序,每周读几卷,并读有关史料和学术成果。说实在话,起初她并不太积极,这么耗时持久的读也引不起她的兴趣。好在她是在职研究生,可以读四年,我还是让她坚持下去。读完《元史》,我就让她写短文,结合着读书。开始写得不好,改过让她重写,上帝让她们这辈人用上了计算机,这难不倒她,几天后又拿来了,再改再让重写,如此反复多达近十次,最终已面目全非,书读得越来越多,短文变成了长文和好文章。

这些成绩的取得,不能不肯定她已做出了努力。时代赐予了她们机遇,用不着像我们早年那样,去一个一个阅览室、图书馆,一个又一个地方,从某部丛书、某个珍本去找资料。现在,除了《四部丛刊》,还有《北京图书馆古籍珍本丛刊》,影印本文渊阁四库全书;文集有台湾出版的《元人文集珍本丛刊》等,特别是近年陆续出版的《全元文》;石刻资料极其分散,现有台湾出版的《石刻史料新编》一、二、三辑,拓片有北京图书馆所藏的《中国历代石刻拓本汇编》;方志有中华书局出版的《宋元方志丛刊》和各种稀见的方志丛书,等等。这些条件,是前人没有的,但有了条件,不见得人人能利用,而她的确读了,充分利用了。如某几种只见于稀有丛书而《丛书集成》不收的书,她从台湾出的几百巨册《丛书集成新编》《续编》(校馆缺目录)中找出来。她充分利用了前十余册《全元文》,但参考文献却列的是各种较佳通行本,因为她的引文都找有关版本做了核对,并改正了《全元文》的失误;而《全元文》辑自某些稀见书中的文章,她仍注明引自《全元文》;她在已发表的论文中,引同一部《至正金陵新志》,从台湾版《宋元方志丛书》的影元本找到了中华书局影印四库全书本所删除的重要史料。这证明了,只要治学认真、扎实,就能得到应有的回报。

她的论文不仅发现了新的史料,也提出了前人未涉及的命题,以在学时投稿的论文为例,如十路课税所从钱大昕开始就是一个重要课题,而她对其辖境与蒙古国时期的行政区划有新的探讨。她在吸收周良霄、陈高华、萧启庆等前辈关于地方世侯、儒户、理学北传等研究成果的同时,因蒙古侵宋导致理学北传的启发,进而注意到金亡前后儒士的南渡与北徙;在东平严氏等世侯之外又拓展了粘合家族与开府彰德等从未有人提及和想过的问题。她的论文意义很难说有多么重大,但可以说:有所创造,有所前进。更令我欣慰的是,她的学习态度从不太自觉,已变得脚踏实地,而且对元史产生了感情;学风上也趋于淳朴,体会到学海无涯,正主动寻师问友,争取不断进步。

我为他们这一代人庆幸。她从事元史研究,不仅得到前辈学者的提携和启发,还能及时吸取具有同好的学长的新成果。例如,她讨论窝阔台时期的中书省,关于胡天禄行省平阳及其他问题,就吸收了前几年张帆发表的博士论文的研究成果;关于中书左丞相粘合重山,她也因出席元史讨论会之便,结识中国社科院的刘晓博士,并承他告知《析津志》中一条重要史料。我在审阅她的论文时,注意到她的这些新说,并郑重注明出自这两位先生。我很欣赏她这种老老实实的态度,这正是当前学术界所缺乏的。正由于她能敏锐观察和虚心学习,借助同好的成果,在这两个问题上又有了新的发现和进展。当张帆博士在我家读到她的论文初稿,注意到她引《类编长安志》继续讨论胡天禄行省陕西和在那里度过晚年的描述时,连称没有想到这类书还有记载。她从王国维《耶律文正公年谱》和《北京图书馆藏中国历代石刻拓本汇编》考定粘合重山自号无忧居士,就在2001年她的论文在《中华文史论丛》刊出时,刘晓博士关于同一问题的论文也发表在《中国史研究》上,我在美国就注意到这个新的学术动向,认为她已能追随几位学长之后,跻身于科学研究的堂奥,与同行新进一道在点点滴滴地推动着元史研究前进,肩负起21世纪更新元史研究的使命。我希望,这本书将成为她今后履行这一使命的良好开端。

就总体而论,可以看出,她已熟悉并善于运用有关汉文史料,对元史研究可算入了门。然而,元史是蒙古史的一部分,有所谓"不中不西之学"的说法,"不中",就是不仅限于中。她学的英语通过六级,论文却来不及参考国外学者的成果,何况美国的学者比我们更早注意到元代的文化;作为蒙古族,蒙古文知识不能运用到论文中,这都不能不说是遗憾。为此,我建议她投拜到陈得芝、刘迎胜等名师门下做博士后研究，学习波斯文、德语、法语，提高蒙古文水平，学点南京大学看家的对音勘同之学，稍事补救。这本书，不管陈老师如何评价，它只能代表过去。我希望，她能通过进一步的学习，在"不中不西"的蒙元史学界成为一个中西兼通的全才。后事如何，我不敢预言，只能拭老眼以待。

(《金元之际的儒士与汉文化》，人民出版社，2004年)

《蒙元时期札剌亦儿部研究》序

谢咏梅博士的学位论文即将出版,承蒙不弃,将全文寄给我,让我先睹为快。

首先,论文选札剌亦儿部为研究对象,涉及蒙元史中独具的若干基本问题,探讨这些问题有助于深层次地还原当时社会的实况。其次,我国古代的少数民族,在刚迈入阶级社会之际,入主中原并建立自己的王朝,其社会内部往往也产生类似现象。因此,这一课题既有其特殊性和研究难度,也有其历史的普遍性,从而对中国古代史的研究具有示范作用。

成吉思汗统一蒙古各部并建立大蒙古国,标志着蒙古社会从氏族社会过渡到阶级社会的完成。在统一前,蒙古虽早已出现阶级的分化,然而整个社会仍被氏族部落的外壳包裹着。可以说,12至13世纪,蒙古社会实现了从蒙昧到文明的飞跃。一般来说,人类从蒙昧到文明要经历漫长的过程,摩尔根为了研究古代社会,只能求助于对某些落后民族的社会调查。恩格斯研究家庭、私有制和国家的起源,只能靠希腊和日耳曼人的少数记载进行探讨。古代蒙古却属例外,13、14世纪留下两部珍贵的历史著作,为我们真实地了解蒙古社会的原貌及其过渡的情景提供了方便。

在蒙古社会刚刚迈进文明的门槛之际,在完成统一和建国大业的成吉思汗辞世后的鼠儿年,一位亲身经历这重大历史事件的老人,在客鲁伦河畔曲雕阿兰举行的大聚会上,写就了一部伟大的历史名著《蒙古秘史》。这书的价值在于它的古朴和毫无遮掩。杰出的史学家司马迁著《史记》,以本纪、世家、书、列传多种形式,系统地全面地记述上下数千年的历史,从史著之规范和文笔之优雅而言,《秘史》远不能相比。然而司马迁距"家天下"前的三皇五帝传说时代已有数千年,史实来自影影绰绰的传闻,常用汉朝人的观念赋予自己的理解。《蒙古秘史》则不同,作者处于以掠夺战争为经常职业的时代,秉笔于成吉思汗及其黄金家族的行宫中,所述史实大多是他亲见亲闻,不仅叙事生动具体,甚至正面歌颂草原英雄以杀戮敌人、掠人财物妻女为荣的事实,因而能真实地反映当时的社会面貌和价值观念,不似《元史》等在封建道学思想指导下的史著所做的掩盖和修饰。

另一部是 14 世纪初写成的剌失笃丁《史集》,它取材于蒙古汗廷秘籍《阿勒坦·脱卜赤》,由于统一前的蒙古社会是以氏族和部落的形式组成的,所以他在首卷前半部即以部族志的体裁记述蒙古人的历史,因此它为本课题提供了系统而全面的史料,同时证明,从氏族、部落的研究出发探讨蒙古社会发展史具有重大的意义。

孛儿只斤—乞颜部落是通过征服和奴役其他部落而强大发展起来的,最终以它为核心实现了蒙古族的统一,札剌亦儿部就是最早被这部征服和奴役的部落。马克思指出:父权制氏族社会"不仅包含有奴隶制的萌芽,而且也包含有农奴制的萌芽"。11、12 世纪蒙古社会中农奴制和奴隶制的萌芽正可从这两个氏族部落的相互关系得到印证,这也就是对札剌亦儿部进行专门研究的特殊价值。

《秘史》记述的早期蒙古社会,人们是以斡孛黑—氏族为单位活动,札剌亦儿与孛儿只斤—乞颜同为来自额尔古纳河附近操蒙古语的部落。由于争夺牧场的冲突,成吉思汗先祖海都为报全家被屠的血仇,打败了札剌亦儿部人并将他们降服为本部的附庸,即符拉基米尔佐夫据贝烈津本《史集》所谓的兀纳罕—孛斡勒。这个词见于元末的《竹温台碑》,碑阴畏兀儿蒙古文拼写为 ötögü boγol,ötögü 汉语音译为斡脱古或斡帖古,见于《秘史》和《元史》,义为"老的";boγol《秘史》音译为孛斡勒,义为"奴婢"。斡脱古·孛斡勒称其主人为 ejin——"正主",随主人的氏族一起游牧,因而构成不同氏族混合的地缘部落,后来位居元朝高位的札剌亦儿氏后人,竟将这种关系吹嘘为"以戚里故"而成为铁木真的麾下。他们有随正主的氏族一起作战、围猎等义务,实际上已包含农奴制性质的萌芽。

身为斡脱古·孛斡勒的札剌亦儿部人孔温古阿,有义务将快成年的男孩木华黎等献给正主当"门限内的奴婢""梯己的奴婢"。这种奴婢——孛斡勒——在父权氏族社会中具有奴隶制萌芽的性质,他们与主人的家庭生活在一起,担负"备鞍子"之类的家庭劳动和生产劳动,也有"看门子"之类保卫正主家庭的责任。虽然他们对主人誓约,如果违背主人就可"将脚筋挑了,心肝割了",但在物质生活极其匮乏的情况下,他们与正主几乎过着同样的生活,主奴关系往往掩盖在父权家庭温情脉脉的纱幕下。作为奴隶的札剌亦儿人木华黎,当铁木真成为部落军事首领并在自己周围聚集一个军事团体时,成为他的忠诚战士,如恩格斯所说,即从事"既用以保护财产、又用以获得财产"的"原始劳动"的战友。在最初的军事团体中,木华黎和同是孛斡勒出身的兀良哈人者勒蔑,铁木真的好友族人博尔朮,其母的养子博尔忽等,以及其弟哈撒儿、别里古台,都成为军事团体的伴当——那可儿。

随着铁木真队伍的扩大并称为成吉思汗，出身家内奴隶的木华黎，由于功勋卓著，让他从主人家中出来统率原札剌亦儿的部民和队伍。成吉思汗分封千户功臣，《秘史》记载有他对部分千户长的讲话内容，其一是他们能在某地区"自在下营"，即指定了他们的牧地、领地；其二是让他们"收拾"本族人聚在一起充实自己的千户。原铁木真家内以木华黎为代表的孛斡勒（奴婢），先转变为草原英雄对外作战时的那可儿（伴当）、贴身的近侍，与博尔朮、博尔忽、赤老温由于功勋卓著号称四杰。四杰等人积功成为千户功臣。据谢咏梅博士研究，《秘史》§202列出成吉思汗所封九十五千户名单中，就有札剌亦儿部的千户长八人：木合黎称为国王，名列前茅，位居第三，并授以统领左手千户的万户长重任；37.木格，或以为即《蒙鞑备录》所载木华黎之弟抹哥；10.秃格，或作统格，木合黎二叔赤老温孩亦赤之子；44.者卜客，木华黎三叔，帖列格秃伯颜第三子；其余：5.亦鲁该、40.朵罗阿歹、45.余嚕罕、49.巴剌扯儿必也考定属札剌亦儿部人。由此可见，原来地位卑微的斡脱古·孛斡勒，在大封功臣之际，已超越与成吉思汗结盟或联姻的旧草原大部，成为千户最多的部族。

成吉思汗封授的千户长，不管原来是盟友、姻亲，都同斡脱古·孛斡勒札剌亦儿部人一样，一律成为大汗的藩属；而千户长又成为本千户内所有百姓——哈剌抽的领主。千户长有义务将其子弟送往大汗身边充当怯薛，即料理大汗生活和随身警卫的侍从。在成吉思汗时，札剌亦儿部人就有木华黎之弟不合出任怯薛之长。窝阔台继位为合罕，亦鲁该之子额勒只吉歹以怯薛长的身份主持朝政。蒙哥未即汗位前，木华黎之叔赤老温孩亦赤的曾孙忙哥撒儿，就以怯薛长的身份出任藩府的断事官。宪宗元年（1251）夏，即皇帝位于斡难河。忙可撒儿奉命与诸王旭烈帅兵防范窝阔台之孙失烈门等人。改更庶政时,又受命为处理朝政最高职务的大断事官。

1211年成吉思汗发兵征金,先占领漠南地区,再分兵三路全面侵入华北,逼金朝订燕京城下之盟。1214年,他驻夏于迭蔑可儿,将弘吉剌、亦乞列思、札剌亦儿等五部分迁于漠南东部,号称五投下。从此,除以前分赐给成吉思汗子弟的千户外,札剌亦儿部定居于漠南。而另一部分札剌亦儿人,则因随蒙古军队南下和在朝廷任官,逐渐散布于全国各地。

成吉思汗亲率大军西征,1217年授权木华黎行省于燕京,全权处理征金的军政事宜,从此木华黎及其子孛鲁、其弟带孙皆成为蒙古、乣、汉诸军的统帅。降服的汉人因其权高位重,奉以中原王朝官爵的最高称号太师、国王、都行省,等等。以后太宗亲征灭金、诸王领军征宋,木华黎后人如"速浑察嗣国王,从太宗皇帝攻凤翔",塔思"从皇子曲出南征"、霸都鲁(忽必烈襟兄,分别娶弘吉剌氏姐妹,献策据幽燕成就大业)充先锋元帅从忽必烈征鄂,皆担任统兵主将。

蒙古征金的早期是以掠夺为主要目的,中原的广阔田野不适于他们的游牧生活,也不耐暑热,故采取秋来春去的方式。后来为了在中原继续攻战和镇守,有必要在各地留驻军队,因此决定在经营中原的主力五投下中抽出部分人,以服兵役的方式组成探马赤军,其中也有札剌亦儿人出任主帅,如疑是前述第45千户长余噜罕(朔鲁罕)之子忒木台,以怯薛豁儿赤的身份领五投下探马赤军,驻军太原、平阳、河南,官号行省。皇子怯薛长拨彻之子也柳干,是灭金后统军伐宋的副帅,宪宗五年(1255)大帅察罕去世,升为主帅。太宗丙申年(1236)及宪宗壬子年(1252),木华黎兄弟及其他族人因功分得五户丝食邑,札剌亦儿人中部分功臣后裔或委任为达鲁花赤等官员也留居于这些食邑。

据《元史·兵志》的记载:木华黎等四人"时号四怯薛","太祖命其世领四怯薛之长",其中第三怯薛由木华黎家族领之。忽必烈即汗位,改元中统,召霸都鲁之子安童入长宿卫,即怯薛长,年方十三岁。五年后,又以十八岁的少年安童出任综理全国政务的中书省右丞相。其子兀都带虽因年仅三十早卒来不及继相位,但兀都带之子拜住在英宗朝又任中书右丞相,与英宗同被害于南坡之变。尽管如此,木华黎后人仍有数人出任中书省宰辅。

在统一南宋的战争中,也柳干子上万户阿剌罕随伯颜作战、任职于江淮、江浙,死于征日本行中书省左丞相任上。忒木台子都万户奥鲁赤随阿里海牙平荆湖,仕至行省平章政事。他们的子孙各有三或四人出任行省宰相或宰执,个别人还出任中书省平章。

元朝建立以后,蒙古族原有千户仍留在草原,其中札剌亦儿部人处于南迁后的辽东,由木华黎的后人嗣国王统领,元朝常任命国王兼任辽阳行省长官,与皇室东道诸王、姻亲、族人诸投下相颉颃。征金、平宋战争中领探马赤军、蒙古万户的札剌亦儿部统帅及其将卒分散到中原各地。按元朝制度,军职将帅子孙世袭,另有人转任地方官员。

出身于家奴—孛斡勒和近侍—怯薛的后人,能骤擢要职,出将入相。他们不仅具有居于色目、汉、南人之上的优越地位,甚至一般蒙古人也望尘莫及。原因是他们是成吉思汗家族的斡脱古·孛斡勒。《竹温台碑》在畏兀儿蒙文 ötögü boγol 对应的汉译碑文上作"元勋世臣",按现代的话说,即资深的高级世袭功臣,他们在元朝备受尊崇毫不足怪。但有人认为,ötögü boγol 既然是汉语意义上的元勋功臣,因此原意并非真正意义上的奴隶,不同意符拉基米尔佐夫的解释。我认为,符氏仅因《史集》贝烈津本识读波斯文拼写有误,但他的研究是根据剌失笃丁的明确说明和史实,因此早期蒙古社会的确存在孛斡勒和斡脱古·孛斡勒两种奴役形式,即奴隶制和农奴制的萌芽。"臣"字在甲骨文中就义为奴隶。如竹温台本是弘吉剌贵族的世袭家奴,后者是元朝尚公主的驸马,世世生女为后,爵封鲁王,竹温台成为鲁王领地内的管家,被皇帝敕封为诸色人臣达鲁花赤的官职,因此碑文作者将这个老奴隶理解为元勋功臣。成吉思汗与木华黎由氏族社会中的主奴关系发展为君臣。前者由拥有奴隶的家长变成军事团体的首领,再而逐渐扩大,成为统一蒙古的大汗,与他多年一起共同战斗的奴隶比任何降附的氏族首领更加可信可靠,地位也随着上升。《秘史》将"奄出—emču"旁译为"梯己",恰当地表达了木华黎等人由于是他梯己的、资格最老的奴隶,因而在他成就大业之后成为元勋功臣。近年上演的清宫电视剧,如鳌拜、隆科多、和珅等人虽势倾朝野,但对皇帝却自称奴才。相反,据我所知,汉人刘罗锅、纪晓岚则不应自称奴才,而是称臣。因为满臣的祖先确实曾是清朝皇帝的奴才,清朝皇帝表面上对汉臣较为客气,实际上是他们没资格自称奴才,奴隶或奴才反而变成某些人特殊身份的标志和荣耀。

在元朝,斡脱古·孛斡勒札剌亦儿部人虽然与原有的自由民已无差异,但相对黄金家族和贵戚而言,他们仍被视为普通百姓—哈剌抽,在决定国家大事的忽里台上,即使是大臣也不能与皇族平等议政。所谓"亲连天家,世不婚姻",我认为是由于两家原是同一氏族部落内的主人和奴隶,故虽无血缘,也不能通婚。黄金家族和贵戚可封爵为王,木华黎家族中位高权重的几个代表人物,也只能在身后追封为二字王——东平王,拜住在英宗朝独相天下,才将其祖先追谥为鲁王。

木华黎领兵征金,最早与汉人接触,他和其后人长期主政,在蒙古人中比较了解中原情况和汉族文化。1213 年,木华黎兵临霸州,当地土豪史秉直领百姓十万归降,被迁往漠北,再随木华黎至北京(今内蒙古宁城),任秉直行六部尚书,聚其女为妻,与汉地最大的世侯真定史氏结为姻亲。太宗时木华黎兄弟受五户丝食邑于东平,其子孙部分留居东平,如其弟带孙后人塔塔儿台一系世袭东平路达鲁花赤。塔塔儿台子只必,"幼嗜读书,习翰墨",至元十四年(1277)袭达鲁花赤职,"尝出家藏书二千余卷,置东平庙学,使学徒讲肄之"。他已成为熟悉汉文化的文人。安童和拜住出任右丞相,得到汉族官员的拥戴和支持,原因是他俩皆倾向实行汉法。安童尊重汉族儒臣,甚至向隐居在家的名士李俊民就问祯祥。如拜住任丞相,劝英宗行亲享太庙之礼。又提出学校乃政化大源,日久废弛,请求令内外官商议如何整治。他仿效汉族大臣,向英宗请求为其祖立碑于范阳,即收入《元文类》的《丞相东平忠宪王勋德碑》,碑的正面是元明善写的汉文,碑阴是畏兀儿体蒙古文。为了光宗耀祖,他选用的石材高大无比,以至当地得到高碑店的美名,近代又成为京汉线上的一个站名。可惜这碑在清乾隆年间被人锯断另作他用,仅留下地名给人们曾有高碑的记忆。

谢咏梅博士的论著内容丰富,涉及札剌亦儿部的方方面面,我还是数十年前接触过这方面的问题,头脑中仅剩模糊印象,得读她的大作才对此部有全面的了解,尤其是我久不接触的国内外学术动态。为了表示对她慷慨赏读此文的谢意,谨草写读后感如上。我身在异国,手头无书可查,所述除论文中所列外,大多是我多年前积思的浅见,当年因不成熟不敢公开发表,现在凭印象大放厥词实在有点冒昧,不妥之处,敬请指正。

2009年2月于洛杉矶

(《蒙元时期札剌亦儿部研究》,辽宁民族出版社,2012年)

《明代蒙古史丛考》序

曹永年兄大著《明代蒙古史丛考》即将出版,缪蒙厚爱,邀我作序。五十年前,他从天堂苏州来到边陲,备历艰辛,在魏晋南北朝史和明史两个领域皆取得辉煌成就,这在全国史学界也属罕见。我治学偏狭,对前者极少涉猎,可谓瞢然无知,对后者也没研究,岂敢妄加雌黄,只能从我俩数十年的交往,谈谈个人从旁观察并向他学习所得的体会。

永年兄1960年大学毕业,分配到内蒙古师范学院历史系。1964年,系领导让他转入明代蒙古史的教研工作。正好我校从首届毕业生中留下卫庆怀同学从事明代蒙古史研究,当时蒙古史研究刚刚起步,专攻明代者更少,他为了寻求同道,不知通过什么途径,同卫庆怀交上了朋友。1965年我们研究室准备编写《内蒙古史纲》,我奉命协助老卫编写明代一章并同居一室。一天我遇见他和一个青年人走在一起,经他介绍,我才有缘结识了永年兄。

永年兄在《怀念胡锺达先生》一文中引用了陈援庵先生的话,写一篇文章"要给三种人看:老师辈、朋友辈和学生"。这实际反映他本人的治学心得，深得孔夫子"三人行"和"不耻下问"的真味，写文章要请人看是如此，寻访同道探讨学问更是如此。当时内蒙古大学历史系主任胡锺达先生从事明代蒙古史研究，发表过精彩的论文，他碍于与胡先生不是同校，如他所说："敬畏而已，不敢冒昧与先生接触。"为此他舍而求其次，主动结识新毕业的大学生卫庆怀并与之交往。

那时明代蒙古史论著甚少，他虽未曾接触胡先生，但认真读了他的论文并从中获得"有关史料目录、资料搜集与辨析、考订，基本观点乃至论文写作等多方面的启示，起到了指引门径的重要作用"。永年兄今天有如此成就，这些表现已显示他的卓荦超伦。我联想起当年与胡先生的一场争论，起因是他主编《呼和浩特史话》，其中一章交给一位大学刚毕业的新手执笔。胡先生对他的文稿很不满意，评说他连写论文的基本常识都不懂，故转交从农村下放回来的我修改。我虽然研究生毕业，由于专业是外国史，同样没掌握中国古代史的基本知识，因而对他表示同情，理由是当时政治运动多，没学过史学方法或史料目录学之类的课程，更无写学年论文和毕业论文的训练，岂能同胡先生这样有史学素养的学者相比。胡先生同样是从教授世界古代史转入生疏的明代蒙古史领域，却能很快写出涉猎广泛、见解深刻的论文，与这位新来的大学生产生截然不同的效果，我因此体会到有没有掌握治史方法是决定性的关键。永年兄确是罕见的自学成才并有突出成就的学者，在艰难的条件下，能主动寻师问友，从前人的研究成果中学习，故能同胡先生一类老学者一样，从众多初学者中脱颖而出。

"文革"结束后，知识分子能专心钻研业务了，他终于有机会携其大作登胡先生之门，一起探讨明代蒙古史的问题。胡先生先是赞赏他的论文和学识，进而邀请他到内蒙古大学历史系讲授中国古代史料目录学,并分担指导毕业论文的重任。我们两校毗邻,但学术交流不多,师院的教师在我校兼课可能他是第一人。

1982年,内蒙古高校中发生学生风波,上头采取"文革"中的办法,派出工作组到各校。工作组的头头大多不学无术,官气十足。听说永年兄因事找工作组时发生冲突,这位组长居然上报假材料,不经司法程序将他拘押劳动教养。那位工作组长后来还荣升自治区副主席,在内蒙古大学也臭名远扬,所谓官场可见一斑。他被拘后,胡先生立即到我家将此事相告,并说想利用他的身份(自治区人大常委会副主任)出面保释,征求我的意见。我认为决定是以自治区党委的名义做出的,如同意你保释,则说明此决定有错,党是不能有错的,肯定不会接受你的意见。现在才知道,胡先生仍去找了自治区党委书记周惠,果然是没能收回成命。

永年兄恢复工作后,1985年4月下旬,元史研究会学术讨论会在苏州大学举行,会议前他来找我,希望我转告会议筹备人也邀请他参加,因为苏州大学是他的母校,他想借此机会争取调回南方。他在校时的系总支书记黄文浩先生与我同在东北师大进修亚洲史,而且是同居一室的好友。会议期间,我们同去看望黄文浩并留饭招待,席间谈起他想回南方的事,黄认为调回苏州大学没有问题,但不知为何,此事他最终没有办成。

永年兄没有离开内蒙古,对全区史学界、对内蒙古师范大学是件大好事。在以后的日子里,他充分发挥自己的才智,做出了巨大的贡献。我们不是同校,我近十年又常在国外,并不熟悉他的每项成果,现在才看到他的论文集洋洋两巨册。仅明代蒙古史一册就收文三十余篇,特点是言之有物,不似当今盛行临时硬凑的论文。如《〈明后期长城沿线的民族贸易市场〉考误》《嘉靖初蒙古察哈尔部的牧地问题》等篇,是因评论余同元、和田清、达力扎布的论著而作,在前人专门研究的基础上,能发人未发之微,指陈其所缺失,更不容易。许多篇论文是讨论具体问题,在科学研究中,关键是要能发现问题和解决问题,只有不断地发现和解决问题,才能推动相关学术领域的前进。他善于联系现实,关注明代的"生态问题""沙壅问题";又善于就地取材,根据内蒙古新发现的资料进行研究,如新出土的铜铳和白塔题记等。说来惭愧,李逸友文发表前,我最先看到贾洲杰从白塔抄拓整理的题记,也非常感兴趣,但没想到去进行深入研究,直到拜读他连续的四篇大作,从中看出他对学术研究的投入和观察问题之敏锐,实在令人敬服。他参与编纂《蒙古民族通史》,第三卷明代蒙古几乎由他独力完成。正因为他对若干具体问题曾有研究,所以才能驾轻就熟地写成这部七章三十万字的巨著。

永年兄虽与我们同在内蒙古,他治学之困难则远超过我们。如他提到《明代蒙古汉籍史料汇编》所收善本,我校大多已从外地图书馆复制。如仅存残本的《名臣宁攘要编》,早在1958年胡先生已从北京图书馆摄制《款贡始末》和《云中降虏传》数种,薄音湖等再从上海图书馆另一残本摄得《抚夷纪略》一种。书中所附特木勒文,提到国内"很少知道"司律义神父的论著,事实上司律义的论著我校大多有收藏,可惜只有译出的部分得到利用。永年兄在师大孤军作战,而我们有一个研究集体,长期重点购藏有关蒙古史的中外书刊,他的工作条件和环境比我们差得多,由此可见他取得今日成就之不易。

上世纪末,我看到周一良师的自传《毕竟是书生》,后附《纪念陈寅恪先生》一文,谈到因陈先生讲授"魏晋南北朝史研究"专题,从此这门学科逐渐兴旺起来,列举"从事这段历史的研究并做出贡献的学者",其中提到:"曹永年结合考古资料,对鲜卑拓跋氏早期历史做了极富启发性的探讨,为北方民族史的研究开辟了新途径。"在内蒙古地区,居然有人与国内著名学人并列,得到如此高的评价,而且此人还是我的朋友,深感与有荣焉。

(《明代蒙古史丛考》,上海古籍出版社,2012年)

《史余忆旧》读后感

王治来兄与我同学于北大历史系,他 1954 年入学,我 1954 年毕业,比他早四年。可是,他 1949 年高中毕业,同年考入湖南大学,中学毕业和入大学却比我早一年,而且还长我一岁,只是因参加革命,再入北大学习时耽搁了几年,所以我应称他为师兄。

1954 年至 1957 年,我仍以研究生留校,但因 1955 至 1957 年被派往长春进修,长期在外,因此无缘识荆。由于他在二年级写的学年论文《均田制的产生与实质》在《北京大学学报》发表,这是文科十来个系的共同刊物,连老师的论文也很难选登,忘了是哪位先生对我提起此事并大加赞扬,因此我悉闻他的大名。我也得知,我的朋友、低两班的同学周良霄与他是湖南国师附中同班,良霄同样有发表学年论文的殊荣。联想起高我两班的马雍,高一班的萧超然,都是他国师附中的同学。当年没有学习成绩排名的习惯,在我的印象中,他们四人都是所在班中最优秀的学生。从 1948 届到 1954 届共七届,其中有四届,杰出学生出在一省一市已属罕见,居然由同一中学称雄,真是奇迹。

治来兄 1959 年毕业后,据他说:被中国科学院民族研究所留下来帮助工作,曾住在颐和园龙王庙。我也因参加编写《蒙古族简史》借住在那里,就餐人只有三桌,怎么没见有他?再读他的《忆旧》,原来他是1959年秋后先住龙王庙,后住藻鉴堂,而我是1960年春节后,转往颐和园龙王庙工作,据原住的人说,他们是从藻鉴堂搬来,可见他这时已不在龙王庙,因此我们失掉了相识共事的机会。

1961年冬,我出差来京,得知民族研究所的史志编审人员已从颐和园迁至达赖喇嘛办事处,我就借住在那里。这里原是清朝的武庙,大殿间隔成客房,我因临时要查英语字典,见他在前面客房灯下看英文书,就向他求借字典,得知他正在译《拉失德史》。我不记得向他自我介绍没有,似乎他当时不知我是谁,因此无论是此后面叙或他的回忆中皆未提到。

1965年,我参加编写《内蒙古史纲》,收到从新疆寄赠的《新疆简史》上册,虽无力从学术上做出评判,但文字之简练明快,正是这些年来编写的民族《简史》《简志》中少见的杰作,是我们效法的榜样,当然它的主要作者王治来功不可没。

1972年以后,我参加《元史》的点校,常住灯市西口中华书局,与商务印书馆合用一楼,马雍因翻译摩尔根《古代社会》一书,来商务接洽时常与我交往。后来我同周良霄借调到中国近代史研究所,马雍则来所找我两人。治来兄来京,似曾与马雍同来,邀良霄一起下围棋。他俩的衡阳老乡龙盛运还设家宴款待,我与治来从此结识。我们还一起到什刹海北岸的烤肉季吃饭,他以新疆地区工资较高为理由,坚持让他请客。

1979年10月,由社科院历史研究所主持,在天津成立中亚文化研究协会,马雍是筹划人,邀请治来、良霄和我参加,并都被选为常务理事。1980年元史研究会成立,治来和我都参加了。从此我们又因有共同的学会活动，交往更多了。

1987年，我回乡探亲，他以邀我到湖南师范大学讲学的名义留我住在他们学校，学校领导有意让我返乡为师大效力，我也有意回湘终老，但我到长沙后，时值五月，还不到盛暑，已感气候不适。地理系主任毛政旦是我堂姐之子，他是气候学专家，也在北京工作过，对我的感觉很能理解，建议我不必勉强。在校长们招待我吃饭时，我表示对待遇无任何要求，但湖南的气候已无法适应，他们也无力解决，只能谢绝他们的盛情。

2001年我年届七十，最后一个学生毕业，女儿迎我到美国养老。闲来无事，以玩电脑消磨时光，无意中发现治来的博客，通过它恢复了我们之间的联系，也启发了我，可以学习他写回忆。我没他那么多学术成就可写，但曾亲炙名师的教诲，记录下个人的亲身见闻和体会，也可为学术史界提供一个侧面的一手史料。

治来兄的学问和成就，为学术界所共知，毋庸我妄评。治来兄治新疆史和中亚史，汉以后统称西域，载于国史《西域传》，为历朝所重视，但今地或属中国，或属外国，既要熟悉我国史料，也要掌握域外文字和史料，他能兼通中西，纵览古今，能为人所不能，此其一。他参加工作时，同我都是从编少数民族简史、简志起步，但我们是众人各分一段，合力完成。他写中亚史，就包括古代各朝各代；先写一卷本，再写多卷本；古代卷分上、下完成后，又写近代卷；多卷本完成后，八十高龄的他又写成包括从古到今的《中亚史》。他不限于对中亚史的局部研究，而是首创前所未有的通史。繁简各类中亚史皆由他包揽，在中亚史这门学科中独打天下，实属空前。

在专业领域外，他从小爱好古典诗词，长而能诗，同意"诗以纪兴衰诵叹"之说，既以诗抒发感情，又以诗写史，著《史余斋诗稿》附全书后。他常有诗作寄我,我愧不能和,也无力置评。待我看到他亲书的《七律·八十初度抒怀》横幅,对他的书法尤令我景佩,我不懂书体流派,反正他的行书是我最欣赏的书体。上世纪后半叶,知识分子已多不会吟诗作词,也不用毛笔书写,治来堪称"诗书皆兼独绝"(《宋书·谢灵运传》)。如此才艺,今世尚能有几人?

治来兄业有所成,足可以志得意满地安享晚年,但仍能发挥余热继续治史,史余则著文忆旧,感怀吟诗,挥毫作书,电讯会友,高品位地消遣余生,令人生羡。草写几句读后感,顺祝治来兄身体健康、幸福吉祥。

附录
周清澍先生访谈录

周清澍先生

曹金成:周先生,您好。您最初是研究印度史的,来到内蒙古大学后转到蒙元史方向,您在文章中回忆说,在北大求学期间就对西藏和西南少数民族发生兴趣,因此"选修了东语系的《西南少数民族礼俗研究》"。那么此时,您是否也对北方民族尤其是蒙元史有特殊的关照呢?

周清澍:我从事蒙元史专业与大多学者不同,没有经过系统的专业训练,而是改行从头学起。大学时代元明清一段的基础课,恰逢思想改造运动停课,授课时间由一学期缩短为五一节后的两个月,元代内容不足八小时。三四年级我奉调专学俄文和世界近现代史,研究生的专业是以印度为中心的亚洲史。1957年毕业后调往内蒙古大学,直至1959年初我从农村劳动归来,学校

北大求学时的周清澍先生

派我向领导北方民族社会历史调查组的翁独健先生学习,翁先生认为,在参加社会历史调查的青年人中,我的学历最高,让我分写《蒙古族简史》的一章,从此,我在赶鸭子上架的窘况下接受了新任务。

的确,入大学后,我不知因何滋生奇怪的浪漫念头,很想亲临西南地区,领略那里的秀丽风光,了解当地各民族的奇风异俗。我选修了一年马学良先生《西南少数民族礼俗研究》,津津有味地读曾昭抡、林耀华、杨成志等穿越大凉山的惊险调查报告。同时也读了几十本关于西藏的书,皁成《达赖喇嘛和班禅额尔德尼》的文稿。但我从没关注过北方民族史,直到1956年冬,听了翁独健先生参加中蒙苏三国合编蒙古史会议的报告,又看到邵循正先生参加会议的报导,蒙古史才开始引起我的注意。1957年秋,我已被调往内蒙古大学,但仍留在北京大学进修,认为在内蒙古,应了解一点蒙古史知识,因此我旁听了邵循正先生的马可波罗研究和余元盦先生的蒙古史等课程。

曹金成：众所周知，您对《元史》的点校做出了巨大贡献，而且还编有《元人文集版本目录》一书，惠及学界。关于《元史》的点校您曾撰文做过详细介绍，请您谈一谈《元人文集版本目录》的编写情况。

周清澍：《元人文集版本目录》并非我有计划编写的学术成果，而是我为了采购图书方便的副产品。

从奉调到内蒙古大学之日起，我同时接受采购图书的任务。不仅熟悉了北京各种新旧书店，经眼有关中外文图书、期刊等，还专程到上海、苏州、南京、济南等地采购。我每周有两天从北大入城买书，遍览西单、琉璃厂、前门、王府井、隆福寺各书店，回校时已筋疲力尽。在书海茫茫中，深感知识欠缺，最令人头痛的是线装古籍，如何选购，更不知所从。读了《四库全书总目》后，才知古籍有经、史、子、集四大部，史部有多种体裁。在书店所见古书，欲知内容，查阅此书提要就能回答。同一书有不同版本，为避免购置重复，如何选择较优较全的版本，学会了查《〈四库全书简明目录〉标注》等书。许多古籍没有单行本，而是收在丛书中；某些丛书乃分集多次发行，买了前集，再想配后续各集，必须连前集一起买，造成浪费。《中国丛书综录》出版，也解决了我这类困惑。后来为了搜罗书店已难买到的书，我又通过书目，了解各大图书馆的馆藏。

四处奔波买书不止辛苦，而且在当时工资甚低的情况下，在外就餐和交通费用也是负担。但出外采购常有意外收获。如我购得的元末明初人姚琏的乾隆刻本《云山一懒翁集》，是不见于任何馆藏的唯一孤本。外文书当时只能买俄文书，我却买到苏联科学院在华展览的样本拉施特《史集》第一卷，因而使我国首部中译本在内蒙古大学产生。逛书市的乐趣使我不再感觉是辛苦的负担，反而乐此不疲。

经过长时间的采购，逐渐积累了目录学的知识，知道哪些书是与专业有关的史料并如何搜罗。如收购地方志,我随身带一本朱士嘉编的《中国地方志综录》按目寻书,在购书过程中也学会了从地方志中扩大史料的视野。

元朝官私修撰的史部书不多,我注意到陈援庵先生在元史研究中取得卓越成就,得力于广泛运用元人文集,因此我开始重点搜罗文集,但没有《中国地方志综录》之类工具书可利用,为此我自编《元人文集版本目录》,为采购和复制元人文集提供了方便,同时也使自己熟悉和运用文集中的史料。

"文革"后编纂《中国历史大辞典》和《大百科全书》,常在南京大学集体编审,我随身携带《元人文集版本目录》稿供大家参考,韩儒林先生和南大的朋友认为此稿有用,邱树森先生向我提出由南大学报专刊的名义出版。无意中,我平日积累的这些笔记成为流传的出版物。

曹金成:您曾参加编写过几部著作,如《蒙古族简史》《中国通史》第六册和第七册等,您还是《中国大百科全书·中国历史卷·元史》《中国历史大辞典·辽夏金元卷》等书的副主编。请您介绍一下当时编写这些书时的情况和宝贵经验。

周清澍:我1959至1960年参加编写《内蒙古简史》,1965年蒙古史研究室发起编写《内蒙古史纲》。"文革"中1972年起参加中华书局的《元史》点校,1973年秋至1983年,在中国近代史研究所参加《中国通史》中西夏、金、元史部分的编写。1980至1985年,同时担任《大百科全书》中《中国历史》卷元史分册和《中国历史大辞典》《辽夏金元史》分册副主编并撰写辞条。1991年,主编《内蒙古历史地理》。在我的学术生涯中,参加集体编书长达近三十年。同我合作的朋友中,如年龄与我相近的周良霄和陈得芝,虽比我晚毕业二年,但他们毕业后分别担任邵循正先生的助教和韩儒林先生的研究生,得到二位名师的亲传,受过系统的正规训练,白手起家的我,远不能同他们相比。好在我一贯对待集体任务态度认真,看成是相互学习、增益自己学术素养缺乏的机会。在编书过程中,陆续涉足元、明、清各代蒙古史,承担编写通史中西夏、金、元史部分任务;撰写辞书中有关部族、典籍、人物等条目。在这些集体任务中,虽不能称如何胜任,但对自己来说,却逐渐积累了西夏、金、元史和古代蒙古史较全面的知识。

1983年编审大百科全书　周良霄、蔡美彪、周清澍

曹金成:您对元代的藏文文献《红册》和清代蒙古文史籍《蒙古源流》等也有深入探讨,像《成吉思汗生年考》等大作尤其离不开对域外史料的利用。对于汉族学者来说,研究民族文献与相关题目,在史料考证和审音勘同上具有诸多困难,您在当时是如何克服的?

周清澍:从事元史或民族史的研究,必须掌握各民族文字的史料,也必须吸收国外的优秀研究成果(包括各民族文字史著的译本)。引起我思想上重视的原因有二:首先是大学和研究生时代系领导指定我专攻外国史,让我免修专业课专攻俄文,迫使我专心学习外文。其次是师长的教导和督促。学亚洲史,教研室主任周一良先生就曾突击测试过我的俄文。他指定我随季羡林先生学印度史,季先生一见面不问专业学习,只问我懂几种外语,程度如何？专业学蒙古史后,在与翁独健、邵循正、韩儒林诸先生的接触中,耳提面命无不是强调要学好外语和各民族语言,向我介绍国外学者的研究成果。偏偏我不是学外语的材料,中学的英语没学好,俄文虽经学校大力培养,成绩也不佳。后来也试图学日语和蒙、藏语,更是连门也没进就放弃了。

尽管我的外语水平非常可怜,但我仍坚持读某些必读的史著和论文。如编写《蒙古族简史》蒙古兴起部分,我读了当时还没中译本的拉施特《史集》和《蒙古社会制度史》,为了引用的方便可靠,我甚至将两书重点译出来。我写《中国通史》元代民族史,西北民族主要借助巴托尔德的《七河史》和《蒙古入侵时期的突厥斯坦》;藏族部分则从文物出版社借阅其特藏意大利人杜齐的《西藏画卷》,并抄出所需内容。又从日译本《红册》吸取新发现的史料。

《元朝对唐努乌梁海及其周围地区的统治》是我利用外文较多的论文。由于这里各民族现处俄罗斯境内,俄文有关考古和调查的论著甚多,科学院图书馆的丰富馆藏解决了我不少难题。此外我还参考了伯希和、韩百诗的研究成果。从冯承钧的译文中,我认识到伯希和的论文对各种文字史料的理解非常重要,因此我设法遍读他的论著,其中最重要的是《圣武亲征录注》和《马可波罗注》,法文看不懂,我带着问题据索引查,查到似与我的问题有关,就请懂法文的朋友解释。

经常留意国外的学术讯息也很重要,我在无意浏览中曾发现几件重要的新史料。如编写西夏史时,我发现俄文刊物中公布了西夏文《天盛年改新定律令》的一章,我请黄振华先生译出并写进了《中国通史》。我从《亚洲杂志》(Journal Asiatique)找到巴科的论文,得知伯希和获得的敦煌藏文文书中有一篇《八世纪五个回鹘人出使亚洲高原北部记》。在科学院图书馆,从蒙古的一本小册子中发现蒙汉文碑《释迦院碑记》。这些民族文字史料,现已经有关专家译出,但想不到是我这种一文也不通的读者胡乱翻书翻到的。

至于蒙藏文史料的利用,我根本无能为力,这全靠朋友们的帮助。你所说的史料考证和审音勘同的诸多困难,我并没有克服,一方面是借用伯希和等的现成成果,另方面是请教林沉等蒙古族朋友。

与林沉先生合影

曹金成:您在蒙元史领域,最初对早期蒙古的历史人物和社会性质用力颇多。《成吉思汗生年考》得到学界的一致好评;《蒙古社会如何向封建制度过渡的问题》《对〈十二世纪蒙古族社会的性质〉一文的几点商榷》等文,是您研究当时蒙古社会性质的代表作。对此,可否给我们传授一下您最初研究蒙元史的经验和方法?

周清澍:《蒙古社会如何向封建制度过渡的问题》一文,是我分写《蒙古族简史》"蒙古族的兴起"一章中心思想的阐发。那时的历史研究,特别重视社会发展的问题。我认为,人类从原始氏族社会向阶级社会过渡是一个长期过程,后期的父家长奴隶制阶段,兼具奴隶制和封建制的萌芽,蒙古社会则是直接向封建社会过渡。1961年7月,中央民委民族历史指导工作委员会主办蒙古族史若干问题的专题讨论会,由我在会上做重点发言,经主持会议的副主任翁独健先生推荐,发表在《民族团结》杂志上。

《成吉思汗生年考》则是我临时的奉命之作。同年冬,内蒙古大学筹备纪念成吉思汗诞生八百周年学术讨论会,由于成吉思汗生年有不同说法,恐怕闹出笑话,校领导奉内蒙古党委指示,让我准备有关资料上报。我汇辑有关史料和不同论说后,又改写成文,经翁先生补充洪业的考证,并推荐到《文史》创刊号发表。

曹金成:您对蒙元时期的部族像蒙古族、藏族、西北诸部都有研究,尤其针对汪古部更是发表了一系列论文;您早年就对地理很有兴趣,《从察罕脑儿看元代的伊克昭盟地区》《蒙元时期的中西陆路交通》等文,是研究元代历史地理的佳作。可否谈一谈您研究蒙古、元朝部族和历史地理的心得?

周清澍:你提的问题包括我两类性质的研究,其一是《中国通史》我分工写蒙古、藏和西北各族,按照历史唯物主义的观点,历史首先应写经济,即阐明当时的生产力和生产关系,因此我执笔的元朝各民族几节,对社会经济部分尤为着力。

其二是关于历史地理的论文。历史是人类在一定的时间和空间的表演,因此,熟悉历史的年代、地理和人物至为重要。钱大昕说:"史家所当讨论者有三端",即舆地、官制和氏族。邓恭三(广铭)师教我们应掌握"四把钥匙"。我自知才具有限,不可能有什么大的成就,但应掌握历史有关的基本知识,因此我平时留意搜集有关资料。如我接受了主编《内蒙古历史地理》的任务,写了若干历史地理的论文。1986—1987年,我为中华书局《文史知识》的《中国古代官制讲座》撰写金、元部分。我还承担《大百科全书》和《中国历史大辞典》中有关部族、人物等条目。参加校勘《元史》,评论《元朝名臣事略》和元人文集,以及蒙藏文典籍,都属于历史的基本知识。当然,有些并非地理、百官志明示的常识,如坐实察罕脑儿宣慰司辖今鄂尔多斯市境属于研究性质,但也得益于平时的留意。

1980年宋史研究会成立北大校友合影
后排:陈智超、周宝珠、陈振、许怀民、王曾瑜
前排:梁太济、吉敦谕、邓广铭、周清澍、戴静华

曹金成：您对清末的蒙古史学家张穆、李文田、沈曾植、洪钧等人也有深入的研究，以他们为代表的一批清代学者被称为"西北舆地派"或"西北史地派"，您是如何看待这一学派的学术研究的？

周清澍：梁启超说："自乾隆后边徼多事，嘉道间学者渐留意西北边新疆、青海、西藏、蒙古诸地理，而徐松、张穆、何秋涛最名家"，他们的研究"渐引起研究元史的兴味，至晚清尤盛。"（《清代学术概论》十五）王国维也说："道咸以降"，"考史者，兼辽金元；治地理者，逮四裔，务为前人所不为。虽承乾嘉专门之学，然亦逆睹世变，有国初诸老经世之志。"（《沈乙庵先生七十寿序》）他们都是从时代背景和学术发展史的角度评论西北史地之学。从具体学派源流来说，它上承钱大昕移治经之法以治史的乾嘉学风，下启民国时期王国维、陈垣、陈寅恪等大师的研究，形成我国学术史中的洪流。虽然今日的研究早已不再停留在清人西北史地之学阶段，但张穆研究蒙古各盟旗的地理，何秋涛留意于我国北部边疆，洪钧将我国历史研究放眼于域外史料和西人研究成果，都有开创意义。我们今天的研究，仍然是在他们开创的领域继续深入和扩展，因此很值得大家的重视。

曹金成：以上只是举其大端，您的学术成就远不止此，像《〈再生缘〉作者的母族桐乡汪氏》《关于银定与歹成》，以及最近的大作《武状元郑维城与女尼灵源本事》等文，则超出了蒙元史的范畴。细读您的文章不难发现，其实在蒙元史领域的很多方面您都有独到的见解，却未诉之于文，能说一下其中的缘由吗？

周清澍：自从我结束工作之日起，小女就决定迎我去美国安度晚年。突然闲散下来，总想找点惬意的事消遣，十余年来，我做了三方面的工作：一、写回忆；二、考证家乡的历史；三、对过去感兴趣的问题，趁现在空闲再学习，偶有所获，也写成文章。总之，这类工作的目的只为了消遣余生,并没想到有何价值。

2004年在柯立夫藏书室

曹金成:对于刚刚踏入蒙元史研究门槛的青年学者,在具体的读书和写作上,您可否谈一下相关的经验和体会。

周清澍:所谓"刚踏入蒙元史研究门槛的青年学者"比我踏入门槛时强得多,你们处于优越的环境中,可以根据自己意愿选择专业方向和工作岗位,努力奔向明确的目标。但当今也出现了些不良现象,一个人从小起就为择名校、考好大学做准备,然后是争取硕士、博士学位,工作后又要为提职称、争得课题而奋斗,那就得拿出一定数量的成果来通过评审。

我们那时候的情形正好相反,炫耀自己的业务就会戴上"白专"的帽子,只能夹起尾巴,在政治运动和下乡、劳动之余偷偷读点书,只要能应付身边的差事,并不要求在数量上完成多少任务,更不存在互相攀比。所以应如何读书全由我自己的意愿安排。我谈不上有什么宝贵经验,只能讲一些过去的经历。

参加编写《内蒙古简史》是我学习蒙古史入门的开始,我只能选读几本基本史料和名著。当时的历史书首先要求分析社会制度,所以我重点参考符拉基米尔佐夫的《蒙古社会制度史》。我借用翁独健先生的俄文原本,将有关部分译出。由于该书不似一般论著引用史料说明问题,而是只写出自己的论断,此论断却是由多处史料综合得出,故皆置于注中。他所引用的史料主要有《元朝秘史》和拉施特《史集》两种,《秘史》他用的是卡法罗夫的俄译本,《史集》他用的是贝勒津的俄译本,由于他只注页码,不注原文,我又从《史集》1952 年新俄译本和谢再善译的《蒙古秘史》查出原文(查出一部分后,我分别编成页码对照表,查找就更方便)。我通过翻译《蒙古社会制度史》和拉施特《史集》并反复查对注文,基本熟悉了这两部书。我初读《元朝秘史》时对长串的蒙古人名、部名很不习惯,入手就昏昏欲睡,于是先读谢再善译的通俗本《蒙古秘史》,然后再对照四部丛刊本《元朝秘史》,从总译到原文的旁译,结合《蒙古社会制度史》的引用和发挥,基本上熟悉了书中人物、部落等,基本上能默记他们出现的章节和内容。

1960 年全国闹饥荒,城市里普遍出现浮肿,学校减轻了教师任务,让大家多休养。我与梁太济相约通读《元史》,并随进度参照钱大昕的《廿二史考异》,将《元史》中有关卷叶"考异"录于书眉,并加入自己的读书体会。"文革"中我属逍遥派,有时间在家点读《元史》,而且还编出一本自用的史源表,不仅有后来看到的王德毅编《元人传记资料索引》的内容,还增加有关《本纪》《志》《表》的史料和专门研究。因此,1972 年参加点校《元史》时,不仅自己能驾轻就熟应付,还能指导从未接触《元史》的同仁胜任点校任务。经过几年的努力,我完成了参加校点《元史》的任务,虽没得到一文报酬,但熟悉了 210 卷《元史》,使我在今后的工作中受用不尽。

上述的读书经历并非我的明晰计划,而是因偶然的机遇,收到了精读几种史著的效果。我突然想起中学老师转告我们一段胡适的话:"为学要如金字塔,要能广大要能高。"即"读书有两个要素:第一要精,第二要博。"的确,我熟悉这几种基本史料后,以后读其他史料和论著,都比较容易吸收,掌握的知识也多而牢固。

曹金成:众所周知,内蒙古大学的"蒙古史研究所"是国内蒙元史研究的重镇,在当时汇聚了一大批有实力的专家学者,也出版了大量的研究论著和译作。最后,请您谈一下当时的具体研究情况?

周清澍:1958年下半年进入"大跃进"的高潮,我校历史系跃进的形式是集体编书。由系主任胡锺达领头,发起编写《呼和浩特史话》。学校副教务长史筠也发起编《内蒙古革命史》,除个别教师外,发动起一二年级学生,还联合内蒙古师院和内蒙古党校参加。

呼和浩特史采取史话的形式,虽未成书,部分陆续用论文形式发表,有:胡锺达《呼和浩特旧城(归化)建城年代初探》《丰州滩上出现了青色的城——阿勒坦汗和三娘子·古丰州经济的恢复和归化城的诞生》;戴学稷《"光绪二十六年正,绥远到处起神兵"——洋教士的罪恶和义和团的反帝运动》《辛亥革命时期呼包地区的起义斗争——纪念辛亥革命五十周年》;金启孮《呼和浩特旧城的变迁和新城的兴建》;何志等《从清初到抗日战争前夕的呼和浩特商业》《从清初到五四运动前夕呼和浩特地区农业的发展和土地问题中的阶级关系和民族关系》等。

《内蒙古革命史》在三单位合作和大集体编书停止后,仍作为重大课题继续进行,人员除史筠外,有中国近代史教师黄时鉴和从学生中抽调出来工作的郝维民,将初稿修订后由内部印行。

1959年春季开学前,下乡的六位教员已劳动期满回校,历史系正式分设五教研室,除中国古、近代和世界史三室外,又设考古研究室,全国有三居其一。专设蒙古史研究室,更是全国独有,由潘世宪任主任,金启孮任副主任。成员有周清澍、阮芳纪、张植华。不久,周清澍、阮芳纪被派往参加编写《蒙古族简史》。

1960年秋,何志改任教研室主任,长期参加内蒙古革命史的黄时鉴、郝维民也并入,又新进北大调来的周建奇和从蒙古国留学结业的额尔德尼白音。1961年秋,林沉(亦邻真)从北大毕业分配来校。接着先后调来特布信、余大钧、额尔敦布拉格等人。1962年和1964年,从应届毕业生留下卫庆怀、金峰以及叶新民、包文汉各二人。

何志主任计划与梁太济合写一部《元朝经济史》,"文革"后,只有梁太济用到何之的笔名发表《关于金末元初的汉人地主武装问题》一文,意在悼念被迫害致死的合作者何志。

1961年冬,内蒙古大学筹备举办纪念成吉思汗诞生八百周年学术讨论会,林沉的《成吉思汗与蒙古民族共同体的形成》、周清澍的《成吉思汗生年考》《蒙古社会如何向封建制度过渡的问题》等论文供大会讨论。

学术讨论会后,蒙古史教研室改为研究室,由副教务长史筠出任主任。

此前,室内已安排专门从事翻译的人员,潘世宪和周建奇分别译田山茂《清代蒙古社会制度》和拉施特《史集》第一卷。周已在学报上发表译文:И.彼特鲁舍夫斯基《拉施德哀丁和他的历史著作——"史集"俄译本导言》、Э.Р.雷格得郎《论蒙古语中的"翁古·孛斡勒"一词》。经与中华书局商定,由我室编译《蒙古史参考资料》,由中华书局编校,并委托商务印书馆代印。"文革"前,共出版二十四辑。这是当时高校中,由一个研究室自办译介国外学术成果的刊物。

余大钧从山西调来后,专管《蒙古史参考资料》的翻译和编辑工作,又接手翻译《史集》。"文革"后他结合译书体会,发表《十四世纪初伊朗史学家拉施德丁主编的历史巨著——〈史集〉》《关于蒙古兀鲁兀惕部的起源》《十三世纪伊朗史学家志费尼和他的历史著作〈世界征服者史〉》《最早来到蒙古高原的罗马教皇使节普兰·迦儿宾和他所写的〈蒙古史〉》等论文。

金启孮拟编《清卫拉特蒙古史料》,发表《清朝前期卫拉特蒙古和中原的互市》一文。同时进行女真文字研究,学报先发表其父金光平的《从契丹大小字到女真大小字》;1964年,学报以增刊形式出版他们父子合著的《女真语言文字研究》。"文革"后又发表《陕西碑林发现的女真字文书》,并以父子合作的名义发表《女真制字方法论——兼与日本山路广明氏商榷》。

林沉准备用畏兀儿体蒙古文还原《蒙古秘史》,与中华书局签订出版合同。同时又发表《读1276年龙门禹王庙八思巴字令旨碑——兼评尼古拉·鲍培的译注》。"文革"以后,他又连续发表《畏吾体蒙古文和古蒙古语语音》的论文。

金、林的研究,使我们这历史研究室既有人研究古女真文字,又有人研究元朝的八思巴字和古畏吾体蒙古文,在全国语言学界也属罕见。

史筠、黄时鉴、郝维民继续修改《内蒙古革命史》,准备出版,陆续发表的论文有:黄时鉴、张思成《关于"伊盟事变"》、黄时鉴《日本帝国主义的"满蒙政策"和内蒙古反动封建上层的"自治""独立"运动》;黄时鉴等集体用笔名蒙图素德发表《中国旧民主主义革命时期内蒙古人民的革命斗争》。郝维民计划编写独贵龙运动的专著,发表论文《伊克昭盟"独贵龙"运动(中国旧民主主义革命时期)》。"文革"后又发表《"五四"到"五卅"时期呼和浩特反帝爱国运动史实札记》《第一、二次国内革命战争时期的内蒙古人民革命党》《李大钊与内蒙古革命》等文。史筠还对蒙古族科学家明安图进行研究,发表《蒙古族科学家明安图》《明安图在钦天监五十余年工作记略》二文。黄时鉴也撰写近代的论文《论清末清政府对内蒙古的"移民实边"政策》。

1962年冬,内蒙古史学会又举办《蒙古源流》成书三百周年纪念会,由对蒙古文文献有研究的额尔德尼白音准备论文,经周清澍修改补充成《〈蒙古源流〉初探》一文,用合作的名义在大会宣读。周清澍将改写此文没能充分阐述的心得又写成札记两篇,题为《库腾汗——蒙藏关系最早的沟通者》《明成祖生母弘吉剌氏说所反映的天命观》。

1965年是忽必烈诞生750周年,我奉命准备,采取分专题研究的形式撰写《忽必烈研究》论文集,并与中华书局签订了合同。

历史系的《呼和浩特史话》未能完成,只有戴学稷个人写的《呼和浩特简史》在中华书局出版。

1965年秋,研究室发起集体编写《内蒙古史纲》,成员有林沉、周清澍、卫庆怀、金峰、黄时鉴、郝维民等人,分写蒙古兴起、元、明、清、近、现代,林沉另加写北方民族史一章,元、明代和清、近现代分别由周清澍、黄时鉴通稿。1966年"文革"爆发,在已有初稿的情况下功亏一篑。只有林沉写的北方民族史一章以《从远古到唐代的我国蒙古地区》的书名,1976年由学校内部印行。黄时鉴除近代史外,又涉足清代蒙古史,"文革"后发表了《清代包头地区土地问题上的租与典——包头契约的研究之一》和《青城札记》三篇。周清澍明代蒙古史一章初稿上缴后遗失,元代部分积累资料以后据以发表《元代的蒙古族》、《汪古部事辑》(1—5)、《从察罕脑儿看元代的伊克昭盟地区》等论文。

"文革"大乱六年之后,1972年,我室有机会参加点校《元史》,我

《〈元史〉点校的经历和体会》一文已介绍了参加人员和过程。

1973年,我们从乌拉特前旗调来下放到农村的周良霄、李逸友、贾洲杰三人。周良霄参加编写点校本《元史》校勘记。李、贾加上"文革"后从内蒙古博物馆调来的唐晓峰,研究室内增添了考古队伍。他们对元上都、长城进行调查,拓下白塔上的题记,贾洲杰发表《元上都》《金代长城初议》《辽金元时代内蒙古地区的城市和城市经济》《契丹丧葬制度研究》等论文。李逸友发表《呼和浩特市万部华严经塔的金元明各代题记》;唐晓峰发表《内蒙古西北部秦汉长城调查记》。

从本校毕业留在研究室的同学,郝维民在编写《内蒙古革命史》过程中已历练年久,"文革"后继续《内蒙古革命史》的编写并正式出版,1983年,应邀参加国家民委《蒙古族简史》的编写;金峰、叶新民、包文汉等在参加校勘《元史》等工作中也得到锻炼,"文革"后,金峰发表《清代蒙古台站的管理机构》《清代外蒙古北路驿站》《喇嘛教与蒙古封建政治》;包文汉发表《十七世纪我国北方各族人民的抗俄斗争》《清初科尔沁部与满洲的关系》;叶新民发表《元代统治者对站户的剥削和压迫》《伯颜与平宋战争》《成吉思汗和窝阔台时期的驿传制度》《弘吉剌部的封建领地制度》《关于元代的"四怯薛"》等文。

1978年,研究室开始招收蒙古史和女真文字研究生,前者由林沉、周清澍指导,后者由金启孮指导。次年,教育部正式下文,授权蒙古史研究室培养中国民族史、中国古代史和少数民族古文字三个专业硕士研究生,占当时全校八个硕士点的八分之三。

1979年8月,蒙古史学会成立大会在呼和浩特举行,研究室成员全部参加,都提交了论文,会后《内蒙古大学学报》(1979年3—4期)蒙古史专号发表了论文十八篇。我室研究生、实习研究员、进修教师白拉都格其(《弘吉剌部与特薛禅》)、郝时远(《主儿乞部及几点问题的探讨》)、乌兰(《蒙古征服乞儿吉思史实的几个问题》)、涛海(《辛亥革命时期我国蒙古地区的抗俄斗争》)皆有论文。穆鸿利提交论文《完颜希尹本事略论稿》，又与道尔吉、和希格三人合作《女真文字史料摘抄》，发表在大会集刊和学报专号上。1980 年第 4 期又发表了道尔吉(《关于女真大小字问题》)、和希格(《从金代的金银牌探讨女真大小字》)的论文。1983 年，道尔吉、和希格的硕士学位论文《女真译语研究》，内蒙古大学学报以增刊的形式出版。同年，白拉都格其也应邀参加国家民委《蒙古族简史》的编写，负责执笔第四章若干节。

蒙古史学会成立大会后，林幹先生从社科院调来我校，完成《匈奴通史》《东胡史》和《突厥史》等通贯北方各民族史研究的系列著作，在全国独树一帜。

研究室成员除完成《元史》点校外，部分人还参加了若干全国性重大学术工程：周良霄、周清澍参加范文澜《中国通史》第六、七册的编写；周清澍、林沉参加《中国大百科全书》《中国历史》卷《元史》分册和《中国历史大辞典》《辽夏金元史》、《民族史》分册的编写。其他部分人撰写了辞条。

1975 年，《蒙古史研究参考资料》恢复发行，又新编四十三辑，于 1986 年停刊，前后共六十八辑。约·弗·巴德利著《俄罗斯·蒙古·中国》由我室组织，经吴持哲和吴有刚译、胡锺达校，于 1981 年出版；余大钧、周建奇译《史集》第一、二卷，于 1983、1985 年出版；潘世宪翻译的和田清著《明代蒙古史论集》、田山茂著《清代蒙古社会制度》，分别于 1984 和 1987 年出版；出版者都是商务印书馆。

蒙古史研究室成员有一特点，最多时也只有十余人，而曾在北大工作和学习的就有：史筠(政治系 1945 级)、周清澍(1950 级)、黄时鉴

1987年9月内蒙古大学第一届蒙古学国际学术讨论会。
自左至右,前排:林幹、陈学霖、周良霄、陈得芝;
后排:高文德、王锺翰、余大钧、周清澍、蔡志纯、林沉

(1953级)、周建奇(1948级)、林沉(1956级)、余大钧(化学系1954级)、李逸友(1950级)、周良霄(1952级)、贾洲杰(1953级)、唐晓峰(1972级)等十人,加上编写《呼和浩特史话》和校勘《元史》的胡锺达(北大副教授),及研究元史的梁太济(1953级),共有十二人。

1980年元史研究会成立,与会研究人员约四十余人,而我校参加者竟有八人,是我校元史研究队伍最盛时期。可惜其中几位早已调离,几位即将调出。曲终人散,会后坚守未走者所剩无几了。

出席元史研究会成立会议内蒙古大学同人南京合影
左起：贾洲杰、周清澍、黄时鉴、梁太济、余大钧、周良霄、叶新民、林沉

编者按：本文原载《历史教学问题》2016年第6期。曹金成，北京大学历史系博士研究生，研究方向：蒙元史、北方民族史。